广东省交通行业职业技能鉴定培训教材

Gaosu Gonglu Cheliang Tongxingfei Shoufeiyuan
Zhiye Jineng Jianding Peixun Jiaocai

高速公路车辆通行费收费员职业技能鉴定培训教材

主　审　李　静
主　编　蔡小驹
副主编　符传进　魏浩华　李金瓯
阎子刚　陈新华

图书在版编目(CIP)数据

高速公路车辆通行费收费员职业技能鉴定培训教材 / 蔡小驹主编. — 北京 : 人民交通出版社, 2013.12

ISBN 978-7-114-10720-7

Ⅰ. ①高… Ⅱ. ①蔡… Ⅲ. ①高速公路－公路费用－征收－广东省－职业培训－教材 Ⅳ. ①F542.5

中国版本图书馆 CIP 数据核字(2013)第 128433 号

广东省交通行业职业技能鉴定培训教材

书　　名: 高速公路车辆通行费收费员职业技能鉴定培训教材
著 作 者: 蔡小驹
责任编辑: 韩亚楠　赵瑞琴
出版发行: 人民交通出版社
地　　址: (100011)北京市朝阳区安定门外外馆斜街 3 号
网　　址: http://www.ccpress.com.cn
销售电话: (010)59757973
总 经 销: 人民交通出版社发行部
经　　销: 各地新华书店
印　　刷: 北京市密东印刷有限公司
开　　本: 880×1230　1/32
印　　张: 14.75
字　　数: 381 千
版　　次: 2013 年 12 月　第 1 版
印　　次: 2013 年 12 月　第 1 次印刷
书　　号: ISBN 978-7-114-10720-7
定　　价: 39.80 元

《高速公路车辆通行费收费员职业技能鉴定培训教材》

编审委员会

主　审　李　静

主　编　蔡小驹

副主编　符传进　魏浩华　李金瓯
　　　　阎子刚　陈新华

编　委

广东省交通集团有限公司	蔡小驹　符传进 李文贵　李金瓯 毛　宇　李超亮 胡坚柱　张雪满 陈　慧
广东省高速公路有限公司	罗胜坚　陈　文 曾宇华
广东省公路建设有限公司	魏浩华　陈新华 曹植英　涂常卫 吕　莉
广东省路桥建设发展有限公司	杜　军　杨志勇 张　继　朱凌燕

广东省交通实业投资有限公司 钟汉宏 余继东
吴政锋

广东省高速公路发展股份有限公司 曹建平 曾建辉

广东省长大公路工程有限公司 崖文胜

新粤有限公司 蒋欣良

广东省交通运输高级技工学校 阎子刚 李利勤
孙巧玲

特 约 审 稿

张柱庭	委员 教授	交通运输部法律专家委员会 交通运输部管理干部学院
张　宁	副理事长/秘书长	中国公路学会高速公路运营管理分会
赵瑞琴	副编审	人民交通出版社
郑顺潮	处长	广东省交通运输厅科技教育处
王立红	调研员	广东省交通运输厅科技教育处
李　斌	处长	广东省交通运输厅收费管理处
吴振林	副处长	广东省交通运输厅收费管理处
何秀文	副主任	广东省人力资源和社会保障厅 广东省职业技能鉴定指导中心
吴　权	科长	广东省人力资源和社会保障厅 广东省职业技能鉴定指导中心

编 写 组

组　　长　蔡小驹

副 组 长　符传进　李金瓯

执笔人员　（排名不分先后）

广东省交通集团有限公司	蔡小驹	符传进	李金瓯
广东省高速公路有限公司	曾宇华	曾祥平	崔　鸣
	练慧艳	黄彩芹	李文涛
广东省公路建设有限公司	曹植英	杨　阳	赵梓城
	吕　莉	邵宝华	刘胜科
广东省路桥建设发展有限公司	杨志勇	张　继	郑少华
	连　东	章军明	朱凌燕
广东省长大公路工程有限公司	崖文胜	张红卫	
广东省交通运输高级技工学校	李利勤	孙巧玲	郭燕芬
	丁　瑜	李佳芸	韦忠霞

序

我国高速公路事业经过近30年的发展,高速公路企业经营行为、管理模式、管理手段正在逐渐地成熟和完善。但由于高速公路的公益特性,经济效益整体上体现为高投入、高负债、低收益,相关企业容易受到管理体制、运行机制等因素的制约,管理水平与国外先进的运营企业还有很大的差距。尤其广东作为全国经济大省和全球制造业重要基地,当前又正在全力推进转型升级,谋求可持续发展,交通运输作为国民经济的基础性、先导性和服务性行业,特别是随着交通量迅猛增加,驾乘人员对高速公路管理服务水平的要求也越来越高,我们在积极推进广东省委、省政府确定的“十二五”期末实现“县县通”高速公路战略目标的同时,在高速公路营运管理方面也日益感受到了沉甸甸的责任和压力。

马克思主义认为,人是生产力中最活跃的因素。调动人的积极性,焕发人的活力是增强企业活力的关键和根本。高速公路营运管理尤其是车辆通行费征收是一项政策性强、涉及面广的工作,收费员的素质、能力和水平如何,直接关系到收费事业的成败和高速公路企业管理服务水平。所以,要全面提高管理水平,就必须抓紧培养高素质的高速公路车辆通行费收费人才队伍,必须把培养一支事业心强、有理论素质、开拓创新、作风务实、真抓实干的收费员队伍当成企业发展的一件大事来抓。

基于此,我们迫切地希望建立健全相应的员工培训体系,通过一系列职业技能鉴定培训,让高速公路经营企业迅猛发展过程中吸纳的大量社会劳动力能够迅速成为业务骨干，最终体现“担当社会责任，共享发展成果”的核心价值观，实现“构建和谐交通，延伸美好生活”的企业使命，更好地为道路使用者服务，为广大人民群众服务，并成为推进高速公路经营企业不断成长的内在驱动力。

《高速公路车辆通行费收费员职业技能鉴定培训教材》的编写，是适应新形势新任务的要求，针对高速公路经营企业干部职工学习和工作的实际需要，有理论基础知识，有实际案例，具有较强的可操作性，既可供高速公路收费员和管理人员学习、借鉴，也可供从事高速公路管理的专业院校师生、科研人员、收费员技能比赛组织参考。这本书作为职业技能鉴定培训教材虽然是一个好的开端，但毕竟刚刚起步，书中所述的观点，难免有其局限性。为此，希望从事高速公路经营管理工作的各方面人员，在今后的实践中，不断丰富、完善，努力把教材的编写工作做得更好。

是为序。

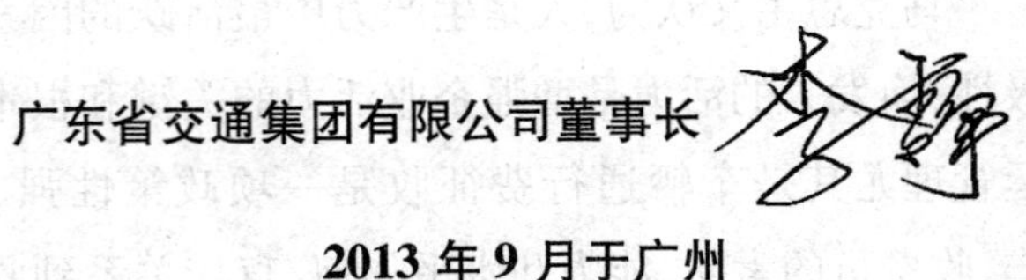

广东省交通集团有限公司董事长

2013 年 9 月于广州

前　言

伴随着中国高速公路的快速发展，广东省交通集团有限公司也探索出了一条适合广东省省情的高速公路发展之路，建设管理及经营服务水平逐年提高，为改善广东省公路交通基础设施条件，促进区域经济协调发展做出了应有贡献。

随着企业的迅猛发展带来的人才需求，集团亟须形成完善的专业技术体系。基于此，集团上下高度重视，组织专业人员历时3年编撰、出版了高速公路车辆通行费收费员工种的职业技能鉴定培训教材。

该培训教材的出版意义重大。一是通过职业技能培训教材的编写，锻炼和培养了一批高速公路车辆通行费收费领域的领军人物，部分优秀人员将会具备本专业培训鉴定专家资质；二是为高速公路车辆通行费收费员进行岗位技术和操作技能培训提供了一整套系统化的培训教材；三是通过培训取得职业技能鉴定等级，为公司收费领域广大员工铺设了清晰的职业晋升通道，为公司完善薪酬制度提供了重要依据；四是传承并分享了收费领域专业知识、核心技术的系统积累与规范应用；五是填补了国内相关领域专业技术培训教材的一项空白。

该培训教材凝聚了大量公司专业技术骨干、安全生产和人力资源管理等部门工作人员的心血与汗水，也得到了基层主要业务骨干的参与和帮助。在此一并对参与该教材编撰、出版的所有成员所具有的高度责任感、奉献精神和专业知识能力表示衷心的敬意和感谢，愿本教材能对高速公路车辆通行费收费员的培训与学习有所裨益。

由于时间紧、任务重，本教材难免存在一些错误和缺陷，敬请批评指正并提出修改意见，我们将不胜感激并定期进行修订，以期不断完善。

编者

2013 年 9 月

MULU 目　录

第一篇　高速公路基本知识

第二篇　高速公路收费实务

附　　录

第一篇

高速公路基本知识

第一章　高速公路概述

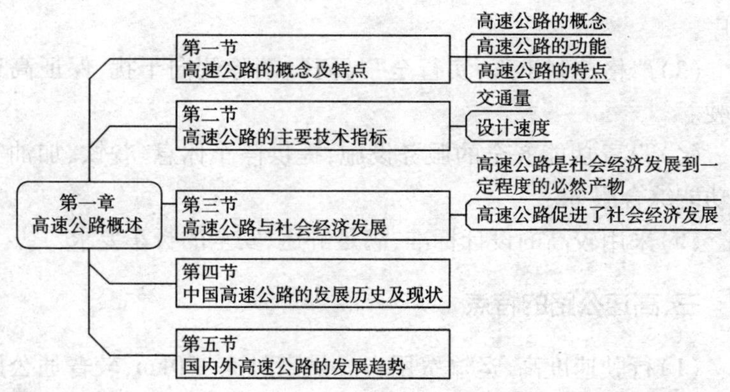

学习目标:

1. 掌握高速公路的概念及特点。
2. 熟悉高速公路主要技术指标。
3. 掌握车型判别方法。
4. 了解高速公路与社会经济发展的关系。
5. 了解高速公路发展的历史与现状,以及新的发展趋势。

第一节　高速公路的概念及特点

一、高速公路的概念

高速公路是指全封闭、多车道、具有中央分隔带、全立体交叉、集中管理、控制出入、多种安全服务设施配套齐全的高标准车辆专用公路。

二、高速公路的功能

与一般公路相比,高速公路具有以下功能:

(1)实行交通限制,专供汽车高速行驶。

(2)实行分隔行驶,保证高速公路连续畅通和良好的营运秩序。

(3)严格控制出入,实行全"封闭",消除侧向干扰,保证高速行驶。

(4)设置功能齐全的服务设施,提供停车休息、餐饮、加油等多功能综合服务。

(5)采用较高的设计标准,满足舒适、安全的行车要求。

三、高速公路的特点

(1)行驶速度高、运输费用省。最高时速120km,较普通公路平均高60%~70%。

(2)通行能力大、运输效率高。比一般公路高几倍甚至几十倍。

(3)采用立体交叉,排除横向来车和行人横穿马路的干扰。

(4)具有完善的现代化交通管理及交通安全设施。

(5)行车安全性好。事故率只有一般公路的1/4~1/3。但发生事故后的死亡率是一般公路的2倍。

第二节　高速公路的主要技术指标

按照交通部[①]2003年发布的《公路工程技术标准》(JTG B01—2003),我国的公路技术等级分为汽车专用公路和一般公路两大类;按等级又划分为高速公路、一级公路、二级公路、三级公路、四级公路5个等级。

①交通部于2008年3月更名为交通运输部。

我国区别公路的等级有定性技术经济指标和定量技术经济指标。其中,定量技术经济指标有交通量、设计速度和规范的工程技术标准等。

一、交通量

交通量是指单位时间内(每小时或每昼夜)通过两地间某公路断面处来往的实际车辆数。

根据我国交通的发展趋势,为便于与国际接轨,交通部制定的《公路工程技术标准》(JTG B 01—2003)将"小客车"定为各级公路设计交通量换算的标准车型(见表1-1-1),但广东高速公路的车型分类都是按车头、车轴、车轮、轴距等物理指标判别,因此实际工作中采用表1-1-2,对高速公路能适应的年平均日交通量具体规定见表1-1-3。

各汽车代表车型与车辆折算系数表(标准) 表1-1-1

汽车代表车型	车辆折算系数	说 明
小客车	1.0	≤19座的客车和载质量≤2t的货车
中型车	1.5	>19座的客车和载质量>2t而≤7t的货车
大型车	2.0	载质量>7t而≤14t的货车
拖挂车	3.0	载质量>14t的货车

各汽车代表车型与车辆折算系数表(实际) 表1-1-2

汽车代表车型	车辆折算系数	说 明
一类	1.0	2轴、4轮、车头高度<1.3m,轴距<3.2m
二类	1.5	2轴、4轮、车头高度≥1.3m,轴距≥3.2m
三类	2.0	2轴、6轮、车头高度≥1.3m,轴距≥3.2m
四类	3.0	3轴、6~10轮、车头高度≥1.3m,轴距≥3.2m
五类	3.5	>3轴、>10轮、车头高度≥1.3m,轴距≥3.2m

高速公路能适应的年平均日交通量 表 1-1-3

设计速度(km/h)	4 车道(辆/天)	6 车道(辆/天)	8 车道(辆/天)
120	40000～55000	55000～80000	80000～100000
100	35000～50000	50000～70000	70000～90000
80	25000～45000	45000～60000	60000～80000

二、设计速度

设计速度是公路设计时确定几何线形的基本要素，它是气象条件良好、车辆行驶只受公路本身条件影响时，具有中等驾驶技术的人员能够安全、舒适驾驶车辆的速度。我国的公路技术标准规定了各级公路的设计速度。其中，高速公路地形在平原微丘时设计速度为 120km/h，重丘为 100km/h，山岭为 80km/h。

第三节 高速公路与社会经济发展

一、高速公路是社会经济发展到一定程度的必然产物

在铁路、公路、水运、航空、管道 5 种现代交通运输方式中，公路运输与其他运输方式相比较，具有机动、灵活、周转速度快、适应性强的特点，可以直接把旅客和货物运送到工矿企业和广大农村，实现“门到门”服务。因此，从 1886 年汽车出现以来，公路运输逐步显示出强大的生命力。但随着社会经济的发展，交通运输量的增长，汽车保有量的迅速增加，普通公路出现了交通拥挤、阻塞、车辆行车速度降低、交通事故增多的现象，公路运输的优势受到了制约。为了适应经济发展的需要，解决普通公路存在的问题，一种专供汽车使用，实行分隔行驶，“全封闭”的高速公路应运而生。

纵观世界高速公路的发展历史，可以看出高速公路是当地经济发展到一定程度的产物。

德国是修建高速公路最早的国家，早在 1919 年就修建了世界上第一条 AVUS 高速公路。

美国是高速公路最多、路网最发达的国家。1937 年美国在加利福尼亚州建成第一条高速公路，只有 11.2km，到 1990 年已建成高速公路 84361km，2003 年高速公路总里程超过 8.87 万 km。美国以洲际公路为主体的高速公路网已经连通了所有 5 万人口以上的城市。

荷兰是高速公路密度最大的国家，每千平方公里面积中，有 43.9km 高速公路。

日本是高速公路起步较晚，但发展最快的国家，从 1965 年 7 月建成第一条高速公路，到 1990 年高速公路达 4661km，2003 年年底超过 6100km。日本高速公路已经连通所有 10 万人口以上的城市，70% 的地区 1h 之内可以到达高速公路，2h 之内到达的占 90%，任何城镇和乡村可以在 1h 内到达高等级干线公路网。

二、高速公路促进了社会经济发展

1. 高速公路提高了运输效率，降低了消耗，改善了综合运输结构

高速公路最直接的经济效益是缩短了运输时间，减少了燃料消耗，降低了机械磨损，延长了车辆使用寿命。高速公路虽然投资大，但高速公路通车后，与同里程的普通公路相比，燃料消耗降低 20% 左右，机械磨损降低 25% 左右，车辆利用率提高 30% 以上。

高速公路的出现，彻底改变了以往公路运输在综合运输体系中只有短途、零散、中转功能的附属地位。公路成为价值高、时间性强、快速直达的货物运输和舒适、安全、快速的旅客运输的重要运输方式。

自 20 世纪 80 年代以来，随着我国高速公路的快速发展，运输结构出现了较大变化，公路客货运量持续增长，中短途客货运输

基本上由公路运输承担;高速公路上大型、长途客货运输蓬勃发展。高速公路的迅速发展,为我国调整运输结构,实现现代化综合运输提供了必要条件。

2. 高速公路促进了沿线经济的快速发展

高速公路缩短了城市间的时距,密切了城乡之间,工农之间,各部门、各地区之间经济、政治、文化、技术的联系,加速了商品流通和资金周转,使人们的活动范围迅速扩大,极大促进了高速公路沿线的工农业发展、商品的繁荣、旅游业的开发、产业结构的优化、土地资源的综合开发、城乡经济一体化的形成和经济的发展。

3. 高速公路改变了人们的时空观念和生活方式,促进了人类文明

高速公路的出现,使公路运输速度明显提高,行车时间大大缩短。过去,由广州至深圳,虽然只有100多公里,但由于普通公路技术标准低、渡口多,汽车要行驶半天时间;现在,有了高速公路,只需行驶1.5h。目前,广州至广东省内任何一个地级市,仅需半天时间。高速公路使人们的时空观念发生了重大变化,人们注重讲究效率,活动空间大了,感觉路程变短了。

高速公路给人们带来了生活方式的许多变化,促进了人类文明。例如,人们白天在城市工作,晚上到远离城市几十公里甚至上百公里的乡村居住已成可能。高速公路开通后,为公路运输企业实行集约化经营创造了条件,许多运输企业在高速公路上开行直达班车,实现航空式服务,服务水平明显提高,企业效益也明显提高。

第四节　中国高速公路的发展历史及现状

我国高速公路的建设起步于20世纪80年代中期,在“八五”及“九五”期间取得了巨大发展,公路运输已经成为促进我国经济发展最重要的运输方式。我国高速公路起步较晚:台湾在20世

纪60年代开始修建高速公路（台湾南北高速公路是我国第一条高速公路）；大陆从1985年开始修建高速公路，1988年10月建成通车的沪嘉高速公路（上海—嘉定县）是我国大陆的第一条高速公路。目前，我国最长的高速公路是1990年建成通车的沈阳—大连高速公路，全长375km。

我国高速公路建设虽然起步较晚，但发展迅速。自1988年开始建设高速公路以来，我国高速公路建设速度始终居于世界前列。1998年年底，我国高速公路通车总里程达到8733km，位居世界第八；1999年年底，我国高速公路通车总里程突破1万km，位居世界第四；2000年年底，我国高速公路总里程突破1.63万km，跃居世界第三位；2002年年底，我国公路通车总里程达到175.8万km，其中高速公路通车总里程为2.52万km，居世界第二位，仅次于美国；2004年8月底，我国高速公路通车总里程突破了3万km，比世界第三位的加拿大多出近一倍；2008年，我国新增高速公路6433km，达到6.03万km；2009年，我国新增高速公路4719km；2010年，我国新增高速公路9200km，通车总里程达7.4万km，稳居世界第二；2011年，我国高速公路总里程已经达到了8.5万km。

第五节　国内外高速公路的发展趋势

路桥行业一直是地区经济发展水平的风向标。从1988年大陆第一条高速公路正式通车到现在，我国高速公路一直保持着快速持续发展的强劲势头，取得了令人瞩目的成就。根据交通运输部发布的中国交通运输“十二五”（2011—2015年）发展规划，到2015年年末我国高速公路总里程将达到10.8万km，覆盖90%以上城镇人口超20万的城市。由此可见，中国高速公路在未来几年仍将保持快速发展的势头。

目前随着经济社会和科学技术的发展，国内外高速公路呈现出新的发展趋势，主要表现为以下几方面：

(1)国际高速公路网正在形成。为了更好地发挥高速公路的效益,加强国际间的公路运输联系,一些相邻的发达国家之间合作修建高速公路,把各国的主要高速公路联结起来,构成国际高速公路网。

(2)信息化公路将逐步实现。信息化公路将着眼于道路的多功能利用,不仅要使用路面,还要充分利用空间。这将让公路不仅具有运输人和物资的固有交通功能,还具有输送电力等能源以及传播各种信息的功能,此外还附加上其所派生的美化环境、抗灾避难及作为建造其他建筑物的基础等空间功能。

(3)卫星检测及控制系统将得到广泛利用。信息时代的到来,各类检测及监测系统普遍使用,交通控制中心将充分利用卫星地面系统转发的交通信息,以新的交通流理论为基础,指挥汽车按最优路线行驶,既节约时间,又创造最大利益。

课后复习题

一、单项选择题

1. 目前我国高速公路里程位居世界(　　)位?

A. 第一　　B. 第二　　C. 第三　　D. 第四

2. (　　)是高速公路密度最大的国家。

A. 美国　　B. 德国　　C. 日本　　D. 荷兰

3. 我国高速公路设计最高时速达(　　)km,较普通公路平均高 60% ~70% 。

A. 120　　B. 80　　C. 100　　D. 130

二、多项选择题

1. 以下属于高速公路的特点的有哪几项?(　　)

A. 行驶速度高、运输费用省

B. 通行能力大、运输效率高

C. 采用立体交叉,排除横向来车和行人横穿马路的干扰

D. 具有完善的现代化交通管理及交通安全设施

E. 行车安全性好

2. 广东高速公路的车型分类都是按(　　)等物理指标判别。

A. 车头　　B. 车长　　C. 车轴

D. 车轮　　E. 轴距

3. 以下叙述中正确的是哪几项?(　　)

A. 我国高速公路建设起步于 20 世纪 80 年代中期

B. 我国大陆第一条高速公路在 1985 年建成通车

C. 按我国公路技术标准规定的设计速度,高速公路地形在山岭为 100km/h

D. 日本是高速公路起步较晚,但发展最快的国家

三、判断题

1. 高速公路最直接的经济效益是缩短了运输时间,减少了燃料消耗,降低了机械磨损,延长了车辆使用寿命。(　　)

2. 台湾南北高速公路是我国第一条高速公路。(　　)

3. 按照交通部 2003 年发布的《公路工程技术标准》(JTG B01—2003),我国的公路技术等级分为一般公路和高速公路。(　　)

四、简答题

1. 高速公路对社会经济的发展有哪些促进作用?

2. 目前随着经济社会和科学技术的发展，国内外高速公路呈现出新的发展趋势，主要表现为哪些方面？

3. 与一般公路相比，高速公路具有哪些功能？

第二章　广东省高速公路现状与发展

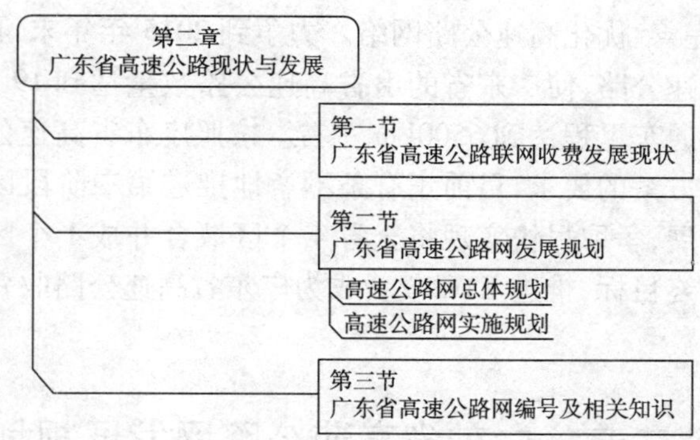

学习目标：

1. 了解广东省高速公路联网收费发展现状。
2. 掌握广东省高速公路网的规划与布局。
3. 掌握广东省高速公路网的命名与编号规则。

第一节　广东省高速公路联网收费发展现状

广东省在全国率先实行"贷款修路、收费还贷"的政策，有力地推动了高速公路建设与发展。

1989 年，广东省第一条高速公路——广佛（广州—佛山）高速公路建成通车，揭开了广东省高速公路建设的序幕。近年来，高速公路建设更是迈上了新台阶。自 2004 年 12 月开始，广东省正式开通高速公路联网收费。截至 2012 年 6 月，广东省 86 条高速公路全部纳入联网收费，联网总里程为 4963km。全省共撤销主线收费站 36 个，减少收费站建设 72 个，目前全省主线收费站

68个,其中区域合建站14个(双向)、标识站14个、终点站32个、省界站8个,完成原珠三角区域、广州区域以及深圳区域的区域合并工作,开通电子不停车收费(ETC)车道440条,ETC覆盖率为36.3%,珠三角地区覆盖率达到60%。

"十二五"期间,广东省将继续保持高速公路建设投资稳步增长,继续完善、优化高速公路网络。力争到2015年年末,再新建7条出省高速公路,使广东省的出省高速公路数量达到19条,全省高速公路通车里程达到6500km左右。按照广东省高速公路联网收费实施方案的要求,目前正有条不紊地推进第二阶段区域合并工作的开展,争取尽快实现将全省4个区域合并成1个区域联网收费的最终目标,推进ETC收费成为广东省高速公路收费的主流模式。

第二节　广东省高速公路网发展规划

一、高速公路网总体规划

国务院于2004年12月原则上通过了交通部编制的《国家高速公路网规划》,广东省按照《国家高速公路网规划》,根据高速公路功能分析定位,结合广东省高速公路发展的历史和现状以及区域自然经济环境,确定了规划总体目标如下:

(1)相邻地级市(包括与邻省地级市之间)基本上通高速公路;

(2)总体布局上形成网络,在珠江三角洲地区呈环状和放射状;

(3)中心城市与区域中心城市之间一般有两条高速公路。

广东省高速公路网布局规划方案以"九纵五横两环"为主骨架,以加密线和联络线为补充,形成以珠江三角洲为核心,以沿海为扇面,以沿海港口为龙头,向山区和内陆省区辐射的路网格局,新增规划路段加强区域间高速公路联系紧密度,规划目标里程8800km。规划实施后,全省相邻地级市(包括邻省地级市)之间基本上连通高速公路,确保重要城市之间实现便捷的连接;省中心城市与区域中心城市之间一般有两条高速公路通道，确保高速公路网运行的可靠性；全省15万人口以上的城市通高速公路，县城、沿海重要港口、机场以及铁路枢纽基本上能够在30min以内上高速公路；利用高速公路，可以实现全省"一日交通圈"，即省内任何两个城市之间可以当天到达，省会城市到省内其他城市可以当日往返；与港澳及周边省区的高速公路网保持有效的衔接，广东省将形成19条高速公路出省通道，广州至周边省会城市可在10h以内到达。

广东省"九纵五横两环"路线布局见表1-2-1。

广东省"九纵五横两环"高速公路情况表 表1-2-1

路线	名称	途经区域	里程(km)
一纵	汕头至福建龙岩（省界）	自汕头外砂，经揭阳、丰顺、梅州、蕉岭至福建龙岩上杭省界	217
二纵	汕尾至江西寻乌（省界）	自汕尾市，经海丰、紫金、五华、兴宁、平远至寻乌省界	300
三纵	深圳至江西赣州（省界）	自深圳市盐田港，经惠州、河源、和平至江西赣州定南省界	281
四纵	深圳至湖南汝城（省界）	自深圳盐田港，经东莞、博罗、龙门、新丰、翁源、始兴、仁化至湖南汝城省界	435
五纵	深圳至湖南郴州（省界）	自深圳皇岗，经东莞、广州、佛冈、曲江、韶关、乳源、乐昌至湖南郴州省界	465
六纵	珠海横琴至连州	自珠海横琴，经中山、顺德、广州、清远至连州	375
七纵	珠海至湖南永州（省界）	自珠海三灶，经江门、鹤山、高明、三水、四会、广宁、怀集、连山、连南、连州至湖南永州省界	474
八纵	阳江至云浮	自阳江港，经阳春、罗定至郁南东坝	197
九纵	茂名至广西岑溪（省界）	自茂名水东，经茂名、高州、信宜至广西岑溪省界	160

续上表

路线	名　称	途经区域	里程(km)
一横	福建漳州(省界)至广西贺州(省界)	自饶平上善省界,经大埔、梅州、兴宁、龙川、和平、连平、翁源、英德、怀集至广西贺州省界	631
二横	揭阳至茂名	自揭阳,经揭西、五华、紫金、河源、龙门、从化、佛冈、清远、广宁、云浮、新兴、阳春至茂名	781
三横	惠州至广西梧州(省界)	自惠州惠东凌坑,经惠州、博罗、增城、广州、三水、肇庆、云浮、郁南至广西梧州省界	403
四横	福建漳州(省界)至广西玉林(省界)	自饶平上善,经潮州、揭东、揭阳、揭西、陆河、海丰、惠东、惠州、东莞、中山、江门、鹤山、新兴、罗定至广西玉林省界	767
五横	同三国道主干线及联络线	包括深圳皇岗至机场、阳江至香港和遂溪至山口高速公路	1377
一环	广州绕城高速公路	自广州火村、经化龙、东涌、九江、大岗、小塘、聚龙、太和至广州火村	185
二环	珠江三角洲地区环线高速公路	自深圳梅林,经东莞、增城、从化、花都、四会、肇庆、江门至珠海横琴口岸	416

二、高速公路网实施规划

广东省高速公路建设按照统一规划、分步实施的总体原则,确定指导性规划方案。该方案根据《广东省高速公路网规划(2001—2030年)》以及广州、深圳地区干线公路网规划和已完成预工可研究报告初步设计的项目,将广东省高速公路建设分为近期(2010年前)和远期(2011—2030年)两个时间段,各阶段路网情况见表1-2-2、表1-2-3所示。

广东省高速公路实施规划表(2010年前)　　表1-2-2

路线	名　称	通车时间(年)	行政等级	里程(km)	车道数
一纵	汕梅高速公路汕头至揭阳段	2007 2010	国家重点公路	54.6	4
	汕梅高速公路新亨至北斗段	2003		31.3	4
	汕梅高速公路北斗至清潭段	2003		14	4
	汕梅高速公路清潭至畲江段	2002		13	4
	汕梅高速公路畲江至梅南段	2001		15.1	4
	汕梅高速公路梅南至梅州段	2003		12.3	4
	梅州市西环程江至扶大段	2004		5.3	4
	梅州市西环扶大至城东段	2006		14	4
	梅州至福建上杭(省界)段	2007		57.7	4
三纵	惠河一期高速公路(平南至小金口)	2001	国家重点公路	29.6	4
	惠河二期高速公路(小金口至埔前)	2003		51.6	4
	河源(埔前)至江西定南(省界)段	2005		136	4
	惠盐高速公路惠州段	1993		32.2	4
	惠盐高速公路深圳段	1994		31.4	4
四纵	深圳盐田至排榜段	2006	省道	15.2	4
五纵	京珠国道小塘至甘塘段	2003	国道主干线	109.9	4
	京珠国道甘塘至太和段	2003		198.8	6
	京珠国道广珠东线北段(化龙至坦尾、化龙至新洲)	2005 2013		37.9	6~8
	京珠国道广珠东线高速公路(坦尾至珠海段)	1999		60.8	4~6

续上表

路线	名　　称	通车时间（年）	行政等级	里程（km）	车道数
六纵	广珠西线顺德至中山段	2010	国家重点公路	45	6
	广珠西线中山至珠海段	2008 2012		60.7	6
	广珠西线一期（海南至碧江段）	2004		14.7	6
	广州环城至庆丰段（广清连接线）	2005		5.9	6
	广清高速公路（含广花）	1992 1999		46.8	4
	银盏至新北江大桥段（北江二桥）	2004		20.5	4
	新北江大桥至连州段	2008		160	4
七纵环线2	珠海至江门高速公路	2007	省道	53.3	4
七纵	三水至怀集段（三水至四会、四会至怀集）	2008	国家重点公路	118	4～6
八纵	罗定（双东）至郁南（东坝）段	2008	省道	32	4
	阳江港至罗定段	2010		165	4
一横	梅州至福建平和（省界）段	2010	省道	108	4
	梅州至龙川段	2006	国家重点公路	118	4
	龙川至英德（大镇）段（接京珠高速公路）	2010		190	4
	怀集至广西信都（省界）段	2010		33	4
三横	惠东至广州高速公路	2003	国家重点公路	151.7	4～6
	广肇高速公路一期	2002		48	4
	广肇高速公路二期	2006		4.3	4
	肇庆至云浮段	2004		37.45	4
	云浮至广西苍梧（省界）段	2008		98	4

续上表

路线	名　　称	通车时间（年）	行政等级	里程（km）	车道数
四横	江鹤一期高速公路	1999	省道	20.24	4
	江鹤二期高速公路	2005		6.78	4
	中江高速公路	2005	国道主干线	32.4	4(6)
	虎门大桥及连接线(含太平立交)	1999	省道	15.79	6
	虎门至常平高速公路	2005		53	6
	常平至惠东高速公路	2009		60.3	6
	揭阳市南环高速公路	2010		28	4
	罗定至广西岑溪（省界）高速公路	2010		40	4
五横	汕汾高速公路及汕头海湾大桥	2001	国道主干线	73.7	4
	深汕高速公路东段	1996		140.2	4
	深汕高速公路西段	1996		146.6	4
	同三国道深圳机场至荷坳段（东段、西段）	1997 1999		44	6
	广深高速公路	1994		122.8	6
	广州环城高速公路北环段	1994		22	6~8
	同三国道广州至佛山段	1989		15.7	6
	同三国道佛山至开平段	1996		79.9	4
	同三国道开平至阳江段	2003		126.4	4
	同三国道阳江至茂名段	2004		79.8	4
	同三国道茂湛高速公路坡心至源水段	2000		82.3	4
	同三国道茂湛高速公路观珠至坡心段	2004		20.2	4
	同三国道湛江至徐闻高速公路	2010		120	4(6)
	西部沿海高速公路阳江至新会段	2002	国家重点公路	55	4
	西部沿海高速公路新会古井至珠海金鼎段	2005		144.2	4
	渝湛线高桥至遂溪段	2005	国道主干线	73	4

续上表

路线	名　　称	通车时间（年）	行政等级	里程（km）	车道数
加联	新会至台山高速公路	2001	省道	52.9	4
环线1 五纵	珠三角环形高速公路东环段	2008	国家重点公路	19	6
环线1 三横	珠三角环形高速公路西环段（茅山至小塘）	2006		38	6
环线1	珠三角环形高速公路西环段（小塘至九江）	2007		42	6
	珠三角环形高速公路南环段	2010		48.1	6
环线1 三横	珠三角环形高速公路北环段	2001		42	6
环线2	深圳梅林—黎光高速公路	1995	省道	19.2	6
	莞深高速公路一、二期	2000		39.6	6
	莞深三期莞城至石碣段	2008		7	6
	增城沙庄（市界）至花都北兴段（含联络线）	2008 2010	国家重点公路	57.9	6
	肇庆至花都北兴段	2010		86	6
	肇庆至江门高速公路	2010		101	6
加联	广州新机场高速公路	2002	省道	24.7	6~8
	广州新机场高速公路北延线	2006		25	6
	街北（花都北兴至从化街口）高速公路	2006		20	4
	韶关至江西赣州高速公路	2010		168	4
	广州至三水高速公路	1996	国家重点公路	30	4(8)
	广深沿江高速公路	2010	省道	96.2	6~8
	深圳盐坝高速公路一期	2001		9.7	6
	深圳盐坝高速公路二期	2003		9	6
	深圳盐坝高速公路三期	2008		11	6
	深圳龙大高速公路	2005 2007		28	6
	深圳水官高速公路	2005		20.2	6

续上表

路线	名　　称	通车时间（年）	行政等级	里程（km）	车道数
加联	东莞龙林高速公路（莞深高速公路延长线）	2004	省道	9	4
	潮州铁铺至揭东云路段	2010		30	4～6
	揭东新亨至普宁池尾段	2003		45.9	4
	深圳坝岗至惠东稔山高速公路	2008		49	4～6
	揭东（登岗）至潮南区高速公路	2010		21	4
	普宁池尾至惠来东港段	2001		41	4
	梅州市东环高速公路	2010		22	4
	梅县畲江至兴宁兴城段	2008	国家重点公路	25	4
	河龙高速公路热水至柳城段	2005		46.7	4
加联	济南至广州公路广州至河源段	2010	国家重点公路	148	6
	番禺至高明高速公路（西樵至更楼段、陈村至西樵段、广州段）	2008 2010	省道	97.8	6～8
	广州环城高速公路东南西环段	1999		38	6
	广州南沙港快速路	2005		66.527	6
	番禺大桥	2003			
	华南快速干线（含北延线）	2003		33	6～8
	华南快速干线三期	2008		20.5	
	广园快速路二期及延长线	2003 2006		31.8	6
	广州东新高速公路（东沙至新联）	2010		45.7	6(8)
	深盐二通道（盐田二通道）	2008		11.3	
	清平高速公路一期	2005		7.48	6
	深圳南头至光明高速公路	2008		30.6	6

注：“加联”指加密或联络线。

广东省高速公路实施规划表(2011—2030年)　表1-2-3

路线	名　称	通车时间(年)	行政等级	里程(km)	车道数
加联	深圳外(半)环高速公路	2011	省道	106	6
	清平高速二期	2011		15	6
	深圳机场连接线	2011			6
	南海平洲至广州南沙高速公路	2011		51	
	新(隆)龙(穴岛)快速干线	2011		25.47	6(8)
	万龙快速干线	2011		44.7	6
环线2	珠海横琴至三灶高速公路	2011	省道	10	6
四纵	深圳至博罗高速公路(接广惠高速公路)	2013	省道	70	6
加联	从莞高速增城荔城至从化街口段	2011	省道	50	4
	从莞高速增城至深圳段	2011		73	6
	深圳东部过境通道	2011		25.73	6
	从化街口至吕田高速公路	2011	国家主干线	58	4
环线2	珠港澳大桥	2016	国家重点公路	30	
七纵	怀集至连州段	2012	国家重点公路	120	4
	连州至湖南永州段(省界)	2012		52	4
加联	广乐高速韶关段	2013	省道	114	6
	广乐高速韶关至广州段	2013		147	6(8)
二横	河源至佛岗段	2020	2020年通车的规划路段,查不到是国家重点公路,还是省道	145	4
	佛岗至清远段	2020		51	4
四横	惠东至揭阳段	2020		198	4
加联	潮南至惠来高速公路	2020		30	4
	连州至坪石(省界)高速公路	2020		60	4
	汕头至普宁高速公路	2020		60	6
	惠州港至惠州高速公路	2020		56	6
	广惠高速东延线	2020		32	4
	深圳至中山跨珠江口工程(隧道方案)	2020		46	
	番禺至东莞(莲花山大桥)	2020		26	6

续上表

路线	名　称	通车时间（年）	行政等级	里程（km）	车道数
二纵	汕尾至兴宁段	2030	国家重点公路	210	4
	兴宁至江西瑞金（省界）段	2030		90	4
四纵	博罗至湖南汝城（省界）段	2030	2030 年通车的规划路段，查不到是国家重点公路还是省道	350	4
九纵	水东至高州段	2030	国家重点公路	60	6
	高州至广西岑溪（省界）段	2030		100	4
一横	英德（大镇）接京珠至怀集段	2030	2030 年通车的规划路段，查不到是国家重点公路还是省道	180	4
二横	揭阳（新亨）至河源段	2030		190	4
	清远至云浮（思劳）段	2030		155	4
	云浮（思劳）至茂名段	2030		240	6
四横	福建漳州（省界）至揭东（云路）段	2030		100	4
	鹤山（共和）至新兴段	2030		65	4
	新兴至罗定段	2030		75	4
五横	琼州海峡跨海工程	2030		30	
加联	从化吕田至江西赣州段	2030		134	4

第三节　广东省高速公路网编号及相关知识

根据交通部《关于开展国家高速公路网路线命名和编号调整工作的通知》（交公路发〔2007〕385 号）的要求及《国家高速公路网命名和编号规则》（JTG A03—2007，简称《规则》）的规定，结合广东省实际，广东省交通运输厅制定了《广东省国家高速公路网路线命名和编号调整工作实施方案》。

国家高速公路网命名和编号明细表如表 1-2-4 ~ 表 1-2-7 所

示,另见附录1广东省高速公路网路线命名和编号规则。

7条首都放射线 表1-2-4

序号	全　　称	简称	编号
1	北京—哈尔滨高速公路	京哈高速	G1
2	北京—上海高速公路	京沪高速	G2
3	北京—台北高速公路	京台高速	G3
4	北京—港澳高速公路	京港澳高速	G4
并行线	广州—澳门高速公路	广澳高速	G4W
5	北京—昆明高速公路	京昆高速	G5
6	北京—拉萨高速公路	京藏高速	G6
7	北京—乌鲁木齐高速公路	京新高速	G7

9条纵线及联络线 表1-2-5

序号	全　　称	简称	编号
1	鹤岗—大连高速公路	鹤大高速	G11
联络线	鹤岗—哈尔滨高速公路	鹤哈高速	G1111
	集安—双辽高速公路	集双高速	G1112
	丹东—阜新高速公路	丹阜高速	G1113
2	沈阳—海口高速公路	沈海高速	G15
并行线	常熟—台州高速公路	常台高速	G15W
联络线	日照—兰考高速公路	日兰高速	G1511
	宁波—金华高速公路	甬金高速	G1512
	温州—丽水高速公路	温丽高速	G1513
	宁德—上饶高速公路	宁上高速	G1514
3	长春—深圳高速公路	长深高速	G25
联络线	新民—鲁北高速公路	新鲁高速	G2511
	阜新—锦州高速公路	阜锦高速	G2512
	淮安—徐州高速公路	淮徐高速	G2513
4	济南—广州高速公路	济广高速	G35
5	大庆—广州高速公路	大广高速	G45
联络线	龙南—河源高速公路	龙河高速	G4511
6	二连浩特—广州高速公路	二广高速	G55

续上表

序号	全　　称	简称	编号
联络线	集宁—阿荣旗高速公路	集阿高速	G5511
	晋城—新乡高速公路	晋新高速	G5512
	长沙—张家界高速公路	长张高速	G5513
7	包头—茂名高速公路	包茂高速	G65
8	兰州—海口高速公路	兰海高速	G75
联络线	钦州—东兴高速公路	钦东高速	G7511
9	重庆—昆明高速公路	渝昆高速	G85
联络线	昆明—磨憨高速公路	昆磨高速	G8511

18 条横线及联络线　　表 1-2-6

序号	全　　称	简称	编号
1	绥芬河—满洲里高速公路	绥满高速	G10
联络线	哈尔滨—同江高速公路	哈同高速	G1011
2	珲春—乌兰浩特高速公路	珲乌高速	G12
联络线	吉林—黑河高速公路	吉黑高速	G1211
	沈阳—吉林高速公路	沈吉高速	G1212
3	丹东—锡林浩特高速公路	丹锡高速	G16
4	荣成—乌海高速公路	荣乌高速	G18
联络线	黄骅—石家庄高速公路	黄石高速	G1811
5	青岛—银川高速公路	青银高速	G20
联络线	青岛—新河高速公路	青新高速	G2011
	定边—武威高速公路	定武高速	G2012
6	青岛—兰州高速公路	青兰高速	G22
7	连云港—霍尔果斯高速公路	连霍高速	G30
联络线	柳园—格尔木高速公路	柳格高速	G3011
	吐鲁番—和田及伊尔克什坦高速公路	吐和高速	G3012、G3013
	奎屯—阿勒泰高速公路	奎阿高速	G3014
	奎屯—塔城高速公路	奎塔高速	G3015
	清水河—伊宁高速公路	清伊高速	G3016

续上表

序号	全　称	简称	编号
8	南京—洛阳高速公路	宁洛高速	G36
9	上海—西安高速公路	沪陕高速	G40
联络线	扬州—溧阳高速公路	扬溧高速	G4011
10	上海—成都高速公路	沪蓉高速	G42
联络线	南京—芜湖高速公路	宁芜高速	G4211
	合肥—安庆高速公路	合安高速	G4212
11	上海—重庆高速公路	沪渝高速	G50
联络线	芜湖—合肥高速公路	芜合高速	G5011
12	杭州—瑞丽高速公路	杭瑞高速	G56
联络线	大理—丽江高速公路	大丽高速	G5611
13	上海—昆明高速公路	沪昆高速	G60
14	福州—银川高速公路	福银高速	G70
联络线	十堰—天水高速公路	十天高速	G7011
15	泉州—南宁高速公路	泉南高速	G72
联络线	南宁—友谊关高速公路	南友高速	G7211
16	厦门—成都高速公路	厦蓉高速	G76
17	汕头—昆明高速公路	汕昆高速	G78
18	广州—昆明高速公路	广昆高速	G80
联络线	开远—河口高速公路	开河高速	G8011

5 条地区环线及联络线　　表 1-2-7

序号	全　称	简称	编号
1	辽中地区环线高速公路	辽中环线高速	G91
2	杭州湾地区环线高速公路	杭州湾环线高速	G92
联络线	宁波—舟山高速公路	甬舟高速	G9211
3	成渝地区环线高速公路	成渝环线高速	G93
4	珠江三角洲地区环线高速公路	珠三角环线高速	G94
联络线	东莞—佛山高速公路	东佛高速	G9411
5	海南地区环线高速公路	海南环线高速	G98

课后复习题

一、单项选择题

1. 截至2012年6月，广东省（　　）条高速公路全部纳入联网收费，联网总里程为4963km。

A. 72　　B. 86　　C. 38　　D. 92

2. 广东省在全国率先实行（　　）的政策，有力地推动了高速公路建设与发展。

A. 贷款修路、一贷一还　　B. 应收不漏、应免不收

C. 贷款修路、收费还贷　　D. 政府还贷、贷款修路

3.（　　）年，广东省第一条高速公路（广佛高速公路）建成通车，揭开了广东省高速公路建设的序幕。

A. 1989　　B. 1988　　C. 1990　　D. 1985

二、多项选择题

1. "十二五"期间，广东将力争到2015年年末，再新建（　　）条出省高速公路，使广东的出省高速公路数量达到（　　）条，全省高速公路通车里程达到6500km左右。

A. 5　　B. 7　　C. 15　　D. 19

2. 按照广东省高速公路联网收费实施方案的要求，第二阶段区域合并工作的开展，争取尽快实现将全省（　　）个区域合并成（　　）个区域联网收费的最终目标，推进ETC收费成为广东省高速公路收费的主流模式。

A. 6　　B. 4　　C. 1　　D. 2

3. 以下高速公路中，哪些属于纵线及联络线范围内？（　　）

A. 鹤岗—哈尔滨　　B. 北京—哈尔滨

C. 沈阳—海口　　D. 济南—广州

三、简答题

1. 广东省按照《国家高速公路网规划》，根据高速公路功能分析定位，结合广东省高速公路发展的历史和现状以及区域自然经济环境，确定了哪些规划总体目标？

2. 请列举出国家高速公路网命名和编号明细表中所有首都放射线高速公路的全称。

3. 请写出广东省“九纵五横两环”路线布局中的二环（珠江三角洲外环高速公路）的途经区域。

第三章　高速公路营运管理

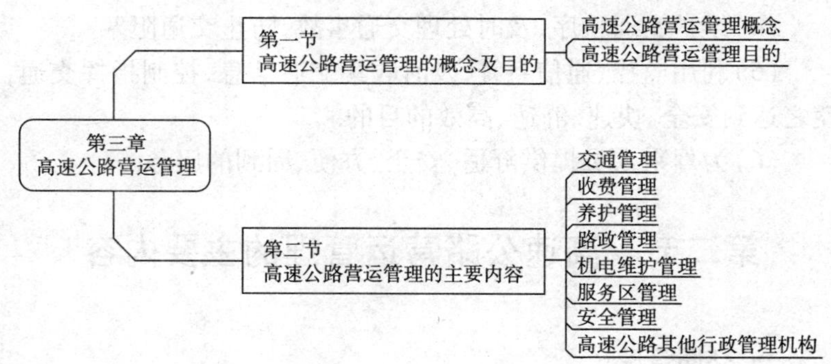

学习目标：

1. 掌握高速公路营运管理的概念及目的。
2. 掌握高速公路营运管理的主要内容。
3. 熟悉高速公路营运管理的具体内容。

第一节　高速公路营运管理的概念及目的

一、高速公路营运管理概念

高速公路营运管理是指高速公路建成通车后，对高速公路的收费、养护、交通、安全、服务等系统进行计划、组织、指挥、控制和协调，使其为高速公路使用者提供快速、高效、安全、畅通的道路及高质量服务的同时，让高速公路企业获得最大经济效益。

二、高速公路营运管理目的

(1)保证公路各种设施及附属构造物经常处于完好状态，从而为汽车营运提供快速、安全、舒适、畅通的使用功能。

(2)确保通行费收取,以便尽快偿还贷款本息,保证支付管理费及养路费。

(3)保护国有资产、路权,及时排除路障、救援、急救,保证路线畅通、安全。

(4)维护交通秩序,及时处理交通事故,防止交通阻塞。

(5)利用监控、通信系统,及时收集交通信息,控制指挥交通,使之达到安全、快速、舒适、高效的目的。

(6)为驾乘人员提供舒适、安全、方便、周到的服务。

第二节　高速公路营运管理的主要内容

一、交通管理

交通管理是对高速公路上的车流,按有关规则和要求,合理引导、限制和组织交通流,运用各种现代化技术,进行交通安全管理和事故处理,以保证交通快速、安全、畅通的总称。

二、收费管理

1)概念:收费管理是对车辆收取公路通行费中各项活动过程及财务工作的各种要素进行决策、计划、组织、指挥、控制和激励活动的总称。

2)任务:贯彻执行国家有关收取高速公路车辆通行费的规定,科学地组织收费工作,在保证公路正常营运秩序的同时,完成与争取超额完成收费目标。

3)高速公路收费管理原则:

(1)依法收取。

(2)尊重科学,一切按客观规律办事。

(3)坚持服务质量第一原则。

(4)讲究经济效益。

(5)应收不漏,应免不收。

4)收费管理内容:

(1)申报收费标准与收费方式。

(2)建立收费机构与配备收费人员。

(3)联系制作收费票证。

(4)统计车辆交通量。

(5)确定收费目标计划。

(6)建立和健全收费工作责任制。

(7)加强收费工作宣传教育活动。

5)收费过程管理:

(1)按规定收费及开票。

(2)清查堵塞漏洞。

(3)票证管理。

(4)通行费清点和缴交管理。

(5)经费管理。

(6)服务质量管理。

(7)收费系统管理。

6)技术开发工作:

(1)收费系统技术研究与开发。

(2)收费技术改造、革新与技术培训。

7)收费站管理:

(1)收费站职能。

收费站主要职责是代表高速公路公司对行驶在高速公路上的车辆实施收费,并提供优质服务。公司要求各岗位人员认真履行岗位职责,严格遵守各项规章制度,竭诚为驾乘人员服务,完成公司下达的各项任务。

(2)收费站管理的具体内容。

收费站管理的具体内容如图1-3-1所示。

①人员管理(包括培训、计生、考勤、考核等)。

②收费现场管理(包括设备监督管理、安全管理、卫生管理、

现场人员工作规范、现场突发事件处理等)。

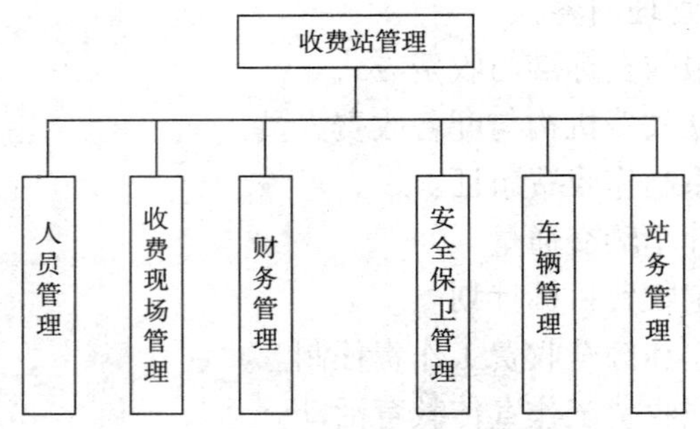

图 1-3-1　收费站管理内容

③财务管理(包括会计职责监督、票管职责监督、财务室安全管理、生成数据报表、站经费管理等)。

④安全保卫管理(包括收费站区治安保卫、防火、防盗、防抢,以及财务室和票据安全管理等)。

⑤车辆管理(包括车辆调度使用、维修、养护和年检等)。

⑥站务管理(包括后勤保障、物资采购、精神文明建设等)。

三、养护管理

高速公路的道路设施、养护机械、监视系统、交通工程标志及服务性设施等,经过长期使用,必然会逐渐损耗,直到最后不能使用,这就需要专业的高速公路养护队伍,对各种设备进行定期维修养护,以延长使用寿命,保证行车安全,降低养护成本,提高经济效益。

四、路政管理

1. 路政管理机构

路政管理机构是指为了完成国家赋予的路政管理职责,按法定程序组建的、具有一定层次和结构的有机整体,是一种广义和动态的行政组织。

2. 高速公路的路政管理

(1)公路管理机构依法保护高速公路、高速公路用地及高速公路附属设施,制止并处理各种侵占、损坏高速公路、高速公路用地及高速公路附属设施的行为。

(2)未经县级以上交通主管部门批准,任何单位和个人不得在高速公路用地范围内设置公路标志以外的其他标志。

(3)禁止在高速公路建筑控制区(其范围自高速公路两侧边沟外缘起30m)内构筑永久性工程设施和建筑物。

(4)禁止在高速公路用地范围内取土、堆物、倾倒垃圾、设置障碍、种植作物、开渠引水、摆摊设点,以及进行其他影响行车安全的活动。如造成高速公路及其附属设施损坏,责任者应当及时报告公路管理机构,并接受公路管理机构现场调查和处理。对污染、损坏路产的车辆,路政执勤人员可责令其暂停行驶,在指定地点停放并接受处理。

(5)因交通事故造成高速公路路产损坏,当事责任人应按有关规定向路产所有者赔偿损失,并承担相关责任。

(6)为保障行车安全,行人、非机动车、轻便摩托车、拖拉机以及设计最大时速小于70km的机动车辆,不得进入高速公路,车辆在高速公路行驶时不得掉头、倒车或穿越中央分隔带,不准进行试车和驾驶教练车,不准在匝道上超车、停车。

五、机电维护管理

采取有效措施,对高速公路机电、通信、监控系统进行维护,确保工作正常。机电维护管理的目的是为高速公路营运管理创造条件。

六、服务区管理

在高速公路上长途行车,精神容易疲劳,如果继续行车较为危险,这时应充分利用服务区停车休息。服务区有加油、维修车辆、就餐、电话等服务,可以为驾乘人员提供方便。

七、安全管理

根据国家有关规定，做好高速公路安全管理工作。高速公路安全管理的主要内容包括完善标志、标线，加强交通安全宣传，维护交通安全秩序，合理引导组织交通流，及时清理道路障碍等。安全管理的目的是为高速公路安全、畅通创造条件。

八、高速公路其他行政管理机构

高速公路交警的职责是确保行驶高速公路车辆的交通安全，打击车匪，维护高速公路治安。

课后复习题

一、单项选择题

1. 高速公路的路政管理中提到，禁止在高速公路建筑控制区(其范围自高速公路两侧边沟外缘起(　　)内构筑永久性工程设施和建筑物。

A. 10m　　B. 15m　　C. 20m　　D. 30m

2. 设计最大时速小于(　　)的机动车辆，不得进入高速公路。

A. 80km　　B. 70km　　C. 90km　　D. 120km

3. 高速公路安全管理的目的是为高速公路安全、(　　)创造条件。

A. 畅通　　B. 快捷　　C. 舒适　　D. 优质

二、多项选择题

1. 高速公路营运管理目的要求：营运管理者要保证公路各种设施及附属构造物经常处于完好状态，从而为汽车营运提供(　　)的使用功能。

A. 快速　　B. 安全　　C. 舒适　　D. 畅通

2. 下面哪些内容是属于收费现场管理范围内的？(　　)

A. 设备监督管理　　B. 后勤保障

C. 现场人员工作规范　　D. 安全管理

3. 服务区有(　　)等服务,可以为驾乘人员提供方便。

A. 试车　　B. 加油　　C. 维修车辆　　D. 电话

三、简答题

1. 请列举出高速公路收费管理的原则。

2. 收费站管理的内容包括哪些?

3. 请列举出收费管理中的安全保卫管理的具体内容。

第四章　高速公路收费管理

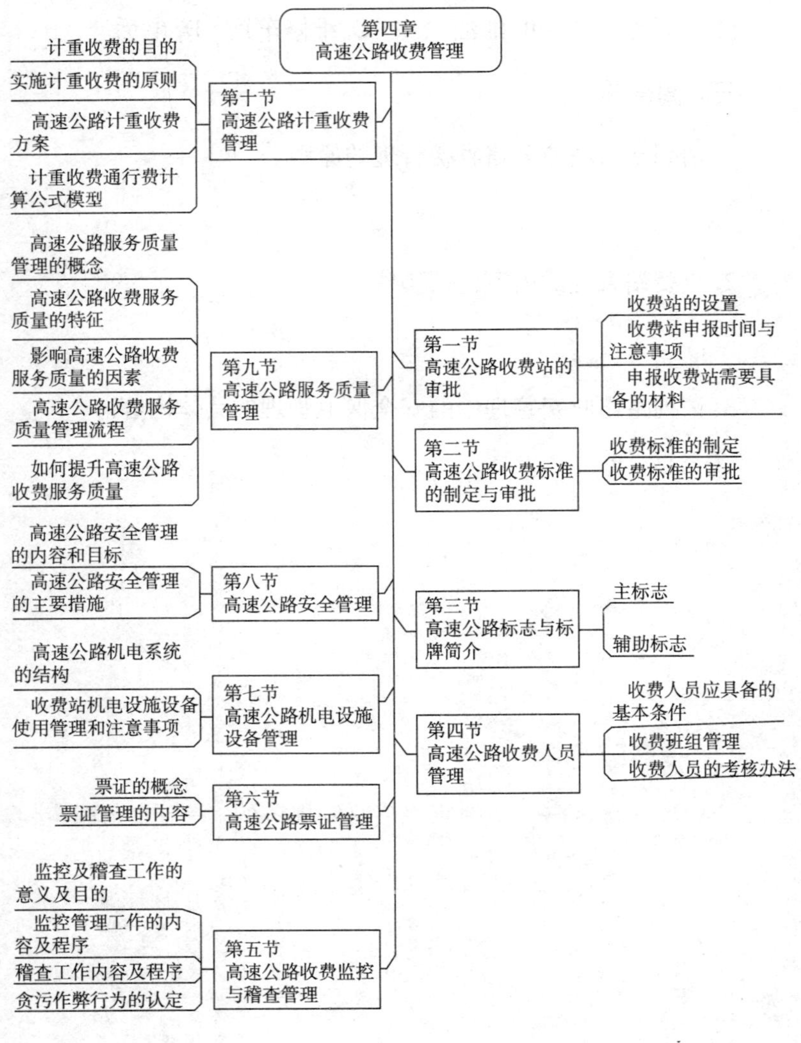

学习目标：

1. 了解高速公路收费站及收费标准的审批。

2. 了解高速公路收费标准的制定，掌握计重收费具体计费标准。

3. 熟悉道路交通标志的概念、意义，掌握各类高速公路标志与标牌。

4. 掌握高速公路收费从业人员应具备的素质、收费班组管理及收费人员考核办法。

5. 了解高速公路收费监控与稽查工作的意义及目的，熟悉监控与稽查工作的具体内容及程序，了解贪污作弊行为的认定。

6. 掌握票证的概念及管理内容。

7. 熟悉高速公路收费系统、监控系统及通信系统的设备构成，以及各类设备的功能；了解收费站机电设施设备的使用管理和注意事项。

8. 掌握高速公路安全管理的概念，了解安全管理的内容和目标，掌握安全管理的措施。

9. 熟悉高速公路收费服务质量的特征及影响因素，了解高速公路服务质量管理的重要性；掌握高速公路收费服务质量管理的概念、流程及提升服务质量的措施。

第一节　高速公路收费站的审批

一、收费站的设置

根据《中华人民共和国收费公路管理条例》第十二条规定，收费公路收费站的设置，由省、自治区、直辖市人民政府按照下列规定审查批准：(1)高速公路以及其他封闭式的收费公路，除两端出入口外，不得在主线设置收费站。但是，省、自治区、直辖市之间确需设置收费站的除外。(2)非封闭式的收费公路的同一主线，相邻收费站的间距不得少于50公里。

二、收费站申报时间与注意事项

根据《中华人民共和国公路法》第六十四条规定，收费公路设置车辆通行费的收费站，应当报经省、自治区、直辖市人民政府审查批准。跨省、自治区、直辖市的收费公路设置车辆通行费的收费站，由有关省、自治区、直辖市人民政府协商确定；协商不成的，由国务院交通主管部门决定。同一收费公路由不同的交通主管部门组织建设或者由不同的公路经营企业经营的，应按照“统一收费、按比例分成”的原则，统筹规划，合理设置收费站。两个收费站之间的距离，不得小于国务院交通主管部门规定的标准。

一般而言，收费制式选定以后，就应该申报收费站址设置工作。只有政府批准了站址后，才可以进行设计、施工。特别是采用非封闭式收费制式，更应事先得到批准。如果未经政府批准就开始设计、施工，将使收费站的审批工作处于非常被动的地位，万一政府不同意按已设计、施工的收费制式来设置收费站，就会造成不必要的浪费。

在实际工作中，根据广东省有关规定，经省政府批准收费的项目，在项目完工前6个月开始申报收费站址设置。建设单位只能是先设计、施工，后办理审批手续，这种情况可能会导致收费制式或收费站位置不合理的问题。为解决这个问题，有些建设单位在项目设计阶段，邀请政府收费管理部门参加评审，听取其指导性意见。因为政府收费管理部门的及早介入，会让收费站建设少走很多弯路。

三、申报收费站需要具备的材料

按照广东省的有关规定，申报收费站必须具备以下材料：

(1)“工可”批复文件；

(2)省政府批准同意收费的文件；

(3)收费站位置图。

建设单位还应有申报收费站址的主报告。主报告主要阐述项目的一些基本情况、设站依据以及相关请求，把以上具体材料作为附件，以供政府查阅。

第二节　高速公路收费标准的制定与审批

一、收费标准的制定

我国公路收费政策从20世纪80年代开始实施。1984年，广东省率先出台了“贷款修路，收费还贷”政策，至今有20多年了。但由于我国正处于公路大规模发展初期，以建设为重点，对公路的经营管理包括收费管理在内的问题研究不足，有关收费标准特别是高速公路收费标准的确定，虽然在政府令中有原则性规定，但在实际管理工作中仍比较简单，同一类高速公路收费标准一样，没有真正考虑投资、交通量、还贷期限、当地物价指数、社会承受能力等因素。

随着我国收费高速公路数量的增加，如何确定高速公路收费标准成为管理者、投资者以及社会普遍关注的问题。只有确定科学、合理、灵活的收费标准，才能使更多的使用者愿意使用高服务水平的收费高速公路，从而既有助于强化政府的管理职能，充分发挥高速公路的社会效益，又有助于投资者实现预期目的，确保投资利益；进而促进高速公路服务质量的进一步提升。

1. 收费标准的影响因素

影响收费标准的因素很多，可归纳为两方面：一是内部因素。主要包括收费道路类型，建设投资的规模和结构，如贷款规模、贷款利息、贷款偿还期限，以及收费道路的里程、道路的使用性能、公路的养护管理成本等。二是外部因素。主要包括地区经济水平与交通量大小、地区内路网的密度、并行道路的使用性能以及车辆组成及其经济性能。对于道路使用者来说，是否选择收费道路，主要取决于不同路线及运输方式综合成本节约的状况，成本节约包括车辆营运成本（油耗、轮胎、维修等）、时间成本及事故成本（交通事故、货损等）3部分。除此之外，使用者的客观经济条件及消费心理对收费也有很大影响，具体表现在该公路影响区的经济状况与人们生活水平,也就是说使用者愿意支付怎样水平的通行费来使用高标准的公路设施。虽然影响收费标准的因素繁多且复杂,但起决定性作用的因素还是车辆拥有者对通行费的真实承受水平。

鉴于内外因素对收费标准的影响,《收费公路管理条例》第十六条就如何确定收费标准作了原则性规定:车辆通行费的收费标准,应当根据公路的技术等级、投资总额、当地物价指数、偿还贷款,或者有偿集资款的期限和收回投资的期限以及交通量等因素计算确定。

2. 收费标准测算步骤

在分析期内,逐年进行各项费用、交通量及路况预测的计算,将上一年的预测结果作为下一年分析的基础,可遵循下述步骤。

(1)调查确定车辆组成及交通量增长预测。按交通量观测资料和分析期内交通量预测资料,确定收费公路收费区间的交通量组成以及交通量年平均增长率。

(2)计算平均运行速度。根据每类车型的特性参数和不同到达路线的道路特性参数,应用车辆运行速度的限速法计算区间的平均运行速度。

(3)计算车辆营运费用成本。车辆营运费用成本包括燃油消耗、轮胎使用费、维修费、润滑油消耗、折旧费及时间成本。在计算出各类车辆的资源消耗量后,根据市场调查确定各项资源的影子价格,从而可将各项资源的消耗量乘以相应的影子价格,得到每类车辆单位公里的营运成本。

(4)拟定收费方案。收费方案的拟定包括基年收费标准的设定以及未来年收费标准的变动周期和变动幅度的确定。基年收费标准可根据起始年收费公路及并行路的车辆营运成本差,拟定不同的基年收费标准的分析方案。在分析期内,收费标准是允许进行调整的,可根据收费对交通量的影响规律确定,如营运初期采用低标准刺激交通量发展,在 4 ~ 5 年采用提高一定比例的费率标准,当预测交通量大于通行能力时可进一步提高收费标准,以保证服务水平不下降。

(5)确定各类车型交通量的转移率。各类车辆在收费路与并行路上的分配随营运成本的变化而变化,由于各地区经济水平的差异,对车辆营运成本的认识也不一致,交通转移率的预估也会有所不同。

(6)路况预测。路况是决定养护水平的主要技术指标,随交通荷载及自然因素的作用,结构强度、平整度都会有不同程度的衰减,当路况下降到一定的服务水平后,便要求人们及时采取养护措施。在分析期内根据逐年的路况预测来确定养护方案,因而路况预测也很重要。

(7)养护管理成本计算(现金流出)。应根据路况使用性能指标来确定养护对策,在分析期内,由于交通荷载的变化,不同收费方案的养护周期不同,当使用性能指标达到最低服务水平要求时,应根据不同要求采取相应的养护措施。如结构强度不足应采用补强方案、平整度过大应采用挖补罩面方案等。在分析期末,应扣除路面使用性能的残值。

(8)计算收费收入(现金流入)。在分车型交通量确定后,乘以相应的收费单价,便可计算逐年的收费总额。

(9)进行经济评价与还贷能力分析,优选方案。有多种财务分析方法可用于方案比较,如现值法、内部收益率、效益费用比、静(动)态回收期等都是较常用的方法。各项费用的分析与选用的分析期长短和贴现率大小有着密切关系,分析期一般选用还贷期限,也可选用固定分析期(20 年),不同贴现率的评价可进行敏感性分析。对各方案采用多指标综合评价,在保证还贷的前提下选用效益好、投入低的方案。

二、收费标准的审批

1. 收费标准的申报

以广东省为例,收费标准在项目完工前 3 个月开始申报。一般情况下,这个时间应该可以满足项目建成后正常营运的需要。但是,收费标准申报的一个极重要的前提条件,就是收费站址是否已经得到批准。

由于收费站设置是在收费站设计、施工之后才审批,从时间上看,收费站址的申报与收费标准的申报没多大时差,而前一项工作又制约着后一项工作。

在实际工作中,为了满足项目建成后正常营运的需要,收费站址报批工作一般会适当提前进行,待收费站址批复下来,就可以着手进行收费标准的申报工作了。

2. 收费标准的审批内容及要求

1)广东省同类高速公路标准车公里的收费标准基本上一致。

广东省对高速公路的收费车型分类已经有了统一标准,都是按轴数、轮数、轴距、车头高度等车辆的物理参数进行分类,把收费车型依次分为5类,每一类之间的系数也做了统一规定。

2)广东省目前已开始试行计重收费路段的高速公路及其他封闭式收费公路采取对货运车辆不完全计重收费。

(1)通过高速公路及其他封闭式收费公路的货车按基于原车型收费标准计算通行费;

(2)对空(轻)载的重型货车试行降档收费,对其他正常装载货车按原车型收费标准收费,对超限货车试行超限计重收费。货车车辆的车货总重认定标准为2轴货车17t,3轴货车25t,4轴货车35t,5轴货车43t,6轴及6轴以上货车49t。

3)计重收费具体计费标准如下:

(1)轻载(空载)的较大型以上(2轴6轮以上)货车按现行高速公路及其他封闭式收费公路的收费标准降低一个车型收费标准计收通行费(最低降至现行收费标准二类车型)。

重型载货汽车轻载(空载)判定值 H 为3轴货车13.8t,4轴货车16.8t,5轴货车18.7t,6轴及6轴以上货车21.3t。

另外,空载的2轴6轮货车依收费站现场确定进行降档收费。

(2)其他正常装载(不超过公路承载能力认定标准100%)、超限30%(超过公路承载能力认定标准30%)以内(含30%)的货车按现行高速公路及其他封闭式收费公路的收费标准计收通行费。

(3)超限30%(超过公路承载能力认定标准30%)以上的货车,按以下办法计收通行费:

①正常装载部分(公路承载能力认定标准以内)及超限30%(超过公路承载能力认定标准30%)以内(含30%)按现行高速公路及其他封闭式收费公路的收费标准计收通行费;

②凡超限30%(超过公路承载能力认定标准30%)以上的部分,每超限1%,应缴通行费在现行收费标准上增加4%。

4)收费标准的审批内容包括以下方面:

(1)项目的收费权及收费期限是否已经确认(要求提供相关的批复文件);

(2)收费站址是否已经得到批复(要求提供相关的批复文件);

(3)核对建设等级,以确认标准车公里收费标准;

(4)提供统一的收费车型分类表;

(5)提供梯形收费表,核对各收费站点之间的里程及具体收费标准;

(6)由设计单位出具各个收费匝道互通图纸,以核对收费站匝道里程。

针对以上审批内容,建设单位除要在主报告中阐述项目的一些基本情况、收费依据以及相关请求外,还要全面提供相关材料,以供政府查对。

第三节　高速公路标志与标牌简介

道路交通标志是显示交通法规及道路信息的图形符号,用以管理交通、指示行车方向,保证道路畅通与行车安全的设施。道路交通标志能形象、具体、简明地表达交通法规,同时还能表达文字难以描述的内容,适用于公路、城市道路以及一切专用公路,具有法令的性质,车辆、行人都必须遵守。

道路交通标志分为主标志和辅助标志两大类。

一、主标志

主标志包括警告标志、禁令标志、指示标志、旅游区标志、指路标志、作业区标志及告示标志等。

1. 警告标志

警告标志是警告车辆、行人注意危险地点的标志。其形状为等边三角形,顶角朝上,颜色为黄底、黑边、黑图案,多设于山路等险要路段。

2. 禁令标志

禁令标志是禁止或限制车辆、行人通行的标志。其形状分为圆形、八角形及顶角向下的等边三角形,除个别标志外,颜色多为白底、红圈、红杠、黑图案,图案压杠,多设于城市交通干道。

如图 1-4-1 所示:图 1-4-1a)为限制速度标志,表示主线上车辆的行驶速度限制在 120km/h 以内;图 1-4-1b)为匝道限制速度标志,表示匝道限制速度为 40km/h;图 1-4-1c)为减速让行标志,表示车辆应减速让行;图 1-4-1d)为限制高度标志,表示装载高度超过 3.5m 的车辆禁止进入;图 1-4-1e)为禁止驶入标志,设在禁止驶入的路段入口或单行路的出口处,其颜色与其他禁令标志不同,为红底中间一道白横杠,表示禁止车辆驶入。

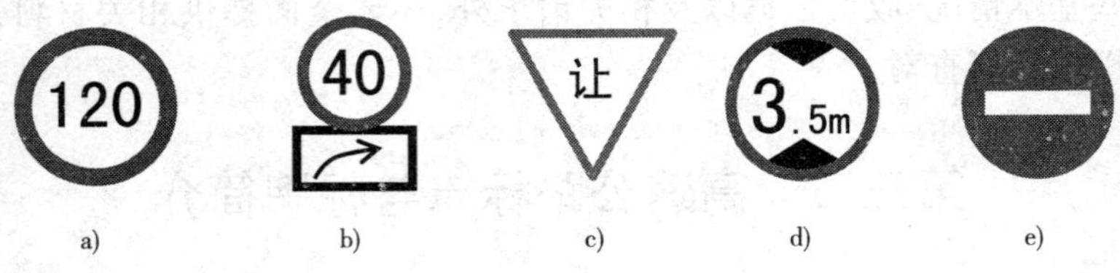

图 1-4-1 禁令标志

3. 指示标志

指示标志是指示车辆、行人行进的标志。其形状分为圆形、长方形和正方形,颜色为蓝底、白图案,多用于城市道路。

4. 旅游区标志

旅游区标志是提供旅游景点方向、距离和旅游项目类别的标志，颜色为棕底、白字。

5. 指路标志

指路标志是传递道路方向、地点距离信息的标志。除地点识别标志、里程碑、分合流标志外，其形状多为长方形和正方形，颜色为绿底白图案。

6. 作业区标志

作业区标志是在道路施工区通行的标志。

如图 1-4-2 所示：图 1-4-2a)、图 1-4-2b) 为施工区标志，用以通告高速公路及一般道路交通阻断、绕行等情况。图 1-4-2a) 表示向左行驶；图 1-4-2b) 表示向右改道。图 1-4-2c) 为锥形交通标志，用以阻挡或分隔交通流。

a)　b)　c)

图 1-4-2　作业区标志

7. 告示标志

告示标志是告知路外设施、安全行驶信息以及其他信息的标志。其颜色为白底、黑字、黑图形、黑边框，如有需要也可采用彩色图形。

如图 1-4-3 所示：图 1-4-3a) 为急弯下坡减速慢行告知；图 1-4-3b) 为系安全带告知。

二、辅助标志

辅助标志是附设在主标志下，起辅助说明作用的标志。其形状为长方形。其颜色为白底、黑字、黑边框。

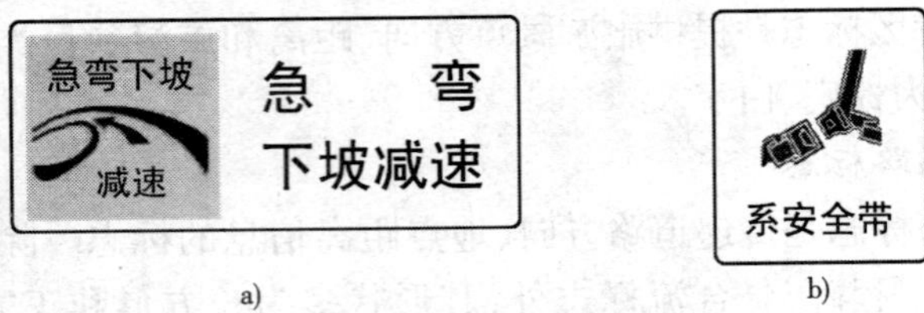

a) b)

图 1-4-3 告示标志

(一)高速公路常用标志

1. 入口预告和入口标志

高速公路入口标志如图 1-4-4 所示:图 1-4-4a)为 1km 前预告 G25 和 G35 的信息及入口,提示从该入口可到达的地点;图1-4-4b)为通向高速公路两个方向的入口预告;图 1-4-4c)为高速公路入口标志,设在高速公路加速车道起点附近;图 1-4-4d)为高速公路起点标志,设在高速公路的起点;图 1-4-4e)为高速公路终点标志,设在高速公路的终点。

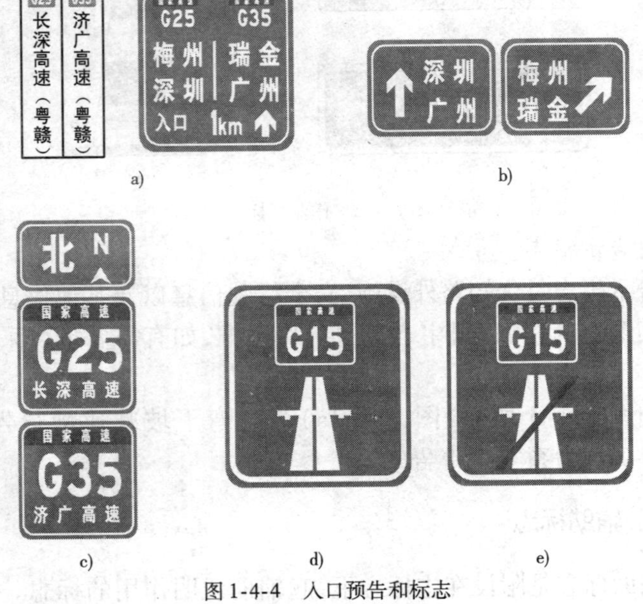

a) b) c) d) e)

图 1-4-4 入口预告和标志

2. 出口预告和出口标志

高速公路出口预告标志如图 1-4-5 所示：图 1-4-5a) ~ 图1-4-5e)均为高速公路出口预告标志，指示去城南的车辆在 K3505 出口。其中：图 1-4-5a) ~ 图 1-4-5d) 表示距高速公路 K3505 桩号出口为 2.5km、2km、1km、500m 的位置；图 1-4-5e) 为设在减速车道的起点位置。图 1-4-5g) 为下一出口预告标志，指示高速公路下一出口桩号为 3495，出口距离是 7km，设在各立交入口后主线上的适当位置。图 1-4-5f) 为高速公路出口指示标志，设在出口匝道三角地带端部，指示通往城南并由此可通往城南紫金。

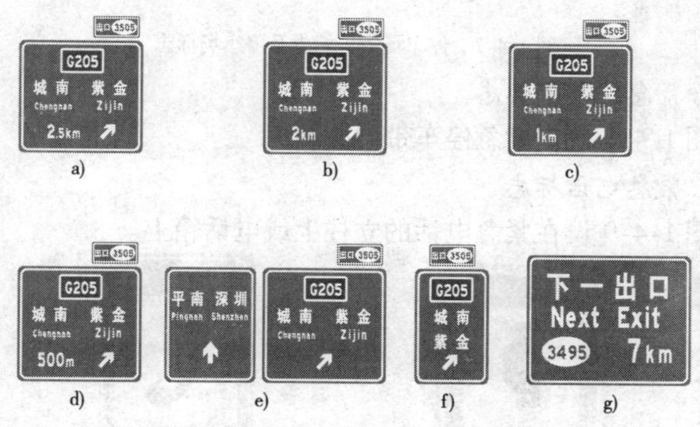

图 1-4-5　出口预告与指示标志

3. 服务区预告标志

用于预告高速公路服务区的位置。

图 1-4-6 分别为设在距服务区 2km、1km、500m 和减速车道起点处。

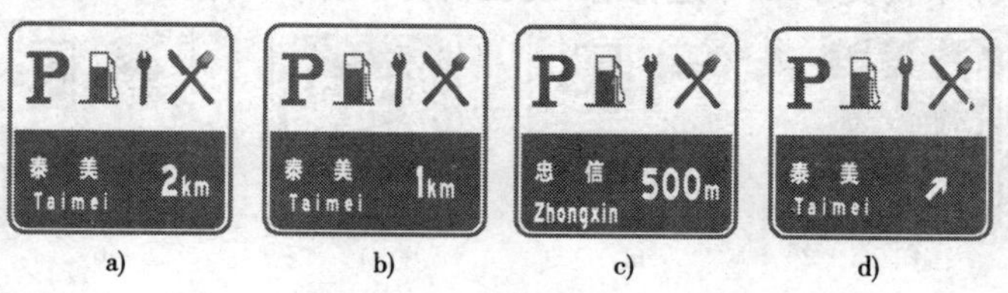

图 1-4-6　服务区预告标志

4. 停车场预告标志及停车场标志

用于预告停车区的处所。

如图 1-4-7 所示：图 1-4-7a）、图 1-4-7b）分别为距停车区 1km、500m 设立的停车场预告标志；图 1-4-7c）为设在减速车道的起点；图 1-4-7d）为设在停车场内适当位置的停车场标志。

a)

b)

c)

d)

图 1-4-7　停车场预告标志及停车场标志

5. 紧急停车带标志

图 1-4-8 设在紧急停车带的前端。

6. 紧急电话标志

图 1-4-9 设在紧急电话的立柱上或电话箱上。

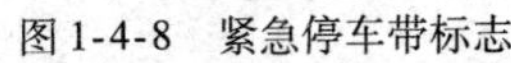

图 1-4-8　紧急停车带标志

图 1-4-9　紧急电话标志

7. 收费站预告及收费站标志

如图 1-4-10 所示：图 1-4-10a）和 1-4-10b）为设在主线上距收费站 1km 的预告标志；图 1-4-10c）为人工收费站标志；图 1-4-10d）为不停车收费 ETC 车道标志，设在收费站的入口附近。

a)

b)

c)

d)

图 1-4-10　收费站预告及收费站标志

8. 地点方向标志

用于指示行车路线的方向、地点及公路的路线编号。

图 1-4-11 为地点方向标志，设在互通立交匝道的分岔处，指示通往四角楼、小金、小金口。

9. 地点、距离标志

预告道路前方所要经过的重要城镇的地名和距离。图 1-4-12 预告距离河源 8km，距离 $G45_{11}$ 25km，距离梅州 184km。

图 1-4-11　地点方向标志

图 1-4-12　地点、距离标志

10. 线形诱导标志

图 1-4-13 设于弯道路段或中央隔离设施等处，用于引导安全行驶。

11. 绿色通道提示标志

图 1-4-14 为绿色通道标志，装于收费站最右侧车道，用于运输鲜活农产品。

图 1-4-13　线形诱导标志

图 1-4-14　绿色通道标志

图 1-4-15　计重收费提示标志

12. 计重收费提示标志

图 1-4-15 为计重收费提示，装于收费站前方，提示对货车实行计重收费。

道路交通标线是由标画于路面上的各种线条、箭头、文字、立面标记、突起路标和轮廓标等所构成的交通安全设施，其作用是管制和引导交通。道路交通标线可以与标志配合使用，也可以单独使用。

(二)高速公路常用标线

1. 车行道中心线

凡公路路面宽度可画两条机动车道的双向行驶的道路，原则上应画中心线。

(1)中心线的颜色。凡画中心虚线和中心单实线的道路，中心线用白色或黄色。

(2)中心虚线。表示在保证安全的情况下，车辆在超车和向左转弯时可以越线行驶。

(3)中心单实线。表示不准车辆跨线超车或压线行驶。

(4)中心双实线。表示严格禁止车辆跨线超车或压线行驶，凡上下方向各有两条或两条以上机动车道而没有设置中央分隔带的道路应画中心双实线。

(5)中心虚实线。表示实线一侧禁止车辆跨线超车或向左转弯，虚线一侧准许车辆越线超车或向左转弯，双向通行的三条机动车道以及需要实行单侧禁止超越的路线，应画中心虚实线。

2. 车道分界线

(1)车道分界线为一条白色虚线，用来分隔同向行驶的交通流。

(2)凡同一行驶方向的车行道有两条或两条以上车道时，应画车道分界线。

(3)为优先解决混合交通问题，在一般道路上先考虑设置机动车道和非机动车道的分界线。

(4)高速公路、一级公路、城市快速道路的分界线为白色虚线，宽度为10～15cm，每节画线长度为600cm，间隔为900cm。

(5)一般公路分界线虚线宽度为10cm，每节画线长度为200cm，间隔为400cm。

(6)画有导向车道的平面交叉路口，导向车道线为白色或黄色单实线，导向车道线表示不准车辆变更车道，线宽为10～15cm。

3. 车行道边缘线

(1)车行道边缘线的颜色为白色，用来表示车行道的边线。

(2)高速公路、一级公路和城市快速道路，应在机动车道的外侧边缘或路缘带内侧画15～20cm宽的实线边缘线。

(3)二级以下公路视线受限制的路段和画有中心单实线的路段应画实线边缘线，其他路段可不画或画虚线边缘线，虚线宽为15cm，每节画线长度为400cm，间隔为600cm。

4. 互通立交及收费广场相关标线

(1)收费岛迎车流方向地面标线(见图1-4-16)用于标识收费车道位置，颜色为白色。

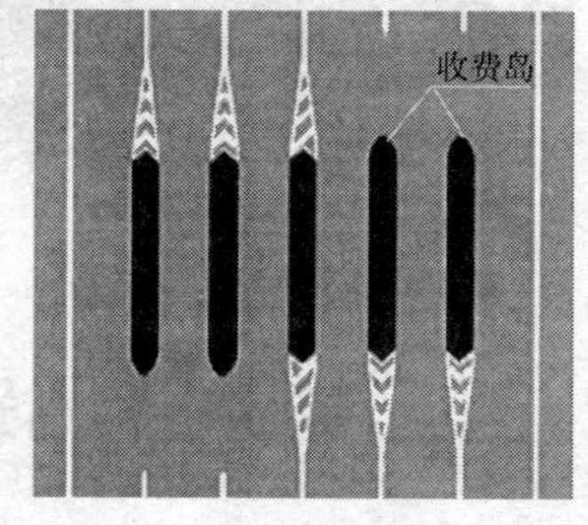

图1-4-16　地面标线

(2)收费广场减速标线(见图1-4-17)设于收费广场及其前部适当位置，以利于行驶速度逐步减低，使驶向收费车道的车辆通过各标线间隔的时间大致相等。减速标线设置数量视收费广场长度、景观及管理需求而定，以5道(最少)至12道(最多)为宜。

(3)导流线(见图1-4-18)设置于匝道出入口、路面过宽、路面不规则、行驶条件比较复杂的交叉路口或其他特殊地点，表示车辆需按规定车道行驶，不得压线或越线行驶。可配合导向箭头(见图1-4-19)设置。

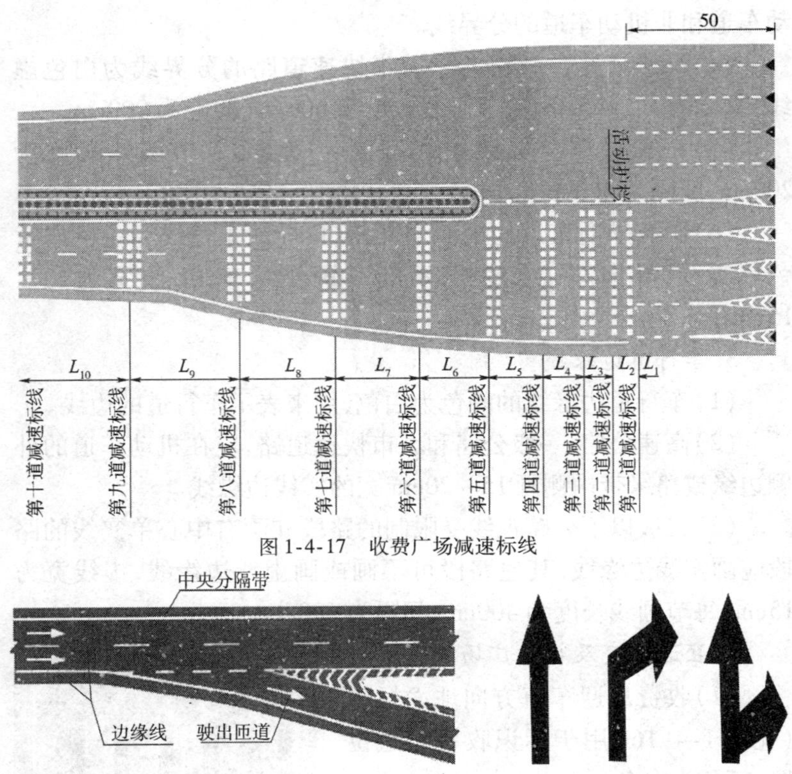

图 1-4-17　收费广场减速标线

图 1-4-18　导流线

图 1-4-19　导向箭头

第四节　高速公路收费人员管理

一、收费人员应具备的基本条件

1. 政治素质

(1)坚持四项基本原则,热爱社会主义祖国。

(2)收费人员应遵守的职业道德规范为廉洁奉公、文明收费、忠于职守、秉公守法。

(3)具备良好的个人形象,爱岗敬业,勤奋好学,具有较强的工作责任心,团结同事,关心集体,具有良好的服务意识。

(4)严格遵守、执行公司各项规章制度,坚持原则、秉公办事,坚持做到“应收不漏,应免不收”。

2. 业务素质

(1)具备高中、中专(或相当于高中、中专同等学力)或以上学历。

(2)通过岗前收费业务培训,能熟练掌握电脑发卡、收费技能。

(3)努力学习,不断提高自身业务水平。

(4)积极参加集体活动,遵纪守法,贯彻执行上级领导下达的各项任务。

3. 身体素质

(1)品貌端正,身体健康,无传染疾病,无色盲。

(2)招工时应聘人员年龄应满 18 周岁。

二、收费班组管理

1)收费班组是收费站最基层的组织形式,是收费站各项工作完成的最基本单元。收费班组建设在收费站管理中的地位与作用表现为以下 4 个方面:

(1)收费班组建设是收费站完成任务的基础。作为收费站营运工作的基本单位,收费班组承担着完成收费营运工作的重要任务。

(2)收费班组建设是收费站营运管理规范化的基础。收费站首先要实现班组管理单元的规范化,才能有效提高业务技能,提高收费服务质量,保障各项工作的顺利进行。也只有每个班组的管理达到了制度化、规范化,全站管理才能达到规范化。

(3)收费班组建设是提高员工素质的基础。班组人员朝夕相处、同苦同乐、相互了解、相互信任,便于开展思想政治、业务技能及文化知识的培训工作。

(4)收费班组建设是展现窗口形象的基础。收费班组直接面对驾乘人员。收费人员娴熟的业务技能、良好的精神面貌、亲切的微笑、舒展的肢体语言、周到的服务,以及驾乘人员急需物品的提供、站口车道的畅通、环境的整洁优美，都是交通系统窗口形象的体现，抓好班组建设，就能够让这些群众看得见、说得出的优点常态化、标准化，就能取得良好的经济效益和社会效益，得到社会的认可。

2)班组建设的着力点在于加强思想文化建设，提高业务素质，关心员工生活以及搞好群众关系。

(1)加强思想文化建设是做好各项工作的必要前提。“思想是人的灵魂”，只有思想健康，灵魂才能健康，行动才能健康，工作才能做好。班长要带头树立正确的人生观、价值观和世界观，不轻视自身能力，也不轻视自身岗位，认识到自身工作的重要性，要立足本职，以本职工作为荣，以尽职尽责为荣。

(2)提高业务素质是做好各项工作的关键。“榜样的力量是无穷的”，班长首先应以身作则，有过硬的业务水平，起到模范带头作用，这样才能比较权威地检查全班人员的操作规范与工作质量，才能及时发现问题并快速准确地处理。班长应以实际行动带动班组成员全面熟悉与掌握业务知识，尽快提高业务水平。

(3)关心员工生活是做好各项工作的基础，也是促进员工之间团结协作的纽带。生活中遇到不顺心的事在所难免，如果带着情绪来进行收费工作，不仅不能文明服务，影响工作质量，而且一系列问题也会接踵而至。班长要用心观察员工状态，及时引导他们正确看待与处理问题，要引导他们做好事情、做对事情，在失误和挫折面前，始终不泄气，保持乐观积极的心态，用发展的眼光看问题，学会分析原因，掌握解决与改进之道，通过沟通，自我反省，积蓄经验，把工作做得更实更好。平时也可以多举办一些娱乐活动，帮助班组员工放松心情，调节情绪，丰富精神生活。

(4)搞好群众关系是促进各项工作顺利进行的重要保障。作为收费班长，处理好自身与班组成员的关系非常重要。班长应在生活中切实关心员工，在工作中严格要求员工。班长的管理要大胆，但要讲究方式方法，更要严于律己。管理要讲科学，工作要讲带头，作风要讲民主，批评要讲方法。要有耐心，以理服人，一事一议，切勿以情取人，以权压人，切忌在班组成员出现问题时全盘予以否定，要用辩证的眼光看待问题，分析问题，而后解决问题。

三、收费人员的考核办法

1. 考核目的

为进一步激发员工工作的积极性，提高员工集体荣誉感，准确掌握员工工作的业绩及能力，挖掘员工潜力，为员工提薪、晋级、升职、年终评先等提供重要依据。

2. 考核原则

(1) 以统一扣分细则标准作为考评依据，保证考评客观、公平、公正、公开。

(2) 坚持与员工双向信息交流，达到正向激励效果，形成积极向上的良性竞争环境。

3. 考核方式和内容

以集体检查、突击检查、监控稽查等方式对收费人员的业务技能、文明服务、现场管理等方面进行全面考核。

4. 考核评定

收费人员考核评定可分为个人考核和班组考核两种形式进行，以便充分提高员工个人竞技意识和团队意识。为提高员工的技能水平，日常管理中还可以采用业务考试、技能竞赛等形式来进行考核评定。

第五节　高速公路收费监控与稽查管理

一、监控及稽查工作的意义及目的

1. 监控及稽查工作的意义

高速公路营运企业的收费监控、稽查工作是收费管理部门为保证国家收费政策和法规得以认真贯彻执行，企业利益得以维护而进行的一种经济监督活动。监控、稽查工作是营运管理的重要组成部分,是收费管理部门在通行费征收管理中,根据国家政策和企业的规章制度,对缴费情况进行监督和检查。它对管理高速公路收费队伍,维护收费秩序,确保各项政策严格执行,确保为顾客提供优质文明服务,树立良好企业形象,提高社会效益起着重要作用。

2. 监控及稽查工作的目的

(1)确保收费计划的完成。通过监控、稽查监督的威慑作用,加强驾驶员的缴费意识,提高收费工作管理水平。

(2)保证收费队伍的廉政建设。通过有效的监控、稽查手段,促使收费人员遵纪守法,防止违法行为发生,不断提高收费服务质量。

(3)保证收费管理工作各项规章制度的落实,促进收费管理水平的提高。通过对收费过程的监控、稽查和系统报表的监督,促使公司员工按照收费管理有关规定和财务纪律,做好收费票卡发放、票据结算、票款解缴、账表等基础工作。

二、监控管理工作的内容及程序

1. 对外监控

(1)核对车型与行车里程(入口),按章交费。

(2)掌握冲卡车有关资料(车型、车牌、特征)。

(3)监控收费广场、桥梁、隧道等重点构筑物,发现异常情况,及时处理并进行录像备查。

2. 对内监控

(1)检查收费亭内情况,纠正票款、钱箱等收费用品未按规定摆放及使用等现象。

(2)检查、纠正收费人员着装不规范、携带非工作用品上岗、未按文明服务规范操作的情况。

(3)检查、发现收费人员不按规定放行免费车、与驾乘人员伙同作弊、私放应收费车辆、大型车按小型车收费、卖假票、卖废票、收费不给票、少找钱或找假币给驾驶员、私自收集废票或不按规定及时处理废票、私带私藏现金等营私舞弊、侵吞通行费行为,并及时查证、上报主管领导。

(4)对收费班组人员结算交接过程进行监控,同一收费现场人员未结算完毕,禁止人员离开财务室。

(5)对收费、发卡人员的操作程序进行监督,禁止违规操作。

(6)对收费班组人员上岗情况进行监督,禁止擅自离岗、空岗、串岗、睡岗,禁止做与工作无关的事情。

(7)对收费现场的安全状况进行监控,严禁闲杂人员进入收费亭和收费现场,防止不安全情况的发生。

(8)对收费现场的其他违规情况进行监督和制止。

(9)完成上级部门布置的其他监控任务。

监控当班工作流程如图1-4-20所示,监控图像轮巡作业工作流程如图1-4-21所示。

3.收费现场上报监控内容及程序

1)现场特殊操作情况。

(1)修改。因车型判断失误打出发票或其他原因需要进行"修改"操作时,当班班长执行了"修改"操作。由当班班长上报修改原因、修改的发票号码。

(2)重打。因打印机故障、收费员人为撕烂票、票据打印不清晰、打印机卡纸、打印的金额不符等情况需要进行"重打"操作时,当班班长执行了"重打"操作。由当班班长上报重打原因、车型、金额、发票号码。

(3)未付车。因现场驾驶员无钱缴通行费或只能交付一部分通行费时,现场当班班长应要求驾驶员抵押价值超过应缴通行费两倍以上的易保管物品,并开具抵押证明。由当班班长上报未付车原因、车型、车牌、入口站名、欠款金额、抵押物品及大概补款时间。

(4)丢卡。如驾驶员丢失IC卡,现场当班班长应按"丢卡"操作,收取此车最远程通行费(如可以证明此车的入口信息,可手工操作收取此车的实际通行费)以及索赔IC卡工本费。由当班班长上报车型、车牌,检查有无开具索赔证明及工本费所在收费员工号。

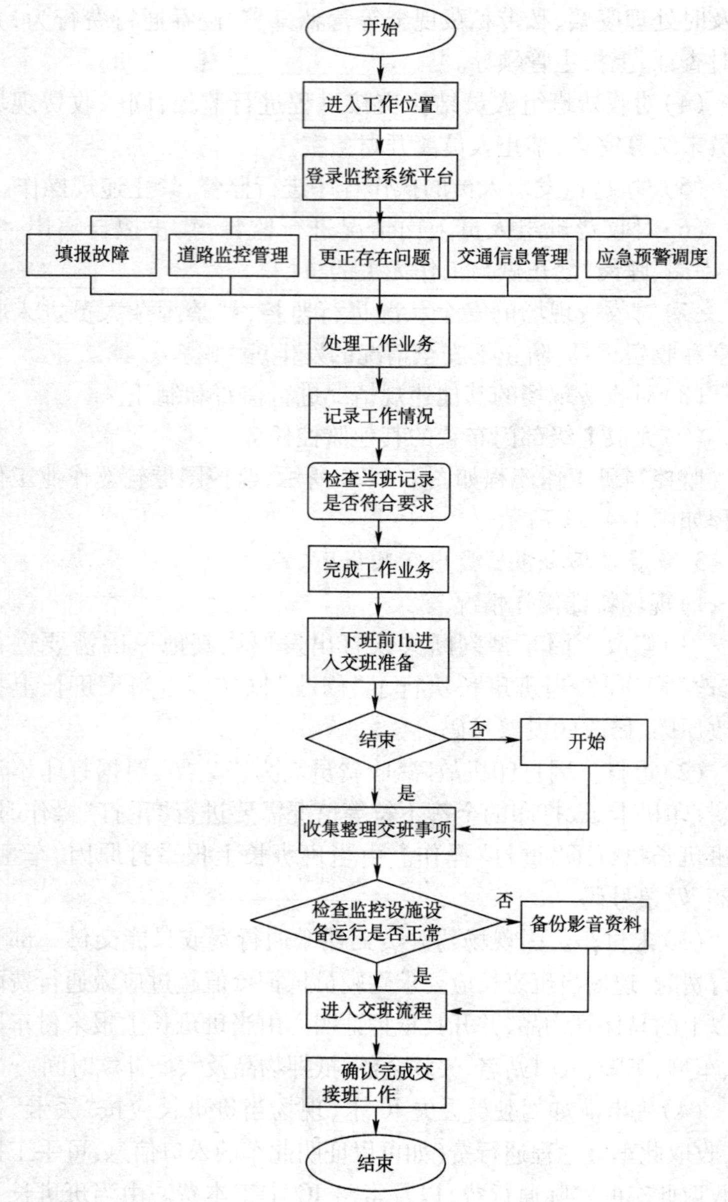

图 1-4-20　监控当班工作流程

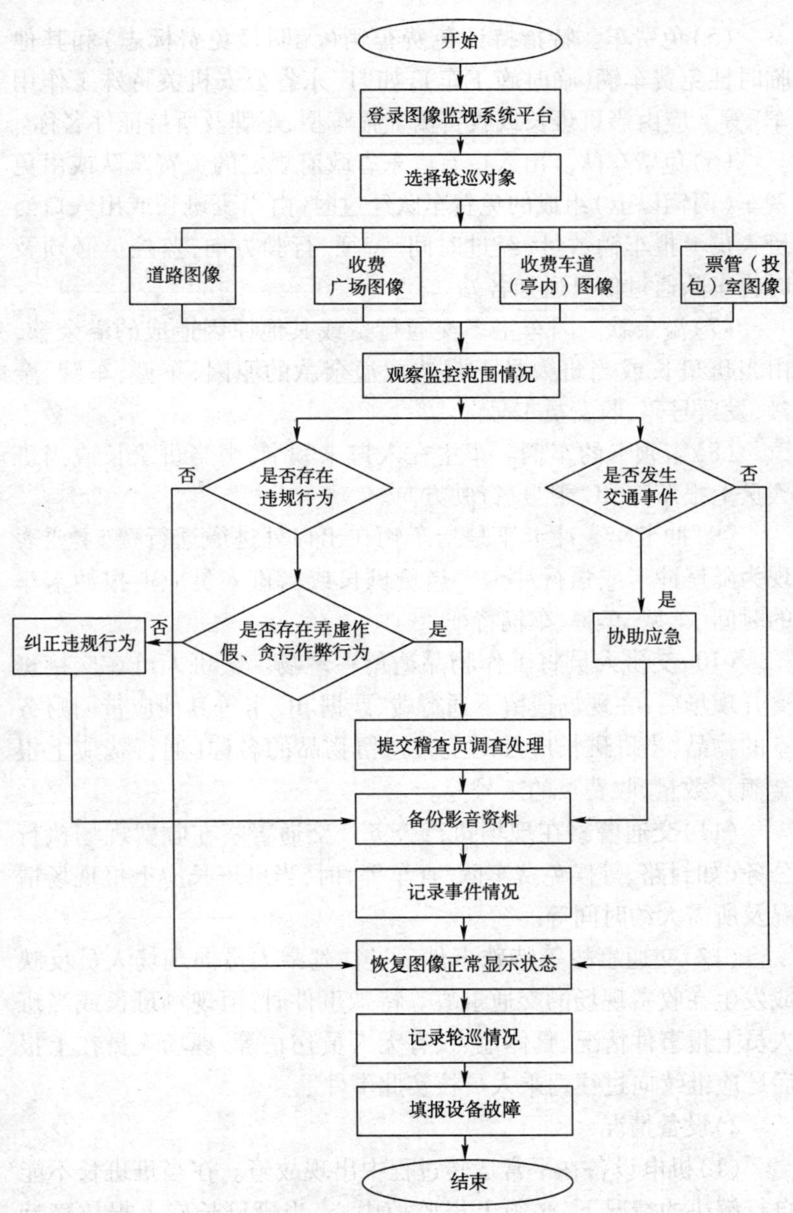

图 1-4-21　监控图像轮巡作业工作流程

(5)免费车。特指持证免费车辆(无明显免费标志)和其他临时性免费车辆(临时施工车),如“广东省公安机关特殊工作用车”等。应由当班班长或收费员上报车型、车牌及所持证件名称。

(6)免费车队。出入口有广东省政府规定的免费车队或由免费车(两辆以上)组成的免费车队经过时,由当班班长或出入口当班人员上报车辆数量、经过时间、特征、行驶方向,监控员必须及时将车队通过信息通知各站。

(7)溢余款。因车主多交通行费或其他原因造成的溢余款,由当班班长或当班人员上报造成溢余款的原因、车型、车牌、金额、发票号码、收费员工号。

(8)未领卡的车辆。车主在入口未领卡,由当班班长或当班人员上报车牌、IC 卡号、行驶方向。

(9)冲卡车。冲卡车是指车辆在出口处逃缴通行费,主要表现为随尾冲卡或强行冲卡。当班班长或当班人员应上报冲卡车的时间、车型、车牌、车辆特征。

(10)交班人员将工作物品遗留在现场。交班人员在交接班离开现场后,在现场遗留下通行费、票据、IC 卡等其他应带回财务室的物品,当班班长应及时上报遗留物品的名称(通行费应上报金额)、数量、收费员的工号等。

(11)交通警察在现场执行公务。交通警察在收费现场执行公务(如封路、等候免费车队、查车等)时,当班班长应上报现场情况及所需大约时间等。

(12)交通事故等特殊事件。过往驾乘人员向现场人员反映或发生在收费现场的交通事故等特殊事件时,由现场班长或当班人员上报事件情况、具体地点、有无人员伤亡等,现场人员在上报后还应继续向过往驾乘人员核实此事件。

2)设备情况 。

(1)机电设备在平常运转过程中出现故障。在当班班长不能自行解决的情况下,必须上报监控中心,当班班长应上报故障特征及已采用的处理方法。

(2)交通事故或其他情况引起的设备故障。当班班长在了解故障情况后上报设备故障特征等。

3)其他情况。

(1)上报当班人员信息。在现场接班后,由当班班长上报现场当班人员信息。

(2)空白发票。因打印机故障或其他原因产生空白发票,由当班班长或当班人员上报原因、发票数量及发票号码。

(3)兑换零钞。由当班班长或现场人员上报兑换金额、面额和收费员工号。

监控报送(发布)信息工作流程如图1-4-22所示。

三、稽查工作内容及程序

1. 现场稽查

(1)票款稽查。检查现场人员票据、通行费、备用金是否按规定摆放,有无假钞;百元大钞是否按规定投入票箱;是否收费不给票或重复出售废票;是否按规定正确使用各种印章(日期章、作废的发票章等);收费员的票证、IC卡数量、现金等是否与电脑记录数据相符。

(2)IC通行卡、纸卡稽查。检查是否按标准车型收发通行卡;是否倒卖通行卡;是否利用电脑收费系统篡改车型标准;是否擅自篡改入口站和车型;是否不按规定程序放行免费车辆;现场产生异常通行卡是否按规定处理。

(3)业务知识稽查。检查收费员是否按照正确的操作流程发卡、收费,是否有违规操作。当班人员是否掌握相关法律法规及业务知识。

(4)现场纪律稽查。检查现场人员是否着装整齐;是否携带与工作无关的物品当班;是否有窝藏或伙同贪污通行IC卡、票据、通行费的行为;是否妥善保管卡、票、款;是否自带或默许无关人员或非当班人员进入收费现场;是否有违反劳动纪律及其他违章行为。

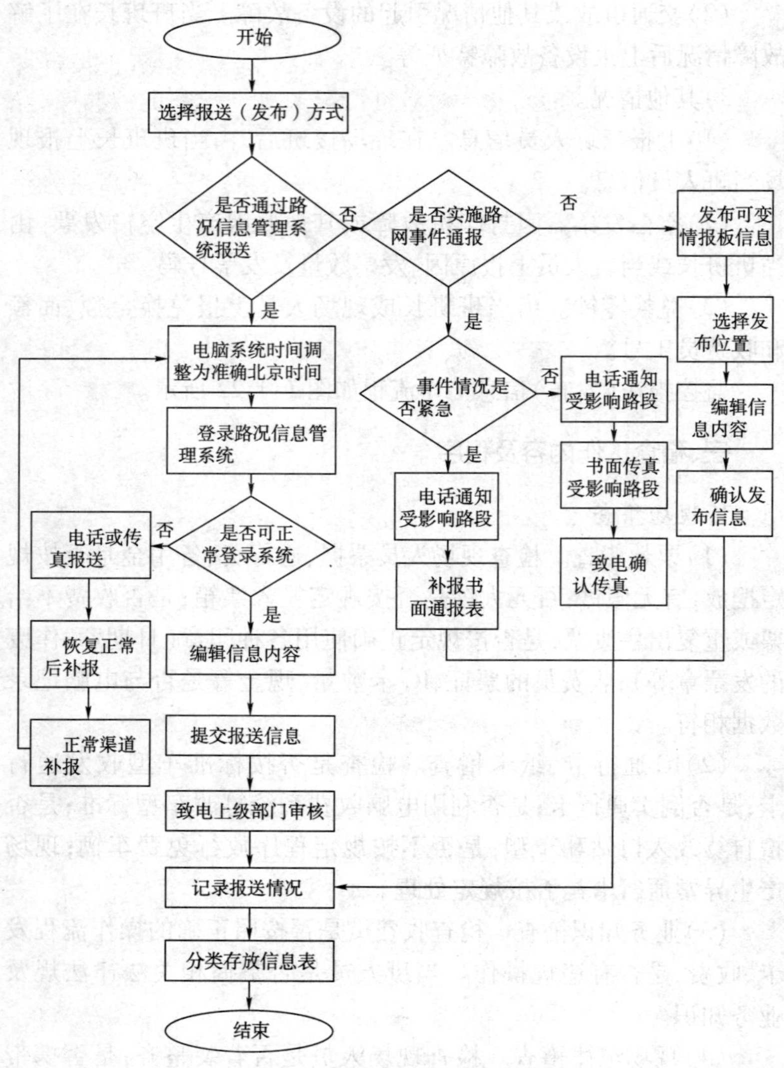

图 1-4-22　监控报送(发布)信息工作流程

(5)现场管理稽查。检查是否按规定开足车道及备用车道；车道是否按规定开启或关闭；是否安排人员站岗，站岗人员站姿是否端正并站在规定的位置；现场文件、免费依据、备用发票、色带、夜间睡觉工具等物品是否按规定统一放置。

(6)现场登记、统计资料稽查。检查现场当班记录本是否保持整洁,有无乱写乱画;是否对当班情况如实进行登记;对特殊操作及事件是否登记并上报。

(7)文明服务稽查。检查现场人员是否按《广东省高速公路有限公司营运服务手册》的规定进行发卡、收费操作;是否坚持执行文明五要素,即“扬手、点头、微笑、注目礼、文明用语”。

(8)现场人员形象稽查。检查收费现场人员是否按规定着装整齐、持证上岗并佩戴胸牌;是否有染发、化浓妆、留长发、留胡须、剃光头、留长指甲或染指甲现象;是否佩戴了耳环、手镯、戒指等饰物;长发女员工是否按规定束发并佩戴头花。

(9)现场卫生情况稽查。检查现场是否保持干净整洁;广场是否有烟头、泥沙、塑料袋等明显垃圾,是否有驾驶员丢弃的废票;收费亭内是否保持整洁,天花板、门窗、空调、地面是否干净;操作台是否干净整洁,是否摆放与工作无关的物品;收费亭内外是否有乱张贴、乱涂乱画现象(公司统一除外);防晒膜是否有破损脱落现象;休息室、厕所是否保持干净整洁、无异味。

(10)物品摆放稽查。检查收费亭内物品是否按标准规范整齐、有序摆放;收费岛、车道、广场是否有明显垃圾、积水淤泥,或摆放与收费无关的物品;灭火器、便民服务箱、打扫卫生用品、交通锥、沙桶是否摆放在规定位置,且整洁、整齐、有序。

收费现场稽查工作流程见图1-4-23。

2. 财务稽查

(1)财务室交接班稽查。检查财务人员与收费人员是否按规定进行交接班;收费人员是否按规定将实收通行费投入投包机;财务人员是否利用职务之便伙同收费员贪污作弊。

(2)收费差错稽查。检查财务人员和当事收费员是否如实提供差错信息。

(3)票据、票箱、备用金稽查。检查回收的特殊废票、纸券、异常卡是否按规定处理;收费人员的票箱是否按规定上锁,票箱内是否放置与工作无关的物品；有无窝藏废票行为；备用金是否相符。

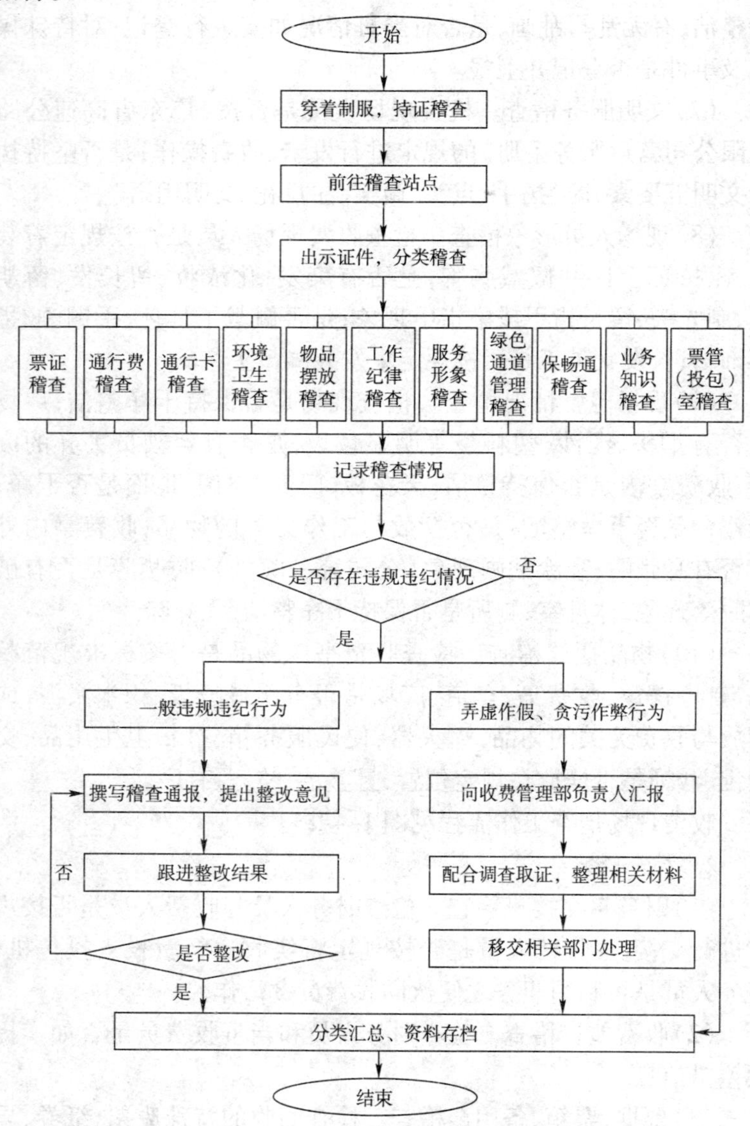

图1-4-23　收费现场稽查工作流程

3. 数据稽查

(1)通行费数据分析。对通行费异常减少或增长进行数据稽查。

(2)车流量数据分析。对车流量异常减少或增长进行数据稽查。

(3)免费车数据分析。将免费率偏高或有异常变动的站点、班组、班次、人员列入重点稽查对象。

4. 专项稽查

(1)对监控员稽查。不定期抽查监控员当班录像及核对值班记录。

(2)接受和处理客户投诉信息情况稽查。对客户投诉事件进行详细记录,根据投诉人提供的资料,进行详细调查及分析,并将调查结果反馈投诉人。

(3)严重违纪情况稽查。对已掌握涉及严重违纪情况的人员进行周密、详细地调查;根据监控员或其他员工反映的异常情况进行专项稽查。

收费后台稽查工作流程见图1-4-24。

四、贪污作弊行为的认定

收费人员凡具有以下行为的,均可视作贪污作弊处理,情节严重者将作开除处理并依法追究其相关法律责任。

(1)票款不相符,为达到从中获利的目的而不如实上报。

(2)私自截留通行卡、票据或通行费收入。

(3)倒卖通行卡。

(4)擅自篡改入口站、车种、车型并有从中获利行为。

(5)出售废票、弃票、旧票、假票。

(6)未收费时将票据撕下,而又不及时上报班长和监控(分)中心,并且不在第一时间对下一辆车售票时卖出。

(7)收费过程中故意不给票或不给足额票。

(8)将收到的假币故意找给过往驾乘人员。

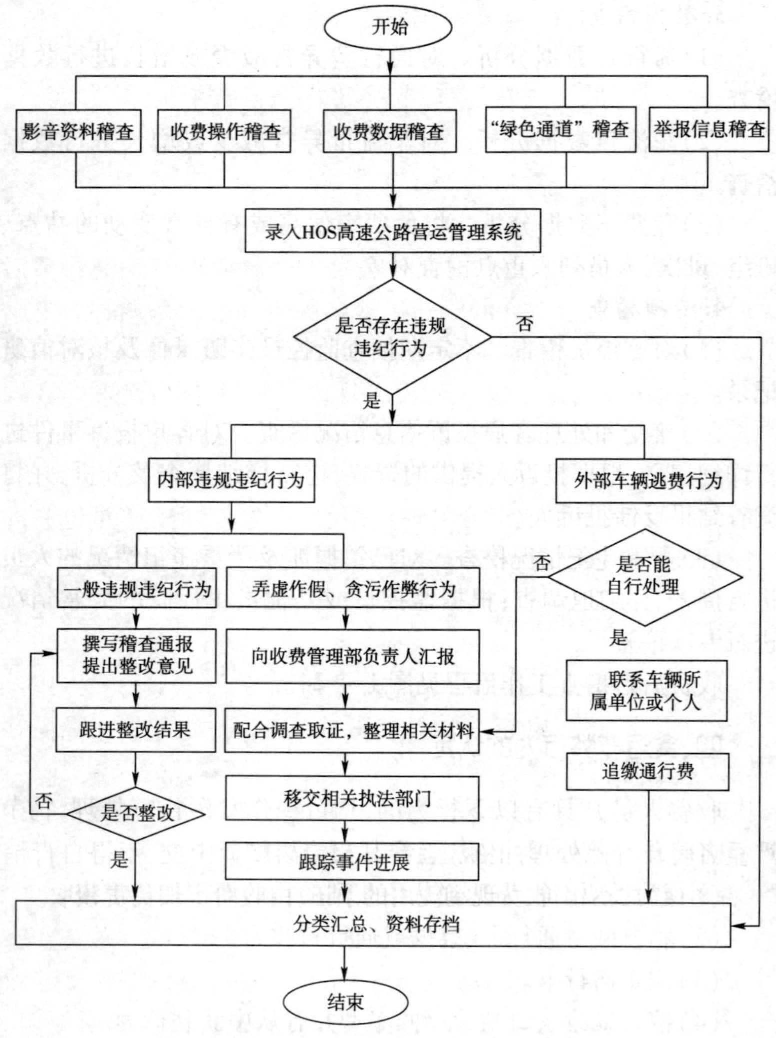

图1-4-24　收费后台稽查工作流程

(9)泄露或帮助他人泄露公司的保密信息。

(10)帮助他人转移作弊款或作假证。

(11)两名或两名以上收费人员协同进行贪污作弊的,所有参与及协同人员以共同贪污一并处理。

(12)违反公司关于贪污作弊的其他规定。

第六节　高速公路票证管理

一、票证的概念

有价票证是指对行驶在高速公路的车辆收取车辆通行费后所提供的合法票据。有价票证包括电脑票和定额票两种。电脑票是收费单位按规定标准收费,通过收费计算机系统打印出来的发票。定额票是根据税务部门有关规定,事先将固定金额印在发票表面。收费管理中,通行费收入一般使用电脑通行费机打发票;特殊情况下(即打印机或设备出现故障时),采用手工定额票,按最大面值、最少张数组合为最优组合,发票使用须遵照税务局的规定,按发票号码由小到大的顺序连续使用,不得跳号使用。

二、票证管理的内容

票证管理一般包括票证的领用、使用、结算、保管、核销等内容。

(1)票证的领用。各管理站票管员根据实际需要向上级主管部门领用各种有价票证,按规定程序填写一式二联的发票调拨单,各执一联作为各自记账凭证入账。如果所领票证中发现数量有误或印刷错误时,要及时上报上级部门,错票如数上交,不得自行销毁,否则视为丢票。收费现场使用的票证,由收费班长负责领取。

(2)票证的使用。启用每本票据时应检查封条是否完整,售票过程中发现缺号、短联时,应及时报上级主管部门并按规定做出妥善处理。应妥善保管未使用的票据,发现遗失应查明原因,并及时报告上级主管部门,采取相应有效的补救措施。

(3)票证的结算。采用票证使用金额、车辆通行费结算报表相结合的方式。

(4)票证的保管。各级票管员负责对所使用的各项票证进行保管,票据存放在专用票据库房,储存定位、有序,标志清晰,内部设有足够的照明，安装铁门、铁窗，同时做到安全防火，防盗、防潮、防鼠、防虫蛀。

(5)票证的核销。票证的核销是整个票证管理的关键环节。票管员每月定期对各类票证进行盘点，核对领用、使用和结存情况。对废票、弃票进行登记，按程序报有关部门同意后，确认时间、数量并登记后销毁处理。票管员不得擅自销毁。

收费票证管理工作流程见图1-4-25。

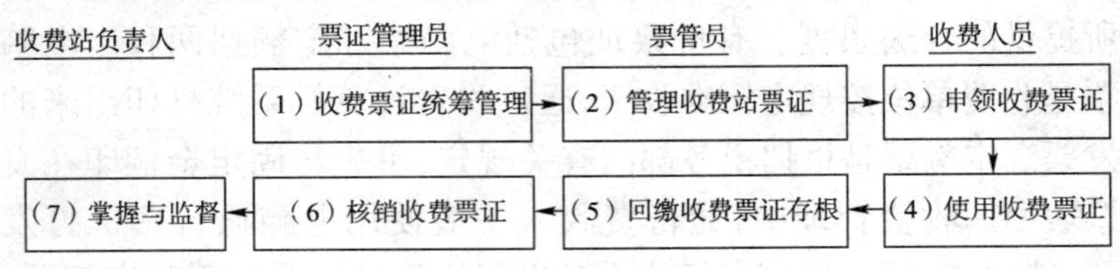

图1-4-25　收费票证管理工作流程

第七节　高速公路机电设施设备管理

高速公路机电设施设备是指高速公路路段内收费系统(包括计重收费设施设备)、监控系统、通信系统、供配电系统中所有的机电设施设备。机电设施设备的运转状况直接影响着高速公路的经济效益及社会效益，需进一步加强管理，规范操作程序，及时排除故障，做好日常维护工作，确保各系统安全、稳定、高效运行，满足营运管理的需要。高速公路机电设施设备一般由高速公路机电管理部门负责管理。

一、高速公路机电系统的结构

(一)高速公路收费系统

高速公路收费系统由计算机管理子系统、CCTV闭路监控子系统、有线对讲子系统、紧急报警子系统和电源子系统等构成。5个子系统均分为收费车道和收费站两级。收费站系统局域网络采用10M～100Mbit/s星形快速以太网结构，该系统车道收费数据实时传送，以便收费管理监控室对各车道收费业务全过程实施集中统一监督管理(见图1-4-26)。

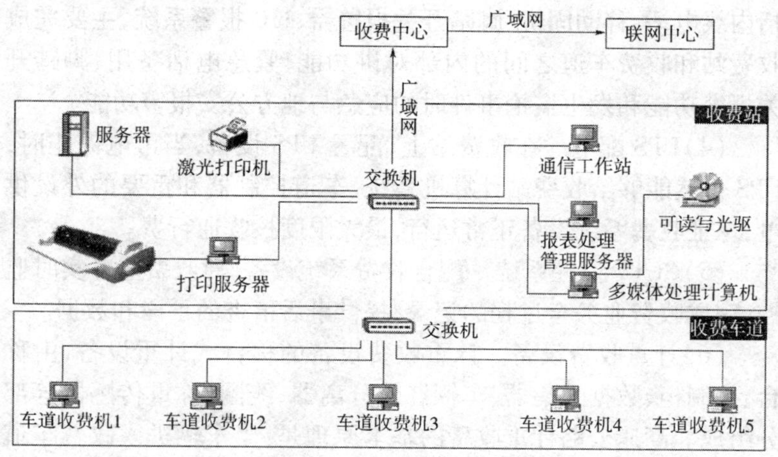

图1-4-26　高速公路收费系统结构图

高速公路收费系统设备包含车道设备、收费站级设备及软件、内部有线对讲及紧急报警系统、收费中心(分中心)设备及软件、闭路电视(CCTV)监视系统、计重收费设备、收费系统计算机网络等。

(1)收费车道分为入口发卡车道和出口收费车道。入口发卡车道设备有车道控制器、键盘、通行灯、视频数据叠加器、半自动发卡机、全自动发卡机、自动栏杆、检测线圈等，产生收费数据，并通过以太网将数据上发到收费站级计算机系统，接收收费站级下发的时钟、收费员名单、黑名单等文件，还有通行信号灯、雨棚信号灯等设备。出口收费车道设备有车道控制器、键盘、费额显示器、视频数据叠加器、半自动收卡机、全自动收卡机、自动栏杆、检测线圈等，产生收费数据，并通过以太网将数据上发到收费站级计算机系统，接收收费站级下发的时钟、收费员名单、黑名单等文件，还有雨棚信号灯、计重收费设备等设备。

(2)收费站级设备和软件。收费站级设备由多台计算机和报表打印机构成。与车道控制器配合，完成实时监控、报表打印、图像查询等功能。

(3)内部有线对讲和报警系统。内部有线对讲和报警系统包括内线电话、移动固机、脚踏开关报警器、110 报警系统,主要完成收费站和收费车道之间的内部对讲功能、紧急电话备用、脚踏开关报警功能和发生盗抢事件时的应急与地方公安报警功能。

(4)UPS 配电。在收费站上,配置 UPS 设备,当市电停止时,UPS 仍然能够给收费站计算机系统、车道控制器和重要的外设供电,保证收费系统设备正常运行,最大限度核收通行费。

(5)CCTV 监控系统。配合收费系统设备,对收费业务实时监控,完成收费业务全过程的记录,提供事后稽查的手段和数据。

(6)计重收费设备。计重收费设备的称台式计重设备,由称台、控制柜、数据采集器、车辆红外分离器、线圈、称重传感器等部分组成。高速公路计重收费的基本原理是:当车辆进入收费车道时,车辆前部遮挡光栅感应器触发信号传递给系统,启动称重仪器测量车辆的轴重;车辆每轴车轮通过称重仪器的称重平台时,系统均测量一个轴重数据;车辆各轴车轮均通过称重平台后,系统记录了车辆各轴重,直至车辆车体完全通过光栅传感器,系统自动将所有轴重合计,即为车辆总重;同时,因为计重收费模式还需结合车辆轮胎数量等参数进行计费,因此系统的轮胎识别器在每一轴车轮通过时,均检测出该轴每边轮胎个数,并记录于系统中。系统根据设定的计费标准,按车重和轮轴个数,自动计算该车辆的应收费额。

计重收费的作用如下:

①能使高速公路的路面、桥梁等得到有效保护。

②社会各界易于接受。少载少缴费,多载多缴费,对超限运输加重收费,既能保护守法运输户的利益,又可有效遏制车辆超载超限运输。

③促进公路运输业的健康发展。

④有利于高速公路服务水平提升。

⑤有利于汽车技术和汽车工业的规范发展。

(二)监控系统

监控系统主要由信息采集子系统、信息发布子系统及监控中心 3 大部分组成。信息采集子系统包括车辆检测器、气象检测器、紧急电话和巡逻车。信息发布子系统包括交通标志、标线和信号等,是交通监控管理为用户服务的主要形式。监控中心是高速公路全线路监控系统的最高层,即控制中心,主要负责全线路范围内交通情况的监视和控制。

监控系统的功能包括道路及隧道桥梁监视、交通量检测、气象监测、信息采集与发布、交通诱导、隧道检测等。主要设备包括车辆检测系统、气象检测设备(能见度、冰检等)、情报板系统、路侧摄像机系统、监控分中心计算机网络、地图板、大屏幕投影系统、图像监视系统、主控制台和监控软件、事件检测系统、隧道 CO/VI 检测设备、隧道火灾检测及报警系统、隧道 PLC 设备等。

1. 高速公路监控系统结构

高速公路监控系统结构图如图 1-4-27 所示。

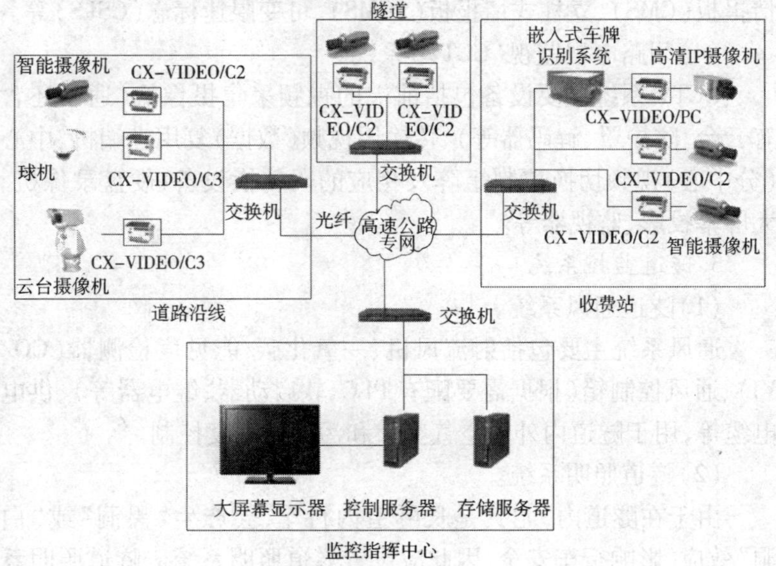

图 1-4-27　高速公路监控系统结构图

2. 道路监控系统

(1)路段监控中心(分中心)计算机管理系统。

主要包括系统硬件与软件两个组成部分:计算机硬件主要有数据库服务器、业务计算机、图形计算机、路由器、交换机、打印机等;软件系统主要有系统软件、支撑软件和业务管理软件等。利用计算机管理系统,可以实现以下功能:对于道路沿线外场设备的状态查询、信息获取及功能设定;交通管理方案的比较与优选、交通控制参数的确定;路政、公安、医疗等相关部门的信息共享与突发事件的协同处理;报表打印、日常信息管理等功能。

(2)信息采集系统。

用于道路沿线的交通、环境信息的采集,采集方式分为人工采集和自动采集两种。主要设备包括紧急电话(ET)、车辆检测器(VD)、气象检测器(WD)等。

(3)信息发布系统。

用于道路交通诱导、警示信息的发布,主要设备包括门架式情报板(CMS)、立柱式情报板(SCMS)、可变限速标志(CSLS)等。

(4)闭路电视监视(CCTV)系统。

CCTV 系统主要设备包括前端的视频采集摄像机(通常还含有云台、防护罩、解码器等)、传输用视频(数据)复用光端机、中心(分中心)视频切换控制矩阵及相应的码转换设备、硬盘录像机、大屏幕投影、监视器等。

3. 隧道监控系统

(1)隧道通风系统。

通风系统主要包括射流风机、一氧化碳/能见度检测器(CO/VI)、通风控制箱(根据需要配有 PLC、软启动器、继电器等)、供电电缆等,用于隧道内外的空气交换和污染物浓度控制。

(2)隧道照明系统。

由于在隧道内,尤其是长隧道内行车,会产生“黑洞”或“白洞”效应,影响行车安全,因此应设置隧道照明系统。隧道照明系统设备主要包括用于引道照明的中杆灯,用于洞内一般情况照明的隧道灯，用于断电或火灾等紧急情况的应急灯，以及亮度检测器、照明控制箱（根据需要配有智能照明控制器、PLC、继电器等）、耐火或阻燃电缆等。

(3)火灾报警系统。

火灾报警系统的主要功能是完成隧道内火灾情况的及时侦测与报警。其主要设备包括光纤火灾探测器及报警控制处理主机。

(三)通信系统

通信系统主要是为高速公路营运管理及监控与收费系统运行时提供必要的话音业务及数据、图像信息传输通道，它是保障高速公路安全、高速、畅通、舒适、高效营运及实现现代化交通管理必不可少的手段，是高速公路管理系统的中枢神经。高速公路通信系统结构图如图 1-4-28 所示。

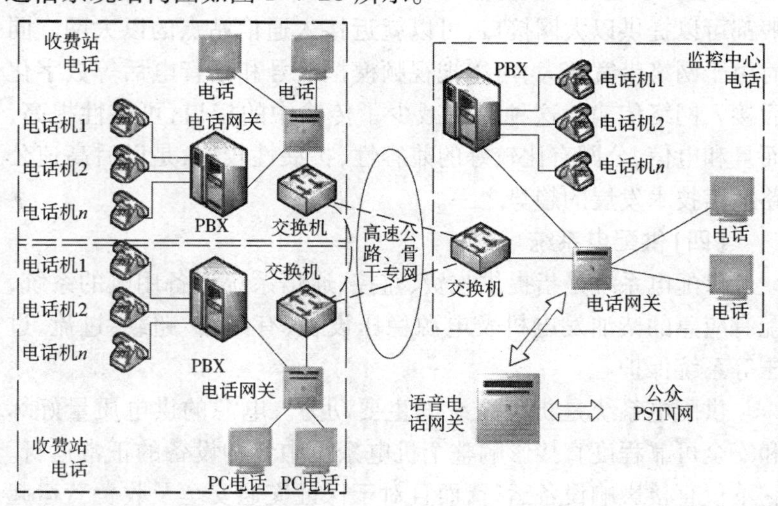

图 1-4-28　高速公路通信系统结构图

高速公路通信系统提供数据、图像、语音等通信功能，采用基于 SDH 的 MSTP 或 ASON 平台的光传输网络。主要设备包括 SDH 同步数字体系、程控数字交换系统（SPC）、综合业务接入网系统、通信网管系统、光电缆系统、紧急电话系统等。不过由于移动通信技术的发展,高速公路通信系统基本不再设置路侧紧急电话系统。

根据目前的技术状况,通信系统基本采用两种实现方法:一种为SDH同步数字体系;另一种为可实现语音、数据、视频三网合一的千兆以太网技术。

(1)SDH同步数字体系根据高速公路收费站点和服务区、养护工区等的设置设立通信站,在监控和收费中心地点设立通信中心。采用STM-1(155Mbit/s)或STM-4(622Mbit/s),用4芯光纤组成2芯通道,保护自愈环网。

(2)千兆以太网技术采用以太网技术完成主干通信网络的设置和数据、图像、话音的接入设备的设置,实现数据、图像、语音的综合传输(三网合一)。同样,它需在各个通信站设立节点交换机,通过4芯光纤形成自愈环网。目前的监控设备和收费系统一般都可以提供以太网接口,可以就近接入通信站点的以太网。同时由于网络带宽够大,可以把视频模拟信号和语音电话等数字化后接入网络传输。这种方法减少了传输中的接口,可靠性提高,而且和电信、公网有比较好的兼容性,扩展性较好,是以后高速公路通信技术发展的趋势之一。

(四)供配电系统

供配电系统是指提供收费、监控、通信系统设备用电的系统,配有应急的柴油发电机及电源稳压设备,有短路、超载、过流、过压等系统保护。

供配电系统是机电系统的主要动力。电源的供电质量好坏和安全可靠程度直接影响整个机电系统中各种设备的正常运行。它不仅直接影响设备运行,而且对于保证交通安全及收费营运起着决定的作用。高速公路机电设备供电系统目前大部分都采用集中供电,即电源统一由站低压配电房引出,经过参数稳压器稳压后再输出至电源房总配电箱,经总配电箱分配到监控配电箱、收费UPS、通信电源设备,外场监控设备电源经监控配电箱直接引出至设备,收费设备电源经过UPS后在收费配电箱分别引到监控室设备、收费广场配电箱，到收费广场后分别引到各收费车道控制箱，再连接车道设备。

二、收费站机电设施设备使用管理和注意事项

(1)值班站长负责收费站广场、车道机电设施设备的全面管理工作，机电养护单位定期维护，及时排除设备故障。

(2)收费员应依据操作程序正确操作设备，接班后应快速检查本车道设备各系统是否正常，如发现不正常，收费班长应及时报告监控中心，必要时更换车道。应避免在同一车道连续上班，应交替使用不同车道设备。

(3)收费站每天应安排人员对车道收费岗亭的操作台、收费键盘、车道收费显示器等设备表面进行清洁，清洁过程中应避免水分进入设备和防静电板。在冲洗车道的过程中，不得用水冲洗费额显示器、语音报价器、自动栏杆机、车道控制器箱和摄像机等设备。

(4)收费站人员不得在机电系统的计算机上使用软盘、光盘、U盘等可移动的存储设备；不得删除机电系统计算机上的文件，不得通过任何形式在机电系统的计算机上安装程序；不得使用他人账户和密码；不得使用他人账号、工号和密码；不得使用与本职工位权限无关的系统功能；不得擅自在车道收费计算机上连接普通键盘和鼠标等输入设备；在打印机通电的状态下，不得使用手动转动打印方式、调节打印纸(包括票据)位置。

(5)收费站人员应保持收费岗亭的整洁，空调温度设置在24℃左右，相对湿度保持在40%～60%。收费操作台、配电箱、工控机、车道控制器等机电设备设施上不得摆放除工作需要以外的其他物品(如水杯等)，避免洒漏损坏设备。对于平时无人值班的收费岗亭，应关闭窗户和锁好门户，做好安全措施；在台风、雨季时应加强防风、防水检查，对亭内设备做好相应的保护预防措施；如果发现设备进水，应立即停用，关闭该设备电源，报告监控中心。

(6)收费站人员如果发现设备有报警声、异响、异味、冒烟等，应及时报告监控中心或机电维护单位人员。如果发现自动

栏杆机断裂、栏杆脱落,收费站人员应把自动栏杆机操作在降杆位置,或关闭自动栏杆机电源。

(7)如果设备出现损坏,收费站人员应保留现场;对于设备故障脱落的备件,如收费键盘按键贴片、断裂栏杆等,应及时收集起来,并应及时报告监控中心、路政、站领导或机电维护单位人员。

(8)收费站人员应按照公司规定,使用收费广场的照明灯光,不得私自拆卸、搬移和安装使用机电设备。在市电停电、供电或与发电机发电切换时,收费站人员应及时报告监控中心,并观察切换是否正常。

(9)未经机电管理部门同意,任何人不允许对收费站机电设备进行拆卸、搬移及挪作他用。

(10)机电养护单位在收费站维修设备时,必须佩戴上岗证,在收费站人员或监控中心确认后,才能维护。若须拆卸或安装有关机电设备时,必须经机电管理部门确认后,才能拆除或安装。

(11)收费岗亭应保持环境清洁,桌面及设备表面无尘土,收费设备摆放整齐。班长负责检查收费岗亭工作环境是否符合要求,对存在易造成设备损坏的隐患,应及时报监控中心尽早采取措施。

(12)收费岗亭不允许使用明火,不得存放易燃、易爆、易腐蚀物品。严禁吸烟,不准将食品或其他与工作无关物品带入岗亭;严禁私自移动、挪用机电设备或更改系统线路;严禁增加岗亭供电负荷。

(13)收费系统应保证正常的工作状态,收费人员需在规定的权限范围内工作,不得超越权限进行操作;禁止使用私人硬盘、光盘等设备接入计算机接口。

第八节　高速公路安全管理

高速公路作为现代化的交通设施,与一般公路完全不同,具有通行能力强、速度快、路况好、服务优等特点,在这些要求中,安全占有极其重要的位置。离开安全,其他各项要求都不可能顺利实现。因此,作为高速公路的经营管理部门,要把高速公路的安全管理工作放到重要位置来抓。高速公路的安全管理是一个大安全的概念,包括安全生产和安全服务两个部分,具体内容有交通安全、生产安全、公共安全、施工养护安全、防火防暴安全、保卫安全等诸多方面。实施安全管理的目的是为高速公路使用者创造安全的行车环境,提供安全服务及确保企业自身安全。

高速公路安全管理工作是一项复杂又细致的系统工程,与企业内部许多管理部门的业务密不可分,要落实在诸多严密细腻的管理工作之中。本节就这项工作的主要内容予以介绍,为从事具体相关工作的管理者及工作人员提供参考。

一、高速公路安全管理的内容和目标

安全工作是从事高速公路营运管理的一项中心工作。安全工作既是一门科学,更是一项系统工程,也是安全文化在高速公路管理工作中的具体体现。实现安全生产是企业管理的一项重要任务,是高速公路经营管理的必然要求。高速公路营运安全管理的基本任务是:发现、分析和消除作业过程中的各种危险,防止发生安全事故和职业危害,保障职工的安全和健康,保障道路安全畅通,推动企业生产发展,促进交通运输事业的发展,为提高全社会经济效益和社会效益服务。具体包括以下几方面内容:

(1)贯彻国家安全生产法规,执行"安全第一、预防为主"的方针,落实上级安全生产的指示和要求。

(2)制定高速公路营运管理过程的各项规程、规定和制度,并切实加以实施。

(3)采取安全措施,进行综合治理,使各种设备达到安全生产的要求,保证职工有安全可靠的作业条件。

(4)落实劳动保护措施,不断改善劳动条件和环境,定期检测,保证职工身心健康。

(5)对全体职工尤其是特种作业、重点岗位职工进行安全教育，提高安全意识和技能。

(6)对职工的伤亡及生产过程中的事故进行调查、分析、总结、改进、处理和上报。

(7)深化安全管理，推行现代化安全管理技术与方法的应用。

高速公路营运安全管理的宏观目标是“一个杜绝、一个减少”，即杜绝重大责任事故，减少一般责任事故。具体目标可用“六无、两不发生”描述，即无火灾爆炸事故，无员工重伤、死亡事故，无重大责任交通事故，无万元以上机械设备责任性损坏事故，无食物中毒事故，无防范不力而发生的重大盗窃、抢劫案件；不发生因管理不善而导致的道路交通拥堵事故，不发生因道路施工作业管理不当而引发的责任性事故。

二、高速公路安全管理的主要措施

(一)建立健全各项安全管理制度，做到有章可循

在高速公路的管理过程中，危险因素大量存在。危险因素有显性的，更有隐性的。然而，有危险因素的存在，并不一定就会发生事故。由危险因素最终转变成事故，通常有4个要素：一是人的错误推测与错误行为；二是不安全事物的客观存在；三是危险的环境；四是管理上的缺陷。在实践中，几乎所有的事故都与管理有关，管理到位往往能遏制事故的发生。因此，培养管理人员的安全意识，建立健全切实可行的规章制度，是保障高速公路安全管理的首要条件。

(二)建立健全高速公路安全管理组织机构，做到组织落实

安全管理组织机构是安全管理工作的基础，也是实现安全目标的必要保证。

1.公司成立安全生产委员会(安委会)

安委会主任由总经理兼任，副主任由分管安全工作的副总经理担任，安委会成员由营运部负责人、有关部门负责人、二级单位负责人等组成。

2. 安委会下设办公室

分管安全工作的副总经理兼任办公室主任，办公室副主任由综合事务部负责人兼任，成员由专职安全员、团委书记、组织人事、综合、工程技术、经营开发部各一人组成。公司设1~2名专职安全员。

（三）层层落实安全责任制，做到工作到位

安全责任制是将安全总目标及任务进行分解，以责任形式落实到各具体部门中，再通过逐层分解，形成安全工作有主管、有计划、有落实、有监督、有检查、齐抓共管的局面，达到任务清楚、明晰，可操作性强，奖惩分明，使无形的安全管理工作转化为有形具体工作的目的。

高速公路营运需要各部门协作完成，而每个部门又由若干工作岗位构成，保证各岗位的安全生产是维持整个部门安全运行的基础。因此，制订细致的岗位安全责任制是非常有必要的。

在制订安全责任制和岗位安全责任制时，应以国家和地方的安全条令为依据，立足于本地实际情况，借鉴其他地方经验，切实将责任落实到各个部门和岗位上，使各部门和岗位人员充分认识和了解应承担的安全责任。各部门的安全责任和岗位安全责任应清晰明了，可操作性强，并能结合实践，不断予以补充和完善。

（四）加强应急工作管理，努力降低事故损失

在高速公路通行营运过程中，各种突发性事件和事故是不可避免的，如来自自然界的台风、暴雨、大雾、山体滑坡、泥石流等，人为造成的特大交通事故、刑事案件等，以及社会上传播的传染性疾病等。各类突发性事件与事故在不断考验着各部门的应急能力。能在最短时间内响应，充分掌握主动权，做到指挥有力、行动迅速、措施得当，最大限度地调动部门和社会上的资源，保护人员的生命和国家财产安全，将损失降至最低，这种应急能力的提升已成为企业乃至国家安全管理工作的重点，而编制安全生产管理应急预案则是提高安全应急能力的一个关键。

第九节　高速公路服务质量管理

高速公路收费服务质量管理是高速公路收费管理的重要内容,它直接关系到高速公路营运及管理部门的生存和发展。结合高速公路收费服务特征,采取有效措施提高收费服务质量,加强对服务质量的管理,对于促进高速公路健康、有序、科学的发展具有重要意义。

高速公路在向使用者收取通行费的同时,有义务向驾乘人员提供优质服务,这是高速公路收费服务特殊的商品属性,这也应在管理意识、管理方式、管理制度上充分体现出来,而为客户提供优质服务应是高速公路营运管理决策的依据。

一、高速公路服务质量管理的概念

高速公路服务是收费员向驾乘人员提供优质服务的过程,它是生产和消费同时进行的、无形的,主要依靠驾乘人员主观感觉来认识收费服务质量的过程。对收费服务质量的管理就是对收费服务过程的监督和控制。驾乘人员通过收费过程中与收费员接触,去认识与感知这种服务质量,并做出评判。一般而言,驾乘人员所认识与感知的收费服务质量,可分为技术质量与功能质量两个方面:前者是指驾乘人员得到了什么,即质量管理的技术质量;后者是指驾乘人员是如何得到的,既质量管理的功能质量。简言之,收费服务质量是技术质量和功能质量的统一,即结果和过程的统一。

二、高速公路收费服务质量的特征

(1)无形性。收费服务具有无形性,是一项或一系列收费活动,而不是实物。驾乘人员能感受其结果,即对服务质量的评价。

(2)同步性。收费人员提供的服务和驾乘人员接受的服务是同步进行的。

(3)驾乘人员的参与性。在整个收费过程中,驾乘人员自始至终是参与者。因此驾乘人员十分关注自己看得见的那部分收费服务过程,并会仔细地体验和评估所见服务。

(4)快捷性。快捷性是指驾乘人员进入高速公路后,收费人员以最快的速度收费和发卡,减少驾乘人员排队等候时间,同时驾乘人员能以最短的时间抵达目的地,从而满足其快捷服务的要求,这也反映了高速公路收费服务质量的时间特性。

(5)准确性。准确性是指高速公路营运单位在提供收费服务过程中,收费人员必须做到判断车型准确,找赎无差错等。

三、影响高速公路收费服务质量的因素

搞好高速公路收费服务质量管理,首先要解决好两个问题:一是什么样的收费服务质量状态是良好状态;二是如何保持良好的收费服务质量。要解决好这两个问题,必须考虑影响高速公路收费服务质量的内、外部环境因素。

1. 外部环境因素

(1)社会对高速公路收费工作的理解程度,尤其是驾乘人员对营运单位的认识、理解和信任程度。

(2)驾乘人员面临的安全水准,即应该避免危险、风险和疑虑的程度。

(3)高速公路及其管理者形象的良好程度,即给驾乘人员留下的印象。

(4)高速公路收费工作开展的环境,如空气环境,要求室温宜人,湿度正常,空气清新;要求光线环境适宜;对声音环境的要求,要做好噪声的防护;在颜色环境上,对收费顶棚、收费亭,地面、设备都要求与环境颜色相协调,以造成积极心理效应,保持良好工作情绪。

2. 内部环境因素

(1)高速公路收费部门遵守法律和规章制度的严格程度。

(2)收费人员提供服务的灵敏程度,即其积极性、主动性。

(3)收费人员提供服务的积极性、主动性,专业技能与知识的掌握程度,文明服务水平,与驾乘人员交流沟通程度,对驾乘人员需求的理解程度。

(4)驾乘人员得到服务的容易程度,即驾乘人员是否易于联系和接近高速公路管理部门。

上面因素中,内部环境因素与服务的技术质量密切相关,而外部环境则是驾乘人员感知服务质量时的过滤器。而在高速公路服务质量管理过程中,内部环境因素更具有可控性,因而在管理中占主导地位,更易于为管理层所重视。

四、高速公路收费服务质量管理流程

在整个高速公路收费服务质量管理系统中,共存在管理层、员工、驾乘人员3个群体,3个群体相互作用与制约,构成高速公路的收费管理系统。提高高速公路收费质量管理水平,应紧紧围绕这3个群体开展工作。

1. 管理层管理方法

(1)对市场需求进行调查研究,及时了解现有驾乘人员和潜在驾乘人员对收费服务质量有哪些要求。

(2)分析调研结果,并根据调研结果、结合企业员工实际情况,制定相应对策与方案,以提高服务质量。

(3)分析已知奋斗目标(驾乘人员对收费服务质量的具体要求)与企业现有条件(全体员工对达到车主要求的重要性、可行性、积极性的认识),掌握立足现有条件与实现已知目标间存在的差距,制定切实可行的措施,缩短差距,努力提高收费服务质量。

2. 员工管理方法

(1)全体员工认同目标和措施,积极主动参与。

(2)明确根本任务,积极主动地与驾乘人员接触,争取车主友好合作,提供优质服务。

(3)工作压力适中。压力太小,收费人员没有危机感,紧迫感,会安于现状,不思进取,不利于收费服务质量管理;压力太大,也会影响收费人员的身心健康，导致工作效率降低。适中的压力，让收费人员既有紧迫感，又在可承受范围内，有助于调动他们工作的积极性，提高工作效率。

3. 驾乘人员的反应

（1）驾乘人员对服务的预期通常非常具体。受企业形象影响及其他驾乘人员信息的传递，驾乘人员已形成对服务的预期。

（2）驾乘人员心中带着预期来体验实际获得的服务质量。

（3）驾乘人员会下意识将预期质量与实际感受进行比较，从而对服务质量优劣的做出评价。

五、如何提升高速公路收费服务质量

在高速公路收费管理实践中，通过制订诸如通行费实征率、差错率、高峰期车道开通率、一般性服务质量事故率、投诉如期反馈率等量化指标，来衡量收费站点收费服务质量水平的高低，有利于及时了解服务情况，便于管理者在管理过程中注重持续改善与提高服务质量。

（1）加强对收费服务质量的控制，多方面、多角度地对收费服务质量进行有效的管理。在实际征收通行费时，为服务对象提供优质的服务直接表现为满足驾乘人员安全、迅速、舒适、经济的需求。通过非直接接触性管理、现场管理、制度体系保证、外部宣传保障等多种形式，有效地对收费服务质量进行管理，才能更好地解决收费与缴费的矛盾。

（2）非直接接触性管理就是在收费服务过程中不与服务者或被服务者发生直接接触，而是通过行风热线、聘请义务监督员、问卷调查表等形式对收费服务质量进行管理。

（3）狠抓收费服务的现场管理。在实际工作中，通过运用流媒体软件进行远程的监控指挥、监控中心的实时控制和各级稽查、管理人员不定时的检查，并结合定期反馈服务质量的方式，及时发现服务现场中存在的问题并予以纠正和管理。

（4）在规范的制度体系中保证收费服务质量。通过制订量化的服务标准和服务保证措施，形成一个较完善的服务质量保证体系来规范服务质量。

(5)采用多种形式营造提高和保证收费服务质量的氛围。通过对员工进行业务培训、岗位技能竞赛等多种形式，调动员工提高自身业务素质和服务水平的积极性，促进收费过程中服务质量的提高。进而营造出积极、自觉提升服务质量的氛围。

(6)收费服务质量管理必须与对外宣传协调一致。收费营运管理部门与宣传部门应该密切配合，认真分析营运单位现有服务质量水平，现有驾乘人员预期质量水平，可能达到的服务质量水平。以此为基础，通过广播、电视、纸制媒体、互联网等形式，将企业的服务标准、服务承诺、优惠措施等信息传达给众多被服务者和潜在被服务者，并注重控制好对外宣传的承诺水平，使驾乘人员易于获得满足感，进而认同和赞赏营运单位的收费服务质量。

收费服务质量管理是一项庞大、系统、需要多部门协作的复杂工作，并随着经济和社会的变化而不断被赋予新内容。在高速公路不断发展的今天，人们更是需要不断摸索和创新，以促进高速公路的建设与发展。

第十节　高速公路计重收费管理

一、计重收费的目的

在法律法规允许的范围内，通过计重收费手段对货物运输车辆科学合理地收取通行费，用经济杠杆治理超载超限车辆对公路的危害，同时体现公平合理。其主要目的如下：

(1)通过经济手段消除车辆超限超载运输的利益驱动，规范货运市场经济秩序，有利于引导市场走出运价低、高超限的恶性循环。

(2)保护公路、桥梁，减少路面损害。

(3)有效缓解超载超限运输车辆给人民财产安全带来的威胁，

保障交通安全畅通。

二、实施计重收费的原则

(1)公平合理原则。使车辆支付的通行费与其对公路的损害程度对应。

(2)鼓励合法装载原则。合理负担收费,鼓励合法运输,打击超限超载。

(3)不增加社会总体负担原则。轻载车优惠,正常车不变,超限车辆加重收费。

(4)引导发展原则。利用经济杠杆引导货运车辆发展,优化货运车辆结构。

三、高速公路计重收费方案

1)通过高速公路的货车按基于现行的收费标准计算通行费。

2)对轻载(空载)的较大型以上(2 轴 6 轮以上)货车实行降档收费,对其他正常装载货车按现行标准收费,对超限 30% 以上货车实行超限计重收费。

3)货运车辆的车货总重认定标准(车辆所对应的公路承载能力认定标准)为:

2 轴货车 17t;

3 轴货车 25t;

4 轴货车 35t;

5 轴货车 43t;

6 轴及 6 轴以上货车 49t。

4)计重收费具体计费标准

(1)轻载(空载)的较大型以上(2 轴 6 轮以上)货车按现行高速公路的收费标准降低一个车型收费标准计收通行费(最低降至现行收费标准三类车型)。

重型载货汽车轻载(空载)判定值 H 为:

3 轴货车 13.8t；

4 轴货车 16.8t；

5 轴货车 18.7t；

6 轴及 6 轴以上货车 21.3t。

另外，空载的 2 轴 6 轮货车依收费站现场确定进行降档收费。

(2)其他正常装载(不超过公路承载能力认定标准)、超限 30%(超过公路承载能力认定标准 30%)以内(含 30%)的货车按现行高速公路的收费标准计收通行费。

(3)超限 30%(超过公路承载能力认定标准 30%)以上的货车，按以下办法计收通行费：

正常装载部分(公路承载能力认定标准以内)及超限 30%(超过公路承载能力认定标准 30%)以内(含 30%)按现行高速公路的收费标准计收通行费。

凡超限 30%(超过公路承载能力认定标准 30%)以上的部分，每超限 1%，应缴通行费在现行收费标准下增加 4%。

四、计重收费通行费计算公式模型

(1)对轻载(空载)的较大型以上(2 轴 6 轮以上)货车按基准收费标准降低一个车型收费标准计收通行费(最低降至三类车型收费标准)，通行费计算公式为：

$N=N_0$ (3 轴以上货车：当 $G \leqslant H$ 时；2 轴 6 轮货车空载降档依现场实际情况确定)

(2)对其他正常装载(不超过公路承载能力认定标准)及超限 30%(超过公路承载能力认定标准 30%)以内(含 30%)的货车按基准收费标准计收通行费，通行费计算公式为：

$$N=N_1 \quad (\text{当 } G/W \leqslant 1.3 \text{ 时})$$

(3)对超限 30% 以上的货车，通行费计算公式为：

$$N=N_1+N_1 \times (G/W-1.3) \times 100 \times 4\% \quad (\text{当 } G/W>1.3 \text{ 时})$$

式中：N——车辆应缴费额(元)；

G——车货实际总重(t)；

N_1——该车在高速公路原有收费标准下本车型的应交费额(元);

N_0——该车在高速公路原有收费标准下降低一个车型的应交费额(元);

W——车辆所对应的公路承载能力认定标准(t);

H——重型载货汽车轻载(空载)判定值。

【例】车货总重为13t、29t和40t的3轴货车,通行京珠北高速"粤北—太和"段分别应缴多少通行费?

答:3轴货车国家认定的车货总重超限认定标准为25t,按车型分类标准的对于四类车收取通行费。

(1)车货总重为13t的3轴货车,原收费标准为四类车,应缴505元。计重收费时,该车属于轻载(空载)的重型货车,按降档优惠降低一个车型收费标准收取通行费,即按原收费标准三类车收费337元。

(2)车货总重为29t的3轴车,该车已超过超限认定标准,但超限在30%以内,仍按四类车原收费标准收费,应缴通行费505元。

(3)车货总重为40t的3轴车,该车已超过超限认定标准,按以下公式计算:

$$N = N_1 + N_1 \times (G/W - 1.3) \times 100 \times 4\%$$

则

$$N = 505 + 505 \times \left(\frac{40}{25} - 1.3\right) \times 100 \times 4\% = 1111(\text{元})$$

故而,应缴通行费1111元。

课后复习题

一、单项选择题

1. 根据广东省有关规定,经省政府批准收费的项目,在项目完工前(　　)个月开始申报收费站址设置。

A. 3　　B. 6　　C. 7　　D. 12

2. 我国公路收费政策从20世纪(　　)年代开始实施。

A. 60　　B. 70　　C. 80　　D. 90

3. 计重收费提示标志,装于收费站(　　)方,提示对货车实行计重收费。

A. 前方　　B. 左侧　　C. 右侧　　D. 后方

二、多项选择题

1. 指示标志是指示车辆、行人行进的标志。其形状分为(　　),颜色为蓝底、白图案,多用于城市道路。

A. 圆形　　B. 长方形　　C. 菱形　　D. 正方形

2. 收费人员应具备以下哪些基本条件?(　　)

A. 抵抗素质　　B. 政治素质　　C. 业务素质　　D. 身体素质

3. 监控系统主要由(　　)3大部分组成。

A. 信息采集子系统　　B. 信息发布子系统

C. 监控中心　　D. 稽查系统

三、简答题

1. 收费班组建设在收费站管理中的地位与作用主要表现在哪些方面?

2. 请列举出货车车辆的车货总重认定标准和重型载货汽车轻载(空载)判定值。

3. 高速公路收费服务质量的特征主要有哪些?

四、案例分析题

某日，在某高速公路收费站，入口收费员发现有一经常在该收费站出口冲卡的车辆欲领卡进入高速公路，入口收费员当即将该车辆拦下，并要求其补交应交纳的车辆通行费。请问收费员的这种做法是否正确？依据是什么？

第二篇

高速公路收费实务

第一章　收费系列人员岗位职责及工作流程

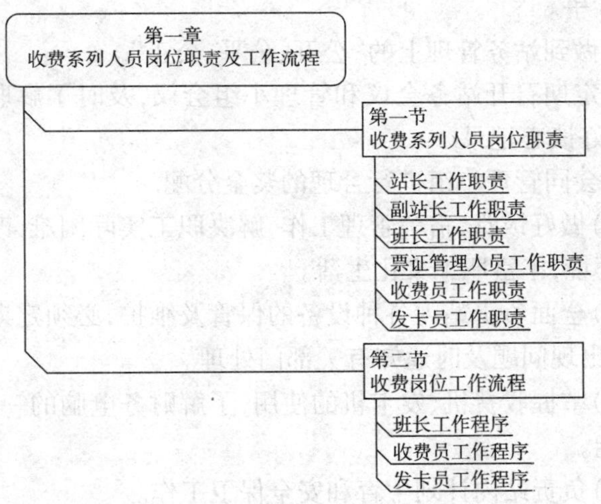

学习目标：

1. 掌握收费系列人员岗位职责及工作流程。
2. 熟悉岗位意识和责任意识，成为合格的收费人员。

第一节　收费系列人员岗位职责

一、站长工作职责

(1)熟悉业务知识，不断提高政治思想水平和管理能力，遵纪守法，贯彻执行上级下达的各项任务，科学管理。

(2)负责本站的全面工作，及时反馈工作的执行情况。

(3)负责本站收费员的考核、评比工作。

(4)领导本站管理人员研究拟定工作目标、计划和各项工作措施,不断完善、规范站的管理。

(5)指导和监督规章制度的执行情况,组织开展收费稽查工作,发现问题及时处理。

(6)严格财务制度,不以权谋私,营私舞弊,敢于与一切不良行为作斗争。

(7)做到站务管理上的“公开、公平、公正”。

(8)定期召开站务会议和管理小组会议,及时了解职工思想动态,做好谈心记录。

(9)会同管理小组进行合理的奖金分配。

(10)做好饭堂、宿舍管理工作,解决职工实际困难,改善工作及生活环境,丰富职工文化生活。

(11)全面负责站内各种设备的保管及维护,必须定期检查各种设备,出现问题及时通知有关部门处理。

(12)掌握收费机、发卡机的使用,了解财务电脑的一般操作、保养技能。

(13)负责站内计划生育和安全保卫工作。

(14)负责收费员的业务培训工作,认真对待投诉事件并及时处理,使服务质量得以提高。

(15)决定是否启动各种既定的应急预案。

(16)掌握监控(分)中心通报的各种情况,并及时做好处理和反馈工作。

(17)负责全站的考勤工作,合理安排本站收费员的工作时间。

二、副站长工作职责

(1)熟悉业务知识,不断提高政治思想水平和管理能力,遵纪守法,贯彻执行上级下达的各项任务,科学管理。

(2)协助站长开展管理工作,站长不在岗时代理站长职责,并及时向站长汇报工作的执行情况。

（3）在站长的直接领导下，侧重负责收费站所有设备的管理工作，包括设备的维护保养、安全保卫等方面的管理。

（4）协助站长指导、参与本站的稽查和各项检查工作。

（5）严格财务制度，不以权谋私，营私舞弊，敢与一切不良行为作斗争。

（6）做到站务管理上的“公开、公平、公正”。

（7）定期安排、督促站内有关人员做好设备的维护保养工作。

（8）随时掌握财务机、收费机、发卡机的使用和保养情况。

（9）协助站长定期召开站务会议和管理小组会议，及时了解职工思想动态，做好谈心记录。

（10）协助站长做好饭堂、宿舍管理工作，解决职工实际困难，改善工作及生活环境，丰富职工文化生活。

（11）协助站长负责全站的考勤工作，合理安排收费员的工作时间。

（12）协助站长做好站内计划生育和安全保卫工作。

（13）掌握监控（分）中心通报的各种情况，协助站长及时做好处理和反馈工作。

三、班长工作职责

熟悉业务知识，不断提高政治思想水平及管理能力，改进工作方法，科学管理。

（1）负责本班的全面管理工作，及时反馈本班的工作开展情况。严格执行公司和本站的规章制度，按时完成上级下达的各项任务。

（2）组织召开班务会议，按要求上交各项工作记录。

（3）了解本班收费员的思想动态，做好思想教育工作，遇无法解决的问题时向本站领导汇报。

（4）合理安排好本班收费员的工作和休息，确保工作的有序开展，同时做好考勤记录。

（5）落实本班各项工作的执行情况，发现问题及时处理，不徇私情，严于律己，敢于同一切不良行为作斗争。

(6)维持收费现场的秩序，做好保畅通工作，当班期间不得出现人为塞车的现象。

(7)不断提高本班收费员的安全意识，做好当班期间收费现场的设备、通行卡、票据、票款的安全保卫工作。

(8)当班期间发生突发事件及时向值班站长汇报，处理问题时做到“有理、有据、有节”。

(9)按规定做好索赔工作。

(10)熟练掌握电脑发卡、收费技能，经常检查、督促本班收费员按规程进行操作。

(11)负责卫生责任区内的卫生管理工作。

(12)落实本班的稽查工作。

(13)负责收费现场各种通行卡、票据、零钞和耗材的领用、更换、补充或调配。

(14)熟练掌握收费设备的一级维护，出现故障及时排除，遇不能排除的故障及时报告值班站长。

(15)安排好本班收费员分车道轮值，督促本班收费员按规定上下班、交接和缴款结账。

(16)组织本班收费员开展业务培训和相关活动，努力提高工作质量和服务水平。

(17)工作需要时，临时担任发卡工作。

四、票证管理人员工作职责

(1)熟悉业务知识，不断提高业务技能，遵纪守法，贯彻执行上级领导下达的各项任务。

(2)严格按照《票证管理办法》的有关规定做好管理工作。

(3)负责按计划向公司领用票证、通行卡。

(4)每年5月初和11月初做好半年度用票计划。

(5)负责做好票证、通行卡及账目、表格的保管工作。

(6)负责做好电脑废票和定额票存根的管理工作。

(7)负责各种票证的发放工作,电脑票须按号码顺序发放。

(8)负责做好各种票证的相应账目管理工作。

(9)指导收费、发卡人员正确使用票证、通行卡,并定期检查使用情况。

(10)做好出口车道IC卡的回收工作。

(11)做好发放、回收、整理IC卡周转箱的工作。

(12)协助站长做好IC卡的调配工作。

(13)做好无效卡、坏卡的登记、保管工作。

(14)协助站长做好本站收费员身份卡的管理。

(15)节假日前做好用票计划,及时补充票证,保证节假日有充足票证使用。

五、收费员工作职责

(1)熟悉业务知识,不断提高业务技能,遵纪守法,贯彻执行上级领导下达的各项任务。

(2)在班长的领导下,努力完成上级分配的工作任务,服从管理。

(3)熟练掌握各项收费业务技能,为顾客提供文明优质的服务。

(4)按收费标准及收费管理规定收费,做到应收不漏、应免不收。

(5)当班时负责检查设备的状况,填写相关工作表格,发现问题及时报告。

(6)保管好自己的工作用品和未上缴的票据、票款、通行卡等。

(7)严格按操作规程使用电脑收费机,收费机出现故障及出现突发事件时,及时通知管理人员,并做好相应记录。

(8)交接班时,严格按交接班手续进行交接班并填写设备情况表,按照要求定期对亭内外及设备进行清洁。

(9)负责记录闯关车辆信息,并报当班管理人员。

六、发卡员工作职责

(1)熟悉业务知识,不断提高业务技能,遵纪守法,贯彻执行上级领导下达的各项任务。

(2)在班长的领导下,努力完成上级分配的工作任务,服从管理。

(3)熟练掌握各项发卡业务技能,为顾客提供文明优质的服务。

(4)坚持原则,秉公办事,严格按发卡管理规定进行发卡。

(5)当班时负责检查设备的状况,填写各种工作表格,发现问题及时报告。

(6)严格按操作规程使用电脑发卡机,出现突发事件或发卡机出现故障时,及时通知本班管理人员,并做好相应的记录。

(7)保持亭内外清洁卫生,定时对亭内外及设备进行清洁。

(8)负责记录闯关车辆信息,并报当班管理人员。

第二节　收费岗位工作流程

一、班长工作程序

(1)上班前15min到站里集合,检查本班收费员是否容装整齐、佩戴工号卡,检查是否携带与当班无关的物品,提醒本班收费员注意交通安全及讲解本站临时布置的工作。

(2)带领本班收费员到财务室领取身份卡、票箱(周转箱)、通行卡、定额票、备用金等物品,抽查收费员领取的备用金。

(3)上班前摆放好人员动态卡,指挥本班收费员列队上岗,合理安排发卡人员到收费车道领取通行卡。

(4)按车道顺序交接班,检查亭内各设备是否完好,监督本班收费员的工作状态。

(5)接班后对各场所进行综合例查,发现问题及时处理并报告值班站长，事后做好记录。

(6)安排本班收费员清点、兑换备用金，并做好登记工作。

(7)处理收费现场设备出现的故障，更换或补充打印票证和色带，遇无法排除的故障及时通知监控(分)中心和值班站长并做好相关记录。

(8)负责安排IC卡的回收管理工作。

(9)交接班时检查设备情况，在《站收费车道(亭)主要设备运行情况记录本》上签名(无人当班的亭)。

(10)带领本班收费员列队回财务室缴款结账，并做好人员和票款的安全保卫工作。

(11)监督本班收费员在财务室的结账过程，协助财务人员做好结账工作。

(12)负责撰写收费现场工作日记。

二、收费员工作程序

1)上班前15min到站里集合，容装整齐，佩戴工号卡，检查是否携带与当班无关物品。

2)在管理人员带领下领取身份卡、备用票、票箱、备用金等物品。

3)列队上岗，按班长安排的车道进行交接班。

4)首先检查亭内设备工作状态是否正常，票号是否正确，然后填写《站收费车道(亭)主要设备运行情况记录本》，等上一班收费员退出收费状态后，放置工号牌，插入身份卡(遇设备无法读取身份卡信息时，应报告监控(分)中心，经同意后输入工号、密码上班)，使电脑收费机进入收费状态。

5)面对来车，准确判断车型和车种，按收费管理规定进行收费工作。

6)读取驾驶员交来的IC卡，按系统显示的费额收费，并把发票和找赎款一并递给驾驶员。

7)特殊情况及处理办法：

(1)若驾驶员交来的通行卡为纸卡时,需检验入口标记是否正确,并按以下情况处理。

①正确时输入站代码,按系统显示费额进行收费。

②不正确时,通知管理人员处理。

(2)对驾驶员不要的票,加盖作废章或撕烂,在对下一辆车收费前将该废票放入废票箱内。收费机(换打印票证或色带)出现故障时,自行排除故障,如无法处理,应及时报告管理人员排除(或更换),并做好相关记录。

(3)出现设备损坏情况及其他突发事件时,及时报告管理人员。

(4)当出现电脑票号有错时,立即通知值班站长进行修改,并做好记录。

(5)当班过程中,若出现坏卡、IC 卡读写设备故障、收费主机故障、网络故障,按以下操作处理:

①坏卡。

按【坏卡】键录入该卡卡号,通过远程查询获得该车入口信息后进行收费操作。

②IC 卡读写设备故障。

应马上通知管理人员关闭车道,已进入收费车道的车辆可在其他收费亭购票,对于不能关闭的车道,通过录入卡号(指 IC 卡)获知该车辆的入口信息后进行收费操作。网络故障本地不能查询时,可通过通信设备由监控(分)中心查询。

③收费主机故障。

应马上通知管理人员关闭车道,已进入收费车道的车辆可在其他收费亭购票,对于不能关闭的车道,若通行卡为 IC 卡,可通过人工询问监控(分)中心(报卡号)获知该车辆的入口信息后,用定额票进行收费。若为纸卡,则用定额票直接售票收费,对每一辆用定额票售票的车辆需记录其车型及入口信息。

④网络故障。

在收费过程中,出现网络故障时可正常操作,但需通知管理人员。结账时若网络还未恢复，财务需登记收费员的收费金额、回收卡数、废票张数，双方签名确认，等网络恢复后再结账。

8）下班时检查设备情况，认真填写《站收费车道（亭）主要设备运行情况记录本》。

9）按【下班】及【确认】键退出收费状态，收拾好票款、回收的通行卡、票箱、大钞箱、工号牌等物品。

10）在管理人员带领下列队返回财务室结账。

三、发卡员工作程序

1）上班前15min到站集合，容装整齐，佩戴工号卡，检查是否携带与当班无关的物品。

2）在管理人员带领下到财务室领取身份卡、周转箱、通行卡、发卡标记章（夜班发卡员领取）等物品。

3）列队上岗，按班长安排的车道进行交接班。

4）首先检查亭内设备工作状态是否正常，填写《站收费车道（亭）主要设备运行情况记录本》、《发放纸卡登记表》（在表上填入发卡的起号，这个起号是指没有输入车型到发卡机的第一个号码）；等上一班发卡员退出发卡状态后，放置工号牌，插入身份卡，使电脑发卡机进入发卡状态，取出身份卡。

5）面对来车，准确判断车型和车种，按发卡管理规定进行发卡工作。

6）特殊情况及处理方法：

（1）出现有车辆损坏设备的情况，及时报告管理人员。

（2）当班过程中：

①若某段时间发卡机（主机）故障，发卡员要将故障情况填写在《站收费车道（亭）主要设备运行情况记录本》的备注栏，经值班站长同意并报监控（分）中心后，开始直接发盖有入口标记的手撕纸卡，不用再输入车型到发卡机（原则上要求封闭车道）。

②若某段时间发卡机（IC卡读写设备）故障，发卡员要将故

障情况填写在《站收费车道(亭)主要设备运行情况记录本》的备注栏,经值班站长同意并报监控(分)中心后,操作发卡机,开始对所有车辆发放电脑纸卡(原则上要求封闭车道)。

③设备被技术人员恢复后,发卡员应经管理人员同意,并报监控(分)中心后,操作发卡机继续发放IC卡。下班后将手撕卡的起止号记录交财务人员,由财务人员输入财务机。

7)下班时检查设备情况,填写《站收费车道(亭)主要设备运行情况记录本》及《发放纸卡登记表》,按【下班】和【确认】键退出发卡状态,将通行卡、标记章(中班发卡员收回)、工号牌等物品装入箱内。

8)在管理人员的带领下,列队返回财务室结账。

课后复习题

一、单项选择题

1. 当班期间如发生突发事件,班长在处理问题时应做到(　　)。

A. 有理、有利、有节　　B. 有度、有理、有效

C. 灵活、敏捷、准确　　D. 快速、果断、清晰

2. 票证管理人员在(　　)和(　　)做好半年和年度用票计划。

A. 6月初、7月初　　B. 5月、10月

C. 5月初、11月初　　D. 6月初、12月初

3. 收费员在上班时,面对来车,要准确判断(　　)和车种,按收费管理规定进行收费工作。

A. 车牌　　B. 车况

C. 驾驶员　　D. 车型

二、多项选择题

1. 收费员上班时,在管理人员的带领下,需要领取(　　)等

物品。

A. 身份卡　　B. 票箱　　C. 备用票

D. 备用金　　E. 对讲机

2. 发卡员上班时，首先检查亭内设备工作状态是否正常，并需要填写(　　)等表格。

A.《站发卡车道日志》

B.《站收费车道(亭)主要设备运行情况记录本》

C.《IC 卡发放记录表》

D.《发放纸卡登记表》

3. 收费员在下班时，按【下班】及【确认】键，退出收费状态；收拾好(　　)等物品。

A. 票款　　B. 回收的通行卡　　C. 票箱

D. 大钞箱　　E. 工号牌

三、判断题

1. 收费站站长应该熟悉业务知识，不断提高政治思想水平和管理能力，遵纪守法，贯彻执行上级下达的各项任务，科学管理。(　　)

2. 收费班长在当班期间要维持好收费现场的秩序，不管车流多大，都要收缴每一部车辆的通行费。(　　)

3. 在收费过程中，出现网络故障不可正常操作时，需通知管理人员。(　　)

四、简答题

1. 简述收费员的工作职责。

2. 简述发卡员的工作流程。

3. 收费员上班过程中，如收费主机出现故障，该如何处理？

五、案例分析题

2013 年 8 月 8 日上午 8:18，发卡员王艳在对一辆客车进行发卡操作时，发现 IC 通行卡无法读写信息，该如何处理？

第二章　车型、车种的判别

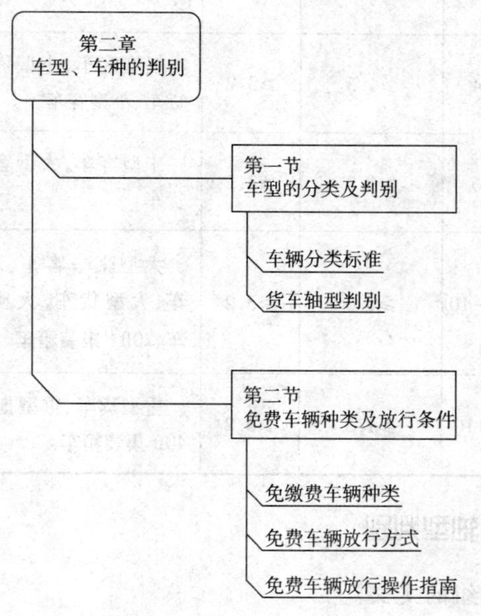

学习目标：

1. 掌握车型、车种的判断标准和技能。

2. 掌握各种免费车辆的判别和处理办法，能在今后的工作中切实做到“应收不漏，应免不收”。

第一节　车型的分类及判别

一、车辆分类标准

高速公路车辆车型的分类及判别标准见表 2-2-1。

高速公路车型的分类及判别　　表 2-2-1

车型分类	车型分类标准				主要车型车种	收费系数
	轴数	轮数	车头高度(m)	轴距(m)		
一	2	4	<1.3	<3.2	小轿车、吉普车、的士头货车	1
二	2	4	≥1.3	≥3.2	轻型客车、小型货车、轻型货车、小型客车	1.5
三	2	6	≥1.3	≥3.2	中型客车、大型客车、中型货车	2
四	3	6～10	≥1.3	≥3.2	大型豪华客车、双层大客车、大型货车、大型拖(挂)车、20ft[①]集装箱车	3
五	>3	>10	≥1.3	≥3.2	重型货车、重型拖(挂)车、40ft 集装箱车	3.5

二、货车轴型判别

1. 轴、轴组的定义

轴——连接车辆两侧轮胎的部件。

轴组——同一辆车的相邻距离较近的若干轴的组合(见图 2-2-1)。

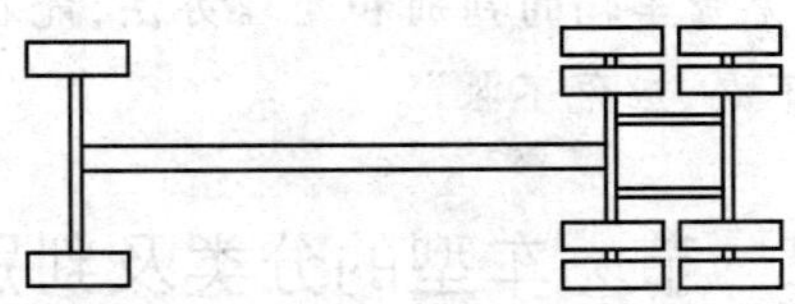

图 2-2-1　轴和轴组

①1ft = 0.3048m。

车辆实际载质量＝轴组1质量＋轴组2质量＋…＋轴组 n 质量

2. 轴组类型

轴组类型见表2-2-2和图2-2-2。

轴 组 类 型 表2-2-2

轴组类型编码	轴类型名称	轴组描述	图 示
1	单轴单轮（每侧单轮胎）	1	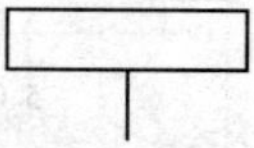
2	单轴双轮（每侧双轮胎）	2	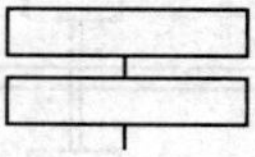
3	并装双轴（每侧两单轮胎）	11	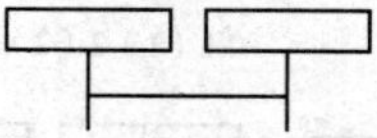
4	并装双轴（每侧各一单轮胎、双轮胎）	12(21)	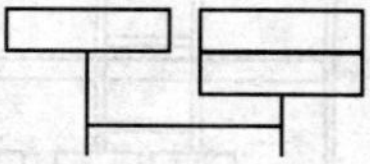
5	并装双轴双联轴（每侧双轮胎）	22	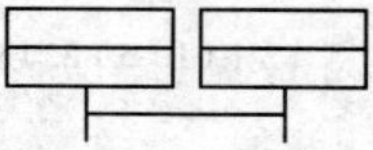
6	并装三轴（每侧三单轮胎）	111	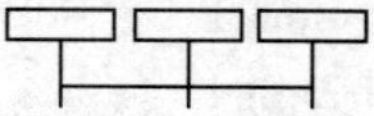
7	并装三轴（每侧各两单轮胎、一双轮胎）	112(121,211)	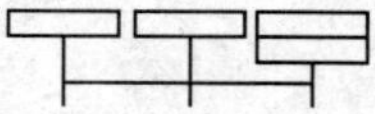
8	并装三轴（每侧各一单轮胎、两胎双轮胎）	122(212,221)	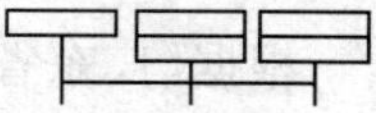
9	并装三轴（每侧三双轮胎）	222	

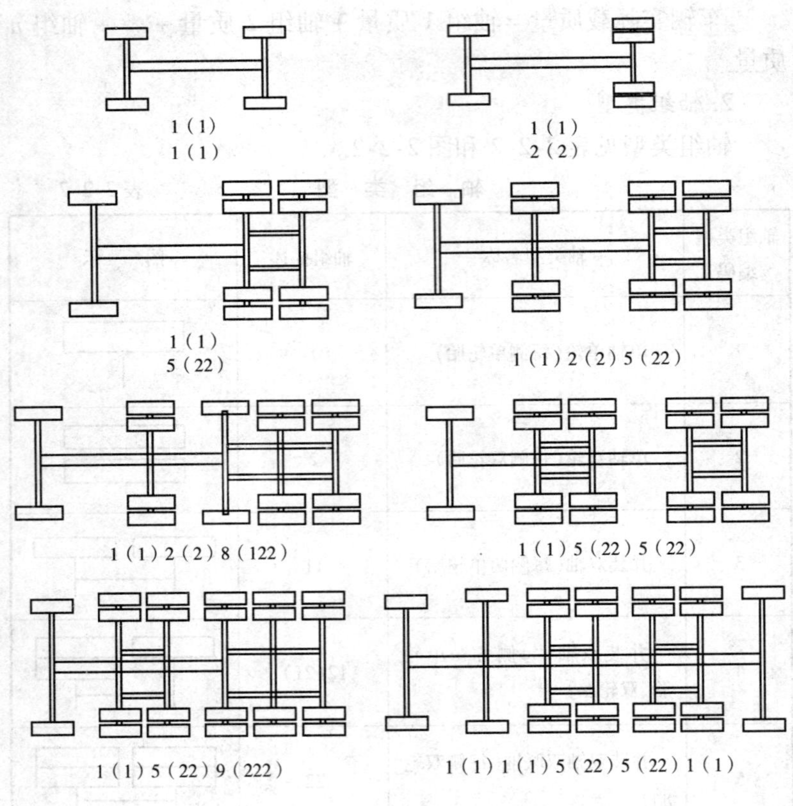

图 2-2-2　轴组类型

第二节　免费车辆种类及放行条件

一、免缴费车辆种类

根据《广东省公路条例》、《广东省公路收费站管理办法》(省政府令 34 号)等收费政策、法律法规及上级公司和本公司有关文件规定,免缴费车辆有以下几种:

(1)悬挂军队、武装警察专用号牌的车辆。

(2)装有警灯并悬挂红色反光“警”字专用号牌的车辆。

(3)装有警灯、警报器的红色专用消防车。

(4)装有警灯、医用警报器的医院救护车。

(5)殡葬专用车。

(6)悬挂“粤O”号牌的车辆。

(7)悬挂“广东省人民政府督察”标牌的执勤车辆。

(8)持有“省政府三防指挥车免费通行证”牌证的车辆。

(9)由警车领队、悬挂警卫任务专用标志牌的车队。

(10)持有“广东省公安机关特殊工作车辆通行证”的车辆,且持证人姓名与驾驶证、工作证一致。

(11)在规定的期限内,由县以上民政部门出具证明的运送扶贫济困捐赠物资的车辆。

(12)持有国家安全机关核发的特别通行标志的车辆。

(13)持有“水利部珠江水利委员会免费通行证”的车辆。

(14)省政府批准的其他免费车辆。

(15)持公务卡的车辆。

(16)其他另行规定的免费车辆。

除上述免缴费车辆外,其他机动车辆,无论驾驶员和乘车人持有何种证件,均必须按规定收取车辆通行费。

二、免费车辆放行方式

1.免费车专用通道放行

符合国家政策法规规定及广东省人民政府规定的免费车,由广场当值人员引导免费车从“军警免费车辆通道”放行。

2.收费车道放行

(1)没有设置“军警免费车辆通道”的收费站,接到上级通知有车队或特殊免费车经过收费站的通知时,当值收费班长应立即预留车道。

(2)对事前无通知的车队和特殊免费车,在给予快速放行的同时通知监控(分)中心登记。

(3)当收费系统发生故障时,推开栏杆予以免费快速放行。

3. 公务车放行

由收费员刷写该车持有的公务卡给予免费放行。

4. 未付车放行

对于部分界线不清、不能足额或无钱交纳通行费的车辆,由当值站长或授权人指令收费员填写《委托追索单》或《顾客财产代管登记表》,按【未付车】键给予快速通行后进行处理,并上报监控(分)中心登记。物品抵押及代管顾客财产注意事项如下:

(1)物品抵押须在车辆确因无钱或不能足额交纳通行费、驾驶员自愿抵押物品的情况下进行,当值班长应对抵押品进行检验和初步估值,确定抵押品的可留存性和价值超过该车应缴通行费两倍以上。

(2)如当班期间欠费未补交,收费班长下班时,应将《顾客财产代管登记表》、抵押物品交收费站票证室妥善保管。收费站票证室人员负责抵押品的保管工作,建立《抵押品领取登记表》。

(3)欠费车辆驾驶员凭《顾客财产代管登记表》补交通行费后,抵押物品保管人要将该表收回归档,退还驾驶员抵押品并开具相应金额的定额票。

(4)抵押品保管时间超过抵押人预约抵押期限的,在征得站长同意后,票证室人员应及时电话通知抵押人,若与抵押人沟通无果,公司有权自行拍卖抵押品以补回该车应缴通行费。

(5)收费站对顾客财产代管和委托追索的未付车辆建立《收费站未付车情况一览表》、《收费站委托追索情况一览表》台账,并定期汇总至收费管理部,收费管理部定期对台账管理进行监督检查。

三、免费车辆放行操作指南

免费车辆放行操作指南见表2-2-3。

免费车辆放行操作指南　　　　表 2-2-3

<table>
<tr><th>免费车种类</th><th>放行条件</th><th>现场操作指南</th></tr>
<tr><td>有级别的警卫车队</td><td>军、警车领队和车身有“警卫”标志</td><td rowspan="2">(1)军警免费车辆通道放行;
(2)预留车道,按【车队】键快速放行;
(3)上报监控(分)中心</td></tr>
<tr><td>无级别的警卫车队</td><td>军、警车领队或特殊车辆带队</td></tr>
<tr><td>军车、武警车</td><td>悬挂军车牌、武警车牌。如广×－×××××、WJ－××－××××</td><td rowspan="4">(1)军警免费车辆通道放行;
(2)按【军警车】键快速放行;
(3)报监控(分)中心登记</td></tr>
<tr><td>粤O－×××××车牌</td><td>悬挂粤O－×××××车牌(外省O牌车需收费)</td></tr>
<tr><td>消防车</td><td>(1)警车牌或挂地方牌的森林消防车;
(2)有报警装置;
(3)车身为红色</td></tr>
<tr><td>警车</td><td>(1)悬挂警车牌。如粤×－××××警、湘×－×××××警;
(2)车身喷有“公安”、“交警”、“检察”、“法院”、“司法”标志</td></tr>
<tr><td>公安机关特殊工作车辆</td><td>持有“广东省公安机关特殊工作车辆通行证”</td><td rowspan="3">(1)标牌明显的,由军警免费车道放行或直接按【军警车】键快速放行;
(2)无明显标牌的,入口发放通行卡,出口回收通行卡,核对有关证件,按【军警车】键快速放行;
(3)报监控(分)中心登记</td></tr>
<tr><td>抢险救灾车辆</td><td>持有“省政府三防指挥车免费通行证”、“水利部珠江水利委员会防汛指挥车免费通行证”、“省民政厅救灾专用车免费通行证”标牌,一般限每年4月至10月使用(极少数“三防车”全年免费)</td></tr>
<tr><td>国安车</td><td>持有国家安全局制发的“特别通行”标牌</td></tr>
</table>

续上表

<table>
<tr><th>免费车种类</th><th>放行条件</th><th>现场操作指南</th></tr>
<tr><td>广东省查禁公路“三乱”督察车</td><td>持有“省人民政府查禁公路三乱督察”标牌</td><td rowspan="2">(1)标牌明显的,由军警免费车道放行或直接按【军警车】键快速放行;
(2)无明显标牌的,入口发放通行卡,出口回收通行卡,核对有关证件,按【军警车】键快速放行;
(3)报监控(分)中心登记</td></tr>
<tr><td>广东省政府车辆</td><td>持有“广东省人民政府办公厅”标牌</td></tr>
<tr><td>运输联合收割机的车辆</td><td>车辆运输物品为联合收割机,并持有“跨区作业证”和联合收割机机号牌</td><td>(1)入口发放通行卡,出口回收通行卡,按【军警车】键快速放行;
(2)报监控(分)中心登记</td></tr>
<tr><td>殡葬车</td><td>持有“殡葬”标牌</td><td rowspan="2">(1)军警免费车辆通道放行;
(2)按【军警车】键快速放行;
(3)报监控(分)中心登记</td></tr>
<tr><td>救护车</td><td>(1)车顶有警示灯;
(2)车身喷有红十字</td></tr>
</table>

课后复习题

一、单项选择题

1. 车头高度≥1.3m,轴数是2,车轮数是6的车型属于(　　)。

A. 一类　　B. 二类　　C. 三类　　D. 四类

2. 对怀疑持假冒免费标牌的车辆,收费站工作人员应当(　　)。

A. 扣押车辆

B. 没收标志并罚款

C. 登记车牌号码并向有关部门报告

D. 正常收费

3. 收费站工作人员靠(　　)判断是否属于免费车辆。

A. 检查驾乘人员的证件　　B. 检查行驶证

C. 识别车辆标志标牌　　D. 驾驶员要求

4. 对于部分界线不清、不能足额或无钱交纳通行费的车辆，由当值站长或授权人指令收费员填写《委托追索单》或《顾客财产代管登记表》，按(　　)键给予快速通行后再进行相应处理。

A.【免费车】　　B.【未付车】

C.【公务车】　　D.【抬杆】

5. 持有广东省政府三防指挥车免费通行证，每年免费期限为(　　)。

A. 4 ~ 11 月　B. 4 ~ 10 月　C. 1 ~ 12 月　D. 5 ~ 10 月

6. 运输联合收割机的车辆，在高速公路收费站出口操作时，按(　　)键放行。

A.【免费车】　　B.【公务车】

C.【未付车】　　D.【军警车】

7. 下列参数不属于车型判别标准的有(　　)。

A. 轴数　　B. 轮数　　C. 座位数　　D. 轴距

二、多项选择题

1.《广东省公路条例》中规定，可以免费放行的有(　　)。

A. 消防车

B. 装有警灯并悬挂红色反光“警”字专用号牌的车辆

C. 救护车

D. 殡葬专用车

2. 属于广东省规定免交通行费的车辆有(　　)。

A. 粤“O”号牌车　　B. 悬挂督察标牌的车辆

C. 悬挂军用车牌的车辆　　D. 救护车

3. 下列参数属于车型判别标准的有(　　)。

A. 轴数　　B. 轮数　　C. 车头高度　D. 轴距

4. 下列属于免费车辆放行方式的有(　　)。

A. 从免费车专用通道直接放行

B. 预留车道后从收费车道操作后放行

C. 检查驾驶员相关证件后放行

D. 出口收费车道直接按【车队】键放行

5. 启用计重收费后,与收费金额有关的因素是(　　)。

A. 车型　　B. 入口站

C. 车辆的额定最大载质量　D. 车辆行驶速度

三、判断题

1. 如果发现某车的免费车牌或免费证明有问题,是否强行向该车收取通行费?(　　)

2. 免费车包括设有固定装置的消防车、医院救护车、殡葬车、公安部门警车、悬挂军用车牌和广东省人民政府规定免交通行费的车辆、联合收割机、运输联合收割机(包括插秧机)的车辆,交通厅公务用车牌(证)吗?(　　)

3. 免费车的范围是根据广东省政府的调整而调整吗?(　　)

4. 经广东省府办公厅同意:省国家安全厅依法执行紧急任务车辆按规定使用"特别通行"标志,在通过广东省境内路桥收费站时优先、免费通行。"特别通行"标志牌全省限150副?(　　)

5. 对部分免费车有疑问时,可以向驾驶员索要免费证明吗?(　　)

6.《广东省公路收费站管理办法》又称为广东省政府第43号令?(　　)

7. 收费站工作人员只能靠检查驾乘人员有关证件确定是否属于免费车辆?(　　)

8. 粤交办函〔2002〕127号《关于进一步加强公路收费站管理确保省政府规定的免费车辆快速通行的紧急通知》中规定:“从11月10日起,一律不得要求免费车通过收费站时领取或交还任何形式的通行记录卡。” （ ）

9. 车头高度1.5m,轴数是2,车轮数是6的车是二类车吗? （ ）

四、简答题

1. 根据《广东省公路收费站管理办法》规定,哪些车辆可以免交车辆通行费?

2. 广东交通集团有限公司所属路段收费车型的分类标准及各车型的收费系数是什么?

五、案例分析题

有一辆普通车牌的车来到高速出口收费亭,驾驶员出示了“广东省公安机关特殊工作车辆通行证”要求免费,收费员解释说持个人证件不得免缴通行费,要求驾驶员缴费。驾驶员不肯缴费,当值收费班长到场处理,查核通行证表面基本信息后,要求收费员按【军警键】给予放行。

请根据相关文件分析收费员与收费班长的以上操作是否正确。

第三章　财务基本知识

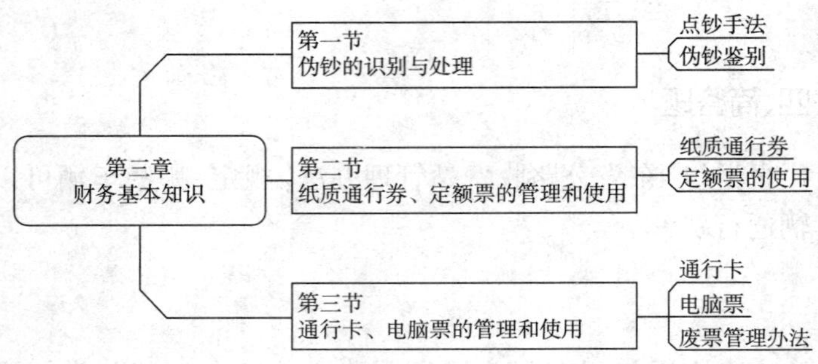

学习目标：

1. 掌握点钞技能、伪钞的识别与处理方法。

2. 掌握票证卡的管理操作技能，以便在今后的工作中能做到规范、有序。

第一节　伪钞的识别与处理

一、点钞手法（手持式单指单张点钞法）

（1）持钞姿势。持钞用左手，中指和无名指中间分开，夹住钞票左端，小指、无名指和中指向手心弯曲，食指伸直托住钞票背面，拇指放在钞票正面，将钞票向后压弯移到钞票侧面二分之一处，向前稍推，使钞票成微扇形，斜面正对胸前。

（2）点钞。点钞用右手，拇指在上，食指、中指在下，捏住钞票右上角。用拇指向右下方将钞票捻在一起，接着用无名指捻开钞票向里弹出，这样，一捻一弹，连续动作，直至点完。

二、伪钞鉴别

1. 伪钞及其种类

要正确识别假币，首先要知道假币的种类以及主要特征，假币主要包括伪造币和变造币两种：

(1)伪造币。伪造的人民币是指仿照真人民币的纸张、图案、形状、水印、安全线、色彩等，采用各种手段非法制造的假币。主要包括机制假币、拓印假币、彩色复印假币、手工描绘或手工刻板印制的假币、照相假币，还有铸造假币。

(2)变造币。变造币是指在真币的基础上或以真币为基本材料，利用挖补、揭层、剪接、涂改、拼凑、移位、重印等多种方法制作，改变真币原形态的假币。主要有剪贴变造币和揭页变造币。

2. 伪钞识别

识别伪钞主要是根据钞票的纸张、油墨、水印、图案、安全线、接线技术及套印、对印技术 7 个方面的特点来进行辨别。

1)纸张。

(1)真币特点。人民币纸张采用专用钞纸，主要材料为棉短绒和高质量的木浆，纤维长，强度高，具有耐磨、有韧度、挺括、不易折断的特点，抖动时可以发出清脆的“啪啪”声，耐用不发毛，由于造纸时不加荧光增白剂，因此，在紫光灯下不显荧光。

(2)假币特点。普通纸张，且纸张绵软，韧性差，易断裂，抖动时不能发出清脆的声音，易起毛，在紫光灯下显一层荧光。

2)油墨。

(1)真币特点。成分复杂，种类繁多，不同位置使用的油墨各不一样。含有磁性油墨。

(2)假币特点。使用的是普通油墨，从不同角度看的时候不会变色。

3)水印。

(1)真币特点。人民币水印是在造纸中采用特殊工艺使用纸纤维堆积而形成的暗记。分满版和固定水印两种。如现行人民币 1 元、2 元、5 元为满水印暗记；10 元、50 元、100 元为固定人头像水印暗记。其特点是层次分明、立体感强，透光观察清晰。采用国际上通用的防伪水印技术，当制造人民币票纸时已将水印印在当中，故真币有浮雕样的立体感。

(2)假币特点。水印模糊，无立体感，变形较大，用浅色油墨加印在纸张正、背面，不需迎光透视就能看见。伪钞的水印只能印盖在表面，发黄，缺少立体感。

4)图案。

(1)真币特点。手雕与机雕相结合的凹版印刷技术印制而成，画面清晰，图案生动，墨层明显，手感突出。

(2)假币特点。大多采用分色制版，彩色平版印刷，人物表情呆板，线条偏粗。

5)安全线。

(1)真币特点。真币的安全线是立体实物与钞纸融为一体，有凸起的手感。透视时能看到一条厚 0.03mm、宽 1mm 的金属线(如 1990 年版 100 元、50 元)。

(2)假币特点。一般是印上或画上的颜色，如加入立体实物，会出现与票面皱褶分离的现象。

6)接线技术。

(1)真币特点。采用可靠的平凸印接线技术，真钞上印有不同颜色的底纹线，不会叠缺口。

(2)假币特点。伪钞色彩变化不明显，颜色过渡不自然，不可能将所有部位的线口接上。

7)套印、对印技术。

(1)真币特点。采用对印、套印技术，正反面图案一次印成，特定部位正反面一致。

(2)假币特点。采用正反面分次印刷，图案不能一致。

3.鉴别第五套人民币真假的 19 个方法

(1)水印。第五套人民币 100 元、50 元为毛泽东人头像固定水印,20元为荷花固定水印,10元为月季花,5元为水仙花,1元为兰花。2005年版在冠号下方有白水印面额数字。

(2)红、蓝彩色纤维。在第五套人民币1999年版100元、50元、20元、10元、5元的票面上,可看到纸张中有红色和蓝色纤维。(2005年版取消了)假币是印刷在纸张表面的。

(3)安全线。第五套人民币1999年版100元、50元为磁性微文字安全线;20元为明暗相间的磁性安全线;10元、5元为正面开窗全息安全线。2005年版第五套人民币为全息开窗安全线,50元和100元的窗开在背面,20元、10元、5元开在正面。

(4)手工雕刻头像。第五套人民币所有面值纸币正面主景毛泽东头像,均采用手工雕刻凹版印刷工艺,形象逼真、传神,凹凸感强。

(5)隐形面额数字。第五套人民币各面值纸币正面右上方有装饰图案,将票面置于与眼睛接近平行的位置,面对光源作平面旋转45°或90°,可看到阿拉伯数字面额字样。

(6)光变面额数字。第五套人民币100元正面左下方用新型油墨印刷了面额数字“100”,当与票面垂直时观察其为绿色,而倾斜一定角度则变为蓝色。50元则可由绿色变成红色。

(7)阴阳互补对印图案。第五套人民币正面左下角和背面右下方各有一圆形局部图案,透光观察,正背图案组成一个完整的古钱币图案。2005年版100元、50元的互补图案在左侧水印区的右缘中部。

(8)雕刻凹版印刷。第五套人民币中国人民银行行名、面额数字、盲文面额标记等均采用雕刻凹版印刷,用手指触摸有明显凹、凸感。1999年版1元和2005年版各面值正面主景图案右侧,有一组自上而下规则排列的线纹,采用雕刻凹版印刷工艺印制,用手指触摸,有极强的凹凸感。

(9)号码(凸印)。第五套人民币1999年版100元、50元为横竖双号码,横号为黑色,竖号为蓝色;其余面额为双色横号码,号码左半部分为红色,右半部分为黑色。2005年版100元、50元为双色异型号码,中间大两边小。

(10)胶印缩微文字。第五套人民币100元、50元、20元、10元等面额纸币印有胶印缩微文字"RMB100"、"RMB50"、"RMB20"、"RMB10"、"RMB5"等字样,大多隐藏在花饰中。

(11)专用纸张。第五套人民币采用特种原材料,由专用抄造设备抄制的印钞专用纸张印制,在紫外光下无荧光反应。较新的纸币在抖动时,会发出清脆的响声。

(12)变色荧光纤维。第五套人民币在特定波长的紫外光下可以看到纸张中随机分布有黄色和蓝色荧光纤维。

(13)无色荧光图案。第五套人民币各券别在正面行名下方胶印底纹处,在特定波长的紫外光下可以看到面额阿拉伯数字字样,该图案采用无色荧光油墨印刷,可供机读。

(14)有色荧光图案。第五套人民币100元背面主景上方椭圆形图案中的红色纹线,在特定波长的紫外光下显现明亮的橘黄色;20元背面的中间在特定波长的紫外光下显现绿色荧光图案。50元背面在紫外光下也会显现图案。

(15)胶印接线印刷。第五套人民币100元正面左侧的中国传统图案是用胶印接线技术印刷的,每根线均由两种以上的颜色组成。

(16)凹印接线印刷。第五套人民币背面最大的面额数字和正面左侧面额数字是采用凹印接线技术印刷的,两种墨色对接自然完整。

(17)凹印缩微文字。第五套人民币在正面右上方装饰图案中印有凹印缩微文字,在放大镜下,可看到"RMB100"、"RMB20"等与面值对应的字样。背面左下角最大的面额数字中间,布满了小的白色面额数字。在其右方的数条平行线,上边几条由连续的"RMB"组成,最下面一条由连续的"人民币"字样组成。

(18)磁性号码。用特定的检测仪检测,1999年版100元、50元的黑色横号码和20元、10元、5元的双色横号码中黑色号码有磁性,可供机读。

(19)浮雕隐形文字。第五套人民币各面值大多包含浮雕隐形文字,位置有的在人像两侧,有的在背面顶部或底部。如100元的为"RMB100"字样。

据人民银行称,发行的2005年版第五套人民币6个券别(见图2-3-1~图2-3-6),保持了1999年版第五套人民币主图案、主色调、规格不变,从构成货币的基本要素来说,不是发行一套新的人民币。2005年版第五套人民币,既属于第五套人民币的范畴,是对现行流通的1999年版第五套人民币的继承,又是对1999年版第五套人民币的创新和提高。

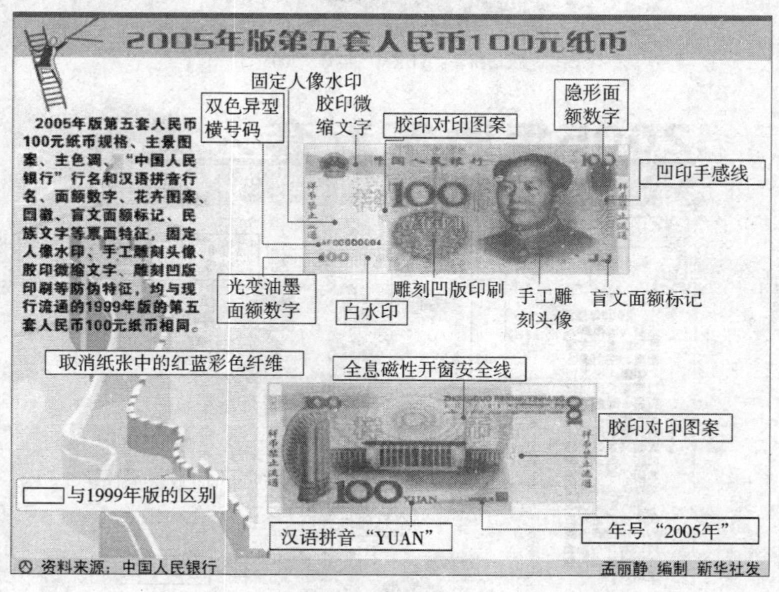

图2-3-1 2005年版第五套人民币100元人民币样币

4. 残缺人民币的兑换

残缺人民币是指由于某种原因明显缺少了一部分的人民币。中国人民银行颁布的《残缺人民币兑换办法》中规定,凡残缺人民币属于下列情况之一者,应持币向银行营业部门全额兑换:

(1)票面残缺部分不超过五分之一,其余部分的图案、文字能照原样连接者。

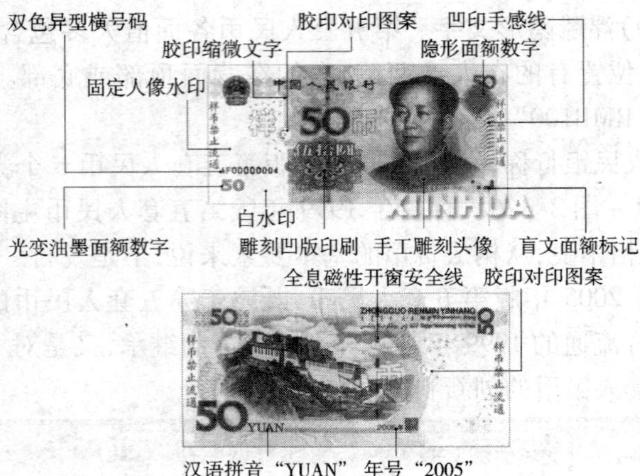

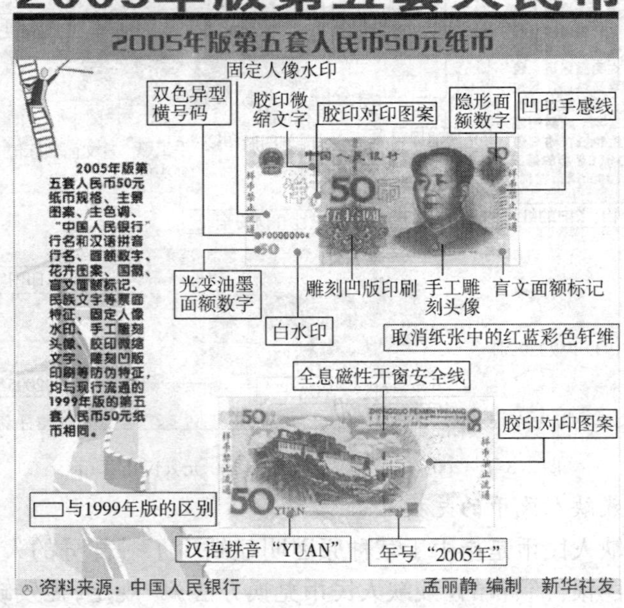

图 2-3-2　2005 年版第五套人民币 50 元人民币样币

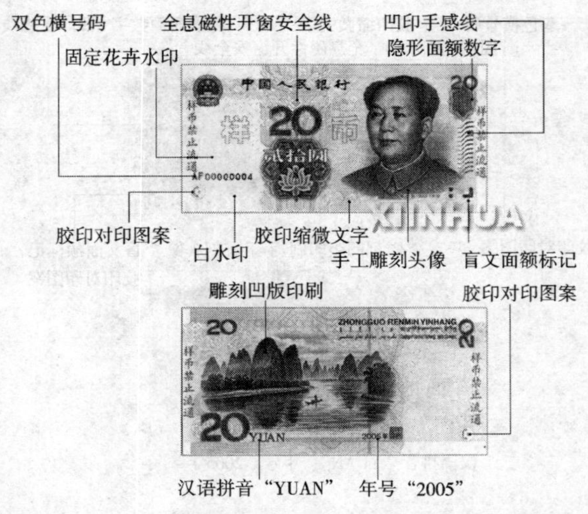

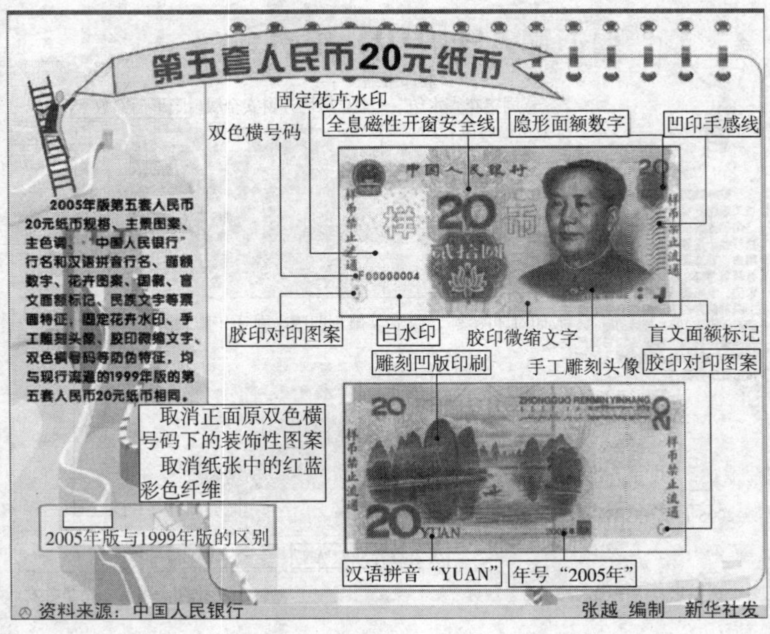

图 2-3-3　2005 年版第五套人民币 20 元人民币样币

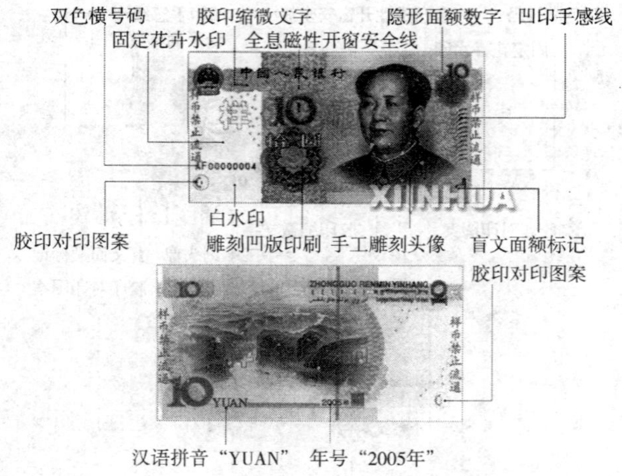

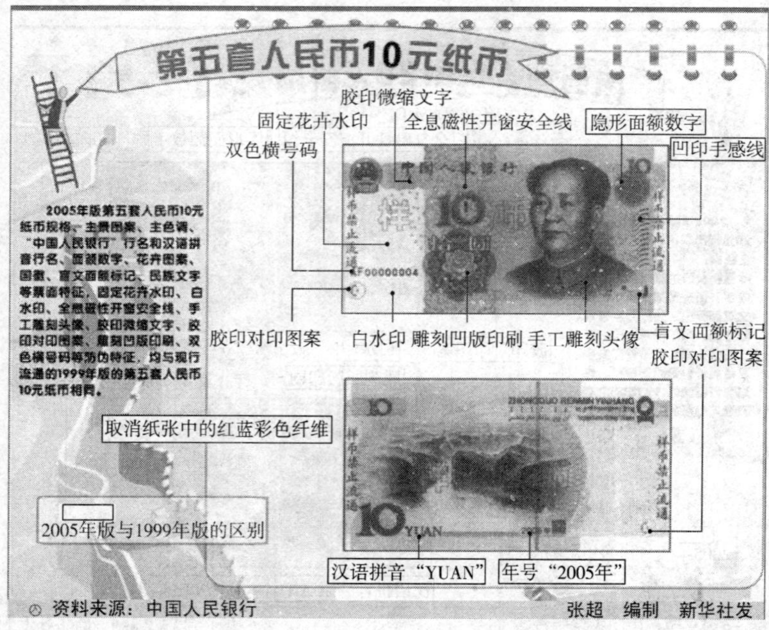

图 2-3-4　2005 年版第五套人民币 10 元人民币样币

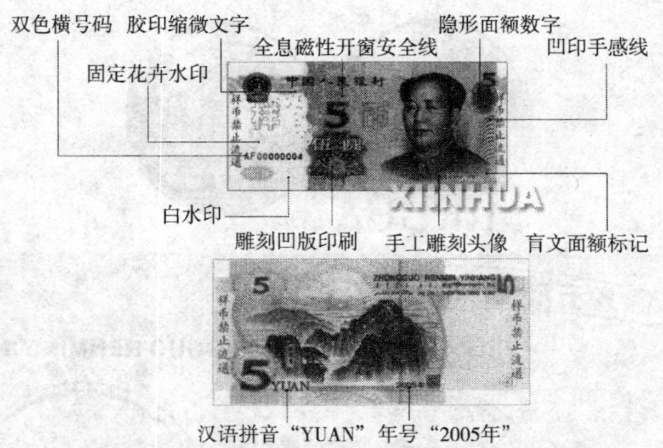

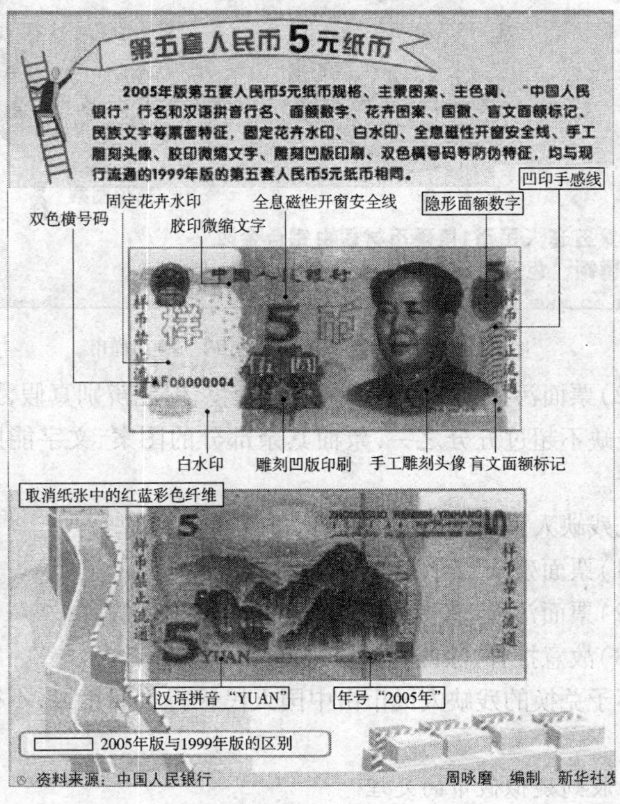

图 2-3-5　2005 年版第五套人民币 5 元人民币样币

图 2-3-6　2005 年版第五套人民币 1 元硬币样币

(2)票面污损、熏焦、水湿、油浸、变色，但能辨别真假，票面完整或残缺不超过五分之一，票面其余部分的图案、文字能照原样连接者。

凡残缺人民币属下列情况者，可半额兑换：

(1)票面残缺二分之一以上者；

(2)票面污损、熏焦、水湿、变色不能辨别真假者；

(3)故意挖补、涂改、剪贴、拼凑、揭去一面者。

不予兑换的残缺人民币由中国人民银行收回销毁，不得流通使用。

5. 收到疑似假币的处理

在收费过程中收费员当面收到疑似假币后，应委婉地请驾驶员更换钞票,并将疑似假钞退还驾驶员。收费员在收费时要坚持文明服务,灵活处理,一定要把钞票尽可能放在驾驶员能清楚见到的地方,应注意使用验钞机验钞时也不得离驾乘人员太远,告诉驾乘人员收费亭内一切都在闭路电视监控之下,若有异议,可以在交费后将车驶离车道再进行查询;若驾驶员仍不肯更换或无理取闹,则上报监控(分)中心通知管理人员到现场处理。监控员在接到收费员上报后立即通知站场管理人员到现场,同时做好录像工作。如果驾驶员恶意堵塞车道,监控员应立即通知交警或路政人员到现场协助处理。

第二节　纸质通行券、定额票的管理和使用

一、纸质通行券

1)使用条件。

(1)开通所有入口车道仍无法缓解车辆堵塞时;

(2)因入口车道系统故障引发车辆堵塞时。

出现以上情况,收费员可在申报监控(分)中心同意后发纸质通行券。监控中心须及时报知区域管理中心和其他路段监控中心。

2)发给驾驶员的纸质通行券必须加盖标志章。

3)纸质通行券发放对象与IC通行卡要一致。

4)在IC通行卡、纸质通行券并行期间,收费员不得漏发。

5)纸质通行券备用不足时,应及时领取。

6)发卡员如使用了纸质通行券,下班后需与票管员复核,清点核实后,办理交接确认手续。

二、定额票的使用

定额票使用注意事项如下:

1)当某站所有出口车道无法工作时,根据驾驶员所报的入口站使用定额票收取通行费。当所持定额票的票面金额均与应收

通行费金额不一致时,应售组合票。出售组合票必须以张数最少为原则,即按应收通行费把两张或以上不同面额的定额票售予一辆车。一旦车道恢复正常,立即停用定额票。

2)收费员上班期间使用了定额票应及时上报监控(分)中心,下班后要将定额票的存根联上交票管员,票管员做好定额票的记录工作,并上报收费管理部。

3)现场如遇其他特殊情况需使用定额票收费的,应及时上报收费管理部。

4)使用定额票后本站财务人员要及时对发票进行盘点检查,并按要求贴好封条。

5)领取定额票时应注意:

(1)检查存根封条是否完整;

(2)检查票证是否有缺损;

(3)检查票证号码顺序是否相连,是否有跳号、重叠号码;

(4)核对票证数量、起止号码是否与领票单相符。

第三节　通行卡、电脑票的管理和使用

一、通行卡

(1)收费员必须妥善保管通行卡,保持卡面的清洁,严禁弯折或故意损坏,以保证卡的正常读写。

(2)任何人不得人为损坏或以任何形式截留、挪用通行卡。

(3)发卡员领取的通行卡只限本人使用,不得转借。

(4)票管员通过通行卡管理系统及时了解通行卡的使用情况,发觉通行卡数量不够时,应及时上报监控(分)中心,根据监控(分)中心的指令对通行卡进行补充。

(5)入口发卡员在发卡时,若通行卡无法正常发出,应将该卡分开存放,交班时及时上交票管室。

(6)入口发卡员发放通行卡时,禁止未刷卡成功而采用强行

抬杆的做法将通行卡发给驾驶员。如出现该情况，应将该卡分开存放，重新刷卡交给驾驶员。

(7)票管员清点的通行卡回收数与收费员实际回收数不符时，由收费员自行清点核实，如有差额，双方应进行确认并由收费员分析原因。

二、电脑票

(1)电脑票应根据车流量的大小和票证库存量印制，并根据实际情况及时调整。

(2)票管员负责收费票卡的统一管理，包括库存保管、领发和核销等工作。

(3)建立电脑票登记制度。票证的入库、领用、废票上缴等须填制必要单据，作为票证领用、消耗、上缴和登记账本的依据。

(4)每月根据电脑票使用情况按月及时编制票证使用汇总报表。

三、废票管理办法

(1)因打印设备故障、收费员操作失误或票据印制规格不规范等产生废票时，收费员应上报监控(分)中心记录，并在废票背面注明废票产生原因、当事人签名、班长签认、填上日期工班，下班后将废票交给票管员核销。

(2)票管员收到的电脑废票应整理归集，作为减少领用发票或调整电脑统计数额重要凭证。

(3)票管员单独设置账册登记电脑废票，定期向财务或税务机关申报办理销毁电脑废票手续。

课后复习题

一、单项选择题

1. 假币主要包括伪造币和(　　)两种。

A. 残钞　B. 变造币　C. 铸造币　D. 手工刻板币

2. 真币的安全线是立体实物与钞纸融为一体，有凸起的手感。透视时能看到一条厚(　　)mm、宽(　　)mm 的金属线(1990 版 100 元、50 元)

A. 0.05、1　B. 0.03、1　C. 0.03、0.05　D. 0.04、1

3. 第五套人民币 100 元正面左下方用新型油墨印刷了面额数字"100"，当与票面垂直观察其为绿色，而倾斜一定角度则变为(　　)。

A. 红色　B. 蓝色　C. 黑色　D. 棕色

二、多项选择题

1. 识别伪钞主要是根据钞票的(　　)、安全线、接线技术及对印、套印、地印技术等方面的特点来进行辨别。

A. 纸张　B. 水印　C. 图案
D. 油墨　E. 色泽　F. 亮度

2. 凡残缺人民币属下列哪些情况者，可半额兑换？(　　)

A. 票面残缺二分之一以上者
B. 票面污损、熏焦、水湿、变色不能辨别真假者
C. 故意挖补、涂改、剪贴、拼凑、揭去一面者
D. 票面残缺部分不超过五分之一，其余部分的图案、文字能照原样连接者

3. 领用定额票时应注意哪些事项？(　　)

A. 检查存根封条是否完整
B. 检查票证是否有缺损
C. 检查票证号码顺序是否相连，是否有跳号、重叠号码
D. 核对票证数量、起止号码是否与领票单相符

三、判断题

1. 真币由于造纸时不加荧光增白剂，因此，在紫光灯下不显荧光。(　　)

2. 不予兑换的残缺人民币由中国人民银行收回销毁，不得流通使用。　　(　　)

3. 收费员收到疑似假币后，要第一时间报警处理。　　(　　)

四、简答题

1. 简述鉴别第五套人民币真假的方法。

2. 简述伪造币的特点和种类。

3. 简述使用纸质通行券要注意的问题。

五、案例分析题

收费员在上班过程中，如何避免收到伪钞，有哪些技巧和方法？

第四章　电脑收费系统操作流程

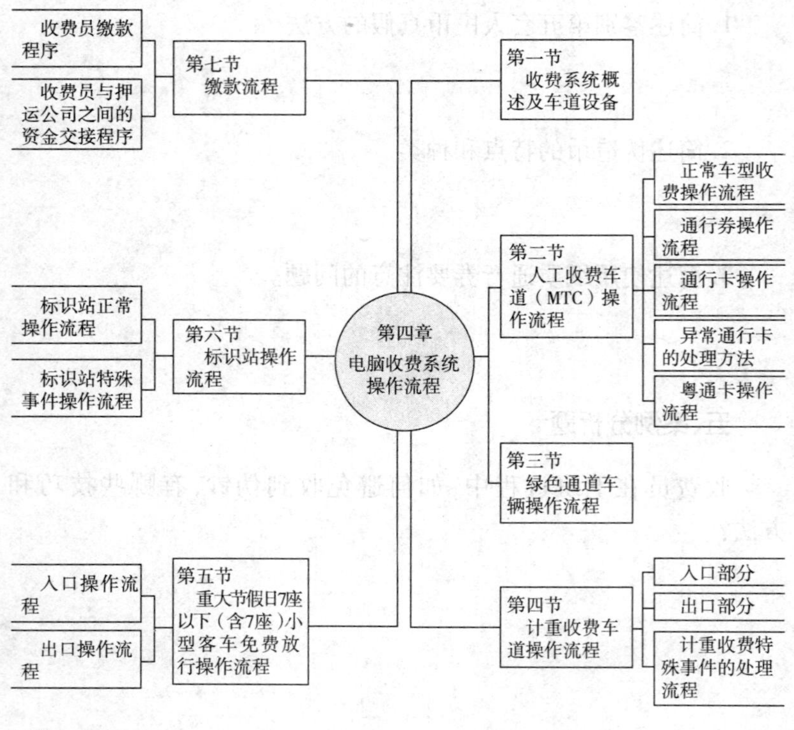

学习目标：

1. 掌握收费车道设备、人工收费车道收费操作流程。

2. 掌握绿色通道操作流程、计重收费车道操作流程。

3. 掌握重大节假日 7 座以下(含 7 座)小型客车免费放行操作流程。

4. 掌握标识站操作流程、缴款流程，为学员成为合格乃至优秀收费员奠定基础。

第一节　收费系统概述及车道设备

车道硬件设备由车道控制器（工控机）、车牌识别器、收发卡机、收费员终端（显示器、专用键盘）、IC 卡读写器、车辆检测器、自动栏杆、费额显示器、票据打印机、雨棚信号灯、车道通行灯、手动栏杆和便携式收费机等（见图 2-4-1 ~ 图 2-4-8）。

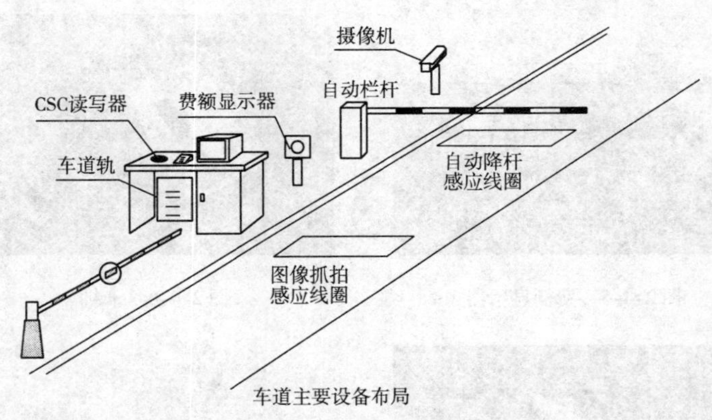

图 2-4-1　收费车道设备布局

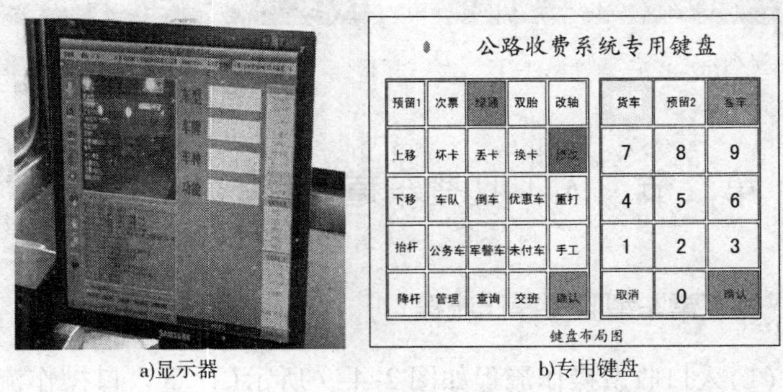

a)显示器　　b)专用键盘

图 2-4-2　收费员终端

图 2-4-3　便携式收费机

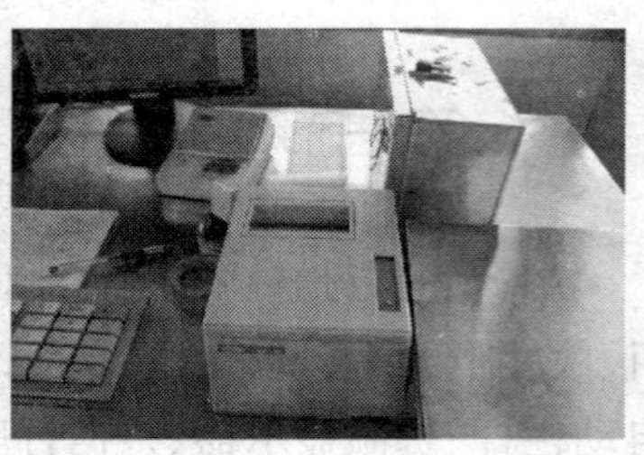

图 2-4-4　票据打印机

图 2-4-5　费额显示器

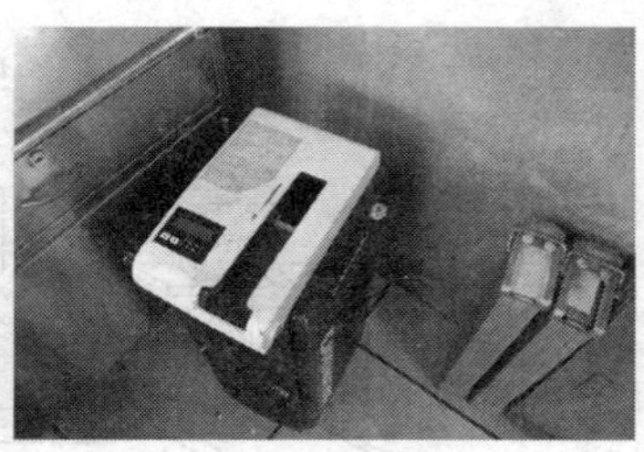

图 2-4-6　卡机

图 2-4-7　自动栏杆

图 2-4-8　顶棚信号灯

第二节　人工收费车道(MTC)操作流程

一、正常车型收费操作流程

(1)入口收费操作流程如图 2-4-9 所示(计重入口操作流程见计重收费车道操作流程)。

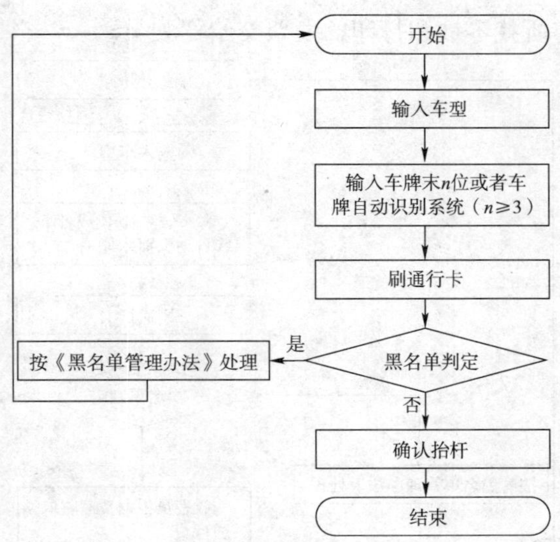

图2-4-9　入口收费操作流程

(2)出口收费操作流程如图2-4-10所示(计重出口操作流程见计重收费车道操作流程)。

二、通行券操作流程

1.入口通行券操作流程

正常情况下,当车辆驶入收费车道时,发卡员应提前判别车型,并按顺序撕下对应车型的通行券,且在通行券的相应位置盖上日期、工号和标记章,然后输入车型并按【手工】键,将通行券交给驾驶员,完成操作。

2.出口通行券操作流程

正常情况下,当车辆驶入收费车道时,收费员应提前判别车种及车型,持通行券的正常客车收费车辆操作流程如下:

(1)接过通行券,仔细辨别入口站名,然后输入车型,按【手工】键,输入相应的入口站编码后按【确认】键,将通行券投入票箱。

(2)根据电脑显示金额收取通行费,按【确认】键打印发票。

(3)将所找零钞和打印的发票交给驾驶员。

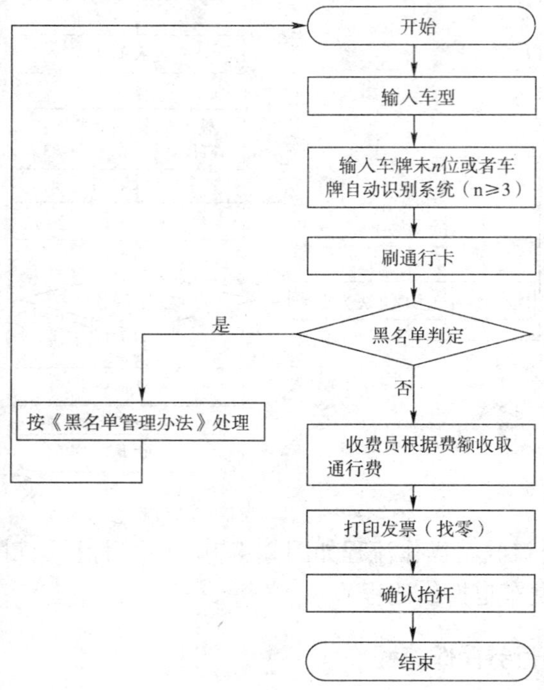

图2-4-10　出口收费操作流程

三、通行卡操作流程

(一)通行卡入口操作流程

1. 发卡员上班操作程序

(1)上班前,收费电脑(自动发卡机)处于等待上班状态。发卡员(当值班长)对电脑所显示的卡夹卡数进行确认,并记录在《收费员入口交接班登记表》上,之后刷写身份卡进入上班状态。

(2)上班后,发卡员检查电脑界面雨棚标志是否呈"↓"状态,确认无误后进行发卡操作。

2. 入口人工发卡操作流程

当车辆驶入发卡车道,发卡员应提前辨别车种及车型,具体操作如下：

(1)车辆为正常收费客车时，首先输入车型，然后按【确认】键完成刷卡程序，再将刷写成功的通行卡交给驾驶员。

(2)车辆为标识明显的免费车辆时，发卡员不发放通行卡，直接输入车型，按【军警车】键给予快速放行。

(3)当有车队进入发卡车道时，发卡员在允许的条件下应询问车队的数量及出口站，然后按【车队】键放行，车队通行完毕按【确认】键降杆。车队必须上报监控登记，监控员将车队的有关信息上报监控(分)中心，再由监控(分)中心通知出口站。

(4)车辆为公务车时，按正常车刷卡交给驾驶员放行。

(二)IC卡出口操作流程

1.出口收费员上班操作流程

(1)上班前，收费电脑应处于等待上班界面。收费员首先按【确认】键，按屏幕提示刷写身份卡和输入(或核对)电脑发票起号，电脑将自动进入上班状态。

(2)进入上班状态，收费员将电脑发票的起止号码和卡箱的卡数上报监控(分)中心，收费员检查电脑界面雨棚标志信号灯是否呈"↓"状态，确认无误后进入收费操作。

2.出口收费操作流程

正常情况下，当车辆驶入收费车道时，收费员应提前判别车种及车型，持通行卡的正常客车收费车辆操作流程如下：

(1)输入车型，伸手做迎宾手势并接过驾驶员手中的通行卡插入卡机通行卡读写轨道，待通行卡读写成功后再将通行卡推入卡夹。

(2)根据电脑显示金额收取通行费，按【确认】键打印发票。

(3)将找零和打印的发票交给驾驶员，并做送行手势。

当车辆为公务车时，输入车型，刷通行卡，再进行以下操作：

持有公务卡的直接刷公务卡，没有公务卡的或刷公务卡不成功的，按【公务车】键，如车牌抓拍完全准确，系统会自动显示免费或该公务车应缴路段路费，如车牌抓拍不准确或抓拍失败，则需输入车牌号后三位数按【确认】键查找匹配车牌号码,选中匹配车牌号码后再按【确认】键,系统会自动显示免费或该公务车应缴路段路费,收取应收路费后,按【确认】键打出发票放行。

如果系统没有匹配车牌号码,则按【取消】键,按正常车收费操作;如该公务卡已过期,则按正常车收费放行。

冒牌公务卡应及时识别,操作完毕后才发觉应立即按【降杆】键降杆,同时通知收费班长过来处理,按【修改】键、刷收费班长身份卡,重新输车型、再刷卡或按【手工】键操作收费,并回收冒牌公务卡。

回收的冒牌公务卡下班后上交票管员登记和保管,并由票管员上交收费管理部。

原则上公务车处理按上述流程,出现特殊情形如真公务车查询失败、分段公务车缴费争议等,当值班长应及时请示当值站长同意后刷站务卡(或按【军警车】)放行公务车,放行后要上报监控(分)中心登记。

当车辆为标识明显的免费车时,输入车型,按【军警车】键放行。若其持有通行卡,则刷其通行卡后,按【军警车】键放行。免费车界限模糊时应请示当值站长后再处理。原则上免费车按《营运收费管理办法》中"免缴费车(证、卡)管理"处理,同时上报监控中心登记。

车队经过时,直接按【车队】键放行,通行完毕后,按【确认】键降杆。车队经过时要上报监控中心登记。

四、异常通行卡的处理方法

(1)当出口刷卡后出现异常情况不能正常操作时,首先按【坏卡】键输入卡号进行查询,查询成功系统会恢复正常;若查询不成功则应立即上报监控(分)中心查询该卡入口信息("非入口发出卡"则是最后出口站信息),并询问驾驶员入口站,如果两者吻合,可基本判断入口站,如果查询不到或不相符,以驾驶员提供为参考,必要时上报收费中心查询,按【手工】键操作收费。异常卡的处理过程要上报监控员登记，并附《事件报告》，下班后将异常卡上交票管员。

(2)下班后填写“异常卡专用袋”，将异常卡装入卡袋，并填写《异常通行卡上交登记表》和《通行卡异常情况登记表》等表单。

(3)票管员将《异常通行卡上交登记表》、《通行卡异常情况登记表》及异常卡上交至收费管理部。

五、粤通卡操作流程

MTC 粤通卡入口、出口操作流程见图 2-4-11 和图 2-4-12。

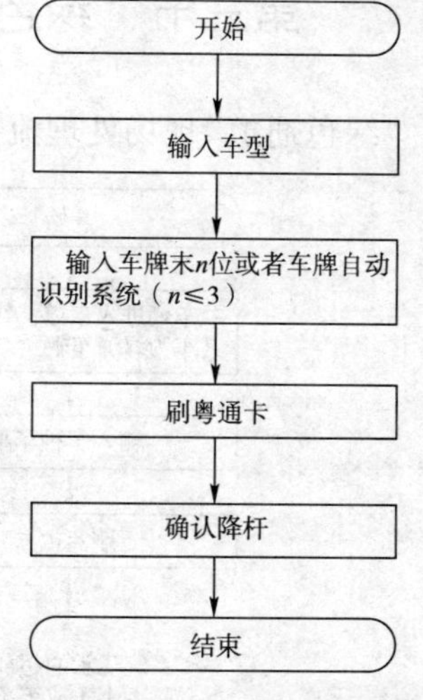

图 2-4-11　MTC 入口粤通卡操作流程

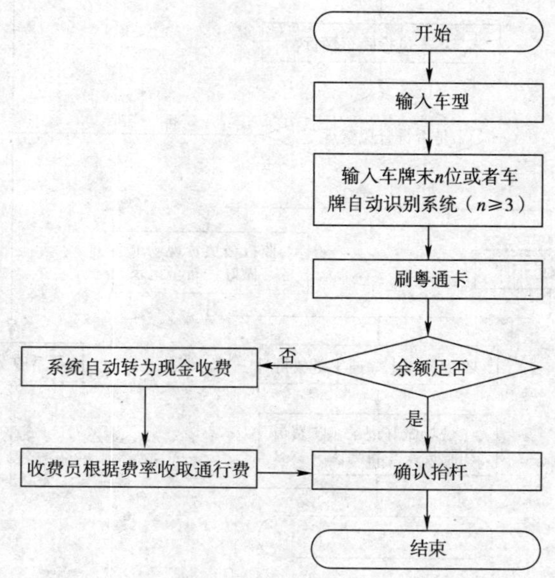

图 2-4-12　MTC 出口粤通卡操作流程

第三节　绿色通道车辆操作流程

“绿色通道”现场处理流程如图 2-4-13 所示。

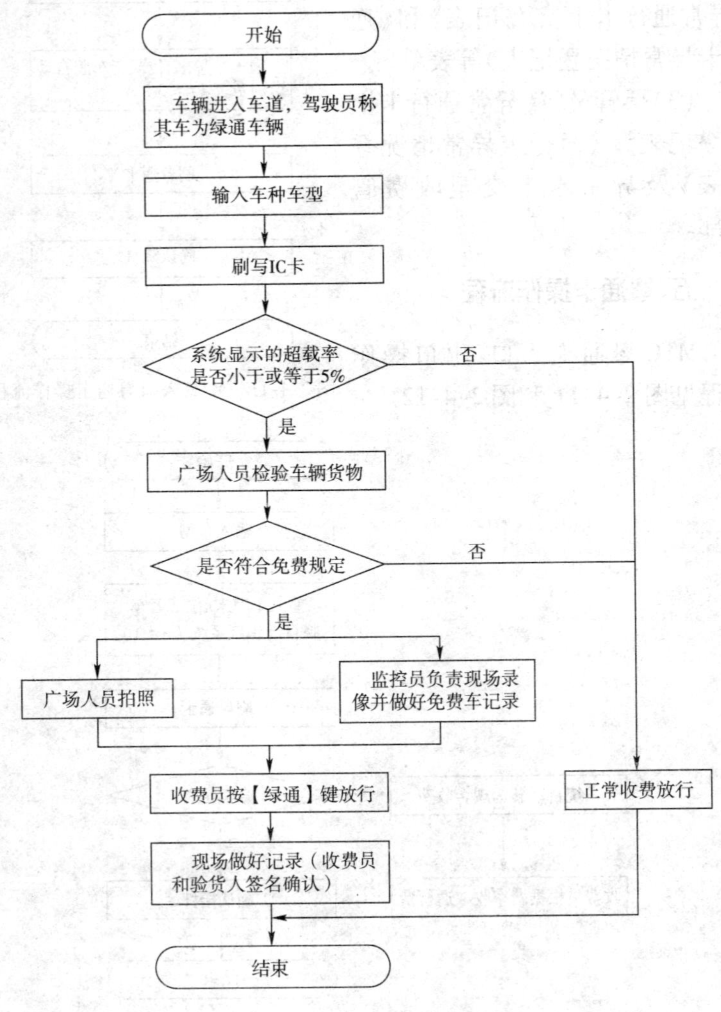

图 2-4-13　“绿色通道”现场处理流程

第四节　计重收费车道操作流程

一、入口部分

1. 货车正常发卡操作

(1)按【货车】键,输入车型;

(2)刷通行卡/粤通卡,完成发卡操作。

2. 货车正常发纸券操作

(1)按【货车】键,输入车型;

(2)按【手工】键,完成纸券操作。

二、出口部分

(一)通行卡操作部分

1. 正常收费流程

(1)按【货车】键,输入车型;

(2)刷通行卡/粤通卡,显示称重信息;

(3)查看轴组类型等称重信息正确后按【确认】键确认称重信息,发计重收费金额到费额显示器;按【取消】键可以返回上一步;

(4)按【确认】键完成计重收费,打印票据并抬杆。

2. 出口客货不符收费流程

(1)按【货车】键,输入车型;

(2)刷通行卡/粤通卡,系统提示“客货不符”,弹出客货类型选择框;

(3)选择“货车”,按【确认】键,显示称重信息;

(4)按【确认】键确认称重信息,发计重收费金额到费额显示器;

(5)按【确认】键完成计重收费,打印票据并抬杆。

3. 车牌不符操作流程

1)按【货车】键,输入车型;

2)刷 IC 卡/通行卡,提示手工输入车牌后三位;

3)输入后三位车牌,按【确认】键,弹出车牌不符警告窗;

4)此时有两种操作选择:

(1)按【确认】键进行入口查询;

(2)按【取消】键放弃查询,直接按卡内信息收费。

4. 轴组修改操作流程

出现以下情况,均应视为称重数据有误,根据实际情况进行轴组修改操作,特殊修改操作导致无法计重收费时需及时上报监控(分)中心。

1)删除单轴轴组数据。

因称重设备故障,导致轴组信息中多出一组单轴轴组的情况,按此操作。

(1)按【货车】键,输入车型;

(2)刷通行卡/粤通卡,显示称重信息;

(3)按【改轴】键,显示改轴操作菜单;

(4)选择"删除单轴轴组数据",按【确认】键,弹出班长验证对话框;

(5)通过班长验证,弹出轴组序号输入框;

(6)输入对应的轴组序号(如输入3),按【确认】键,显示删除后轴组信息;

(7)按【确认】键确认称重信息,发计重收费金额到费额显示器;

(8)按【确认】键完成计重收费,打印票据并抬杆。

2)修改车辆分离错误。

因称重设备故障,导致相邻前后两辆车轴组分配错误的情况,按此操作。

(1)按【货车】键,输入车型。

(2)刷通行卡/粤通卡,显示称重信息。

(3)按【改轴】键,显示改轴操作菜单。

(4)选择"修改车辆分离错误",弹出班长验证对话框。

(5)通过班长验证,显示前三辆车的轴组信息。

3 种颜色代表3 辆不同车次,上方为当前车次轴组信息,输入车辆的实际轴组数(如输入3),按【确认】键,显示修改后轴组信息。

(6)按【确认】键确认称重信息,发计重收费金额到费额显示器。

(7)按【确认】键完成计重收费,打印票据并抬杆。

3)称重数据丢失。

因称重设备故障,导致车辆缓存队列中当前车辆的称重数据丢失(车辆缓存数比实际车辆数少,而当前获取的轴组信息与下一辆车相符),在收费现场秩序正常的情况下,收费班长到场处理,原则上指挥车辆倒出车道重新进行复称并按复称的数据进行收费;如无法进行复称,则按以下流程操作:

(1)按【货车】键,输入车型;

(2)刷通行卡/粤通卡,显示称重信息;

(3)按【改轴】键,显示改轴操作菜单;

(4)选择"称重数据丢失",按【确认】键,弹出班长验证对话框;

(5)通过班长验证,显示按车型收费金额,发车型金额到费额显示器;

(6)按【确认】键完成计重收费,打印票据并抬杆。

4)删除本次称重数据。

删除本次称重数据操作主要用于计重设备误发数据造成称重数据队列中多出一辆或几辆车的称重数据的情况,为不影响正常收费,应将多余数据删除,读取队列中下一条称重数据,核对轴组信息无误后,进行正常收费操作。必要时可多次使用"删除本次称重数据"操作。

(1)按【货车】键,输入车型;

(2)刷通行卡/粤通卡,显示称重信息;

(3)按【改轴】键,显示改轴操作菜单;

(4)选择"删除本次称重数据",按【确认】键,弹出班长验证

对话框;

(5)通过班长验证,系统自动读取下一条称重数据;

(6)核对无误后按当前称重数据进行收费操作。

5. 货车公务车操作流程

(1)按【货车】键,输入车型;

(2)刷通行卡/粤通卡,显示称重信息(如有必要可修改轴组);

(3)按【确认】键确认称重信息,发计重收费金额到费额显示器;

(4)刷公务卡,显示免费后金额;

(5)按【确认】键抬杆,如有余额则收费打票。

6. 免费车操作流程

入口已发卡的临时免费车操作流程如下:

(1)按【货车】键,输入车型;

(2)刷通行卡/粤通卡,显示称重信息(如有必要可修改轴组);

(3)按【确认】键确认称重信息,发计重收费金额到费额显示器;

(4)按【军警车】键;

(5)按【确认】键抬杆,完成免费车操作。

7. 次票操作流程

(1)按【货车】键,输入车型;

(2)刷通行卡/粤通卡,显示称重信息;

(3)按【次票】键,显示不含次票金额,反复按【次票】键进行次票取舍;

(4)按【确认】键确认称重信息,发计重收费金额到费额显示器;此时不能进行次票取舍,但可按【取消】键返回上一步;

(5)按【确认】键完成计重收费,打印票据并抬杆。

(二)纸券操作部分

计重货车正常纸券收费操作流程:

(1)按【货车】键,输入车型;

(2)按【手工】键,弹出入口站编码输入框;

(3)输入来源路段站编码(如5227——太和站),按【确认】键,显示称重信息;

(4)按【确认】键确认称重信息,发计重收费金额到费额显示器;

(5)按【确认】键完成计重收费,打印票据并抬杆。

纸券操作部分其他操作流程与通行卡操作部分类同,不作赘述。

三、计重收费特殊事件的处理流程

(一)客货判别修改的操作流程

1. 货车误判为客车

如货车在刷卡后才发现未按【货车】键,可按【改轴】键选择"客车转货车收费"进行操作。

2. 客车误判为货车

如客车在刷卡后发现误按了【货车】键,可按【改轴】键选择"货车转客车收费"进行操作。

若因称重设备故障或其他特殊情况,造成称重数据与实际相差较大(包括复称之后),导致货车无法按正常计重收费时,则应当按【改轴】键选择"删除本次称重数据"之后转车型收费,严禁使用按【改轴】键选择"货车转客车收费"的方法进行操作。

(二)货车无称重数据的收费操作

因计重设备或系统故障,导致货车无称重数据,在收费现场秩序正常的情况下,收费班长到场处理,原则上指挥车辆倒出车道进行复称,按复称结果进行收费;如复称后仍无称重数据,则根据系统提示转车型收费,同时上报监控(分)中心进行登记。具体操作流程如下:

(1)按【货车】键,输入车型;

(2)刷通行卡/粤通卡,提示"无称重数据,按【改轴】键刷新或按【取消】键继续收费";

(3)按【取消】键,提示"货车称重数据丢失,将按车型收费";

(4)按任意键,弹出班长身份验证输入框;

(5)通过班长验证,显示车型收费金额,发收费金额到费额显示器;

(6)按【确认】键,打印票据并抬杆。

当车辆进入车道时,收费员应检查系统是否有缓存数,若没有应及时通知广场人员指挥车辆进行重新称重;现场应视实际情况进行规范操作,严禁随意转车型收费。

(三)车辆复称

1. 复称条件

1)收费人员应认真执行《关于加强广东省计重收费管理的通知》(粤交征〔2010〕41 号文)等相关政策,当驾驶员质疑称重数据,且强烈要求复称时,应耐心做好现场解释与疏导工作。

2)当政策解释无效,驾驶员继续长时间(5 ~15min)堵塞车道时,出现以下情况之一的,可予以复称:

(1)驾驶员能提供有效的货单或发票等证据证明误差较大;

(2)当值人员能明显判定是因称重设备原因造成称重数据与实际质量差别较大;

(3)无称重数据或少轴等情况。

2. 复称原则

1)允许在原车道复称一次,复称前先与驾驶员声明仅此一次复称,并以此次复称的计重金额收费,同时与驾驶员签订《计重收费复称协议确认书》后方可进行复称操作。

2)对有明显跳秤或压边等逃费行为的车辆,分以下两种情况进行处理:

(1)出现称重结果偏重时,不予复称。

(2)出现称重结果明显偏轻时,现场人员要主动要求驾驶员以正常行驶状况进行复称,此种情况不需与驾驶员签订《计重收费复称协议确认书》,但要求现场人员做好解释与说服沟通工作。

3. 复称操作流程

1)复称操作流程一:

(1)解释相关政策文件；

(2)签订《计重收费复称协议确认书》；

(3)按【改轴】键；

(4)选择"删除本次称重数据"；

(5)检查缓存数为0[若不为0则重复(3)(4)操作]；

(6)电脑显示停留在"无称重数据按改轴键刷新，按取消键继续收费操作"界面；

(7)指挥车辆完全退出光栅前线圈，车辆匀速进入车道；

(8)检查缓存数为1；

(9)按【改轴】键刷新；

(10)按刷新后的称重数据收费。

2)复称操作流程二：

(1)车辆以非正常行驶状况进入车道；

(2)现场人员判别称重结果明显偏轻；

(3)主动要求驾驶员进行复称；

(4)按【改轴】键；

(5)选择"删除本次称重数据"；

(6)检查缓存数为0[若不为0则重复(4)(5)操作]；

(7)电脑显示停留在"无称重数据按改轴键刷新，按取消键继续收费操作"界面；

(8)指挥车辆完全退出光栅前线圈，车辆匀速进入车道；

(9)检查缓存数为1，按【改轴】键刷新；

(10)按刷新后的称重数据收费。

4. 注意事项

(1)原则上只允许在原车道复称一次。第一次复称的处理权授权于当班班长，如遇特殊情况，驾驶员要求复称多次的，现场人员须上报当值站长到现场处理，如当值站长无法到现场处理的，报监控(分)中心，经当值站长同意，方可复称。

(2)与驾驶员签订的《计重收费复称协议确认书》用于收费现场复称确认，一式一份，不可交予驾驶员，处理完毕后由收费站回收并统一进行编号和存档管理(编号按年份+序号进行编制,如2010-00001)。

(3)依据"1.复称条件2)"的规定,允许复称但收费现场无法进行复称时,经请示当值站长同意后可转为车型收费,上报监控(分)中心登记。

(四)政策性特殊车辆降档操作

1.四、五类货车降档现场操作

对于四、五类政策性特殊车辆(如持有服务质量监督卡车辆等),按实际车型判别车型,核实符合降档优惠条件后,按【绿通】键选择"优惠降1档"给予降档,不再进行手工判型降档;如该车为空载或轻载,根据降档优惠无叠加的营运原则,在系统自动降档后不再按【绿通】键给予第二次降档。

2.货车三类降二类收费的操作

对于三类货车,首先按实际车型判别车型,经广场当值人员核实为空载的,按【绿通】键选择"优惠降1档"给予降档收费,如车辆同时持有服务质量监督卡,根据降档优惠无叠加的营运原则,在空载优惠降1档之后不再给予第二次降档。操作过程须上报监控(分)中心登记。

(五)驾驶员对计重数据有异议不愿意缴费的操作

对于计重数据有异议不肯缴费的车辆,若现场车流量较大或有塞车现象时,为了不影响车道畅通,统一以【未付车】操作并上报区域中心登记,先指挥车辆离开车道前往外广场再继续进行处理。

(1)成功收回应交通行费的,启用定额票,驾驶员需要时提供相应的称重数据证明,收回的通行费以未付车补缴款形式投入收益账户处理。

(2)无法收回应交通行费的,收费站以事件报告形式上报至公司稽查队,由稽查队进行核查并统一上报区域中心,由区域中心审核录入黑名单,纳入重点稽查。

(3)对此类车的处理,当值广场人员必须上报监控(分)中心，监控（分）中心要做好相应的记录和录像工作。

没钱缴费的情况应按照正常的抵押物品的未付车进行处理。

（六）称重设备检测多一单轴轴组或少轴的操作

在现场车道允许的情况下，由广场人员指挥车辆倒出车道后进行复称，否则按以下流程操作。

1. 称重设备检测多一单轴轴组

在计重设备检测多一单轴轴组的情况下，为了避免驾驶员逃费，经人工确认后统一删除称重数据较小的单轴轴组；在收费现场要防范驾驶员在称重设备上来回倒车，从而产生多轴影响称重数据的逃费行为。

2. 称重设备检测少轴

称重设备检测少轴，现场判定是否存在虚轴的情况，按照车轮实际着地的轴数判定称重信息，同时现场验证车辆行驶证核对轴数。

（1）若车辆总轴数与行驶证上核定轴数相符合时则给予复称一次。

（2）若车辆总轴数比行驶证上核定轴数多（为改装加轴）时，按当前称重数据进行计重收费不给予复称，同时按逃费车处理流程进行处理。

3. 注意事项

一般情况下车型判别按车辆物理参数进行判定，现场若出现称重设备检测轴数与实际不一致时，现场广场人员应到场核查其行驶证上的轴数比对着地轮轴，按行驶证上的轴数判定车型和称重轴组。

（七）出口车道拖车（硬拖）操作

在操作之前必须确保拖车与被拖车已完全通过光栅并有了缓存数之后才进行操作，避免当拖车为军警车且被拖车还未完全通过光栅时，就先按【军警车】操作拖车，否则会造成车辆缓存数错乱。

1. 拖车为军警车的操作流程

按军警车操作拖车，然后按【管理】键，选择“取消一次线圈控制”，刷写班长身份卡后按规定操作被拖车。

被拖车的操作：

1)若被拖车为免费车,则按免费车的操作流程操作。

2)若被拖车为客车,则按客车的操作流程操作。

3)若被拖车为货车,则按【货车】键,输入被拖车车型、刷写被拖车通行卡/粤通卡后系统显示称重数据。然后按【改轴】键,选择“本次称重数据丢失”,刷写班长身份卡后系统显示车型收费金额。

(1)若被拖车为公务车,则刷写该车公务卡操作放行。

(2)若被拖车为收费车辆,则按【确认】键完成操作。

2. 拖车为普通车辆的操作流程

按规定操作拖车,然后按【管理】键,选择“取消一次线圈控制”,刷写班长身份卡后按规定操作被拖车。

1)拖车的操作。

(1)若拖车为客车,则按客车的操作流程操作。

(2)若拖车为货车,则按【货车】键,输入拖车车型、刷写拖车通行卡/粤通卡后系统显示称重数据。然后按【改轴】键,选择“删除本次称重数据”,刷写班长身份卡后系统显示车型收费金额。

完成以上操作后,再按以下步骤完成收费操作：

(1)若拖车为公务车,则刷写该车公务卡操作放行。

(2)若拖车为收费车辆,则按【确认】键完成操作。

2)被拖车的操作。

(1)若被拖车为免费车,则按免费车的操作流程操作。

(2)若被拖车为客车,则按客车的操作流程操作。

(3)若被拖车为货车,则按【货车】键,输入被拖车车型、刷写被拖车通行卡/粤通卡后系统显示称重数据。然后按【改轴】键,选择“本次称重数据丢失”,刷写班长身份卡后系统显示车型收费金额。

完成以上操作后,再按以下步骤完成收费操作：

(1)若被拖车为公务车,则刷写该车公务卡操作放行。

(2)若被拖车为收费车辆,则按【确认】键完成操作。

(3)注意事项：在操作拖车的过程中,若驾驶员同时出示两张

IC 卡,收费员不能辨别相应车辆入口领取的 IC 卡时,应立即将两张 IC 卡的卡号同时上报监控(分)中心查询入口信息,之后再根据监控(分)中心查询的结果,选择刷写信息与之吻合的 IC 卡进行相应操作。

(八)超长车的操作

超长车是指车货总长度超过自动栏杆至光栅的距离的车辆(常见的有运输商品车的货运车辆),操作流程如下:

(1)车辆进入车道;

(2)收费员先不刷卡,由广场人员推开自动栏杆,并指挥车辆完全通过光栅;

(3)系统有了缓存数之后收费员再进行刷卡收费操作;

(4)车辆交完费离开车道后,广场人员恢复自动栏杆原状。

第五节　重大节假日 7 座以下(含 7 座)小型客车免费放行操作流程

一、入口操作流程

正常情况下,当免费车辆驶入收费车道时,发卡员应提前辨别车种及车型,具体操作根据上级相关要求如下:

(1)需发放通行卡时,首先输入车型,然后按【确认】键完成刷卡程序,再将刷写成功的通行卡交给驾驶员。

(2)不需要发放通行卡时,直接按【抬杆】键给予快速放行。当有免费车队进入发卡车道时,按【车队】键放行,车队通行完毕按【确认】键降杆。

二、出口操作流程

(1)上班状态下,按【管理】键弹出管理菜单,移动光标至菜单下方,选择“启用免费放行功能”。

(2)按这【确认】键,提示输入班长工号和密码。

(3)通过班长验证后,车道软件界面变成绿色,界面下方提示“启用免费放行功能”,表示已经进入免费放行模式。

(4)在免费放行模式下,输入车型。

(5)刷通行卡/粤通卡,程序界面显示应收费额。

(6)按【未付车】键,弹出选择免费放行类型选择窗口,其中1为正常未付车,2为节假日免费,3为间歇性免费。直接按【确认】键默认选择“2. 节假日免费”。

(7)如为节假日免费放行,按下【确认】键或者数字键“2”后,车种改为“未付车”,通行卡应收款费额变成0元,操作日志窗口显示“选择节假日免费放行”。

(8)按【确认】键确定,完成操作流程,栏杆抬杆,放行。

如需要恢复为正常收费模式,则在免费放行模式的管理菜单中选择“取消免费放行功能”,然后通过班长身份验证即可。

第六节 标识站操作流程

标识站是指在路网形成环状的情况下,为了确定车辆在两收费站之间的行驶路径而在环状路网中设置的中途站,车辆经过标识站时,通行信息须写入通行卡(券)。

一、标识站正常操作流程

1. 入口领通行卡或刷粤通卡车辆的操作

输入车型,刷通行卡或粤通卡,完成标识站操作,栏杆抬起。(在标识站系统故障不能标识通行卡或粤通卡时,由现场人员另加发手撕票,并加盖标识站印章。)

2. 入口领纸券车辆的操作

输入车型,按【手工】键,输入纸券上的卡表面号,如果纸券上没有卡表面号,则输入0,按【确认】键,完成标识站纸券操作,在入口纸券的相应位置加盖标识站印章,栏杆抬起。

二、标识站特殊事件操作流程

1. 标识站坏卡、无入口信息卡操作流程

输入车型，按【坏卡】键，输入通行卡或者粤通卡表面号，如果卡号不清晰，则输入0，按【确认】键，完成标识站坏卡操作，打印标识站纸券，栏杆抬起。（不对坏卡、无入口信息卡进行入口信息查询；通行卡坏卡或无入口信息卡都在标识站收回，防止驾驶员在出口时藏匿通行卡。）

2. 标识站丢卡车操作流程

输入车型，按【丢卡】键，产生标识站流水，打印标识站纸券，盖上“丢卡”章，完成标识站丢卡操作，栏杆抬起。（丢卡车在标识站不收取通行卡工本费。）

3. 纸券及其他异常情况处理

(1)对于同时持入口纸券和标识站纸券（电脑券或手撕券）车辆的处理：

某些车辆可能在入口领了纸券，在到达本标识站前先经过了另一标识站，对于此类车可作如下操作。

输入车型，按【手工】键，输入纸券上的卡表面号，如果纸券上没有卡表面号，则输入0，按【确认】键，完成标识站纸券操作，在标识站纸券的相应位置加盖本标识站的印章，栏杆抬起。

(2)对于只持入口纸券车辆的处理：

输入车型，按【手工】键，输入纸券上的卡表面号，如果纸券上没有卡表面号，则输入0，按【确认】键，完成标识站纸券操作，在入口纸券的相应位置加盖标识站印章，栏杆抬起。

(3)对于只持标识站纸券（电脑券或手撕券）、没有入口纸券车辆的处理：

此类车的处理流程与标识站丢卡车操作流程相似。

输入车型，按【丢卡】键，产生标识站流水，打印标识站纸券，盖上“丢卡”章，完成标识站丢卡操作，栏杆抬起。

4. 超时车的处理

对于超时车，标识站车道不进行判断，按正常车辆处理。

5. 其他异常情况的处理

对于卡内标记已经通过同一标识站的车辆，标识站车道按正常车辆处理。

6. 标识站通行能力发生紧急情况的处理

在标识站通行能力发生紧急情况时（车流太大或电脑故障等情况），向公司领导申请得到同意后，可采用发纸券标识或不标识直接放行的方法处理。由养护工程部修改并下发参数，出口站使用标识站停用的收费模式，出口站各条车道必须离返岗一次。

第七节 缴款流程

一、收费员缴款程序

收费员下班后回到票管室，从密码箱取出所有现金，然后将上班前从收费班长或票管员处领取的广场备用金清点出来交还给收费班长，再开始清点通行费，清点完毕后连同签名确认的《收费员缴款单》第二联一起放进票管员为收费员准备的钱袋里并上锁，再将钱袋投入投包机金库。缴交收费现金工作流程见图2-4-14。

二、收费站与押运公司之间的资金交接程序

（1）押款员到收费站押款时，首先由当值票管员核实押款员的身份。

（2）当值票管员核实身份无误后，通知监控（分）中心对票管室的资金交接全过程进行录像，同时，会同站级管理人员一起打开投包机金库门。

（3）票管员从投包机金库里取出钱袋后，检查其完好情况，与

站级管理人员将钱装入银行提供的钱箱内，并按照要求将钱箱封箱。

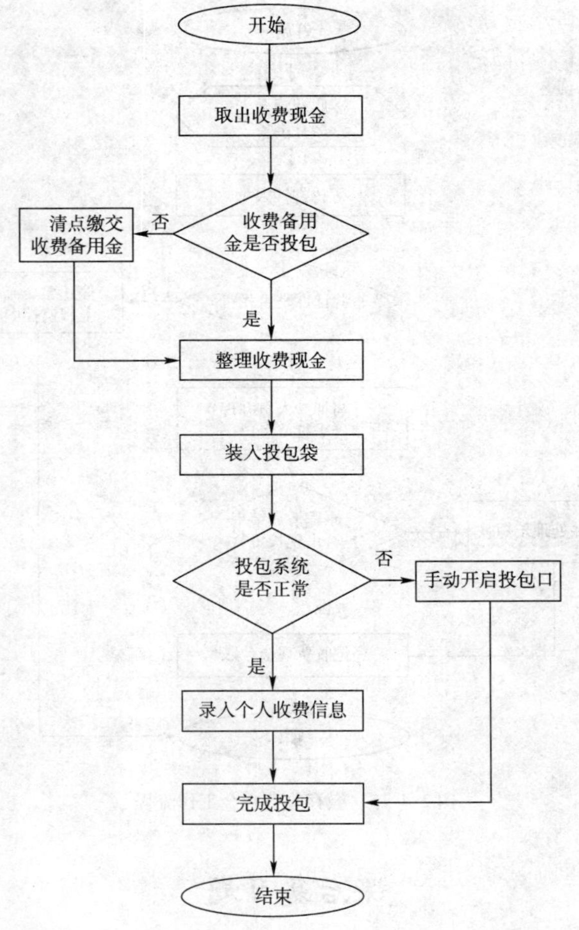

图 2-4-14　缴交收费现金工作流程

(4)回收钱箱及空钱箱在公司与银行的传递工作由押运公司负责。

(5)钱箱内只能放置现金、清单和现金交款单等。

(6)押运公司押款员负责核对钱箱编号、数量、封签是否完整合规、钱箱外观是否完好，确认无误后，双方在对方交接登记簿上签名，一经签收，交接完毕。缴存收费现金工作流程见图2-4-15。

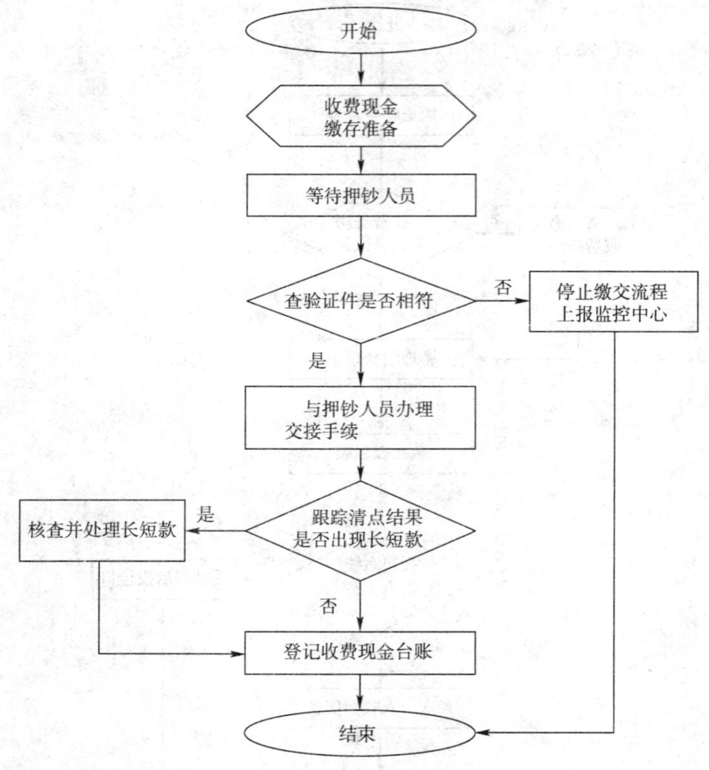

图2-4-15　缴存收费现金工作流程

课后复习题

一、单项选择题

1. 车辆为标识明显的免费车辆时，发卡员不发放通行卡，直接输入车型，按(　　)键给予快速放行。

A.【军警车】 B.【公务车】 C.【未付车】 D.【抬杆】

2. 下列卡片，哪种需要没收？（　　）

A. 坏卡　　B. 余额不足卡片

C. 止付卡　　D. 注销卡

3. 启用计重收费后，与收费金额无关的因素是哪一项？（　　）

A. 车型　　B. 入口站

C. 车辆的额定最大载质量　　D. 车辆行驶速度

4. 如客车在刷卡后发现误按了【货车】键，可按（　　）键选择“货车转客车收费”进行操作。

A.【改轴】　　B.【未付车】

C.【免费车】　　D.【修改】

二、多项选择题

1. 车辆的入口凭证主要有哪几项？（　　）

A. IC 通行卡　　B. 纸质通行券

C. 粤通卡　　D. IC 身份卡

2. 节假日期间，对不需要发放通行卡时，直接按（　　）键给予快速放行，当有免费车队进入发卡车道时，按（　　）键放行，车队通行完毕按（　　）键降杆。

A.【抬杆】　B.【车队】　C.【确认】　D.【免费】

三、简答题

1. 请描述因称重设备故障，导致轴组信息中多出一组单轴轴组的具体操作。

2. 请列出在当政策解释无效,驾驶员继续长时间(5 ~ 15min)堵塞车道时,允许车辆复称的3种情况。

3. 请描述拖车为军警车的操作流程。

四、案例分析题

案例1:2009年2月14日10:50,一辆车牌号为冀A377××的五类车(见习题图2-4-1)在经过太和站绿色通道时以运载鸡蛋为由要求免费,当班班长对其进行验货时发现车厢右侧门边有白色粉末,要求驾驶员打开车厢尾门进行检查,此时驾驶员神色慌张地掩饰,并以尾门货物装载紧不便打开为由拒绝再次检验,班长向驾驶员说明:按政策运载农产品车辆不配合检查的,不得享受免费政策。驾驶员只好将尾门打开一个边,此时经验丰富的收费班长透过纸箱缝隙发现车箱内部有白色包装的物品,立即利用梯子爬上车厢顶部检验,发现该车厢四周以鸡蛋箱做掩饰,实际运载的货物为食用面粉。在班长的政策解释及引导教育下,驾驶员承认自己有意利用鸡蛋做掩饰来进行逃费,并且接受收费站的批评与教育,自愿补交通行费,承诺以后按国家绿色通道相关政策及要求装载农产品。

a)

b)

习题图 2-4-1

案例 2:2009 年 4 月 1 日上午 10:28,一辆车牌号为冀A360××的五类车(见习题图 2-4-2)在验货点接受绿色通道专职检查小组检查时,检查人员发现该车运载的鸡蛋箱印刷商标不统一,车辆钢板弹簧严重变形,车辆起步吃力等异常现象,要求驾驶员将车辆挡雨帆布全部掀开,驾驶员起初狡辩说:“帆布很难拉开,左侧已经打开了就验左侧吧。”验货人员立即向驾驶员说明:“要享受免费政策,就要配合检验工作。”要求驾驶员打开后门及右侧帆布,发现该车运载的只有 4 箱是鸡蛋,且其他鸡蛋箱里装的都是大理石,属于严重伪装农产品车辆。驾驶员在事实面前承认自己的伪装逃费行为,并且供认在北方许多地区有很多专门负责对其他非农产品包装伪装成农产品的物流公司,并提供了几部疑似假冒农产品车辆信息。

案例 3:2010 年 10 月 5 日,一辆粤 A 牌小轿车经过机场北站出口收费 4 车道,驾驶员出示一张粤通卡,收费员刷卡后车道系统提示该卡无入口信息。当值收费员立即询问驾驶员是否入口已发了 IC 卡? 驾驶员听问后立即出示第二张卡(IC 卡),收费员向驾驶员解释入口发了 IC 卡要按现金收费。驾驶员立即反问收费员“我有粤通卡为什么要按现金缴费呢”,“那是你们入口的错啊,他们没有问我拿粤通卡啊”(注:该车没有沾在风窗玻璃上的粤通卡读写器)。当时广场车流量较大。值守广场人员接报后到场处理,经了解情况后,广场人员向驾驶员解析:

a)

b)

c)

习题图 2-4-2

(1)你车上没有明显的粤通卡读写器标签,我们入口收费员是无法识别你车上是否有粤通卡的,在这情况下只有你主动出示粤通卡才能刷写入口信息,在出口才可正常使用粤通卡缴费。

(2)在收费员发放 IC 卡给你时,你明知道自己有粤通卡也没有拿给入口收费员刷写入口信息,这就无法避免在出口时需现金缴费。

(3)粤通卡(储值卡)用户章程第五条:用户应按照粤通卡使用说明及服务提供商的其他相关规定正确使用储值卡,在高速公路联网收费中使用储值卡的,还应遵守高速公路联网收费的相关规定,否则,本公司有权自行或委托服务提供商没收储值卡。禁止伪造、变造或者其他任何企图破译储值卡以逃避应付消费金额的行为。

在广场值守人员向驾驶员解析完后,驾驶员更以无理取闹的行为强词夺理,坚持自己有粤通卡而不予现金缴费,还向当值人员拿出一张“行政执法证件”以示懂法、有关系、在行政部门工作等，趁收费广场堵车，以势压人，想借此得到免费放行。当时坐在副驾驶座的女士感觉驾驶员对我们现场人员的要求不合理，马上掏出现金交完155元通行费后迅速要求驾驶员开车离开高速。

请对此案例进行分析并处理。

第五章　手工收费、发卡操作流程

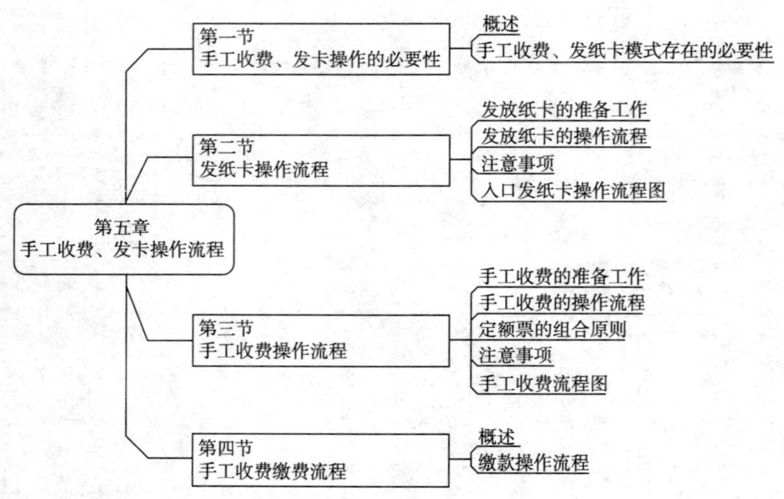

学习目标：

1. 了解手工收费、发卡操作的必要性。
2. 掌握发纸卡的操作流程。
3. 掌握手工收费操作流程。
4. 掌握手工收费缴款流程，使之具有过硬的收费技能。

第一节　手工收费、发卡操作的必要性

一、概述

手工收费、发纸卡是高速公路收费发展早期的主要操作模式，车辆在高速公路入口时领取手工发放的纸券通行卡，出口站

收费员根据回收的纸卡上的信息（站名、车类、入口时间）结合收费标准收取通行费用。然而，随着电脑设备和相关软硬件在收费系统中的广泛使用，手工收费、发纸卡模式的使用空间被大大缩小，而只是作为电脑收费、发纸卡模式的一种补充手段而存在。

相对于电脑收费、发纸卡模式而言，手工收费、发纸卡模式在许多方面存在着不足之处，主要有以下几点：

(1)操作过程相对复杂，不利于缩短服务时间和提高服务质量；

(2)收费过程中要人工对照收费标准，收费时间较长，出现差错的概率较高；

(3)如果是因为设备故障临时启用手工收费、发纸卡操作模式，还要安排专门的亭外人员值守车道，从而降低了整体工作效率；

(4)收费数据以手工记录为主，回投包室交接时核对时间较长，容易出现遗漏；

(5)收费过程中受人为因素制约过多，可变性较大，容易出现贪污作弊现象。

二、手工收费、发纸卡模式存在的必要性

手工收费、发纸卡模式虽然存在以上种种的不足之处，但在目前的收费系统中仍是不可缺少的操作模式之一。电脑收费、不停车收费等操作模式固然有着不言而喻的先进性和可靠性，然而由于其对电子设备有着严重的依赖，一旦软硬件出现故障便无法正常运作，此时就必须转入手工收费、发纸卡模式进行操作。

因此，作为一名合格乃至优秀的收费人员，掌握手工收费、发纸卡操作流程及技巧是必不可少的，这样才能在电子设备发生故障等紧急状况下做到处变不惊，确保收费工作的正常开展和收费现场的安全畅通。

第二节　发纸卡操作流程

一、发放纸卡的准备工作

(1)发卡员上班前检查是否携带了足够使用的纸卡,如发现有可能不足应马上向现场一级票证库补领;

(2)领取纸卡时应仔细检查每本卡是否完好无缺,如时间充足还应查看是否有破损、跳号、重号的现象,如有异常应及时告知当班班长进行处理;

(3)检查是否领取了发放纸卡需要使用的物品和印章,如标记章、时间章等;

(4)如领取了多本纸卡的,可按卡号顺序叠放在一起并用橡皮筋扎好,以免临时取用时忙中出错。

二、发放纸卡的操作流程

(1)打开装放纸卡的小箱,取出纸卡、印章、印油,将其整齐摆放在工作台面上;

(2)来车后首先判断车种,如是免费车则不用发放纸卡让其直接通过,如是正常收费车则在纸卡上加盖标记章、时间章(是否加盖时间章可由公司自行规定);

(3)撕下纸卡递给驾驶员,礼貌地示意其通过;

(4)等待下一辆来车。

三、注意事项

(1)为防止发纸卡过程中出现多撕纸卡的情况,每发完一张纸卡后可在下一张纸卡着手处折起一个小角;

(2)发纸卡过程中要注意按纸卡上号码顺序发放,如发现有破损、跳号、重号等现象应及时报告班长和监控(分)中心处理,并做好记录;

(3)在纸卡上加盖印章时要注意着墨适度、用力均匀,防止污染纸卡或产生无效纸卡;

(4)如出现发错纸卡、盖错章等现象,应及时报告班长和监控(分)中心作废该纸卡,给驾驶员改发另卡,严禁故意发放错卡或私藏错卡;

(5)为缩短发纸卡操作用时,发纸卡员可预先根据车流状况在卡上加盖标记章,但临近下班时应停止预盖,避免因本班次发放不完产生废卡。

四、入口发纸卡操作流程图

入口发纸卡流程如图2-5-1所示。

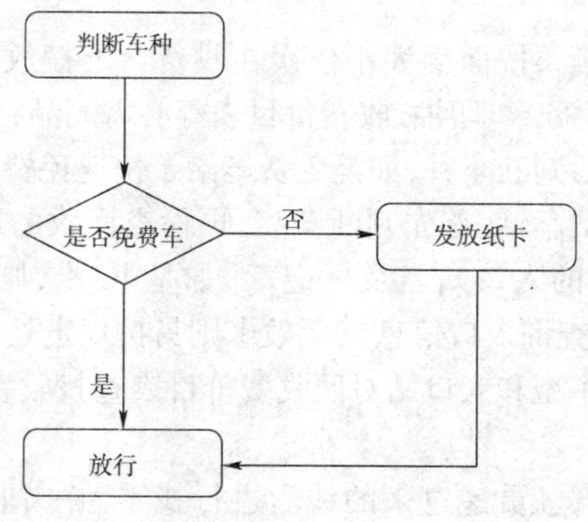

图2-5-1　入口发纸卡流程

第三节　手工收费操作流程

一、手工收费的准备工作

1)收费员上班前检查是否携带了足够使用的各种面额的定额通行费发票,如发现不足应马上向现场班长补领。

2)领票单为一式三联有价票证领取凭证,由现场班长根据发放量填写,领票人将领票单内容与实际领取票证核对无误后,由领票人、现场班长共同签名,各执一联。

3)领取票证应注意的事项:

(1)检查存根封条是否完整;

(2)检查票证是否有缺损;

(3)检查票证号码顺序是否相连,是否跳号、重号;

(4)核对票证数量、起止号码是否与领票单相符。

4)检查是否携带售卖定额票的相关工作物品,如时间章、业务章、印油、收费价格表等。

二、手工收费的操作流程

(1)将定额票按面额大小依次在收费台上摆放整齐,同时准备好时间章、业务章、印油、收费价目表等必需用品;

(2)来车后判断车种,如是免费车给予快速免费放行;

(3)遇收费车辆,首先判断车型,再检查回收的通行卡(券),查看卡(券)上的入口站名及标记章[如是IC卡,则报监控(分)中心根据卡号查询入口信息],无效卡则另按规定处理;

(4)根据车型和入口站对照收费价目表查找收费价格后向驾驶员报价;

(5)接过驾驶员递过来的钱后进行找零,并撕取同等面额的发票一同递回给驾驶员,在此过程中要做到唱收唱付,撕取发票时要在票上加盖业务章、时间章;

(6)将收缴的通行费和通行卡(券)按规定放好,如有弃票要进行作废处理;

(7)等待下一来车。

三、定额票的组合原则

当所持定额票的票面金额均与应收通行费金额不一致时,应售组合票。即按应收通行费金额把两张或两张以上不同面额的定额票售予一辆车。

出售组合票的原则如下：

(1)只有在所持的定额票的票面金额都与该车应收通行费不相符的情况下才可出售组合票；

(2)出售组合票必须以张数最少为原则；

(3)出售组合票时，须按应收通行费金额，以所持定额票中面额最高的票证为优先组合。

例如：如收费员持有的定额票面额有10元、20元、30元、40元、50元、60元，应收通行费为80元，则发票组合应为60+20，而50+30、40+40、10+30+40都是错误的组合。

四、注意事项

(1)为防止售票过程中出现多撕发票的情况，每售完一张发票后可在下一张发票着手处折起一个小角；

(2)售票过程中要注意按票上号码顺序发放，如发现有破损、跳号、重号等现象应及时报告班长和监控(分)中心处理并做好记录；

(3)如出现撕错票、盖错章等现象，应及时报告班长和监控(分)中心进行处理和记录，严禁隐瞒不报或私自填补；

(4)在票上加盖印章时要注意着墨适度、用力均匀，防止污染发票而让驾驶员因此产生不满；

(5)为缩短收费操作用时，收费员可预先根据车流状况在票上加盖业务章；

(6)售完的票证存根，应妥善保管，保持存根的封条完整，并按领取的数量，根据号码顺序捆绑好，及时退回票证库，不得丢失或损坏。

五、手工收费流程图

出口正常车手工操作流程如图2-5-2所示。

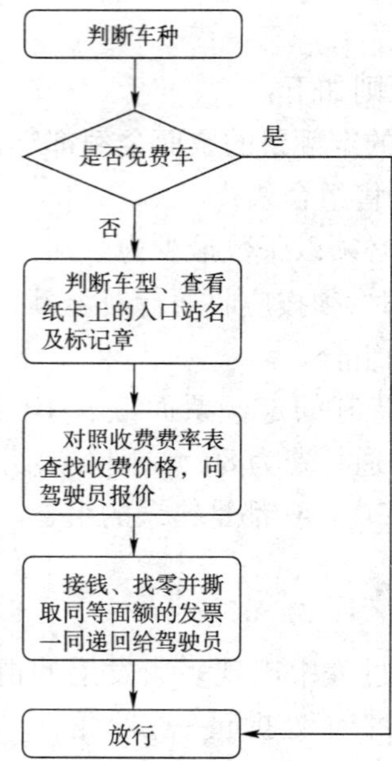

图2-5-2　手工收费操作流程

第四节　手工收费缴款流程

一、概述

手工收费的缴款流程基本以人工结算为主,耗时较长,需要填写的表单较多。由于各营运单位用于交班的表单不尽相同,具体规定也有所差异,因此在本节中只作简单介绍。

二、缴款操作流程

(1)下班后收费员在当班班长带领下直接返回投包室;

(2)取出备用金及小钱箱交当班班长清点,登记和上报收费过程中的异常卡和特殊事件;

(3)当班班长清点收费员交回的款项并对照回收纸卡填写的

通行费换算表，如数据相符则双方按规定填写报表并签字确认；

(4)发现数据不符的，当班班长在视频监控下进行再次清点核对，收费员在旁监督；

(5)经再次清点仍然不相符，如收费员无异议则作为差错处理，收费员提出异议的可由其本人进行清点，班长在旁监督，监控员负责监控录像，直至双方均认同清点结果为止；

(6)双方争议较大，无法达成一致的可通知收费站值班站长到场处理；

(7)完成清点结算后，收费员等待当班人员一同离开投包室。

课后复习题

一、单项选择题

1. 发纸卡过程中如发现有破损、跳号、重号等现象应及时报告(　　)处理，并做好记录。

A. 班长和票管　　B. 班长和站长

C. 站长和监控中心　　D. 班长和监控中心

2. 出售组合票时，须按应收通行费金额，以所持定额票中面额(　　)的票证为优先组合。

A. 最高　　B. 最低　　C. 无所谓

3. 领取纸卡时应仔细检查每本卡是否完好无缺，如有异常应及时告知当班(　　)进行处理。

A. 班长　　B. 站长　　C. 票管

二、多项选择题

1. 以下叙述正确的是哪几项？(　　)

A. 为防止发纸卡过程中出现多撕纸卡的情况，每发完一张纸卡后可在下一张纸卡着手处折起一个小角

B. 为缩短发纸卡操作时，发纸卡员可预先根据车流状况在

卡上加盖标记章,发放不完全可在下个工班使用

C. 发纸卡过程中要按纸卡上号码顺序发放

D. 在纸卡上加盖印章时要注意着墨适度、用力均匀,防止污染纸卡或产生无效纸卡

2. 以下领取票证注意事项哪些是正确的?(　　)

A. 检查存根封条是否完整

B. 检查票证是否有缺损

C. 检查票证号码顺序是否相连,是否跳号、重号

D. 核对票证数量、起止号码是否与领票单相符

3. 以下叙述不正确的是哪几项?(　　)

A. 随着电脑设备和相关软硬件在收费系统中的广泛使用,手工收费、发纸卡模式已经没有存在的必要了

B. 相对于电脑收费发卡模式而言,手工收费发卡模式存在许多不足之处

C. 手工收费缴款时,备用金及小钱箱交当值票管员清点

D. 在手工收费缴款过程中,发现数据不符的,当班班长在视频监控下进行再次清点核对,收费员在旁监督

三、判断题

1. 收费员持有定额票面额有10元、20元、30元、40元、50元、60元,应收通行费为80元,则发票组合是60+20、50+30、40+40、10+30+40等任意一个组合均可。(　　)

2. 为缩短发纸卡操作用时,发纸卡员可预先根据车流状况在卡上加盖标记章。(　　)

3. 在发纸卡过程中,如出现发错纸卡、盖错章等现象,应及时报告班长和票管员作废该纸卡,给驾驶员改发另卡。(　　)

四、简答题

1. 手工发纸卡操作流程有哪些?

2. 请列举 4 个以上手工收费、发纸卡模式存在的不足。

3. 为什么说手工收费、发纸卡模式的存在有其必要性。

五、案例分析题

A 收费站处于手工收费、发纸卡的模式，收费员持有定额票面额 10 元、20 元、30 元、40 元、50 元、60 元。有一部三类货车，持 IC 卡从 A 收费站出。请问收费员应如何操作？假如应收通行费为 90 元，定额票的组合应该是什么？为什么需要这样组合？

第六章　收费现场管理

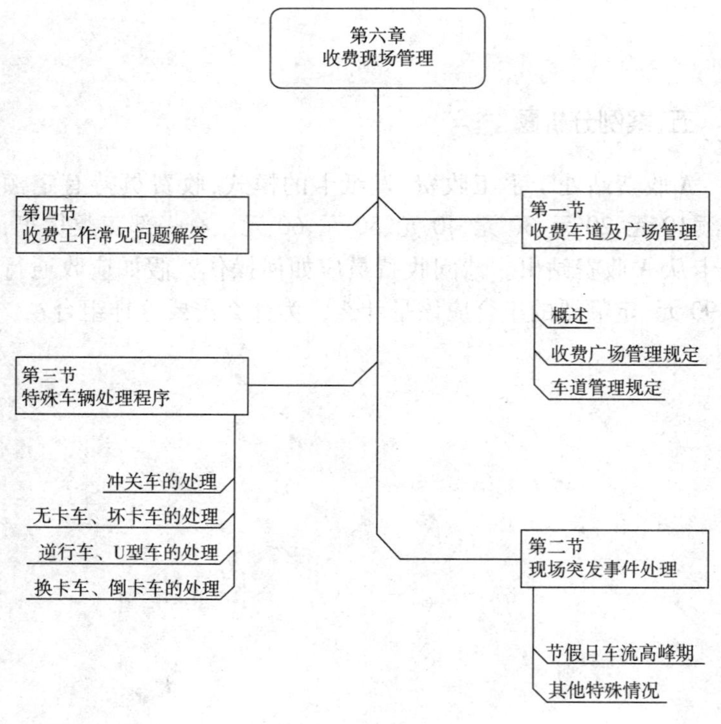

学习目标：

1. 熟悉收费车道及广场的管理规定。

2. 了解现场突发事件应急处理方法和特殊车辆的处理方法，为日后在收费工作中有效应对各种突发事件奠定基础。

3. 掌握特殊车辆的处理程序。

4. 熟悉收费工作常见问题的处理措施。

第一节 收费车道及广场管理

一、概述

收费车道及广场是收费人员的主要工作场所,是确保收费站甚至全线安全畅通的关键所在,因此,在管理的过程中丝毫不能懈怠。

二、收费广场管理规定

(1)非工作人员不得进入收费广场。

(2)过往车辆无特殊情况不准在收费广场滞留。

(3)收费现场工作人员应配合、督促养护人员做好收费广场的清洁、清洗工作,并在日常工作中注意做好保洁工作。

(4)现场工作人员应为执法部门在收费广场执法提供方便。

(5)现场工作人员要做好车流高峰期车辆的疏导工作,防止交通事故的发生。

(6)现场工作人员要做好收费广场设备的管理工作,防止设备被人为破坏。

(7)现场工作人员要尽力防止在收费广场发生偷窃抢劫、打架斗殴、聚众闹事事件,善于处理和化解各种纠纷,掌握收费现场紧急情况处理方法,尽量避免或减轻经济损失和人员伤亡。

三、车道管理规定

(1)有收费设备的车道应合理轮流使用,防止设备长久停用产生故障。

(2)当班班长可根据车流量决定开通车道数。

(3)车道在使用过程中出现设备故障或突发事件,如一时无法排除,应在征求监控(分)中心同意后方可增开车道,如车流量较大来不及上报时,可以先执行再上报。

(4)免费专用车道正常情况下只用于保障广东省政府规定的

免费车辆顺利通过。

(5)现场工作人员横过车道前必须注意车辆来往情况,确保自身安全。

(6)体积较大、载货较多的车辆经过时,收费人员应提醒驾驶员小心通过车道,必要时及时引导其走超宽车道。

(7)车道开关时交通锥的摆放、车道指示灯的开关要严格按规定执行,确保标识清晰。

(8)班长要经常检查车道设备的可靠性(如车道开关指示灯是否正常,车道灯、费额显示器能否正常显示,手动栏杆、电动栏杆能否正常使用等)。

(9)按规定时间搞好设备卫生,不得用水龙头直接冲洗摄像枪、费额显示器、电动栏杆等电子设备。

第二节 现场突发事件处理

一、节假日车流高峰期

(1)各站应根据车流规律提前分析节假日的车流状况,及早做好有针对性的工作部署。

(2)财务人员要提前做好卡、票、备用零钞的检查工作,确保有足够库存。

(3)收费人员上班前必须仔细自查,确保备用金、通行卡、发票(含定额票)领用充足、各种上班必需物品无遗漏。

(4)当班过程中亭外人员要保持良好的精神状态,做好随时增开车道发卡和收费(包括手工操作)的准备。

(5)在收费人手不足或开足电脑收费车道仍无法快速疏通车流时,班长应及时向值班站长汇报。

(6)亭外人员要密切留意广场及车道的车流情况,根据实际情况及时进行必要的引导,防止出现人为因素的堵塞。

(7)发卡、收费过程中出现纠纷的,当班班长应及时进行排解，如不能马上解决的可引导车辆先驶出车道再做进一步处理。

二、其他特殊情况

1）气候突变，如有强台风、雷暴警报时，收费人员必须坚守岗位，服从值班站长的统一指挥和调度，当班人员要提前做好对收费现场设施的保护措施，站内休息人员要做好随时到现场应急的准备，非必要情况一律取消人员外出。

2）收费亭、收费车道发生火灾事故处理流程：

（1）收费车道发生火灾事故的处理流程：

收费车道发生火灾→现场工作人员用灭火器灭火，如有需要向站内人员报警。

火势较大→报119→封闭发生事故的相邻车道→收费员收拾各种票据、票款离开收费亭→关闭收费设备，切断电源控制现场的交通情况→火势得到控制→站里留守人员将火扑灭。

（2）收费亭发生火灾事故的处理流程：

收费亭发生火灾→向站内报警→退出收费系统→关闭该亭的电源总开关→收拾工作物品离开收费亭→用灭火器灭火→报值班站长，情况严重报119。

3）发生高速公路大塞车时的处理流程：

（1）因交通事故造成大塞车。

值班站长了解实际情况后，迅速将情况通报监控（分）中心和交警，为了缓解交通压力，可指挥车辆从本站的出口通行，安排人员开通所有的备用车道，站内各级值班人员做好车流突然增大的各种应急措施（如准备电脑票和零钞）。监控（分）中心则应通知各站做好相应的应急措施。

（2）正常车流增大造成全线大塞车。

当班班长应立即报告值班站长和监控（分）中心，站长组织人员疏导好交通，开通所有备用车道，同时准备好票据和零钞，当班监控员了解情况后立即报告主管领导做进一步处理。

（3）因某种原因，造成严重塞车、需免费放行的。

①由值班站长报主管领导,接到通知后方可放行;

②放车时须把通行卡回收,为提高回收速度,拔除栏杆后,可安排专人进行卡的回收,将这些卡与正常回收卡分开放置,下班后带回财务室另作处理。

4)特殊车辆(如油罐车,运送易燃、易爆、有毒等化学物品的车辆)经过收费站时应注意以下问题:

当这些车辆经过收费站时,当班班长应密切注意它的整个通行过程。大型车、特大型车通过时应做好引导工作,防备发生意外事故。如果发现有异常情况,则应立即通知驾驶员,并指挥驾驶员将车辆驶离收费亭,开到空旷处进行询问,并将情况向值班站长报告,采取相应的措施。特殊危急情况时,收费人员应立即撤离收费现场。

5)车辆在收费现场发生意外(如制动失灵撞伤人、两车相撞等):

当班班长先看有无人员伤亡,如有人员伤亡,在尽量保护现场的情况下进行人员抢救(现场无交通工具立即报120);如无人员伤亡,则维持好现场交通秩序,保护好事故现场。在此期间应及时报告值班站长,并注意确保出入口的安全畅通。

6)收费现场市电中断:

如发电机能正常供电,当班人员在上报值班站长及监控(分)中心后做好相关记录即可,如发电机不能正常供电,应由值班站长通知技术人员马上进行抢修,同时当班人员关闭收费现场非必要使用电源,尽量延长UPS使用时间。

7)网络中断、系统瘫痪:

(1)技术性故障(如设备故障或由于财务人员私自操作造成服务器线路中断)造成站级网络瘫痪,这时应继续发通行卡,售电脑票,同时上报监控(分)中心派人维修。收费过程中发现的无效卡应通过内线电话由监控员查询,财务结账时先进行实数登记,等待系统恢复后再进行正式结账。

(2)造成传输系统瘫痪一时无法修复的,未接到监控(分)中心通知之前保持原有的收费、发卡方式不变，技术人员在对系统造成的影响作出评估后，确定系统修复的时间，如需变更收费、发卡方式另行通知。

8）突然出现大批量无法读写的通行卡，调卡来不及时，按以下规定操作：

（1）入口。

立即报监控（分）中心，同时换备用车道发卡，如果仍然无法刷卡成功，则应为通行卡有问题，当班人员应立即上报值班站长及监控（分）中心，等待上级通知是否发放纸卡，并由站领导安排财务人员调卡。

（2）出口。

首先判断是读写器故障还是卡故障，若是读写器故障，则可以更换车道收费并通知技术人员到场维修。若是卡故障，则收费员可以先通过人工查询该卡入口信息，以完成收费操作。若网络不通，查询不到该卡信息，可用内部电话向监控（分）中心查询，由监控员查询入口站有关信息，再做相应的处理；若无法通过技术手段查询，向驾驶员口头询问其入口站进行操作。

9）入口通行卡不足：

（1）发卡员应及时掌握剩余通行卡数量，如所领通行卡不够使用时要提前报告，由班长安排人员换岗。

（2）如收费现场通行卡储备不足，应及时上报值班站长安排补领。

（3）严禁借他人的通行卡使用或未经上级主管领导同意发放纸卡。

10）自动栏杆出现故障，无法自动升降：

（1）如只是栏杆控制失灵，IC卡能正常读写，可由亭外人员将栏杆拔除，让车辆通过后，改用备用车道，并上报值班站长及监控（分）中心。

（2）如通行卡无法读写，应引导当前处理车辆退出到其他车道领卡或缴费。

11)收费现场遇抢劫:

(1)所有的行动应以确保人身安全为前提。

(2)及时按响报警装置,尽量拖延犯罪嫌疑人作案时间。

(3)记住犯罪嫌疑人的相貌特征、口音和作案的交通工具。

(4)记住犯罪嫌疑人离开现场逃逸的方向。

12)现场当班人员发生触电事故:

(1)救援者在保证自身安全的前提下,利用绝缘物(如干燥的木棍等)迅速切断电源。

(2)立即向值班站长及监控(分)中心报告,并封闭相关车道。

(3)如触电者有昏迷现象,应立即采用人工呼吸等手段抢救。

随着电线的老化或雷击等原因,收费设备有可能出现漏电或带电的现象,造成触电事件,可采取以下措施避免发生触电事故:

(1)当班人员要保持高度警惕及较强的工作责任心,班长要经常观察收费员的工作情况及时发现问题。

(2)当班人员要严格按规定操作使用电器设备,不得乱拆、乱动插头、保险丝等易漏电部件,饮水杯不要放在设备上。

(3)打雷的时候,亭外人员不要过于靠近金属物体。

13)收费模式切换原则和流程:

计重收费实施后,计重收费系统保留计重收费模式与车型收费模式之间的切换。收费现场如遇节假日车流高峰、交通事故收费站分流或现场特殊处理造成收费站车流堵塞的情况,根据上级文件要求,各路段应该遵循相关的收费模式切换的基本原则进行相应收费模式类型的切换,尽快疏导车流,从而确保收费现场的安全、畅通。

在基本原则的前提下,各路段应该慎用收费模式切换,严格加强内部控制与监督,避免因收费模式切换而引发的现场纠纷与秩序混乱。

(1)收费模式切换的基本原则。

①按照广东省交通运输厅的文件要求与工作部署,根据《关于实行货车计重收费的通告》(粤交征〔2011〕1180 号文)以及相

关计重收费方案进行。

②各路段单位应从严管理收费模式的切换，不得随意改变。如需切换模式的，应结合具体切换模式类别，按照有关管理流程完成相应报批或报备手续。

③在广东省政府有关文件明确要求改变收费模式下，各路段按要求进行相应模式切换工作；在文件时效结束后，及时恢复到原有收费状态。

(2)4 种类型的收费模式切换及其相应原则。

模式切换共分为4 种类型，即全区域收费模式切换、单路段收费模式切换、单收费站收费模式切换、单车道收费模式切换。以上模式切换类型的基本原则分别如下：

①全区域收费模式切换。

a.广东省交通运输厅或上级有关单位在正式文件中，明确要求全区域在某一时段进行收费模式切换的，区域内各路段应严格执行，区域中心做好通知、协调与监督落实等工作。

b.在重大节假日期间（春节、国庆等长假）或其他可预见的全局性车流高峰情况的，由路段提前向区域中心提出切换申请。在区域中心确认情况，并征求区域内其他路段同意后，报请广东省交通运输厅批准。广东省交通运输厅批准后，切换操作方能进行。区域中心应以通知书（切换的起讫日期、系统时间及其他营运事宜）的形式提前告知各路段。区域中心监督跟进区域收费模式的切换全程。

②单路段收费模式切换。

a.广东省交通运输厅或上级有关单位在正式文件中，明确要求某一路段在某一时段进行收费模式切换的，该具体路段应严格执行，区域中心做好通知、协调与监督落实等工作。

b.在一般节假日期间（五一、元旦等短假）或其他可预见的路段性车流高峰情况的，由路段提前向区域中心提出切换申请。在区域中心确认情况后，报请广东省交通运输厅批准。广东省交通运输厅批准后，区域中心应以通知书（切换的起讫日期、系统时间及其他营运事宜）的形式提前告知区域内其他路段做好配合工作，路段切换操作方能进行。

③单收费站收费模式切换。

a. 广东省交通运输厅或上级有关单位在正式文件中，明确要求单个或多个收费站（含跨路段的）在某一时段进行收费模式切换的，相应的收费站应严格执行，区域中心做好通知、协调与监督等工作。

b. 在可预见的收费站级车流高峰情况的，先由站所在路段提前向区域中心提出申请，区域中心确认情况后批准，并另以通知书（切换的起讫日期、系统时间及其他营运事宜）的形式提前告知区域内其他路段做好配合工作，收费站方能切换操作。

c. 遇到突发性现场车流高峰情况，先由站向所在路段提出申请，路段确认实际情况批准后，收费站可切换操作，同时路段应告知区域中心，由中心通知区域内其他路段做好配合。

d. 原则上在正常收费车道同时少于 5 部车辆排队等候的情况下，所在站应及时恢复计重收费模式，所在路段单位立刻报告区域中心，由中心告知区内其他路段。

④单车道收费模式切换。

a. 现场车道设备因突发故障无法正常计重收费的，由所在站负责人先关停故障车道，及时启动备用计重车道；同时，按照相关规定联系设备养护单位尽快排除故障。在全部车道开满，且车流量高峰的前提下，所在站在报请路段公司同意后，将故障计重车道切换到原有车型收费模式，以疏导拥堵车流，有关操作报备区域中心。

b. 站级管理人员应以谨慎的态度处理单车道收费模式的切换，避免因车道收费模式的不同所引发的现场交通秩序混乱，防止驾驶员刻意择道而逃避计重收费的行为。

在模式切换中，属可预见车流高峰、提前申请模式切换的，应在申请中注明模式切换的起讫时间、具体站点与切换事由等关键信息；属突发车流高峰、因设备故障提出切换申请的，应注明开始时间、具体站点与切换事由等关键信息。待现场车流缓解或车道故障修复后,完整填好重大事件报告,以备事后调查与稽核。

(3)收费模式切换流程。4种收费模式切换流程如图2-6-1～图2-6-4所示。

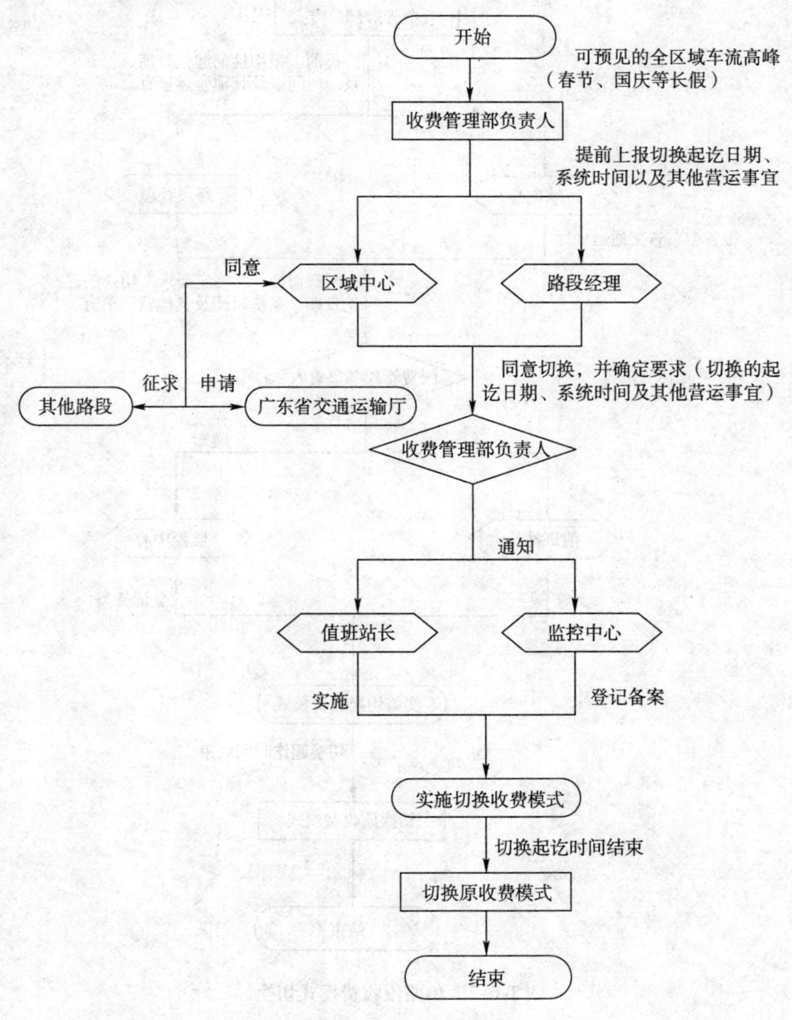

图2-6-1　全区域收费模式切换

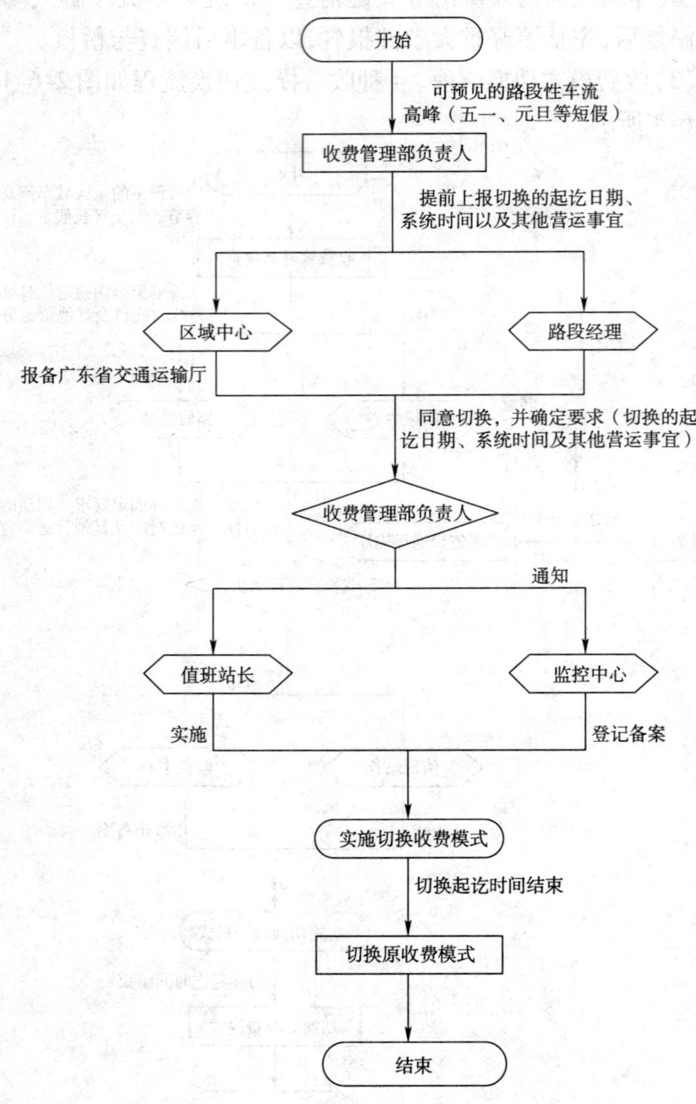

图 2-6-2　单路段收费模式切换

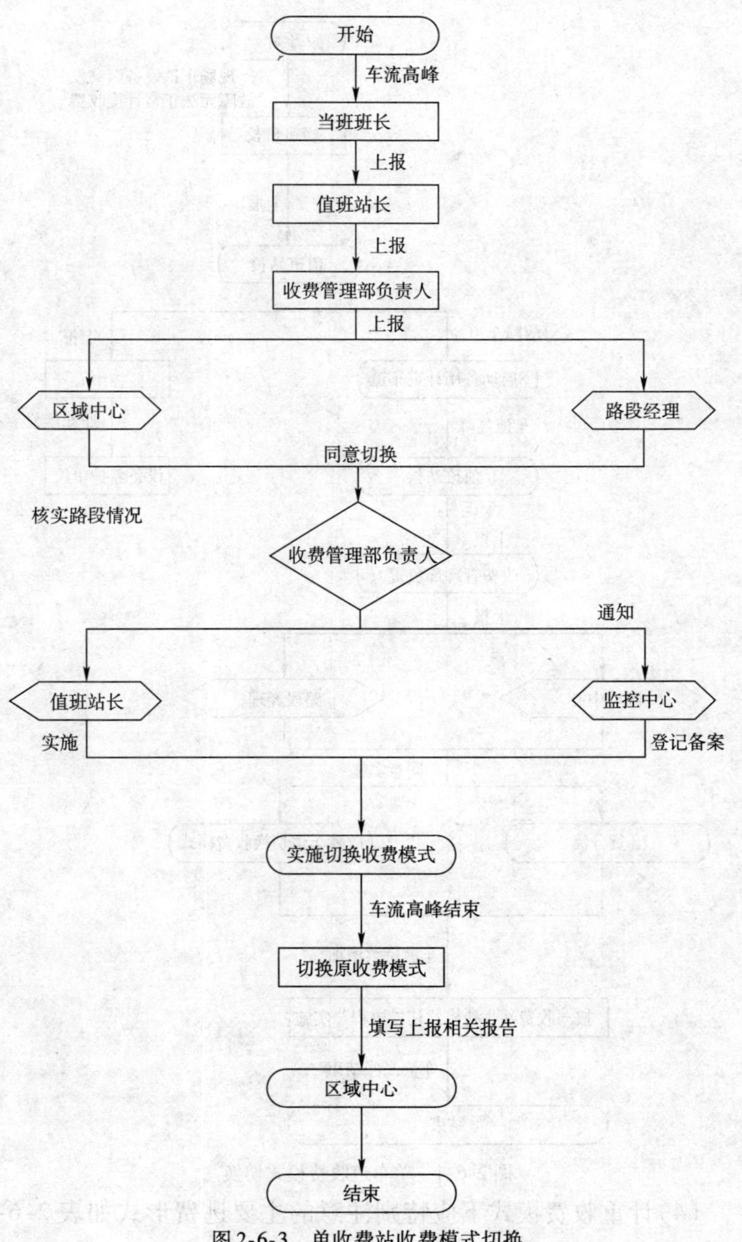

图 2-6-3 单收费站收费模式切换

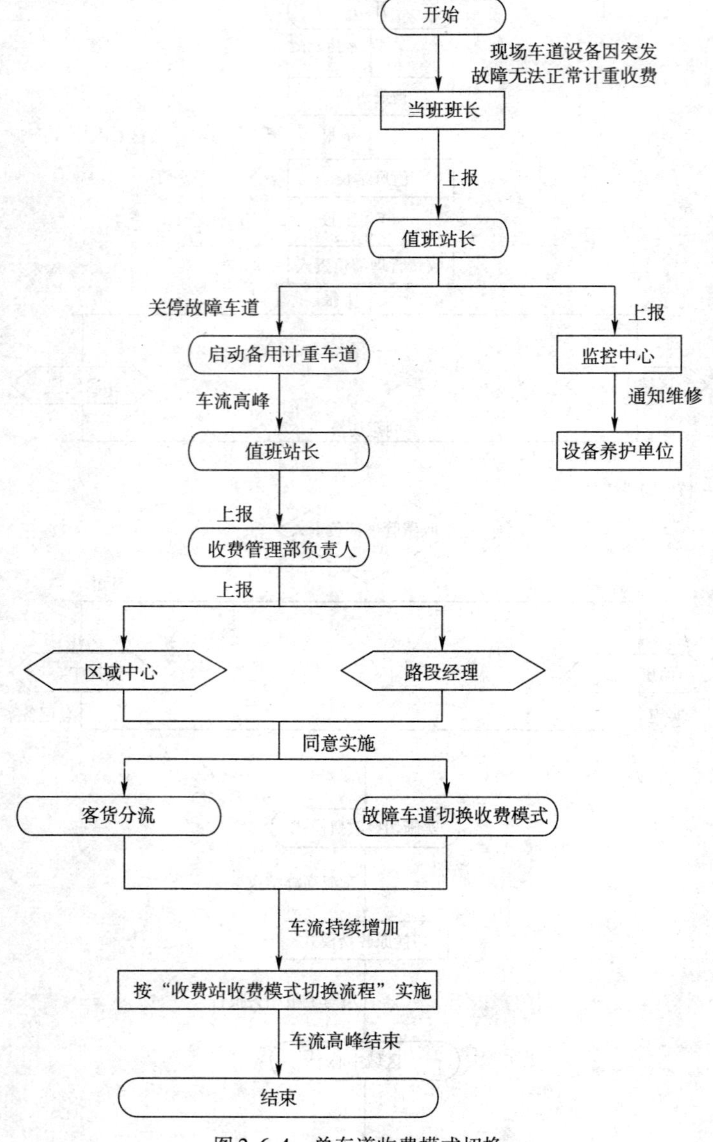

图 2-6-4 单车道收费模式切换

(4)计重收费模式下应特别注意的主要逃费形式如表 2-6-1 所示。

计重收费模式下的主要逃费方式 表 2-6-1

主要逃费名称	具体逃费做法	建议处理措施	备注
垫钢(木)板	当车辆行驶到收费站时,紧跟前面的车辆,并且有人从驾驶室下来将预先制好的钢(木)板放在计重平台上,车轮在其钢(木)板上行驶,可以减轻其车重	一般管理惯例中,收费亭前后 30m 广场范围内非工作人员不得进入。现场管理人员应及时制止逃费驾驶员同伙靠近计重收费设备或在计重车道范围内行走,应驱赶非工作人员离开收费现场	逃费人员需要下车在计重平台范围或光栅器前做人为干扰与破坏
在计重平台缝隙插螺丝钉	有人从驾驶室下来,将螺丝插在计重平台地缝隙里,增加计重平台的摩擦力,使其不能完全称重		
遮挡光栅分离器	当车辆行驶到收费站时,有人从驾驶室下来,故意站在光栅分离器旁,将其遮挡,使车辆无法分离,造成无计重信息		
走 S 形	车辆先靠近车道右侧行驶,过称台时从右向左使车辆保持向左前侧方向缓慢移动,当车辆前轮(转向轮)通过称台时,驾驶员猛打转向盘,使车身保持向右前侧方向缓慢移动,直至车辆完全通过秤台。(只有前轮 1 在称台上,前轮 2 已经通过称台行驶到车道路面上,导致质量分解到路面上,从而造成减重逃费。)	目前秤台平面满铺车道,可避免压边路沿位置出现;同时动态增设安全设施,减少现场活动空间,减少摆车逃费	这种情况在超宽车道尤为突出
压边通行	车辆轮胎在称重平台的边沿,使车辆的部分质量压在称重平台的轮廓上,减轻运载的质量		
猛加油、紧急制动	货物为液态的载货类汽车,当前轴过计重平台时,驾驶员突然加速,然后紧急制动,使车辆重心前移,减轻后轴质量		

续上表

主要逃费名称	具体逃费做法	建议处理措施	备注
安装液压磅	当安装液压磅车辆行驶收费站，前轴过计重平台时，稍作停顿，快速为液压磅充气，将后轴稍微顶起，使车辆重心前移，减轻后轴质量	在调整液压磅期间，车辆过称重平台会明显放慢，通过现场人员加强监督与核查，加以预防	相关车辆将建立黑名单制度，用于重点稽查与长效打击工作
安装假轴	车辆过称台时把假轴放下来，增加轴数，减少超限质量	提高收费员与现场督导对假轴的识别能力	
甩挂	挂车在服务区时，驾驶员将挂车放在服务区里，车头下高速公路后再上高速，造成以前所行驶(有货物)路程的通行费减少	结合车型不符与可疑车辆往返数据分析等手段，采取防逃费专项打击行动。加大对服务区的巡查力度和数据分析，对可疑车辆重点打击	

第三节　特殊车辆处理程序

一、冲关车的处理

(1)亭外人员要保持高度警惕，发现后车与前车相距过近需及时给予善意提醒，让企图随尾冲关的驾驶员心存顾虑，不敢贸然冲关。

(2)在提供收费服务过程中要做到文明礼貌、有理有据，合理化解矛盾，避免驾驶员因产生对立情绪而强行冲关。

(3)制止冲关行为应以预防为主，在此过程中要确保现场工作人员人身安全。

(4)车辆冲关后，应立即记录该车外观特征及相关资料并及时上报监控中心进行备案,如在冲关过程中造成人员损伤或财产损失的要做好登记和上报。

(5)监控中心定期整理冲关车黑名单及下发相关资料到各收费站备查。

(6)各收费站发现有冲关车再次通过时,入口站应及时上报监控中心,原则上由出口站现场工作人员进行拦截。

(7)如成功拦截到冲关车,当班人员要及时上报监控中心查询该车的冲关记录,根据记录责令驾驶员补交通行费,并赔偿因冲关造成流失的IC卡工本费。

(8)因冲关造成收费现场设施设备损坏的,按标准向驾驶员索赔,有违法行为的则依法处理。

(9)处理冲关车应尽量将其带离收费车道以免引起堵塞,必要时应更换车道收费。

二、无卡车、坏卡车的处理

(1)驾驶员在出口处无法出示通行卡的,收费员应问明无卡原因,有需要时可上报监控中心联系入口站进行核实。

(2)如驾驶员在入口领取IC卡后不慎遗失的,应要求其赔偿IC卡工本费并按可达最远程收费。

(3)驾驶员声称入口未领卡的,可根据其提供的入口信息要求监控中心给予核实后按实际入口站收费,如无法查实按可达最远程收费并索赔IC卡工本费,并对驾驶员做好入口必须领卡的宣传。

(4)如驾驶员人为损坏IC卡(卡表面有明显的新损坏痕迹)导致无法查询的,按可达最远程收费并索赔IC卡工本费。

(5)如IC卡属自然损耗失效的,经查询无结果,可询问驾驶员或通过其他方式查询入口站信息,按实际入口站收费。

(6)对无卡车的处理过程往往需经过问询、上报、核实、索赔等环节,如需时较长而且后面有来车时,当班人员应及时增开车道或将无卡车带离车道。

三、逆行车、U 型车的处理

(1)向驾驶员做好解释工作,按可达最远程收费。

(2)如遇交通事故、封路等造成的逆行车、U 型车按卡查询结果进行收费。

四、换卡车、倒卡车的处理

经查实是换卡、倒卡车辆的,按可达最远程收费。有违法行为的,依法处理。

第四节　收费工作常见问题解答

(1)当驾驶员对收费标准和车型定义有意见时怎么办?

当班人员应根据广东省物价局批复的车型分类和收费标准的文件,耐心向驾驶员解释。如:“您好! 根据××号文规定,您应交××元……”

(2)当驾驶员出口时发现丢失了 IC 卡或所持 IC 卡(粤通卡)无法识别卡内入口信息时怎么办?

当班人员应根据广东省物价局《关于规范高速公路智能计费卡丢失或无法识别相关通行凭证入口信息后车辆通行费有关问题的通知》(粤价〔2007〕217 号文)文件规定进行处理,耐心跟驾驶员解释。遇车流量大时,可要求驾驶员抵押相关物品,并指引车辆到收费站广场,待查明原因后进行处理。

(3)当驾驶员无钱缴费时怎么办?

现场负责人应耐心跟驾驶员解释,并要求驾驶员留下价值超过应缴通行费两倍以上的易保管物品作抵押,并填写有关抵押协议和做好记录,抵押物品交站办公室妥善保管(遇中心站管理的,驾驶员在约定时没有领取抵押物品,则交回站办公室),出现异常情况时及时向当事人出具顾客财产异常报告。

(4)遇到军、警人员开地方牌车不肯交费时怎么办?

当班人员应根据《收费公路管理条例》第七条或《广东省公路收费站管理办法》第二十三条有关规定向驾驶员耐心解释，说明该车不属于免费范畴，要求其按收费标准缴纳通行费。

(5)收费过程中收费员当面收到疑似假钞时怎么办？

应委婉地请驾驶员更换钞票，并将疑似假钞退还驾驶员。

(6)收费员收完费后才发现收到的是假钞，而驾驶员拒不承认时怎么办？

由收费员自己承担责任。

(7)车辆离开车道后，驾驶员返回说收费员找赎的是假币要求退换的处理。

当班人员应礼貌地告诉驾驶员，收费员都是经过专业培训，对人民币具有一定的辨识能力，并且还有精密的验钞机帮助辨别。

(8)车辆在收费现场得到当班人员的帮助，受帮助的驾驶员向当班人员表示感谢并馈赠金钱、物品时怎么办？

当班人员应予婉转的拒绝。对于驾驶员强留下来的物品，当班人员应及时上报监控，下班后上交收费站处理。

(9)收费现场驾驶员无理取闹时怎么办？

当班人员要礼貌待人、耐心做好解释工作，严禁与驾驶员争吵，必要时可通知值班站长到场处理。

(10)收费车辆拒绝交费要强行冲关怎么办？

在确保人身安全情况下拦截冲关车，耐心向驾驶员解释，要求其按规定缴费，必要时通知值班站长到场处理。如无法拦截，则应详细记录时间、车型、车牌、车辆特征等情况并上报监控中心。

(11)车辆强行冲关撞坏栏杆怎么办？

如已将该车截停，则要求其交纳通行费并按规定对其进行索赔；如该车已逃逸，应及时通知监控中心录像备案，并登记好冲关时间、车牌号码及车型。

(12)因现场设备故障等非人为因素导致车辆损坏的，应如何处理？

当班人员应及时上报监控中心，并通知值班站长到场处理，若确定是由于设备故障造成，由收费站先行垫付赔偿费给驾驶员，再上报公司相关职能部门进行责任认定，并做进一步处理。

如是人为造成损失的，由当事人负责。

(13)因车辆故障或其他原因导致收费车道堵塞，而此时后面来车较多时怎么办？

应及时开通备用车道且组织人员将故障车辆推离收费车道，或者立即报告监控中心请求救援服务，保证收费车道畅通；如因未开足通道而造成在用通道平均5台以上车辆堵塞的，根据《广东省公路条例》第四十八条，应当免费放行并开足通道。

(14)当收费设施被车辆损坏时怎么办？

在确保自身安全的情况下拦截肇事车辆，保护事故现场，及时上报监控，并通知路政人员到场处理。

(15)收费现场发生交通事故并有人受伤，该怎么办？

在确保自身安全的情况下拦截肇事车辆，将伤者送医院治疗；如伤者伤势严重的，不得随意搬动伤者，防止造成二次伤害，应及时拨打120请求救援，同时保护好事故现场，并通知交警前来处理。

(16)收费现场发生驾驶员相互争吵时怎么办？

马上出面做好调解工作，防止情况恶化，有需要时要及时同当地派出所取得联系。

(17)收费现场车辆着火怎么办？

在确保自身安全的情况下用现场配备的灭火器进行灭火，如火势过大或运输危险品的车辆着火，应立即拨打119报警，同时报告值班站长及监控中心，将有关人员疏散到安全地方，并迅速清理相邻的设施、票款。

(18)收费亭内发现漏电起火花怎么办？

及时切断电源，封闭车道，收拾票证、票款，用干粉式灭火器灭火;并报告值班站长、电工到现场处理。

(19)当亭内收费设备发生故障无法工作时怎么办?

如故障无法及时排除,当班人员应立即增开车道,疏导车流,避免出现在用车道排队车辆超过5台以上现象;如因未开足通道而造成在用通道平均5台以上车辆堵塞的,根据《广东省公路条例》第四十八条,应当免费放行并开足通道。同时应通知班长或上报监控中心通知维护人员前来排除。

(20)由于天气原因,雷电活动剧烈有可能会损坏收费设备怎么办?

及时通知监控(分)中心及值班站长,征得同意后可切断电源,启动备用电池进行操作。

(21)当收费广场出现行人和非机动车时怎么办?

亭外工作人员应及时进行拦截,向其解释高速公路不准行人和非机动车进入,请其马上离开。

(22)收费现场工作人员的亲戚到现场找人怎么办?

及时做好解释工作,说明非工作人员不准在收费现场停留,请他们到站区或其他地方等候。

(23)有私自拖车在出口交费时,收费员应怎么办?

按规定对前后两车分别进行收费。

(24)收费过程中,如遇到熟人或公司员工搭乘其他车辆要求免费放行时,应怎么办?

耐心做好解释工作,严格按照公司规定进行收费处理。

(25)驾驶员交款后不要发票,应如何处理?

在对下一来车进行操作前按公司有关规定处理,不得重复出售。

(26)因设备故障造成的废票,如何处理?

应马上通知监控(分)中心、当班班长,在监控员和当班班长的监督下重新打印一张票,由当班班长在废票上写明原因,签名作证,下班时交财务处理。

(27)收费员在现场工作时,出现不够零钞找赎的情况怎么办？

应马上通知当班班长和监控（分）中心，由当班班长安排人员在监控镜头下兑换零钞或者通知站财务人员到场兑换零钞。

（28）换岗关闭车道时首先应做什么？

首先应将车道信号灯调整为关闭状态，在车道口摆放交通锥，方可关闭车道。

（29）关闭车道后收费设备不使用时该怎么办？

关掉打印机、显示器电源，保留主机运行。

（30）当驾驶员或乘客报警，车上发生劫案时怎么办？

马上通知值班站长，并及时和当地派出所取得联系，由他们进行处理。

（31）当班班长发现收费人员没有按“五要素”相关要求进行工作时怎么办？

应及时对其给予提醒，必要时进行正确示范。

（32）因安排收费员吃饭导致人手不足造成车辆堵塞时怎么办？

马上通知收费员返回上岗，开通车道，疏导车辆。

（33）到收费现场上岗时可不可以携带个人物品？

上岗时除带工作必需物品外，其余一切个人物品特别是钱币都不准携带。

（34）上岗期间可不可以离开收费现场？

未经当班班长和监控（分）中心许可，不准擅自离开。

（35）什么情况下可以使用报警器？

紧急情况下或收费现场发生突发事件需要提供支援时可使用报警器。

（36）收费现场过程中突然有员工身体不适，不能继续上班，该怎么办？

安排人员与其换岗，及时通知值班站长，视情况轻重就地休息或送医院。

（37）下班后在站财务室交完个人票款后是否可以离开？

在没有完成交接班签名确认情况下，交班人员不准随意离开财务室。

(38)当驾驶员对运输鲜活农产品的车辆享受“绿色通道”优惠政策的范围有异议时怎么办？

当班人员应根据交通运输部、国家发展改革委《关于进一步完善和落实鲜活农产品运输绿色通道政策的通知》(交公路发〔2009〕784号)及交通运输部《关于进一步畅通鲜活农产品运输“绿色通道”优先保障农产品运输的紧急通知》(交公路明电〔2010〕1号)等文件的相关规定耐心向驾驶员解释。

(39)实施计重收费后，会不会增加货运企业及个体运输户的负担和运输成本？为什么？

不会。广东计重收费基本费率是在不增加社会总体负担的原则下确定的，对于正常装载的货运车辆，按照现行收费标准收取通行费，对超限30%以上的部分才线性递增计算计重收费费率，而且对轻载(空载)的重型货车按现行收费标准降低一个车型收费标准计收通行费。因此，广东实施计重收费后，不会增加货运企业及个体运输户的负担和运输成本，同时对非法超限运输车辆又有一定的经济制约。

(40)现场称重结果的疑义如何处理？

根据广东省质量技术监督局和广东省交通厅规定：为保障公路的畅通，凡经法定计量检定机构检定合格且在有效期内、处于正常工作状态的称重设备出具的称重数据，不允许复称。如被称重方对称重设备准确度有疑义，可在先缴交通行费后向广东省质量技术监督局投诉(电话：12365)。经广东省质量技术监督局组织重新检定确定该称重设备出具称重数据是否准确有效，如确定是称重设备原因造成多收通行费的，收费方应当向缴费方退还多收的通行费。

(41)货车应如何通过计重收费车道？

货车应以低速3～5km/h匀速慢行通过地面的计重平台，不得采用加速、紧急制动或高速行驶等方式进行跳秤、冲秤。否则，由此引发的后果由驾驶员承担，对可能产生的异常计重结果不予复称。

(42)在计重收费下次票如何收取？

在已实施代收地方路桥通行费次票的高速公路，对于次票依然按照原有的收费标准进行收费，暂不实行计重超限加收。

(43)出现恶意占据车道如何处理？

车主不按规定缴纳车辆通行费，故意堵塞收费通道的，根据国家《收费公路管理条例》、《广东省公路条例》与《广东省道路交通安全条例》的有关规定，依法将车辆拖离现场，并视情节轻重，交由相关部门处理。

(44)三类空载货车判定标准？

三类货车货厢内无任何物件(包括一些辅助运输工具等)时方视为空载给予降档优惠；对于密封的三类车(如油罐车)空载判别时，由收费员根据称重显示的数据与行驶证上的车身净重(整备质量)对比，误差在5%范围内给予降档优惠。

(45)车流高峰期，为保障收费站的畅通采取车型模式收费的情况，轻(空)载大型货车降档，应如何处理？

因为车型模式，对超载的货车不加收通行费，因轻载(空载)也不给予降档优惠，收费员应做好解释工作。

(46)绿色通道车辆操作标准？

对在“绿色通道”上运输鲜活农产品的货运汽车予以减免路桥通行费。对规定范围内不同鲜活农产品混装的车辆，认定为整车合法装载鲜活农产品，按规定享受鲜活农产品运输“绿色通道”各项政策；对规定范围内的鲜活农产品与规定范围外的其他农产品混装，且混装的其他农产品不超过车辆核定载质量或车厢容积20%的车辆，比照整车装载鲜活农产品车辆执行。对超限超载幅度不超过5%的鲜活农产品运输车辆，比照合法装载车辆执行。对不符合上述规定条件的鲜活农产品运输车辆，不能享受“绿色通道”免收政策。

课后阅读材料

收费纠纷和矛盾处理

一、打击逃费车辆

1. 冲卡逃费

2010 年 3 月 16 日 2:50，一辆未挂牌水泥车经过鳌头站 53 车道，刷卡后显示该车应缴纳通行费 255 元，驾驶员没有任何询问，直接启动车辆撞开栏杆冲卡而逃。3 月 18 日 18:21，一辆车牌为鄂 S05553（车牌放在车头风窗玻璃处）经过 54 车道，当值收费员认出该车驾驶员即为前日冲卡逃费车驾驶员，立即通知监控员让广场人员在车道设置铁栏栅障碍以防止其逃逸，当值站长和当值班长接报后立即赶赴现场进行处理，在对其陈述冲卡事实并告知其处理意见后，驾驶员据不承认冲卡事实，并要求查看冲卡录像，由于该车冲卡时未挂牌，录像不能显示其车牌号码，驾驶员气焰更是嚣张，拒不接受处理。当值站长针对其挂牌不规范的弱点，通知高速交警协助处理，高速交警先扣押其车牌和驾照，并告之驾驶员先接受收费站处理。至此，驾驶员态度才有所软化，后经再三说服教育，驾驶员终于承认其冲卡事实，并愿意接受收费站处理。

2. 倒卡逃费

2011 年 4 月 19 日 13:13，一辆运输鲜活农产品活鱼的鄂 D14033 类车来到太和站出口，刷卡显示该车车货总重 19t，超载 11%，通行费 25 元，当值收费员细心地发现该车入口站信息为北兴站，入口时间 2011 年 4 月 14 日，严重超时，于是立即通知广场人员到场处理，该车驾驶员得知后，表情紧张，并马上将 25 元通行费交给收费员，并以运输活鱼为由要求快速放行，这一行为更加引起了处理人员的警觉，凭经验初步判断该车有“倒卡”嫌疑，控制住该车并通知公司防逃费工作小组。公司防逃费工作小组通过对该车驾驶员进行批评教育和询问，该车驾驶员承认自己共采取3次“倒卡”逃缴通行费行为，并自愿接受处理，补缴通行费3060元。

3. 换卡逃费

公司防逃费工作小组通过IPAD查询终端发现一个湛江籍9车换卡换牌的逃费团伙，该团伙的9辆涉案车辆均为同一款的4轴大货车，车辆外观特征极为相似，从2012年以来该团伙在粤北区域路段长期通过换牌、换卡，并利用绿通免费车与正常缴费车换卡的手段逃缴通行费。区域中心联合稽查组和公司防逃费工作小组经过后台数据反复调查取证，并通过IPAD查询终端经过一段时间的跟踪查询，充分掌握了该团伙的逃费证据和车辆行驶规律。2013年4月2日，该团伙的其中两辆涉案车辆粤GM8051和粤GM8233从湖南境内进入粤北区域路段，途经过京珠北路段的高清卡口，进入我司所辖路段。为防止车辆换牌躲避拦截和跟踪视线，稽查队队长立即要求广州管理处及各收费站做好拦截准备工作，同时带领防逃费小组成员在汤塘匝道口值守，发现涉案车辆后尾随两辆半挂车，工作人员一路跟踪观察。至鳌头站出口匝道，其中粤GM8051从鳌头站出站，于20:47被收费站人员和现场值勤交警成功将其拦截，并将车辆押扣到生活区。另外一辆在匝道口停留的车(粤GM8233)继续往广州方向逃窜，潜伏在鳌头入口匝道处的防逃费工作小组成员立即尾随其后，一直跟踪其至北兴站出口，于21:24在路政大队特勤组和收费站工作人员的配合下成功将其拦截。

在调查询问过程中，粤GM8233逃费驾驶员百般狡辩，拒绝承认其逃费事实，并在询问过程中多次致电给粤GM8051驾驶员，试图串通口供，蒙混过关。为表明我们对其处理的强硬态度，并加快推进审讯结果，打逃工作组人员兵分两路，一队在稽查队长带领下赶到鳌头站对粤GM8051车辆驾驶员进行询问，争取新的突破。另一队由特勤组配合交警将车辆粤GM8233押解至太和治超站进行处理。在稽查人员的耐心教育下，粤GM8051驾驶员最终对与粤 GM8233 和其他 7 辆车辆换卡、换牌逃费的事实供认不讳，并主动承认了错误，愿意补缴与其他 8 辆车辆一起换卡所逃缴的通行费 36682 元。

4. 使用液压装置逃费

(1)2013 年 3 月 13 日早上 11:00，一辆五类物流集装箱货车赣 L38009 驶入佛冈站出口 4 车道。该车进入车道时除车速比较慢以外，既没跳称也没压边，当该车后轴即将通过地磅时，车身有轻微的上下晃动及发出吱吱的响声。尽管这是一个很细小的动作，但还是引起了广场当值人员的注意，随后当值班长和广场人员立即对该车进行详细查看。根据稽查队下发的计重收费现场防治液压泵逃费工作手册重点图片进行对比，认为该车存在逃费的嫌疑。于是班长及时利用铁栏栅对该车前后进行有效的拦截，并让收费员并关闭该车道通行灯，与督导员一同到该车车尾仔细查看车辆底盘，最后在两块铁片遮挡的底盘处发现了两个液压泵装置。在确定该车逃费事实后，班长马上将情况通知值班站长，随后当值佛冈站站长和佛冈路政队队长以及当值路政员一同赶到现场处理该逃费事件。刚开始，该车驾驶员情绪激动，极力否认逃费事实。现场人员耐心对其进行劝导和教育，15min 过后，通过详细对驾驶员进行法律法规的宣传，并告知驾驶员非法改装车辆逃费行为的严重后果，驾驶员终于承认了非法加装液压泵逃费的事实，并愿意主动拆除逃费装置并接受处理。经现场重新过磅后，驾驶员自愿交纳当次通行费的处理，并签署了保证书，保证以后合法装载，规范行驶，不再以其他形式逃费。

(2)2013 年 3 月 13 日 9:13，钟落潭站 A 匝当值收费班长发现一辆车牌号为赣 L06956 五类厢式货车正缓慢向出口收费车道行驶，形迹可疑。当值班长凭借平时积累打击逃费车辆的工作经验判断，此车可能是偷逃通行费的嫌疑车辆。为了确保收费广场收费秩序正常，班长示意督导员将车引导至右侧的 54 号超宽车道，并在仔细对车厢底部进行检查后发现，此车车厢底部加装有用于偷逃通行费的液压泵。在证据确凿的情况下，班长一边严词告知当事驾驶员安装并使用液压装置车辆属于违法改装行为,一边通知当值站长到场处理。最后,当事驾驶员在现场收费班长及当值站长的详细耐心说服教育下,主动将加装的液压泵拆除下来,并自愿写下保证书承诺今后在广韶高速公路上行驶时不再采用任何不正当手段进行逃缴通行费,并按复称后数据缴纳了通行费。

5. 假冒绿通逃费

2012 年 8 月 16 日 22:30,钟落潭 A 匝一辆车牌号为鲁 H65860 的五类车一直排在超宽车道等待,当值广场人员上前指挥该车辆走其他车道过磅,驾驶员称自己是绿色通道车辆,当值广场人员按照惯例首先对绿色通道货物、车型以及车牌进行拍照,该车主很配合地打开 4 个角落等待检查,当值广场人员按照公司绿通车辆的验货操作流程,要求驾驶员打开中间篷布方便拍照,该车车主以车身高,篷布不好揭开为由拒绝,突然无线对讲机传来“该车为黑名单车辆”。此时,广场当值人员见到驾驶员神色有些怪异,便爬到车顶进行查看,当把篷布揭开后,车厢内除 4 个角落为土豆,其他全是钢化玻璃,当值人员及时上报监控登记并通知当值站长。经过现场检验,该车运输的钢化玻璃占整车的四分之三,属于典型的伪装假冒绿色通道车辆。随后现场工作人员对驾驶员耐心地讲解了绿色通道相关政策,教育驾驶员今后按章缴费,最后驾驶员自愿补缴通行费 1902 元,并承诺以后通过收费站时保证遵纪守法,不采取任何手段进行偷逃通行费。

6. 走 S 形逃费

2011 年 8 月 8 日 12:07,赣 CF9312 由北兴站出时,收费人员发现该车通过称台时,行驶路线奇怪,马上通知广场人员,经广场人员观察发现该车呈 S 形缓慢移动,怀疑该车有逃费行为,要求驾驶员倒车复称,复称前应收通行费为 330 元,复称后应收通行费为 501 元。

7. 跳秤逃费

2011 年 5 月 17 日 13:20,赣 K22950 由沙溪站出时,广场人员发现该车行驶至称台前突然停住,然后快速前进,车辆未完全通过称台却又突然减速,且系统显示该车时速为20km,造成称重数据偏重,系统显示总重123t,应交通行费1933元(含次票),驾驶员拒缴通行费,要求复称,并出示磅单120t。因广场人员认定该车为蓄意跳秤行为,有逃费行为,故不给予该车复称。

8. 冲秤逃费

(1)2011年5月7日6:17,一辆车牌号为豫Q23006的五型车由佛冈站出时有“冲秤”行为,称重数据为总重98.7t,限重49t,应收金额为1420元。驾驶员拒绝交费,要求复称。广场人员发现该车有冲秤逃费行为,拒绝其复称要求,双方僵持不下,于7:03因车流量增大,为保障车道畅通,当值班长同意给予原车道复秤一次,二次称重数据为总重83.3t,限重49t。应收金额为962元,驾驶员缴费离开。

(2)2011年6月11日08:38,一辆车牌号为豫P76102的五类车由沙溪站出,当值广场人员发现该车有“冲秤”的逃费行为,称重数据为34.2t,应收金额为370元,当值广场人员要求驾驶员倒车复称。但驾驶员在复称过程中,依然出现压边的逃费行为,二次称重数据为75.2t,应收金额为710元。当值班长再次要求驾驶员倒车复称,但驾驶员拒绝复称并拒缴通行费,9:01驾驶员缴费710元离开。

9. 垫板逃费

(1)2010年6月10日,湘L65526由韶关南站出时,当值广场人员发现该车在未进入车道时有人从驾驶室下车,立即到车尾部查看,发现该车采取垫木板的方式进行逃费,并对该车垫木板的过程进行摄像取证,通过对驾驶员的说服教育和政策法规宣传,在收取该车当次通行费1907元后,要求该车补缴2倍通行费共计3814元。

(2)2011年8月7日1:15,一辆车牌号为粤FL2117的五类车由韶关南站出,进入车道的速度非常缓慢,未达到计重收费规定的过驾速度。当值班长上前要求该车提高速度,该车驾驶员谎称车坏了开不快。此时当值班长对该车起了疑心，仔细地查看该车通过称台的动作，发现该车车厢下用一根铁丝拉着一段钢板，钢板的位置刚好叠在称台上，在车轮过后，这块钢板又通过铁丝拉升起来，从而完成自动叠板行为，整个过程不需要人员下车操作，当值班长利用数码相机拍照取证，在现场监督收费员刷卡后要求驾驶员签写复称单（83.4t、超载70%、通行费910元），然后删除本次称重数据指挥该车倒出车道进行复称，复称后数据（96.5t、超载96%、通行费1274元），该车驾驶员在确凿证据下无从抵赖，缴纳1274元通行费后，接受收费站的处理，自愿补缴通行费3822元。

10. *加装虚轴逃费*

（1）2011年1月4日23:33，赣C17953由汤塘站出，当值收费员发现该车最后一根车轴略向外倾斜，怀疑为假轴车后立即通知当值班长到场处理。经核对该车行驶证，发现车辆实际轴数要比行驶证照片上车辆轴数多出1条，这条多出的轴是由一条液压棒和一条导线相连，完全可人为控制升降，为逃费所设的虚假轴组。

（2）2011年3月6日晚20:30，赣C74390由韶关站出，当值广场督导员发现该车最后一条轴组存在异常，立即要求当值收费员暂停收费，并通知班长到场处理。两人经过对该车仔细查看，发现最后一个轮胎根本没有轴承，为进一步辨别该车逃费，班长要求驾驶员出示该车行驶证核对，确认该车为设有虚假轴组的逃费车。

（3）2011年7月28日20:18，赣K36280由钟落潭A匝出。当值班长发现该车第三根轴略向外倾斜，怀疑为假轴。经核对该车行驶证，发现车辆实际轴数与行驶证照片上轴数完全符合，再进一步仔细观察，发现该略向外倾斜的第三根轴是由钢板接入车轮，没有任何承载能力，为逃费所设的虚假轴组。

（4）2011年8月23日，稽查人员在瓦窑岗服务区暗访时，发现一台非法加轴车辆湘LB2198，并一直跟踪该车到街口站。该车辆的实际轴数为4轴，轴组类型为115，经过非法改装加轴后轴数变为5轴，轴组类型变为119，车辆的限载标准也由原来的35t增加到43t,改装后增加的轴组(轮胎)能够自动升降。出站时该车将增加的轴组放下,街口站按5轴车的限载标准收取了该车590元的通行费(入口站为粤北站,车货总重55.4t)。实际该车为4轴车,应缴通行费1257元。该车利用非法加轴的手段,成功逃缴通行费667元。

11. 遮挡光栅或微波器逃费

(1)2010年12月9日21:38,湘L67011由沙溪出时,采用人体挡光栅的方法导致无称重数据,当值广场人员发现后要求驾驶员倒出车道重新过磅。

(2)2011年3月12日4:25,一辆五型大货车赣G58019经钟落潭站54车道出时,当值广场人员发现该车采用人为遮挡微波器导致称重数据异常情况,及时要求该车倒出车道按规定重新过磅,并向驾驶员说明该逃费行为的严重性,讲解相关法律法规,该驾驶员保证以后按章缴费。

12. 超低速行驶逃费

(1)2011年11月3日0:55,一辆车牌号为豫N39287的五类大货车,经过鳌头收费站出口54车道时,收费员按正常操作流程进行操作,刷写IC卡,收费计重系统显示该车总质量为79.7t,应收通行费706元,广场当值人员发现该车经过称台时低速行驶,立即到收费亭内查看该车称重数据,广场当值人员发现前一辆车与该车来自同一地方,并且运输相同货物,但质量相差10t左右,广场当值人员立即通知收费员删除该车当次称重数据,要求该车复称,该车复称后的称重数据是90.4t,应缴通行费979元。

(2)2011年11月3日3:59,一辆车牌号为赣C32255的五类大货车经过钟落潭收费站出口54车道时,收费员按正常操作流程进行操作,刷写IC卡,收费计重系统显示该车应收通行费660元,广场当值人员发现该车经过称台时低速行驶,立即到收费亭内查看该车称重数据,广场当值人员通过对该车行驶时速、所运输的货物进行观察判断,发现该车不可能只超载31%,广场当值人员立即通知收费员删除该车当次称重数据,要求该车复称,该车复称后应缴通行费1117元。

13. 计重引发的纠纷事件

(1)2011年5月22日18:16,一辆五类空车赣B05830经过翁城站出口52号车道称重后,系统显示总重为17.1t。轻空载标准为16.8t,因未达到轻空载标准,系统未降挡,驾驶员对称重数据有异议,拒缴通行费且要求复称。当值班长在进行解释工作时,驾驶员态度恶劣,手持铁管,并动手打了当值班长两拳。当值班长见事态发展趋向恶劣,立即上报监控(分)中心,通知当值站长,并做报警处理。翁城站副站长到场处理,18:30翁城派出所到场协助处理。经调解,该车于18:50交费后被带往派出所做进一步调查处理。后经翁源县第二人民医院鉴定,被打当事人颈部软组织挫伤,费用由责任人承担。

(2)2011年6月23日1:25,一辆五类拖头大货车湘L67497经过沙溪收费站出口53号车道,当值收费班长发现该车有跳秤逃费行为,就用摄像机进行录像取证,当刷通行卡后有123t,驾驶员粗暴地说没那么重,班长正要跟他解释是因为他跳秤引起的时,驾驶员突然下车用拳头向班长脸部打去,班长躲避不及当场鼻子被打出血来,驾驶员的这种突然行凶行为,使得班长下意识逃避,驾驶员还追着班长抓住他的反光衣对其拳打脚踢,并抢走班长手上的摄像机和对讲机后,驾车强行冲卡往沙溪镇方向逃逸。当值收费员见该情况后马上打电话向监控(分)中心报警,请求沙溪派出所民警进行拦截,监控人员报警后马上通知当值站长、路政当值人员及韶关管理处经理,管理处经理马上组织生活区及路政待命人员开车追查该车。于2:05左右在南华寺附近把肇事车辆拦截下来,并把车辆押回管理处生活区、肇事驾驶员带回派出所处理。4:20左右被打当事人送往韶关粤北医院检查,检查结果是:左侧鼻骨连续性中断、局部略翘起、鼻梁骨折,右额头有裂痕,右手臂肩椎肌肉损伤。经过调查取证,驾驶员被处以十天行政拘留。6月24日,就我方员工的医疗及相关收费站财物的赔偿问题在派出所进行协商,6月25日,经派出所协调,在派出所押30000元的医疗等费用,多退少补。在赔偿损坏摄像机6000元、对讲机480元,补交当次及冲卡通行费3950元后,扣押车辆放行。

(3)2011年9月21日20:10,一辆五类车粤FM2138经过机场北出口53号车道,站在53号车道安全岛前方(计重设备边上)的值岗督导员发现该车驾驶员采用跳秤方式进行逃费,车头刚跳过称台,督导员及时制止驾驶员该行为,要求驾驶员倒出重新过称,驾驶员不予理睬,直接开至收费窗口,督导员使用对讲机通知该车道收费员,该车跳秤要求复称。收费员及时将信息转达给驾驶员,并上报监控(分)中心驾驶员不肯倒车。当值班长听到对讲机通话后前往了解情况,驾驶员看到广场有两个人后,急速倒车至称台中间就停住了。班长和督导员要求驾驶员把车倒至线圈外,按3~5km/h通过称台。此时驾驶员显得很不耐烦,大声说道“我不会倒车,你上来给我开。”然后下车,用手指指着督导员的鼻梁,大骂粗口。当督导员再次向驾驶员解释时,驾驶员突然伸出左手掐住督导员的喉咙,并用右拳击打督导员的头部及胸前。班长见状立即跑上前劝阻。驾驶员见有人前往,立刻跑离收费车道至后广场。班长向督导员了解其伤情并上报监控分中心。过了几分钟后,该驾驶员再次出现在后广场,并嚣张地对督导员大叫:“你他妈的,打你又怎样,你敢还手就打电话报警。”并大步走向督导员。接着两个人扭打在一起,班长见状立即前往劝阻并拉开督导员。驾驶员见有人前往,躺在地上不起来,并打电话报警。班长也用对讲机告诉收费员上报监控(分)中心报警,经过派出所的处理及协调后,双方达成协议,互不追究责任。

(4)2011年10月2日10:45辆,五类货车皖C57441经过北兴站出口56号车道时快速冲秤逃费,被当值广场的收费班长发现,电脑显示轴组不符(少轴),当值班长责令其以计重收费规定的车速通过称台,复称一次。复称时该车驾驶员不听从广场人员指挥,仍然在车道冲秤。复称后电脑显示总重为69.6t、金额925

元,驾驶员对称重数据有异议,并对收费人员粗言辱骂、吐口水及强行倒车。经当值班长耐心宣传计重收费的相关政策,驾驶员缴纳本次通行费。缴费后驾驶员临走时态度更加恶劣,并主动与当值班长发生肢体冲突,随后从车上拿出铁棍欲对当值班长进行殴打。督导员看见后立即前去劝阻,在劝阻时被驾驶员铁棍误伤到右腿膝盖部位。站长与副站长立即赶往广场对此事件进行处理,并立即通知北兴派出所赶往现场处理纠纷。经北兴派出所调查取证,该车驾驶员不属于故意伤人(对督导员的伤害属于误伤)。经医院检查,受害人督导员右腿的骨头和软组织未见异常,属于轻度创伤(右腿膝盖表皮被钢棍造成一条小的表皮划痕)。经当事人督导员同意后,派出所民警对双方进行调解,责令肇事驾驶员赔偿医药费、误工费等费用共计2000元,并对肇事驾驶员进行治安处罚。

二、文明服务

1.案例简介

(1)2003年12月25日,车牌号为粤W04758的驾驶员在韶关南站入,在北兴站出口时应交费60元,驾驶员将100元递给收费员,工号2788的收费员问是否有10元零钱,驾驶员说没有,收费员便对驾驶员说以后不要走这条高速,不要让她再见到该驾驶员,故驾驶员投诉收费员服务态度差。

(2)2004年1月20日,关先生(粤A8M681)在太和站出口时,将通行卡和通行费交给收费员梁××,梁××接过后离开,没有将发票和华南快速通行卡给关先生。梁××返岗后,关先生询问为何不发卡,梁××对关先生说道:“如果想走可以走。”关先生据此认为收费员工作态度差,给予投诉。

(3)2007年2月4日,陈先生驾驶粤FL2950货车从太和站52车道出口,拿出400元用于交370元路费,应找赎30元。当时工号为5204470的收费员向陈先生要零钞20元,陈生无零钞给收费员,收费员由此态度变得特别不好,对陈先生讲粗口。陈先生于是投诉该收费员服务态度不好，对车主不礼貌，粗言粗语令人不愉快。

(4)2007年5月21日，孙先生驾驶苏BA4376一类车在韶关站出，应交170元，苏先生递通行费时因5元现钞无意间掉在车内，收费员接过165元后便对苏先生说要交170元，然后收费员用广东话骂了一句“傻瓜”，苏先生听了很不服气，故给予投诉。

2. 案例分析

(1)以上案例都是收费员在服务过程中对顾客使用文明服务忌语而引发的服务态度问题。

(2)案例简介1和3中收费员零钱不够，显然是自己工作失误造成，即使需要顾客配合提供零钞，也应使用文明用语，而不得使用文明服务忌语。

(3)案例简介2中当值收费员同样也是在工作失职的情况下还使用文明服务忌语，导致顾客反感。

(4)案例简介4中显然是因收费员使用文明服务忌语而直接导致顾客反感。

3. 类似事件处理原则和注意事项

(1)按照公司规定，收费员在上班之前就应该准备一定数量的零钞，中间遇有零钞不够时应提前主动通知收费班长或票管员前来兑换。即使收费员是为便于找赎或其他原因向顾客索要零钞，也不得多次索要，更不得在索要不成的情况下使用文明服务忌语，并用不文明举止来对待顾客。

(2)在礼貌地向顾客索要零钞不成的情况下，收费员应向顾客说明情况，并提请其稍加等候。同时，应立即通知当值收费班长或票管员备足零钞前来兑换。

(3)无论在何种情况下，对顾客所提出的疑问，收费员都必须耐心加以解释，遇有处理不了的问题，应及时通知收费班长前来处理，尽量避免发生纠纷，确保文明服务质量和形象。

三、车型车种纠纷

1. 案例简介

(1)一位身穿警察制服的驾驶员驾驶地方牌小轿车经过收费站时,出示警察工作证件要求免费通行,收费员不予理睬,直接要求其缴费,该驾驶员不肯,并相互产生口角,驾驶员将车堵在车道。

(2)2003 年 5 月 19 日,车主驾驶的微型客车在大镇站出口时被收费员按二类车标准收费,而车主认为以前此车判为一类车,不明白为何现在为判为二类车,故给予投诉,并希望公司能够给予明确答复。

(3)2003 年 5 月 14 日,车主驾驶的长安之星车辆从粤北站进入高速公路,在棋杆站出口时被收费员按二类车标准收取通行费,车主认为收费不合理,要求收费员拿出正式文件出来查阅时,收费员无法提供,故投诉收费站乱收费,并希望给予答复。

(4)2004 年 2 月 19 日,驾驶员驾驶的赣 JA1478 牌车辆(跃进 5026)在汤塘站出时被按三类车标准收费,该车为 6 轮 2 轴,驾驶员认为自己的车辆车头高度小于 1.3m,按三类车收费不合理,故给予投诉,并要求查核后回复。

(5)2004 年 2 月 25 日,熊先生驾驶赣 C52866 牌车辆,该车为 8 轮 3 轴,于 17:29 从北兴站出时被收费员按四类车收费。熊先生认为按四类车标准收费不对,因经常走广韶高速公路,以前都是按三类车收费的,故给予投诉。

(6)2006 年 5 月 2 日,李先生驾驶车牌号为湘 LA6543 牌的 6 座全顺车,从太和出时被收费员按二类车标准收取通行费,李先生认为其车为一类车,拒交二类车的路费,认为收费员乱判车型,故给予投诉,并要求相关部门尽快处理后给予答复。

2. 案例分析

(1)以上都是涉及与车型车种判别有关的事件。根据《广东省公路条例》、《广东省公路收费站管理办法》(广东省政府令 34 号)等收费政策、法律法规,除正在执行公务并设有固定装置的消防车、医院救护车、殡葬车、公安部门警车、悬挂军用车牌和广东省人民政府规定免交通行费的车辆外，其他机动车辆，无论驾驶员和乘车人员持有何种证件，均必须按规定收取车辆通行费。

①应向过往驾驶员提供优质服务，使用文明用语，不许与驾驶员发生口角。

②当现场出现较多车辆排队缴费时，现场收费人员应及时开足其他收费车道，确保车道畅通。

③当驾驶员故意堵塞车道时，根据《广东省公路条例》第四十五条规定，过往车辆故意堵塞收费通道的，收费站稽查人员可以将车辆拖离现场，拖车费用由车主负担。

(2)广东省物价局、广东省交通厅批复的粤费〔2006〕10号文件《关于京珠高速公路甘塘至太和段车辆通行费有关问题的批复》对京珠高速公路甘塘至太和段收费车辆车型分类标准及收费系数规定见表2-6-2。

京珠高速公路甘塘至太和段收费车辆车型分类标准及收费系数表　　表2-6-2

车类	分类标准				主要车型车种	系数
	轴数	轮数	车头高度(m)	轴距(m)		
一	2	4	<1.3	<3.2	小轿车、吉普车、的士头货车	1
二	2	4	≥1.3	≥3.2	轻型客车、小型人货车、轻型货车、小型客车	1.5
三	2	6	≥1.3	≥3.2	中型客车、大型客车、中型货车	2
四	3	6~10	≥1.3	≥3.2	大型货车、大型拖(挂)车、20英尺[①]集装箱车	3
五	>3	>10	≥1.3	≥3.2	重型货车、重型拖(挂)车、40英尺集装箱车	3.5

(3)根据以上车型判断标准，(1)中收费员应向驾驶员说明：

①1英尺=0.3048米。

根据《广东省公路条例》第三十七条规定，通过收费站的机动车辆，无论驾驶员和乘车人员持有何种证件，均应当缴纳通行费，该车不属于免费车，应当交费。

(4)案例简介(2)和(3)中的微型客车的车型判别在以往最具有争议，其原因主要在于新上市的微型客车如长安之星，在载重不变的情况下，其在设计制造上将车头高度降低，即由原来的“平头”改成“斜头”，改设计后的“斜头”车辆车头高度低于1.3m，这样就使得车型判别更接近二类车，为减少争议，公司已于2003年将“斜头”的微型客车统一判别为二类车。

(5)案例简介(4)中顾客的车辆为6轮2轴，按照以上车型判断标准应属于三类，顾客所提到的其车头低于1.3m，只是车型判别标准中的一项指标，车型判别不能依据其中一项指标来确定，因此，收费站给予其三类车的判定是符合规定的。

(6)案例简介(5)中8轮3轴完全符合四类车的判别标准，收费站的判定符合规定。

(7)案例简介(6)中6座全顺车在车型分类标准上都符合一类车的标准，但是由于其属于轻型车车种，因此，目前原则上统一判定为二类车。

3. 类似事件处理原则和注意事项

(1)由于目前车辆的规格、外形款式越来越多，给收费站车型判别也带来了一定的难度。为了有效判定各类车型，收费站在车型的判别上除考虑车辆的分类标准外，还要考虑其车种。

(2)从实际情况来看，涉及车型判别比较有争议的主要集中在一、二类车上。其中，由于公司已统一将“斜头”的微型客车判别为二类车，目前争议已较少，但类似于6座全顺车的车辆在车型判别上仍存在一定的争议。因此，收费站在遇到这些车辆时应尽可能地做好解释工作，必要时应及时上报收费站长进行处理。

(3)司乘人员对计重设备的误差提出异议。

①当个别驾乘人员提出计重收费设备有误差、检测不准时，收费人员要耐心解释，并出示计重管理单位出具的鉴定证书，原

则上不予复称。如被称重方对称重设备准确度有异议，可在先缴交通行费后向广东省质量技术监督局投诉，经广东省质量技术监督局组织重新检定，确定该称重设备出具称重数据是否准确有效，如经确定是称重设备原因造成多收通行费的，收费方向缴费方退还多收的通行费。

②如果根据车辆自重和载货单判断，确实误差较大时，收费人员应立即报告值班站长并通知监控（分）中心，由值班站长依据车主出具的载货单和车辆自重凭证，以及现场交通情况决定是否给予复称。复称前应与驾驶员签订《计重收费复称确认书》，只允许该车在原车道进行复称一次，以复称数据为最终结果收取通行费。具体操作报监控人员做记录。

③驾驶员缴纳超限通行费后驶离收费站，又返回收费站提出重新称重或退款要求的，一律不予受理。

④计重收费复称确认书，见表2-6-3。

________站计重收费复称确认书　　　　表2-6-3

<table>
<tr><td>日期</td><td>年　月　日</td><td>车道号</td><td></td><td>车牌号码</td><td></td></tr>
<tr><td colspan="3">第一次称重数据：　时　分</td><td colspan="3">复称数据：　时　分</td></tr>
<tr><td>质量(t)</td><td>超载(%)</td><td>金额(元)</td><td>质量(t)</td><td>超载(%)</td><td>金额(元)</td></tr>
<tr><td></td><td></td><td></td><td></td><td></td><td></td></tr>
<tr><td colspan="3">车主(签名)/(身份证号)</td><td colspan="3">/</td></tr>
<tr><td>当值收费员(签名)</td><td colspan="2"></td><td colspan="2">当值站长(签名)</td><td></td></tr>
<tr><td colspan="6">结果确认：
(1)称重设备正常，非设备原因导致数据不符，主要因车辆行驶因素造成。(　　)
(2)称重设备异常，导致称重数据不符，重称或换道称重，及时关闭车道，通知维修人员。(　　)
协议说明：
(1)车辆应确保按进道称重标准行驶，货车行经称重平台时，如车速较快(车速超过5km/h)、跳秤冲秤、压边骑边等不规范行驶行为均可能影响称重数据的准确率。
(2)当车辆行驶通过收费站时，驾驶员对称重数据有异议并提出复称要求的，当值班长视现场情况而定，在同意复称的情况下，本协议同时生效。
(3)本协议经双方签名确认后生效，一经签名，视车主同意以下复称要求：只允许该车在原车道进行复称一次，并以复称数据为最终结果收取通行费。车辆驾驶员不得有堵塞车道、影响收费现场秩序行为</td></tr>
</table>

(4)驾乘人员占据车道致使车道堵塞。

①个别驾乘人员无理取闹、长时间占用车道造成严重堵车时,经核对数据确实无误时,收费员应报监控(分)中心做记录,由收费站值班站长到现场处理,情节严重时报路政联合交警到场进行处理。

②对于个别无理取闹,试图阻挠正常计重收费的驾乘人员,路政和交警要强制将其车辆牵引至指定地点,根据有关条令责令其补缴通行费。情节严重的,可移交公安部门追究其法律责任。

(5)驾乘人员所持现金不足以缴纳通行费。

个别驾乘人员确实无法支付通行费的,特别针对一些出示各种证明(如派出所案件证明等)的车辆,各收费站按照“未付车”流程处理,即抵押等值通行费的物品(证件不能作抵押物品),班长开具一式两联的抵押证明,待驾乘人员补缴通行费后收回抵押证明并归还抵押物品。

(6)收费站秩序受到冲击或收费员受到威胁、伤害。

①在处理过程中,现场工作人员要克制情绪,冷静处理,耐心解释,做到言之有理,处之有据,以理服人,以礼待人。

②必须及时向值班站领导报告,由站领导处理。

③应利用110报警系统或其他手段向公安部门报警并上报监控(分)中心,监控(分)中心及时对现场进行录像,发生聚众闹事的事件,造成局部损失的,启动重大突发事件应急预案。

(7)收费速度异常缓慢造成较大规模交通拥堵。

① 对于车辆通行速度缓慢,造成车辆堵塞的,要立即进行疏导,开启备用车道。备用车道不够时,可采取客货分流的方式,引导客车优先从其他收费车道通过。

②收费站所有车道开启后,堵塞仍然十分严重的,及时报监控(分)中心,按照公司收费管理相关规定及上级关于保畅通相关文件精神处置。

课后复习题

简答题

1. 如何才能成为一个合格的高速公路通行费收费员?

2. 如何解决收费现场备用金不足的问题?

3. 收费亭发生火灾事故应如何处理?

4. 驾驶员在出口无法出示通行卡且声称入口站没有向其发放,应如何处理?

5. 收费时遇到军、警人员开地方牌车不肯交费怎么处理?

第七章　收费文明服务

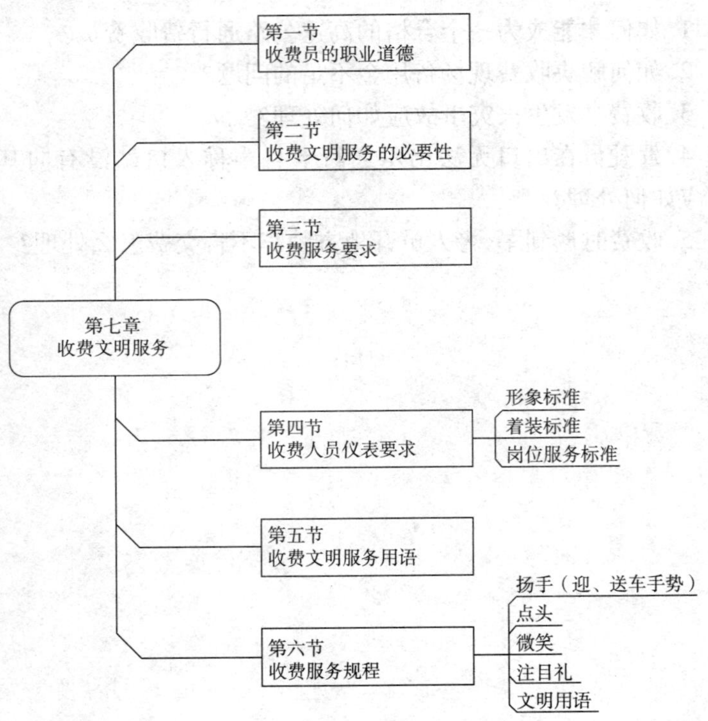

学习目标：

1. 掌握道德的概念以及职业道德的基本要求。
2. 了解收费文明服务的必要性。
3. 熟悉收费服务要求。
4. 熟悉收费人员仪表要求。
5. 掌握收费文明服务用语。
6. 掌握收费服务规程。

第一节　收费员的职业道德

道德，就是一定社会、一定阶级向人们提供的处理个人和个人、个人和社会、个人与自然之间各种关系的一定特殊的行为规范。

职业道德的基本要求：

(1)爱岗敬业、尽职尽责。具有较高的思想道德水平和高度的敬业精神，热爱收费工作，认真履行本岗位应尽的责任和义务，忠于职守，钻研业务，踏实做好本职工作。爱岗敬业作为最基本的职业道德规范，是对人们工作态度的一种普遍要求，爱岗就是热爱自己的工作岗位，热爱本职工作，敬业就是要用一种恭敬严肃的态度对待自己的工作。

(2)遵章守纪、廉洁自律。严格执行高速公路法律法规和收费政策，自觉遵守各项规章制度，照章收费，应收不漏、应免不收，严于律己，秉公办事，公私分明，不徇私情，不以工作之便谋取个人和小团体利益，每个从业人员都要遵守纪律和法律，尤其要遵守职业纪律和与职业活动相关的法律法规。

(3)文明服务、奉献社会。严格遵守文明服务规范，精通业务、准确快速收费，着装整洁、举止端正，讲究服务艺术、端正服务态度，全心全意为顾客服务，以优质服务奉献社会。

(4)团结协作、争先创优。具有路网全局意识，坚持一切从团结协作的原则出发，处理不同岗位之间，路网内不同收费站之间关系，互相帮助，互谅互让。牢固树立顾全大局、好学上进、开拓进取、争创一流的精神，团结协作，要求从业人员顾全大局，友爱亲善，真诚相待，平等尊重，搞好同事之间、部门之间的团结协作，以实现共同发展。

第二节　收费文明服务的必要性

服务是企业提高市场竞争力的重要手段。在管理与服务融合推进的过程中,优质的服务自然成为高水平管理的条件,成为实现管理目标的重要保证。收费文明服务的特征是在规范服务的基础上,进行礼貌、温馨、细致、便捷与周到的人性化服务。收费文明服务的内容包括礼貌服务、限时服务、专业服务、咨询服务、便民服务。

第三节　收费服务要求

高速公路公司作为服务型企业,为高速公路的使用者提供快速、高效、安全、畅通的道路及服务。可以说,通行能力是道路通行服务的“量”,文明服务就是道路通行服务的“质”。优质的服务质量是高速公路行为提高核心竞争力的重要组成部分。收费窗口是公司的窗口单位,员工的一言一行,事关公司的形象和声誉,一个真诚的笑容、一句看似简单的问候、一束亲切的目光都会给驾乘人员留下深刻的印象,收费员服务态度的好坏,也将直接影响到驾乘人员对整条高速公路的认知与评价。

1)收费站是公司面向社会提供收费服务的窗口,收费人员要恪守职业操守和服务标准,进行文明收费,提供优质服务,做到“应收不漏,应免不收”。

2)收费站要按规定悬挂广东省政府交通主管部门统一制作的收费站站牌、标牌和广东省政府物价管理部门统一制发的收费许可证;公布批准收费机关、审批文号、主管部门、收费性质、收费单位、收费标准、收费期限和监督电话。

3)收费站区、广场、收费亭等构造物和设施要整洁;车道路面无杂物、油垢和渣土;收费亭玻璃洁净,亭内物品摆放整齐。

4)当班人员要密切注意收费现场动态情况,合理指挥、疏导过往车辆,维持好收费现场秩序,做到限时服务。

(1)入口单车车辆发卡平均服务时间不超过5s,出口单车车辆收费平均服务时间不超过12s,合建站单车辆收费/发卡平均服务时间不超过15s。

(2)处理车道收费系统一般故障平均服务时间不超过3min。

(3)处理一般缴费纠纷平均服务时间不超过5min,处理特殊缴费纠纷平均服务时间不超过30min。

(4)车道堵车的疏通平均服务时间不超过5min。

(5)做到应收不漏,应免不收。

5)当班人员应熟悉本路段出口的名称、出口指示牌指示地名以及本站出口附近的主要地名,以便顾客咨询。

6)顾客在收费站场遇到困难时,当班人员应主动询问并提供力所能及的帮助(便民服务)。

第四节　收费人员仪表要求

一、形象标准

(1)保持身体、头发和口腔清洁无异味。

(2)保持面部清洁,不得留胡须和鬓角。

(3)不染发(黑色除外),不剃光头。女员工留长发必须束好,按规定佩戴头花,刘海梳理整齐,不准盖眼或盖脸。男员工不留长发,前不掩额、侧不盖耳、后不触衣领。

(4)保持手部的清洁,不留长指甲、不准染指甲。

(5)不准纹身,不准化浓妆。

(6)当班期间,不得围围巾,不得戴耳环、项链、戒指、手链等首饰,以及其他工作无关的物品。

二、着装标准

(1)工作期间着公司统一工作服,男员工按规定戴领带。

(2)穿工作服要搭配黑色皮鞋,保持鞋面光亮,并和袜子颜色协调,不准穿拖鞋、凉鞋、运动鞋上班。穿皮鞋时不准踩脚跟,女员工不准穿"松糕鞋"。

(3)工作服应当保持整洁,配套着装,不混穿,不得在工作服外罩便服。(要着长短袖衬衣时)男同志着装,衬衣下摆必须扎于裤内。工作服内有毛衣时,下摆不得外露,内衣领不得高于工作服领。

(4)当值收费人员着装时要扣好衣扣,扣紧皮带,保持着装整洁。当值时不得挽袖、卷裤腿、披衣、敞怀,要统一穿着黑色密封式皮鞋。

(5)收费人员必须持证上岗,证件统一佩戴在规定位置。

(6)收费人员佩戴"工作证",工号章、团徽统一戴在胸前。

(7)出入广场期间,必须穿着反光背心。

(8)收费人员不得将工作服与便服混穿,变更季节的换装时间和着装要求统一由公司规定,严禁跨季混穿。

三、岗位服务标准

(1)微笑(见图2-7-1)。注视对方;在服务时,以"三米六齿"的原则,即对方进入3m范围时向对方微笑,微笑至多露出六颗牙齿为准;微笑的最佳口形为发"七"或"茄"音的口体规范。

(2)站岗(见图2-7-2)。站在安全岛上收费亭与车道电动栏杆之间;双眼平视前方,下颌微微内收,颈部挺直;上体保持立正姿势,身体重心落于两脚之间;两手后背,左手握右手腕,右手手指并拢自然弯曲,手心向后;忌无精打采,忌东倒西歪,忌耸肩勾背,忌身体依靠在任何物体上;忌双手叉在腰间、抱在胸前或插在衣裤兜里。

图2-7-1 微笑

图2-7-2 站岗

(3)行姿(见图2-7-3)。方向明确;身体协调,姿势稳健;步伐从容,步态平衡,步幅适中,步速均匀,走成直线;双臂自然摆动,挺胸抬头,目视前方。

图2-7-3　行姿

(4)坐姿(见图2-7-4)。身体坐姿端正;在为驾驶员服务时,面带微笑,目视来车,勿倚靠座椅的背部;在收费服务过程中,发卡时要严格按照"举手迎客、转身操作、伸手递卡、送行手势"这几个收费操作礼仪规范执行;收费时要严格按照"举手迎客、主动伸手接卡、转身操作、收取通行费、找零、伸手递钱票、送行手势"这几个收费操作礼仪规范执行;在收费时,切忌坐在椅子上转动或移动椅子的位置;上班时,不允许叠腿、不允许用双手扣腰、不允许大幅度双脚叉开。

(5)注目礼(见图2-7-5)。面向受礼时,上身成立正姿势,同时注视受礼者;以驾驶员的整个面部为注视区域,以双眼为底线,上到前额的三角部,注视时不要聚集于一处,要以散点柔视为宜;车刚进入车道时,微笑目迎驾驶员;车辆驶离收费窗口时,目送(左、右转头不超过45°)驾驶员2s至驾驶员驱车离开;忌斜视、忌蔑视、忌久视、忌左顾右盼。

图2-7-4　坐姿

图2-7-5　注目礼

第五节　收费文明服务用语

(1)车辆在收费亭窗口停稳时,规范用语是“您好”。

(2)入口通行卡写卡完毕后,规范用语是“请走好”,“请拿好通行卡”,“一路顺风”,“一路平安”。

(3)出口收费时应唱收唱付,告知其收款,找零金额。规范用语是“收您××元”,“找您××元,请走好”。

(4)遇雨雪雾等恶劣天气,规范用语是“雨天路滑,请慢走”,“雪后路滑,请慢走”,“前方有雾 ,请慢行”。

(5)驾驶员对收费工作给予积极配合,如帮助找零,应表示谢意。规范用语是“谢谢”。

(6)因为工作疏忽,耽误了驾乘人员的时间时应表示歉意,规范用语是“对不起”,“给您添麻烦了”。

(7)如正在交接班时有车辆通过,应告知驾驶员稍候,规范用语是“对不起,正在交接班,请稍等”。

(8)因恶劣天气或交通事故等情况道路无法通行、封闭交通时,应向驾驶员说明情况、耐心解释,规范用语是“因天气恶劣(交通事故)道路无法通行,暂时关闭车道,请您耐心等候(请绕行)”。

(9)发生坏卡、无卡、车牌号不符等情况需特殊处理时,规范用语是“请您稍等”。

第六节　收费服务规程

文明服务“五要素”为扬手(迎、送车手势)、点头、微笑、注目礼、文明用语。

一、扬手(迎、送车手势)

(1)扬手时五指并拢,掌心面向正前方,靠收费窗口一侧的小手臂自然抬起(手掌和小手臂成一条线)。

(2)肘关节放在以窗口台为基点处,左手垂直放在窗台上,右手平放于工作台上。

(3)迎车动作要与注目礼配合进行(见图2-7-6)。

二、点头

(1)点头要亲切自然,点头时以面向驾驶员并以驾驶员注意到为宜。

(2)向驾驶员打招呼及向驾驶员道别时均要点头(见图2-7-7)。

图2-7-6　扬手

图2-7-7　点头

三、微笑

(1)保持愉悦的心情,真诚的微笑是发自内心的(见图2-7-8)。

(2)脸部的表情应做到自然、友好、轻松,要有微笑神情。

(3)在服务的过程中始终要保持微笑。

四、注目礼

(1)与驾驶员进行目光注视要主动、自然地完成。

(2)当驾驶员的目光从视线中移开时,可自然收回目光。

(3)向驾驶员打招呼及向驾驶员道别时均要目视(见图2-7-9)。

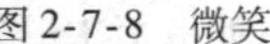
图2-7-8　微笑

图2-7-9　注目礼

五、文明用语

(1)使用标准化、规范化的文明用语,可视情况使用“您好、早上好、节日快乐”适时节的用语。

图2-7-10　文明用语

(2)向驾驶员打招呼说“您好”,要求驾驶员缴交通行费时说“您好,请交××元”,接卡接钱时说“谢谢”。

(3)递发票和找零给驾驶员时应微笑,并说“找您××元”或“请拿好发票”,向驾驶员道别时说“请走好,一路顺风”(见图2-7-10)。

课后复习题

一、单项选择题

1. 入口收费人员对车辆发卡平均服务时间应不超过(　　)。
   A. 3s　　B. 5s　　C. 12s　　D. 15s
2. 出口收费人员对车辆收费平均服务时间应不超过(　　)。
   A. 3s　　B. 5s　　C. 12s　　D. 15s
3. 以下不属于收费亭内人员服务五要素内容的是(　　)。

A. 扬手　　B. 点头　　C. 敬礼　　D. 微笑

二、多项选择题

1. 以下反映收费站文明、准确服务的主要内容有哪几项?(　　)

A. 武力制服逃费车辆上的人员

B. 处理特殊车辆方法、手段正确

C. 准确判型,正确收费

D. 应收不漏,应免不收

2. 以下符合文明用语的是(　　)。

A. 你好、请出示通行卡　　B. 请稍候

C. 你快点,我没空等　　D. 请拿好通行卡

E. 祝你一路顺风

3. 以下不符合收费人员形象标准的是哪几项?(　　)

A. 化浓妆　　B. 面部清洁　　C. 口腔无异味

D. 戴手链　　E. 戴耳环

三、判断题

1. 收费人员只负责对车辆发卡和收费,不需要提供顾客咨询等服务。(　　)

2. 收费人员要恪守职业操守和服务标准进行文明收费,提供优质服务,做到应收不漏、应免不收。(　　)

3. 收费人员经过培训学习,具备收费能力后,无需持证就可以上岗进行收费。(　　)

四、简答题

车辆在站场内遇到困难时,收费人员该如何体现文明服务?

五、案例分析题

有一辆车在收费站出口交费时,交给了收费员一张 100 元人民币,收费员经鉴别后认为是假币,但车主坚持说是真币,不予更换。该车道后面排队交费的车辆逐渐增多,收费员开始有点着急。在处理过程中,车主态度很差,收费员很生气,对车主进行指责。车主于是拨打了投诉电话对收费员的服务态度进行了投诉。请分析在这个案例中,收费员的处理过程中有没有问题,应如何避免矛盾激化,造成更大影响?

第八章　机电设备维护

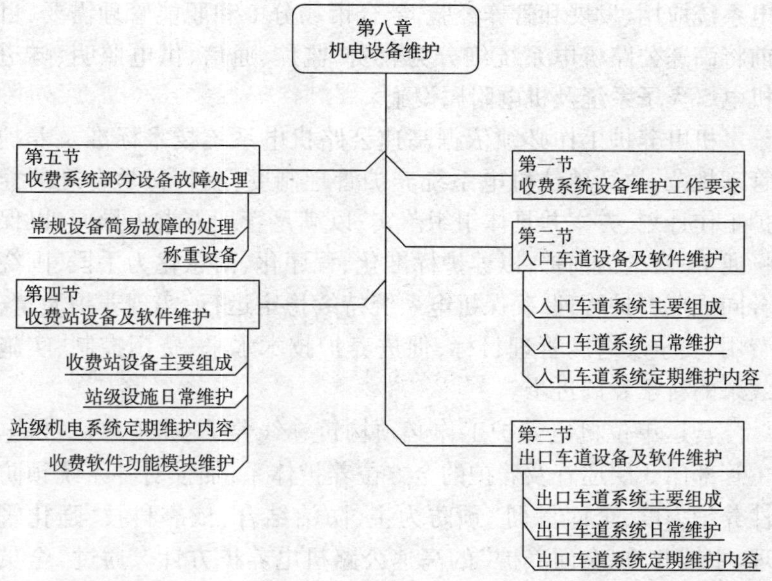

学习目标：

1. 了解收费系统设备维护工作要求及分工。

2. 掌握入口/出口车道系统主要组成；熟悉入口/出口车道系统日常维护；了解入口/出口系统定期维护内容；掌握收费站设备主要组成。

3. 熟悉站级设施日常维护；了解站级机电系统定期维护内容；了解收费软件功能模块维护。

4. 掌握常规简易故障的处理。

5. 认识称重设备常见故障分析及解决；了解称重设备故障及处理；熟悉异常事件处理。

第一节 收费系统设备维护工作要求

通常将高速公路通信、监控、收费系统称为机电3大系统。随着当今技术的发展和行业功能的细分,并根据目前高速公路机电系统应用、发展和管养经验,结合市场分工和职能管理需要,目前将高速公路机电系统细分为收费、监控、通信、供电照明、隧道机电5大子系统及机电附属设施。

机电养护工作必须依据高速公路机电系统技术标准及养护管理规范,执行单位机电系统养护管理制度,制订科学合理的养护工作计划、方案并具体组织落实;以满足管理需求为导向,以保畅通、保安全为前提,以养护标准化、程序化、信息化为手段,围绕合同规范养护管理,确保机电系统持续稳定运行,实现养护质量、费用、安全及进度管理目标,促进养护技术水平、费用控制、实施效果的科学发展进步。

营运单位机电养护工作必须构筑一线养护、养护单位、机电主管部门3层巡查及养护的全方位养护体系,加强对各系统预防性养护力度,全面贯彻"预防为主、防治结合、依靠科技、强化管理、主辅并重、全面养护"的高速公路机电养护方针。通过"全员参与"的形式,使设备的"养"和"用"不脱节,收费一线员工既使用机电设备,也参与机电日常养护工作,可以更快速地解决一些常见故障,有效地提高故障处理的及时性,让收费现场保畅通工作得到更进一步的保障。

收费站机电设备维护工作的范围为站级及车道级机电设备日常巡查、日常保洁保养、收费系统简易故障处理。

收费系统设置有中心收费管理系统、站级收费系统、车道发卡收费系统3级计算机管理模式,实现收费数据3级备份。收费系统是整个机电系统的核心,硬件与软件关联,结合最为密切,技术含量最高;日常维护管理不仅涉及硬件设施的维护,还涉及软件系统的维护;不仅需确保中心、站、车道各级系统的正常运行,还需对系统数据库的收费数据进行维护管理，确保数据的准确性与完整性。站级收费设备维护工作要求及分工见表2-8-1。

收费系统设备维护工作要求及分工表　　表2-8-1

序号	维护项目	维护周期	维护要求和方法	负责单位	备注
1	检查车道设备、监控设备、通信设备的运行情况，并做好设备台账检查及运行记录	每天	发现问题及时上报中心	收费站	
2	进行显示器、键盘、读写器、功放、打印机等表面除尘	每天	用抹布清洁表面灰尘	收费站	
3	进行费额显示器、通行灯、黄闪报警、手动栏杆、自动栏杆、收费岛头配电箱等表面除尘	每天	用抹布清洁表面灰尘	收费站	
4	检查UPS的工作状态	每天	现场检查UPS工作状态（若有UPS远程监控、监控中心也可监控状态）	收费站	夏天要检查机房内空调的运行状态
5	清除打印机内纸屑	每周	用毛刷清除纸屑	收费站	
6	清洁计重/无人机光栅玻璃	每周	用抹布清洁表面灰尘	收费站	雨天、雾天需特别关注
7	检查计重车道排水管	每周	确保排水畅通	收费站	雨天需特别关注

续上表

序号	维护项目	维护周期	维护要求和方法	负责单位	备注
8	清洁车道摄像机外罩玻璃	每周	用餐巾纸清洁表面灰尘	收费站	
9	进行站机房机电设备表面除尘	每月	用抹布清洁表面灰尘	收费站	
10	清洁工控机过滤网	半月	取出过滤网后将灰尘去除，不能洗	收费站	每月两次
11	进行栏杆机机头除尘、上油	每月	用毛刷除尘，用机油枪打油	收费站	
12	检查固定装置设备松动或机械磨损，特别是栏杆机、称台	每月	发现问题及时紧固或更换零件	收费站，更换配件由养护单位完成	
13	清除轮轴识别器盖板淤泥	每月	用清水冲洗	收费站	
14	检查亭内摄像头和车道摄像机有移位或图像不清楚	每月	调整位置，调节焦距，确保图像清晰	养护单位	
15	进行车道机柜内交换机和光端机表面除尘	每季	用抹布或毛刷清洁表面灰尘	养护单位	
16	进行亭内车控器内部除尘并检查车道控制器上的接线是否完好	每季	用毛刷除尘	养护单位	

续上表

序号	维护项目	维护周期	维护要求和方法	负责单位	备注
17	进行工控机内部除尘	每季	用鼓风机将内部灰尘吹干净	养护单位	
18	进行财务电脑内部除尘	每季	用鼓风机将内部灰尘吹干净	养护单位	
19	进行服务器和磁盘阵列硬盘维护	每季	关机后将每一块硬盘除尘插回原处	养护单位	
20	调整称台限位间隙、重要部件上黄油,防锈	每季	先将螺丝拧松调整位置后紧固螺丝	养护单位	

第二节　入口车道设备及软件维护

一、入口车道系统主要组成

入口车道系统主要由车道控制器、车道工控机及显示终端、键盘、发卡机、车道电话机(对讲机)、亭内摄像机、车道摄像机、雨棚信号灯、车道信号灯、电动(自动)栏杆、车辆检测器、手动栏杆、通信传输设备等硬件设施及入口发卡系统软件组成。

二、入口车道系统日常维护

(1)检查设备运行是否正常。

(2)设备外表的保洁。

(3)通风散热装置、设备机械转动部位润滑保养。

(4)易耗品更换。

(5)设备常规故障的处理。

三、入口车道系统定期维护内容

入口车道系统定期维护内容见表2-8-2。

入口车道系统定期维护内容　　表2-8-2

维护对象	维护内容	检查参考指标
车道工控机	(1)清洁工控机内部灰尘； (2)清洁挡灰尘面板； (3)检查软件运行界面情况	(1)设备干净、工作正常； (2)软件正常运行
车道控制器	(1)清洁车道控制器内部灰尘； (2)检查各外设接线是否牢固； (3)控制车道各类设备情况	(1)设备干净、工作正常； (2)正确控制外设； (3)正确检测设备状态
发卡机及IC卡读写器	(1)检查天线和通信线端口连接是否牢固； (2)检查读写器的读写灵敏度	(1)设备洁净，设备工作正常； (2)在规定距离和角度正常读写
雨棚信号灯	(1)检查像素管光亮度； (2)检查切换雨棚信号灯红色和绿色是否正常	(1)200m外清晰辨识； (2)雨棚信号灯红色和绿色切换动作与命令一致
车道通行灯	(1)检查像素管光亮度； (2)检查红色和绿色灯切换是否正常	(1)灯管显示齐全、正常； (2)打印票据或抬杆后绿灯、车过后红灯
自动栏杆	(1)检查橡胶垫磨损状况和机械传动性能； (2)检查齿轮和机械传动部位的润滑剂； (3)检查电机是否有异常响声； (4)测试栏杆机的防砸车功能和防撞动能	(1)设备工作正常； (2)抬杆、降杆动作与命令一致

续上表

维护对象	维 护 内 容	检查参考指标
车辆检测器	(1)清洁车检器表面灰尘、油污； (2)检查外部接线是否松动、虚接； (3)检查线圈参数及灵敏度	(1)设备工作正常； (2)线圈电感量70～1000μH； (3)线圈电阻小于10Ω
亭内摄像机	(1)清洁摄像机护罩灰尘； (2)检查摄像机温度； (3)检查图像清晰度	(1)设备干净、工作正常； (2)图像清晰
车道摄像机	(1)清洁摄像机护罩灰尘； (2)检查摄像机温度； (3)检查图像清晰度	(1)设备干净、工作正常； (2)图像清晰
光端机	(1)检查光端机输入电源电压和温度、接口清洁情况； (2)检查图像传输情况，中心控制摄像机情况	(1)光端机输入电源电压和温度正常，接口尾纤清洁牢固； (2)接收图像清晰、可控制摄像机
语音报价器	检查语音报价器播报声音是否清晰	外观整洁、声音清晰
收费键盘	(1)清洁键盘表面灰尘； (2)检查键盘按键状况； (3)检查键盘按键和回弹是否灵敏	按键灵敏、正常
显示器	(1)调节对比度； (2)调节亮度	图像清晰，无抖动
车道电话	(1)检查按键和回弹是否灵敏； (2)检查通话质量	正常运行、可按键通话、语音清晰、无杂音
脚踏报警器	(1)检查脚踏信号线是否接触良好； (2)自检脚踏开关是否灵敏	工作正常、能输出报警信号

续上表

维护对象	维护内容	检查参考指标
网络性能测试	(1)检查网络状态; (2)运行繁忙测试; (3)进行PING测试	网络性能可靠、稳定
操作系统维护	(1)进行升级操作系统最新补丁; (2)检查系统错误日志	操作系统运行正常
系统检测	(1)清除各逻辑盘临时文件、回收站文件、索引分类文件; (2)整理各逻辑盘文件碎片	系统运行正常、稳定
车道收费软件	(1)检查车道收费模块运行情况; (2)检查车道收费模块控制外设情况; (3)检查收费流水、工班上传情况	(1)正常运行、有效控制外设; (2)收费流水全部完整上传
查杀计算机病毒	(1)病毒库升级; (2)病毒扫描、清除计算机病毒	无计算机病毒

第三节　出口车道设备及软件维护

一、出口车道系统主要组成

出口车道系统主要由车道控制器、车道工控机及显示终端、票据打印机、键盘、收卡机、车道电话机(对讲机)、亭内摄像机、车道摄像机、雨棚信号灯、费额显示牌、电动(自动)栏杆、车辆检测器、手动栏杆、计重设施、通信传输设备等硬件设施及出口收费系统软件组成。

二、出口车道系统日常维护

(1)检查设备运行是否正常。

(2)设备外表的保洁。

(3)通风散热装置、设备机械转动部位润滑保养。

(4)易耗品更换。

(5)设备常规故障的处理。

三、出口车道系统定期维护内容

出口车道系统定期维护内容见表2-8-3。

出口车道系统定期维护内容　　表2-8-3

维护对象	维护内容	检查参考指标
车道工控机	(1)清洁工控机内部灰尘； (2)清洁挡灰尘面板； (3)检查软件运行情况	(1)设备干净、工作正常； (2)软件正常运行
车道控制器	(1)清洁车道控制器内部灰尘； (2)检查各外设接线是否牢固； (3)控制车道各类设备情况	(1)设备干净、工作正常； (2)正确控制外设； (3)正确检测设备状态
发卡机及IC卡读写器	(1)检查天线和通信线端口连接是否牢固； (2)检查读写器的读写灵敏度	(1)设备干净、工作正常； (2)在规定距离和角度正常读写
光端机	(1)检查光端机输入电源电压和温度、接口清洁情况； (2)检查图像传输情况，中心控制摄像机情况	(1)光端机输入电源电压和温度正常，接口尾纤清洁牢固； (2)接收图像清晰、可控制摄像机
亭内摄像机	(1)清洁摄像机护罩灰尘； (2)检查摄像机温度； (3)检查图像清晰度	(1)设备干净、工作正常； (2)图像清晰
车道摄像机	(1)清洁摄像机护罩灰尘； (2)检查摄像机温度； (3)检查图像清晰度	(1)设备干净、工作正常； (2)图像清晰

续上表

维护对象	维护内容	检查参考指标
雨棚信号灯	(1)检查像素管光亮度； (2)检查切换雨棚信号灯红色和绿色是否正常	(1)200m 外清晰辨识； (2)雨棚信号灯红色和绿色切换动作与命令一致
自动栏杆	(1)检查橡胶垫磨损状况和机械传动性能； (2)检查齿轮和机械传动部位的润滑剂； (3)检查电机是否有异常响声； (4)测试栏杆机的防砸车功能和防撞动能	(1)设备工作正常； (2)抬杆、降杆动作与命令一致
车辆检测器	(1)清洁车检器表面灰尘、油污； (2)检查外部接线是否松动、虚接； (3)检查线圈参数及灵敏度	(1)设备工作正常； (2)线圈电感量 70 ~ 1000μH； (3)线圈电阻小于 10Ω
票据打印机	(1)检查齿轮传动润滑剂； (2)检查打印色带清晰度和打印头断针情况； (3)检查打印端口是否可靠	(1)票据打印机工作正常； (2)打印信息清楚
费额显示牌(带车道通行灯)	(1)检查显示内容是否与命令一致； (2)检查通行红绿灯切换是否与命令一致； (3)检查是否有不亮点	(1)显示与报价一致； (2)打印票据或抬杆后绿灯、车过后红灯； (3) 显示点阵齐全
语音报价器	检查语音报价器报价是否正确、声音是否清晰	外观整洁、声音清晰
字符叠加器	(1)检查各接口是否牢固； (2)检查输出波形和叠加字符情况	图像、叠加字符清晰

续上表

维护对象	维护内容	检查参考指标
收费键盘	(1)清洁键盘表面灰尘; (2)检查键盘按键状况; (3)检查键盘按键和回弹是否灵敏	按键灵敏、正常
显示器	(1)调节光度; (2)调节亮度	图像清晰、无抖动
车道电话	(1)检查按键和回弹是否灵敏; (2)检查通话质量	正常运行、可按键通话、语音清晰、无杂音
脚踏报警器	(1)检查脚踏信号线是否接触良好; (2)自检脚踏开关是否灵敏	工作正常、能输出报警信号
计重收费设备	(1)清洗称重平台表面淤泥,除杂物,接线盒不泡水,称台是否平稳; (2)检查数据采集器密封情况、显示状况,数据采集准确度; (3)检查胎型识别器中传感器运行状况,除泥砂,故障自检,轴、胎判断准确率; (4)检查红外光栅车辆分离器分离准确度,是否有异物遮挡,有故障切换测线圈; (5)检查控制柜、防护罩上锁及钥匙保管情况; (6)检查通信中断情况	计重收费设备运行正常
操作系统维护	(1)进行升级操作系统最新补丁; (2)检查系统错误日志	操作系统运行正常
网络性能测试	(1)检查网络状态; (2)运行繁忙测试; (3)运行 PING 测试	网络性能可靠、稳定

续上表

维护对象	维护内容	检查参考指标
系统检测	(1)清除各逻辑盘临时文件、回收站文件、索引分类文件; (2)整理各逻辑盘文件碎片	系统运行正常、稳定
查杀计算机病毒	(1)进行升级病毒库; (2)进行病毒扫描、清除计算机病毒	无计算机病毒
车道收费软件	(1)检查车道收费模块运行情况; (2)检查车道收费模块控制外设情况; (3)检查收费流水、工班上传情况	(1)正常运行、有效控制外设; (2)收费流水全部完整上传

第四节　收费站设备及软件维护

一、收费站设备主要组成

收费站站级机电系统主要包含站级监控设施(若设置有中心及站级监控两级监控的收费站则有此设施)、通信站、收费服务器、财务工作站、UPS、供配电设施及发电机,以及站级服务器软件系统、站级财务软件、站级监控软件等软硬件设施。

二、站级设施日常维护

(1)设备外表的保洁。

(2)设备指示灯及故障报警检查。

(3)设备常规故障处理。

(4)系统参数指标及数据完整性监测。

(5)网络状况检测检查。

三、站级机电系统定期维护内容

站级机电系统定期维护内容见表2-8-4。

站级机电系统定期维护内容　　表2-8-4

维护对象	维护内容	检查参考指标
收费服务器	(1)清洁服务器电路板； (2)检查开关电源安装牢固； (3)清洁散热风扇和抽风板风扇； (4)检测服务器性能，查看服务器工作状况； (5)清洁CPU风扇的灰尘； (6)检测软件运行情况	(1)设备干净、工作正常； (2)标签标识清晰； (3)牢固、整洁； (4)软件运行稳定、可靠
工作站计算机	(1)清洁电路板； (2)检查开关电源安装牢固； (3)检测系统，查看系统性能； (4)检测软件运行情况	(1)设备干净、工作正常； (2)标签标识清晰； (3)软件正常运行
显示器	调节光度、亮度	图像清晰、无抖动
键盘	(1)清洁键盘表面灰尘； (2)检查键盘按键状况； (3)检查键盘按键和回弹是否灵敏	按键灵敏、正常
打印机	(1)检查打印机电源与插板接触是否牢固； (2)检查打印硒鼓使用状态； (3)检查打印端口是否可靠	(1)票据打印机工作正常； (2)打印信息清楚
收/发卡机及IC卡读写器	(1)检查收/发卡机状态灯、显示屏； (2)检查卡箱卡夹装载情况； (3)检查收/发卡机与IC读写器通信接口是否牢固； (4)检查电源接口与插板连接是否牢固； (5)检查读写器的读写灵敏度	(1)收/发卡机运行正常； (2)设备干净、设备正常； (3)在规定距离和角度正常读写

续上表

维护对象	维护内容	检查参考指标
UPS	(1)检查UPS状态灯、显示屏是否正常； (2)检测电池使用情况	系统运行稳定、可靠
系统检测	(1)清除各逻辑盘临时文件、回收站文件、索引分类文件； (2)整理各逻辑盘碎片	系统运行稳定、可靠
查杀计算机病毒	(1)进行升级病毒库； (2)进行病毒扫描、清除计算机病毒	无计算机病毒
操作系统维护	(1)进行升级操作系统最新补丁； (2)检查系统错误日志	操作系统运行正常

四、收费软件功能模块维护

收费软件功能模块维护见表2-8-5。

收费软件功能模块维护 表2-8-5

维护对象	维护内容	检查参考指标
车道收费软件	(1)检查车道收费模块运行情况； (2)检查车道收费模块控制外设情况； (3)检查收费流水、工班上传情况	(1)正常运行、有效控制外设； (2)收费流水全部完整上传
参数管理模块	(1)检查参数管理运行情况； (2)设置、查询、下发各种参数	工作正常、可进行各种参数的设置、查询、下发
监视监控模块	(1)监视监控模块运行情况； (2)检查车道操作信息上传情况	工作正常、操作信息实时上传
图像稽查模块	(1)检查图像稽查模块运行情况； (2)检查各种稽查功能	正常运行、可进行各种稽查

续上表

维护对象	维护内容	检查参考指标
业务报表模块	(1)检查业务报表模块运行情况； (2)核查各种数据是否准确	正常运行、数据准确
交接班模块	(1)检查交接班模块运行情况； (2)检查交接班各种功能	正常运行、能完成交接班登记
数据备份与浏览模块	(1)检查数据备份及浏览模块运行情况； (2)检查备份及浏览	正常运行,能备份、浏览数据
IC卡管理模块	(1)检查IC卡管理模块运行情况； (2)检查IC卡片制作功能； (3)检查IC卡查询功能	(1)正常运行； (2)能制作各种卡片； (3)能查询到IC卡信息
数据轮循、同步模块	(1)检查轮循、同步运行情况； (2)检查同步日志	正常运行、收费流水实时上传
收费系统时间同步模块	(1)检查各工作站时间与服务器时间是否一致； (2)检查各工作站可以接收服务器时间	正常运行、时间一致
数据库性能维护	(1)检查维护计划； (2)删除空数据库页、压缩数据文件； (3)重新组织数据和索引页上的数据； (4)更新索引统计	数据库运行正常、查询快速
数据库完整性检查	对数据库内的数据和数据页执行内部一致性检查	数据库完整、无错误
执行数据库备份	(1)制定备份策略； (2)查看备份记录、文件	数据库正常备份
网络性能测试	(1)检查网络状态； (2)运行繁忙测试； (3)运行PING测试	网络性能可靠、稳定

第五节 收费系统部分设备故障处理

一、常规设备简易故障的处理

(一)车道控制器

1. 车道控制器图解

车道控制器图解见图2-8-1。

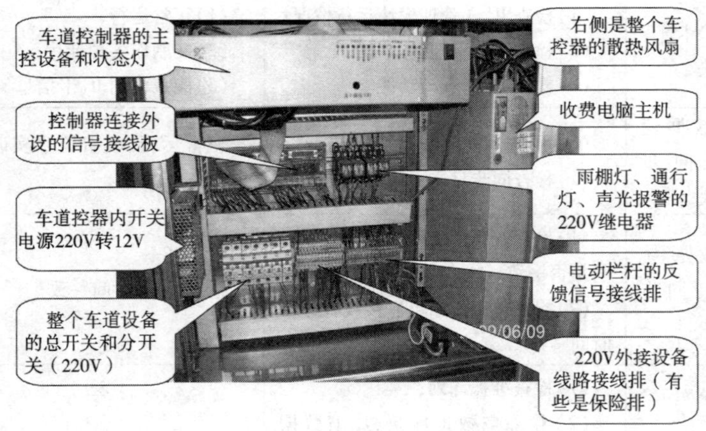

图2-8-1 车道控制器图解

车道控制器内主要有两块电路板(见图2-8-2)。

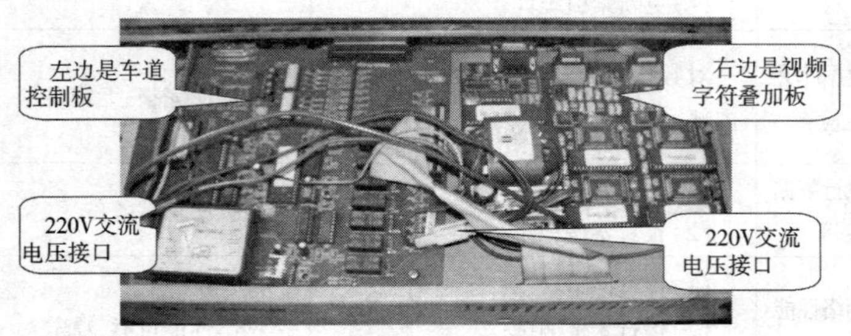

图2-8-2 车道控制器的电路板

2. 车道控制器的作用

(1)车道控制板(车控板)主要控制雨棚灯、车道通行灯、费额显示屏、声光报警器、语音报价器、电动栏杆信号。

(2)视频字符叠加板主要对车道图像进行添加收费信息。

3. 车控器内的电源开关主要控制以下设备

(1)工作台电源(打印机、卡机、电脑显示器)。

(2)外设电源(自动栏杆、费额显示屏、摄像机、雨棚灯、车道通行灯)。

(3)雨棚灯电源(前后雨棚灯)。

4. 车道控制器故障的检修方法

1)收费软件没有视频图像或者图像变蓝色故障的检修方法:

(1)检查电脑主机后的视频卡端口的视频头是否松动。

(2)检查叠加板下的视频端口是否松动。

(3)车控器进行断电重启。

(4)重新启动电脑。

2)车道语音报价器不报价故障的检修方法:

(1)检查喇叭线路接触是否正常。

(2)替换喇叭进行测试。

(3)重启车控器。

3)费额显示器不显示或者乱码故障的检修方法:

(1)重启车控器。

(2)重新开关费额显示器电源(外设电源开关)。

5. 如果以下设备有故障都可先检查车控板电源或对它进行复位操作

(1)雨棚灯;

(2)车道通行灯;

(3)费额显示屏;

(4)声光报警器;

(5)语音报价器;

(6)电动栏杆。

(二)收费电脑主机

1.电脑主机图解

电脑主机图解见图2-8-3。

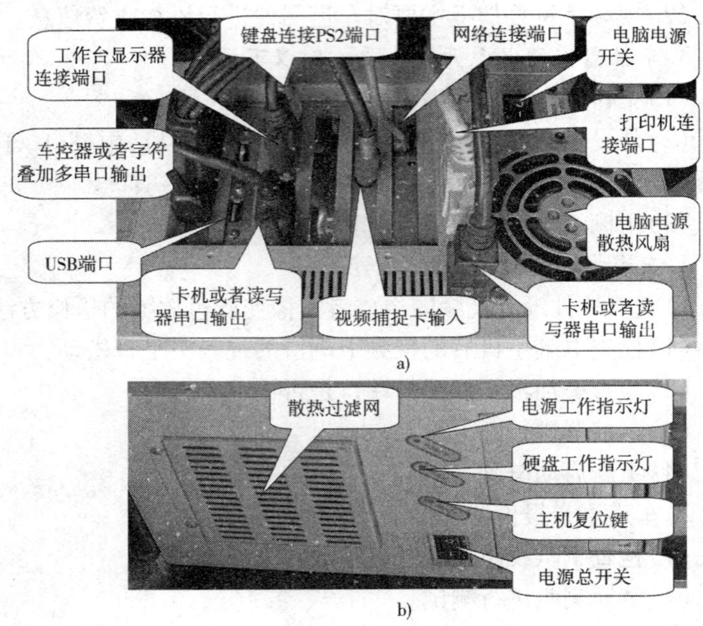

a)

b)

图2-8-3　电脑主机图解

2.电脑主机主要连接以下设备

(1)主机串口或者多串口卡输出信号主要连接卡机、读写器、车控器和字符叠加板。

(2)显卡端接有蓝色显示器插头。

(3)PS2端接有白色收费键盘插头。

(4)LPT1端接有白色打印机连接插头。

(5)视频捕捉卡接车道摄像机。

(6)网卡端口接网线。

3.电脑主机无电故障的检修方法

(1)检查主机前后电源开关是否在“－”的状态。

(2)检查主机后面的电源插头是否松动或车道控制箱内的电源是否关闭。

(3)检查主机后面的电源风扇是否有转动,如果均正常则可能是主机坏。

(三)票据打印机

1. 打印机图解

打印机图解见图 2-8-4。

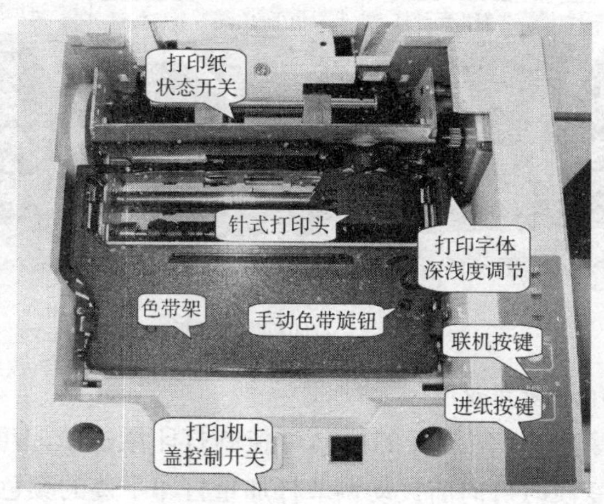

图 2-8-4　打印机图解

色带的安装方法见图 2-8-5。

图 2-8-5　色带的安装方法

打印机进纸宽度调节见图 2-8-6。

注:打印机可适应 76~89mm 宽的打印纸,当解锁左右锁定钮时,导纸轮可左右移动,调整到需要的宽度后,用锁定钮锁定即可。

图 2-8-6　打印机进纸宽度调节

打印机操作面板见图 2-8-7。

图 2-8-7　打印机操作面板

2. 打印机使用说明

(1)调节杆。调节杆的拨动可控制打印纸进纸厚度,当色带打印颜色变浅时可向前拨动调节杆加重打印字迹的颜色。

(2)打印机的开关。可以在打印机正常工作的同时,控制打印机的打开或关闭。

(3)打印机电源指示灯。打印机处于开机状态时,此灯点亮。

(4)报警灯。当打印机处于缺纸状态,此灯点亮,并伴有蜂鸣报警。

(5)联机灯。当打印机处于联机状态,此灯点亮,并伴有一声蜂鸣。

(6)联机键。当打印机处于有纸并脱机状态时,按此按键,打印机与电脑主机处于联机状态。

(7)联机灯点亮。当打印机处于缺纸状态时,此按键失效;当打印机处于联机状态时,按此按键,打印机处于脱机状态,此时联机灯熄灭。

(8)进纸键。当打印机处于开机状态时,按动此按键,导纸轮自动转动进纸。

3.票据打印机故障的检修方法

1)打印机卡纸故障的检修方法:

(1)查看打印机打印头的弹簧片是否压得过紧。

(2)打印机内部是否积有纸质杂物。

2)打印机发出告警声、红灯亮且一闪一闪的故障的检修方法:

(1)缺纸。

(2)打印机卡纸。

(3)上盖没盖好。

3)打印机无电故障的检修方法:

(1)检查打印机的开关是否打开。

(2)检查工件台下的电源插头是否松动。

(3)最后可判断是打印机坏。

4)打印机指示灯状态正常,键入信息但不打印故障的检修方法:

(1)重新安装打印机驱动程序。

(2)检查电脑主机和打印机的打印端口连接是否牢固。

(3)检查线路是否破损。

(4)更换打印机线或打印机。

5)打印机打字只打印一半故障的检修方法:

(1)更换色带。

(2)打印头故障原因。

6)进纸键+打印机开关的自检方法:

打印机进入自检状态,此时打印机会根据自身版本号、系列号、开关设置和品质进行自我打印。此法可判断打印机自身是否正常。

7)打印头摆动不顺畅或者声音异响故障的检修方法:

在声音异常的情况下，可在机头转动轴上涂一点润滑油后，让打印机自检几遍。

(四)电动栏杆

1. 电动栏杆机内图解

电动栏杆机内图解见图2-8-8。

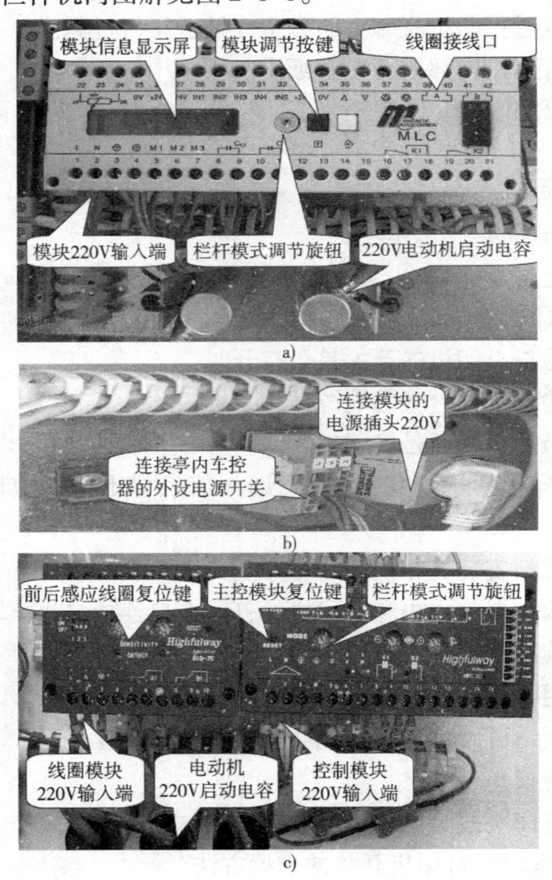

图2-8-8　电动栏杆机内图解

注：电动栏杆内如果有两块模块，则小的是“线圈检测模块”，大的是“主控模块”。

电动栏杆的工作流程：当车辆到车道时，前线圈感应有车，先进行图像抓拍→工作人员进行操作确认后栏杆升起→车经过栏杆后线圈感应车通过完成→栏杆下落完成。

2. 电动栏杆模块的复位方法

1)车控器内断电或者栏杆内电源插头重新插拔。

2)电动栏杆的接电方式:

(1)在电动栏杆外壳内安装有独立的电源插头。

(2)在本车道亭内车控器内安装有栏杆电源开关或外接设备开关。

3. 电动栏杆故障的检修方法

1)电动栏杆控制器不能工作故障的检修方法:

(1)检查车道控制器是否打开,在打开的情况下检查车道控制器的控制信号灯等是否点亮,但必须在电脑收费程序"管理"手动控制抬、降杆时观察。

(2)检查外场电动栏杆模块指示灯是否正常。

(3)对栏杆内的模块进行复位。

2)电动栏杆只能升或者只能降故障的检修方法:

(1)当只能升不能降而电脑一直显示有车,可复位车道控制器、线圈检测模块。

(2)重启栏杆电源。

3)电动栏杆有时检测不到车辆故障的检修方法:

对栏杆控制模块进行复位。

(五)网络设备

1. 网络设备图解

(1)网络交换机(见图2-8-9)。

图2-8-9　网络交换机

(2)光纤收发器(见图2-8-10)。

图2-8-10　光纤收发器

2. 网络传输设备的作用

(1)网络交换机。简单地说就是交换,也就是把各票亭的收费数据连接到交换机的端口上,接收到的数据再经过光纤收发器上传到站和中心。

(2)光纤收发器。光纤收发器是一种将短距离的双绞线(网线)电信号和长距离的光信号进行互换的以太网传输媒体转换单元,在很多地方也被称为光电转换器(或光纤转换器);它是整个现场的收费数据上传到站和中心的主要传输设备(见表2-8-6)。

光纤收发器面板指示灯说明　　表2-8-6

指示灯	功　能	状态	工作情况
PWR	电源指示灯	亮	有电
		灭	无电
FX	光口链接/状态指示灯	亮	有光输入
		灭	无光输入
FX LINK/ACT	光口链接/状态指示灯	亮	光纤链路连通
		闪烁	有数据流
		灭	光纤链路未连通
FDX	光口工作模式指示灯	亮	全双工
		灭	半双工,有数据碰撞时闪烁
TX－100	电口信号指示灯	亮	100M信号
		灭	10M信号
TX LINK/ACT	电链接/状态指示灯	亮	接通
		闪烁	有数据流
		灭	未接通

3. 网络设备常见故障的处理方法

1）当现场有一台收费电脑网络不通的故障的处理方法：

（1）检查电脑主机后面连接网线的网卡灯是否亮灯。

（2）检查现场设备柜的网络交换机的对应灯是否点亮。

（3）如果灯不亮可对两头网线拨插一下或者更换交换机端口。

（4）检查网线是否破损或网线头是否损坏。

2）当现场的网络全部不能连接监控中心或站的故障的处理方法：

（1）检查现场设备柜的网络交换机是否有电源。

（2）检查现场设备柜的光纤收发器各状态灯是否正常。

（3）检查现场设备柜内网络交换机到光纤收发器的双绞线（网线）是否正常。

（4）检查光纤收发器的网线是否破损。

（六）视频监控设备

1. 监控设备图解

视频监控传输光端机见图 2-8-11。

图 2-8-11　视频监控传输光端机

2. 监控设备的作用

主要是将高速公路的道路、广场、亭内亭外的现场情况，用摄像机经视频设备实时上传到中心监控储存。其中车道图像先连接车控器内的字符叠加板进行处理，后由收费电脑主机进行图像抓拍储存。

3. 监控设备的故障检修方法

现场收费软件界面没视频图像或者出现蓝屏的检修方法：

（1）检查电脑主机后面视频卡端口连接头是否松动。

（2）检查车控器内的字符叠加卡的各连接端口是否松动。

(3)重启车控器开关或者重启电脑。

(七)全自动收发卡机

1. 卡机图解

维护模式图解见图2-8-12。

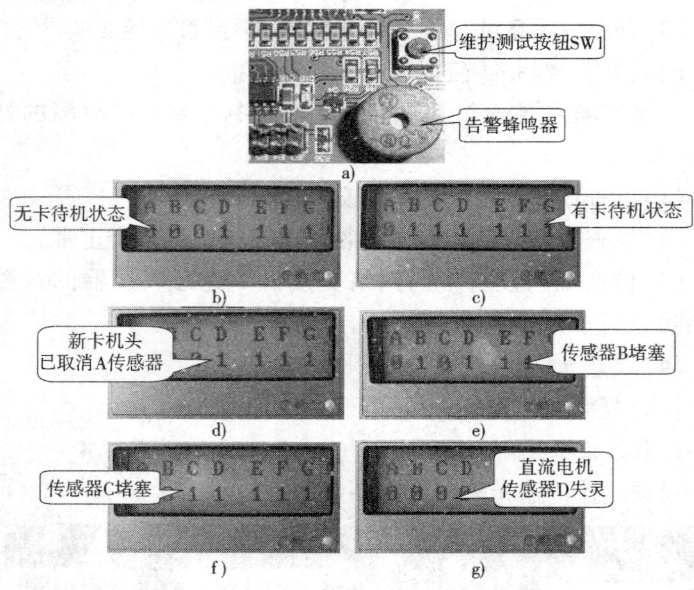

图2-8-12　维护模式图解

2. 维护模式说明

1)长按住该维护测试按钮(SW1)6s左右,卡机就进入维护模式;再按一下(不用长按)回到正常工作模式。维护模式时液晶状态见图2-8-13。

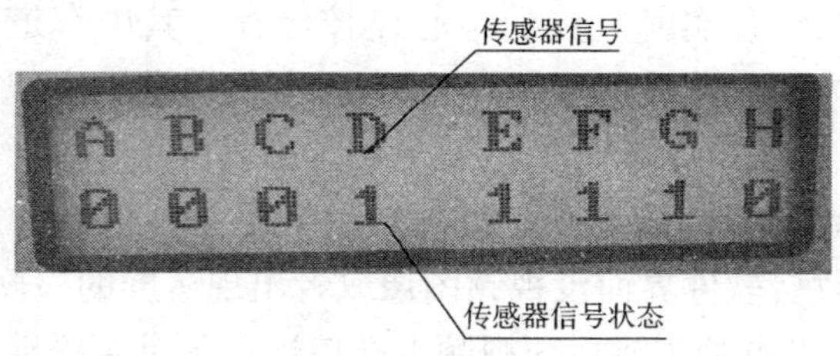

图2-8-13　维护模式时液晶状态

2)检查卡机的电路工作情况时,可以进入维护模式,判断各个感应器的工作状态。一般来说,当某个感应器的信号出现0、1闪烁时,表示这个感应器有问题,如灰尘或接触不良等情况发生。

(1)A信号。卡口位置是否有卡,1——有卡,0——无卡(新卡机机头已取消这个传感器)。

(2)B信号。天线外端是否有卡,1——有卡,0——无卡。

(3)C信号。天线内端是否有卡,1——有卡,0——无卡。只有在B信号和C信号都有卡的情况下,卡机才认为有卡。

(4)D信号。直流电机定位传感器信号。当检测到该信号时候,处理器将电机定位在该位置。

(5)E信号。保留。

(6)F信号。保留。

(7)H信号。保留。

(8)G信号。卡夹装载信号。1——有卡夹,0——无卡夹。

3)卡机元器件功能介绍(见图2-8-14、图2-8-15):

(1)B、C信号。天线上有无卡信号(由天线上的两个光电传感器,即B信号和C信号,实现检测)。

(2)指示灯和报警器。包括电源指示(绿)、出错指示灯(红)、处理器运行状态指灯(红)。

图2-8-14　卡箱上盖图

图2-8-15　卡机卡头图

当卡机在工作过程中出现错误的时候,出错指示灯点亮并发出报警声,清除错误后自动熄灭。处理器正常运行的时候会闪烁,如果死机或停止工作,该指示灯不会闪烁。

(3)液晶显示模块(见图2-8-16)。用于显示卡机工作过程中需要显示的信息。常见的显示如下:

①"发卡"或"收卡"。该信息在卡机上电的时候显示该卡机的类型是发卡还是收卡状态。

图2-8-16 液晶显示模块

②"卡机××××"。显示卡机的系列号、卡机本身的电子标签,以区分不同的卡机。

③"卡夹××××"。显示卡夹的系列号、卡夹本身的电子标签,以区分不同的卡夹。

④"卡数××××"。显示卡夹内当前的IC卡数量。

⑤"卡夹松动,请重新装载卡夹"。在使用的过程中,如果出现接触不良的情况,会有这个提示。

⑥"降级天线使用中……"。当使用降级天线(外天线)时显示该信息。

3.卡机的常见故障的处理方法

1)启动卡机时,卡机报警器发出"滴滴"的报警声音(新卡机没有装载卡夹,重连卡机时也会报警,是正常现象,是提醒装载卡夹):

(1)检查主控制板到卡夹的连接线,是否出现短路等情况。卡夹连接线出现短路等情况也可能引起卡机报警器报警。

(2)如果卡机里没有卡夹,卡机不会报警。但装上卡夹就会出现报警的现象,则是卡夹的故障引起,也有可能是卡夹数据线或电源线与地短接引起的。

2)装卡夹时候,卡机报警或无法正常显示卡夹信息(装卡夹之前无任何故障):

(1)卡夹没装载到位,没有把卡夹彻底推入卡机内部。如果无法把卡夹彻底推入卡机内部,则仔细检查卡机上下导板,看里面是否有杂物,并取出杂物重新装载卡夹。

(2)检查卡夹是否装反,打上卡夹前,手动触发卡夹到位开关,液晶显示界面是否会显示卡夹信息(卡夹号、卡夹卡数)。

3)发卡机发卡时,直流电机空转,发卡卡钩钩不到卡,导致发卡失败。

(1)检查卡夹,看卡夹里面的卡是否已经整理顺畅,卡夹弹簧是否把卡顶到最顶端到达发卡位置。

(2)检查卡机,取下卡夹,查看卡机上下导板位置,内部是否遗留螺丝、纸屑等杂物。取出杂物重新装载卡夹。是否还会出现不发卡的情况。

(3)检查卡夹里面最上面的那张卡,查看这张卡是否出现起皮翘起把卡钩顶起的情况,如出现,则取出这张卡,重新发卡。

4)发卡机发卡时连续出两张卡。

断电重启卡机,观察是否是偶然现象,如果是非偶然现象,则证明卡机程序本身有问题。

5)发卡时,卡从卡夹里出来,经过走卡部件,出走卡部件的时候,在卡机卡口部位有卡住的现象。

发生这种现象,一般都是卡口位置的卡嘴安装不对造成的,这个时候,可以手动调节,转动步进电机,进出卡,调动卡嘴,调动过程使卡能在卡嘴的中间位置。

6)卡机收卡时,卡收入卡机,卡机不读卡。

发生此现象,一般先确定读写器、天线是否正常工作。如果读写器正常工作,重复收几次卡,看是否是卡本身的问题。如果最后还是不能读卡,检查卡进入卡机时,其是否到达 C 光电开关的位置。如果没有到达 C 光电开关的位置,则查看其不能到达 C 光电开关位置的原因,一般都是在某个地方卡住导致的。如果到达了 C 光电开关位置还是不能读卡,进入维护模式,检查是否是光电开关故障。

7)收卡机收卡时,卡能够读出并报价,但卡机不能把卡完全收入卡夹中。

(1)读完信息,步进电机不能把卡冲过第二对走卡轮,出现3次"咔咔"的声音;这个时候可以确定是走卡轮问题,则查看走卡轮是否有膨胀等情况,查看这张卡是否有起皮变形等情况。如果是走卡轮问题,有配件就可以直接更换走卡部件,没有的话,要处理,可以通过手动措施把走卡轮人为变小。

(2)读完信息,卡能冲过第二对走卡轮,但在卡夹卡口位置卡住,步进电机抖动3次,卡收不进卡夹;这个时候,要检查卡夹里面的卡是否出现翘起、没收齐等现象,并重新装载卡夹,把卡夹装载到位。

(3)读完信息,卡能冲过第二对走卡轮,但在卡钩收卡动作之后,卡并没有收入卡夹;这种情况一般都是卡表面起皮造成,卡上面那层薄膜,把卡钩顶起,使得卡钩钩不到卡,从而不能把卡收入卡夹。

8)粤通卡刷卡失败,一般由3个方面的原因引起。

(1)天线。如果是由天线本身引起的,在这个基础上粤通卡失败的概率一般是在20%左右,这个时候,先检查天线在某个地方是否出现干扰的问题,如天线的安装位置是否出现变化,读写器的外壁隔离层是否已经掉落。如果不是这两个干扰的原因,那么就需要更换效果更好的天线。

(2)读写器。一般来说,粤通卡刷卡失败也可能是读写器引起的,如读写器的PSAM卡接触不良、读写器本身电路问题、读写器干扰问题等。

(3)粤通卡读卡动态库。在某些时候,车道程序里的粤通卡读卡动态库可能依旧使用旧版本,不便于对现有新的粤通卡加密包解读。

4. HHKJ3型收发卡机

1)卡夹上升到位,卡机显示提示"请装入卡夹",并持续"滴滴"报警,读取失败,可依次从以下方面解决:

(1)重新装载卡夹,卡夹上升过程中,用手扶正卡夹,可正常使用。

(2)若依然读取失败,则取出卡夹,检查卡夹触点(见图2-8-17)是否有污渍,如有则清理,并检查卡夹通信线触点是否变形。

(3)打开卡机后门,并检查卡夹通信线是否断开。

(4)降下卡夹,用手按一下KJDW传感器,查看其是否正常,看主板相应指示灯是否有变化(KJDW传感器位于滑块下面,如图2-8-18所示)。

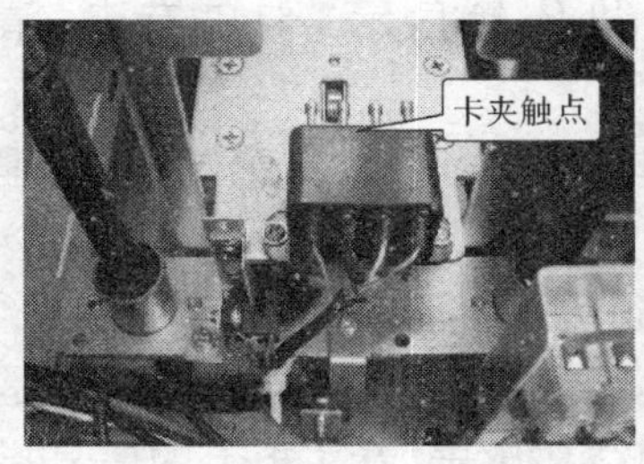

图2-8-17　卡夹触点

KJDW

图2-8-18　KJDW传感器

2)按卡夹升降按钮,没反应。

(1)检查升降板电源(见图2-8-19)是否正常,有5V和24V输入。

(2)打开卡机后门,检查主板与升降板线路插头、变压器线是否松脱。

(3)检查卡夹升降到位,传感器是否被电线或者杂质遮挡。

图2-8-19　升降板电源

3)卡机电源开启,但卡机屏幕无显示。

(1)应打开后门,再查看主板的总电源是否正常(见图2-8-20)。

(2)如果卡机主板电源没有5V输入,应查看变压器模块(卡机右下角)是否有5V输出(见图2-8-21)。

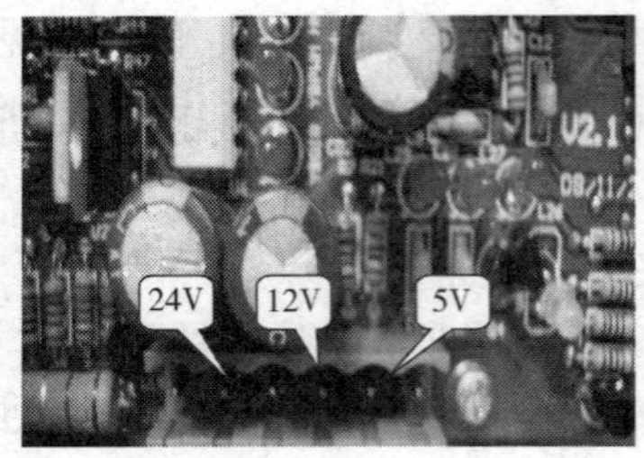

图 2-8-20　主板的总电源

图 2-8-21　变压器模块

4)发卡机发卡并取卡后,卡机依然显示"卡口有卡,请取卡"。

卡口处有灰尘、杂质,应拆开卡口,取出卡口传感器,并清理干净卡口和传感器(见图 2-8-22)。

5)收卡机无卡时,摇臂自动摆到后面,通道电机空转。

(1)检查 TD1 和 TD2(TD1、TD2 是指光电传感器)的信号是否正常,用卡片分别挡住 TD1 和 TD2 传感器,看主板上的信号指示灯是否有变化。

(2)如果信号指示灯没有变化,则可能是由于 TD1 或 TD2 传感器进了灰尘,清理 TD1、TD2 灰尘。

6)液晶屏显示"正在发卡"或"正在收卡",而卡机没动作。

(1)先查看电机转接口线是否松脱。

(2)测卡机主板的工作电源 24V 是否正常。

(3)如果工作电源 24V 正常,则可能是相应的电机驱动芯片烧坏(见图 2-8-23)。

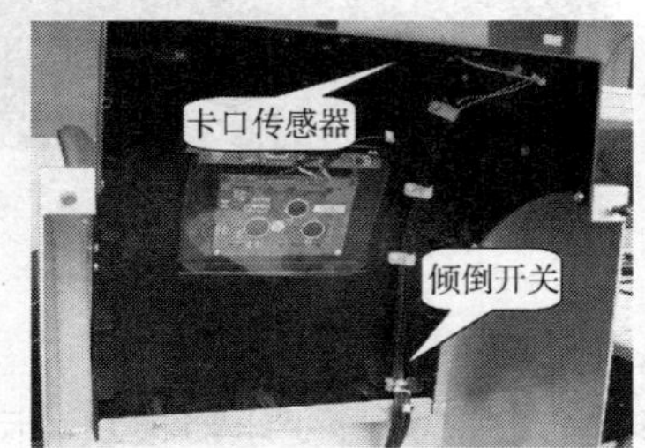

图 2-8-22　卡口传感器

图 2-8-23　电机驱动芯片

7)卡机收卡,但不读卡。

先确定读写器、天线是否正常工作,如果读写器正常工作,重复收几次卡,看卡本身是否有问题。

8)收卡机收卡时,卡能够读出并报价,但卡机不能把卡收入卡夹中。

(1)读完信息后,卡停在通道中。检查传感器 TD1、TD2、KDW1 和 KDW2 是否正常,如不正常,可能传感器沾有杂质或者灰尘,应清理干净;如正常应为线路松脱,整理线路。

(2)读完信息后,卡在卡夹口卡住,卡钩没动作。检查卡是否变形,有没有出现翘起或者折断现象,如有,则可能卡在某处。

(3)读完信息后,卡在卡夹口,卡钩收卡,卡没进入卡夹。此时应有两种情况:

①卡变形,进卡时出现翘起,卡在卡口处,或者卡薄膜脱落,卡住卡口,此时,取出通道里的卡,并降下卡夹,取出卡在卡口的那张卡;

②卡夹弹性失效,使卡夹里卡下陷,并使卡口的卡卡住,应取出卡夹上下摇动,使其弹性恢复正常。

9)上位读不到卡机及不能连接读写器。

(1)读写器串口与卡机通信串口线接错,如图 2-8-24 所示。

(2)读写器电源线是否松脱。

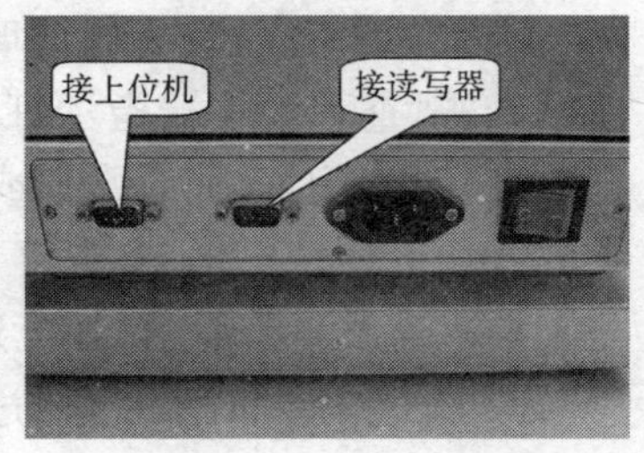

图 2-8-24 卡机接口图

10)粤通卡刷卡失败。

(1)天线。如果是天线本身引起的,在这个基础上粤通卡刷卡失败的概率一般都是在 15% 左右,此时,应先检查天线是否出现过的干扰问题:

①天线在安装时出现变化;

②读写器的外部隔离层是否已经掉落。如果不是这两个干扰原因,则需更换效果更好的天线。

(2)读写器。一般来说,粤通卡刷卡失败也可能是读写器引起的,如读写器的 PSAM 卡接触不良、读写器本身电路问题、读写器干扰问题等。

二、称重设备

(一)常见故障分析及解决

(1)轴型误判故障现象:显示轴型与实际轴型不符,但总轴数符合。

故障解决方法:

①检查数字接线盒接线是否牢固。

②观察过车是否正常。

(2)过车无数据故障现象:收费界面上没有队列或车辆称重数据增加。

故障排查思路:供电、死机、光栅、通信。

故障解决方法:

①打开机柜检查设备是否上电。

②检查设备是否出现死机现象(可查看仪表右下角时钟是否走动),如死机,请重启设备。

③不过车时,查看仪表液晶屏幕右上方“速度”后是否有“ * ”常亮,如有,检查光栅玻璃是否有污渍,擦除污渍后用手来回遮挡光栅,查看接收端指示灯(靠近机柜端光栅的底部有一绿色指示灯)是否闪烁,如有常亮或不亮现象请与维护人员联系。

④如上述现象均无,观察下一辆过车是否正常,如正常,检查与工控机连线是否脱落,如上述一切正常,请联系维护人员。

(3)轴数误判故障现象:过车后,计重设备检测的轴数与目测轴数不一致。

故障处置预案:

①车辆多轴。当检测轴数多于实际轴数时,总质量也随之偏重。收费员可按操作流程删除多出的轴重。

②车辆丢轴。当车道里只有一辆车时,按车型收费;当车道

里有两辆及以上车时，注意观察丢失的轴是否出现在后面的车轴里。

③如出现轴数误判概率较高，则上报维修。

(4)称重误差大故障现象：称重重复性检测误差较大，或与标准质量有出入。

故障处置预案：

①当传感器出现故障时，应上报故障，由于检测数据误差很大或根本无法得到数据，系统已无法进行计重收费，应阻止货车进入该车道，必要时将车道封闭等待维修。

②遇到不规则过车情况，收费员应通过收费界面的检测信息提示向驾驶员说明车辆违规行驶造成过大误差的事实，提醒驾驶员下次应使车辆按 10km/h 以下速度匀速行驶。

故障解决方法：

①查看收费计算机是否显示称重传感器故障。

②观察过车是否有加速、减速、紧急制动、跳秤等不规则过车现象，让驾驶员规范过车。

(二)设备故障及处理

1. 线圈损坏

当线圈发生故障时，只要光栅正常，并不影响使用。此时应立即报修，但继续收费。

2. 光栅损坏

当光栅发生故障时，影响车辆判别。此时应立即报修，并打开备用车道收费。如果没有备用车道可以使用，但是有备用线圈时，则人工疏导车辆，保持车距 2m 以上，使用线圈收尾。

3. 光栅和线圈同时损坏

光栅和线圈同时损坏时，称重设备不能对车辆收尾，无法向车道计算机提供称重数据。此时应立即报修，并打开备用车道收费。当没有备用车道可以使用时，若称重设备具有强制分车功能，则人工引导车辆强制分车收费；若称重设备没有强制分车功能，则按照原车型分类标准收费。

4. 通信错误

正常使用的称重设备，如果不能读取称重数据，或者读取称重数据错误时，有可能是通信错误，此时应重新启动车道计算机；如果无效时则重新启动称重设备；再无效时就打开备用车道收费；当没有备用车道可以使用时，则按照原车型分类标准收费。

5. 车辆分离错误

(1)称重设备将一辆车判断成两辆或多辆车，经授权后，采用人工修改方式，将两辆或多辆车合成一辆车。

(2)称重设备将两辆或多辆车判断成一辆车，经授权后，采用人工修改方式，将一辆车拆成两辆车或多辆车。

连续出现车辆分离错误时，收费员应首先清洁光栅窗口，若仍无效则立即报修。

6. 称重数据多发

当称重数据偶然多发或者有车冲岗时，经授权后，人工删除多余的称重数据，并做好记录，继续收费。

7. 总轴数错误

若称重设备上传的总轴数比实际总轴数多，能够进行人工判定时，则删去错误的轴(轴组)数据，重新计算通行费。若称重设备上传的总轴数比实际总轴数少，则重新称重收费。

8. 称重数据丢失

若发生称重数据偶然丢失，则重新称重收费。

9. 称重设备完全损坏

称重设备完全损坏时，应立即报修，并打开备用车道收费；若无备用车道可以使用，则按原车型分类标准收费。

(三)异常事件处理

计重收费系统在运行中的紧急情况主要包括收费争议、检测失误、计重设备故障和收费系统故障。由于计重设备在计重收费系统中是自动运行的，无须人工操作，因此上述情况处置预案的制定与收费系统软件的操作功能设计有着密切的联系。车道收费软件在功能设计时应考虑计重设备可能出现的检测失误以及故障对收费流程的影响。

1. 收费争议

驾驶员对计重收费额的争议一般分为对车辆总质量的争议和对车辆超限量的争议。

(1)车辆总质量争议。

由于车辆动态称重的影响因素较多,称重误差是在所难免的。按照现行的国家标准(计量检定规程),计重设备在正常使用中总质量误差为±5%(5 级)。出现较大的争议一般源于非正常行驶的称重失误,如在称板上的急加、减速、超速(>20km/h)行驶等造成的称重粗大误差。

处置预案:遇到这种情况仍然照章收费。收费员可通过收费界面的检测信息提示向驾驶员说明路段所有的计重设备均有广东省专门的检定机构颁发的合格证书,而且只要称量误差在 -5% ~ +5% 都是合理的。称量误差产生的原因一般都是车辆违规行驶造成的,并提醒驾驶员以后应使车辆在 20km/h 以内的速度匀速行驶通过收费车道。

值得注意的是,随着计重收费的广泛实施,有些驾驶员已摸索出一些作弊方法,恶意地违规行驶,造成质量偏轻。虽然计重设备具有一定的判别能力,但不可避免设备的损坏和交通安全的隐患。建议收费系统在接收到计重设备检测信息后,结合相应的管理制度,对超速行驶等明显的违法行为加强管理措施,以规范车道内的行车秩序。

(2)车辆超限量争议。

超限量争议主要原因是系统车型识别的错误,其中包括轴型(单、联轴)误判和胎型(单、双轮胎)误判。

处置预案:遇到这种情况,经授权后,收费员可进行轴型拆分操作。双轴货车的胎型识别错误,可直接按【双胎】键进行更改;3 轴(含 3 轴)以上货车胎型判别错误对计重收费费额没有影响。

值得注意的是,目前我国的货车车型不规范,尤其是针对治理超限而改装的车辆层出不穷。有些车辆还装上了可以升降的

“假轴”或“虚轴”,这需要在管理上加大力度。

(3)检测失误。

检测失误是指计重设备在正常运行(无故障提示)的状态下,偶然出现的无称重数据和轴数错误。

(4)无称重数据处置预案。

无称重数据有两种情况:光栅车辆分离器被误遮挡和超长车尾部没有完全通过光栅车辆分离器。当收费计算机显示检测信息与即将交费车辆不符或当前车辆无称重数据显示时,收费员首先应判断光栅车辆分离器是否被误遮挡,并及时排除。对于超长车辆要观察其尾部是否通过光栅车辆分离器,若未通过,让其前行至完全通过。必要时可推杆检测。货车无称重数据按【改轴】键刷新,若仍无称重数据,则当前车按车型标准收费。

2. 轴数错误处置预案

(1)车辆多轴。

当检测轴数多于实际轴数时,总质量也随之偏重。收费员可根据删除单轴、修改车辆分离错误等相应流程进行操作。

(2)车辆丢轴。

当检测轴数少于实际轴数时,根据缓存数与实际车辆数的对应情况,根据相应的删除本次称重数据、修改车辆分离等流程进行操作。

3. 设备故障

在称重检测中,设备频繁或连续的错误表明出现设备故障。在出现故障时,计重设备的主要部件能向收费系统发出故障信息。这些在上面常见故障分析及解决办法中已经有所描述。

(1)光栅车辆分离器故障处置预案。

当光栅出现故障时,如有检测线圈,系统可转换为线圈方式分离车辆;当有车辆排队时,需有人工辅助引导,同时应上报故障,必要时将车道封闭等待维修。

(2)称重传感器故障处置预案。

当传感器出现故障时,应上报故障。由于检测数据误差很大或根本无法得到数据,系统已无法进行计重收费,应阻止货车进入该车道,必要时将车道封闭等待维修。

(3)系统或通信故障处置预案。

当出现系统或通信故障时,收费机无法得到称重数据,且无法进行计重收费。应立即上报故障,封闭车道等待维修。

课后复习题

一、单项选择题

1. 动态称重设备在正常使用过程中总质量误差允许范围为(　　)。

A. −2.5% ~ +2.5%　　B. −5% ~ +5%

C. −10% ~ +10%　　D. −5% ~ +10%

2. 以下设施不属于出口收费车道的是(　　)。

A. 自动发卡机　　B. 电动栏杆

C. 车辆检测器　　D. 车道电话机(对讲机)

3. 电动栏杆有时检测不到车辆,其故障处理方法是(　　)。

A. 将栏杆控制模块进行复位

B. 车控器断电或栏杆电源插头重新插拔

C. 线圈检测模块复位

D. 复位车道控制器

二、多项选择题

1. 计重收费系统在运行中的突发情况主要包括哪几项?(　　)

A. 称重结果争议　　B. 检测失误

C. 计重设备故障　　D. 收费系统故障

2. 收费软件没有视频图像或者图像变蓝色故障的检修方法有哪几项?(　　)

A. 检查电脑主机后的视频卡端口的视频头是否松动

B. 检查叠加板下的视频端口是否松动

C. 车控器进行断电重启

D. 重新启动电脑

3. 一般来说,影响粤通卡刷卡失败的因素包括哪几项?(　　)

A. 天线　　B. 卡机

C. 读写器　　D. 粤通卡读卡动态库

三、判断题

1. 高速公路机电系统养护方针是“预防为主、防治结合、依靠科技、强化管理、全面养护”。(　　)

2. 驾驶员对计重收费额的争议一般分为车辆总质量的争议和对车辆超限量的争议。(　　)

3. 声光报警器、语音报价器不受车道控制器控制。(　　)

四、简答题

1. 收费站机电设备维护工作的范围是什么?

2. 当出现现场网络全部不能连接监控中心或站的故障时,应该如何处理?

五、案例分析题

如何现场处理计重收费系出现过车无称重数据的故障现象?

第九章　队 列 训 练

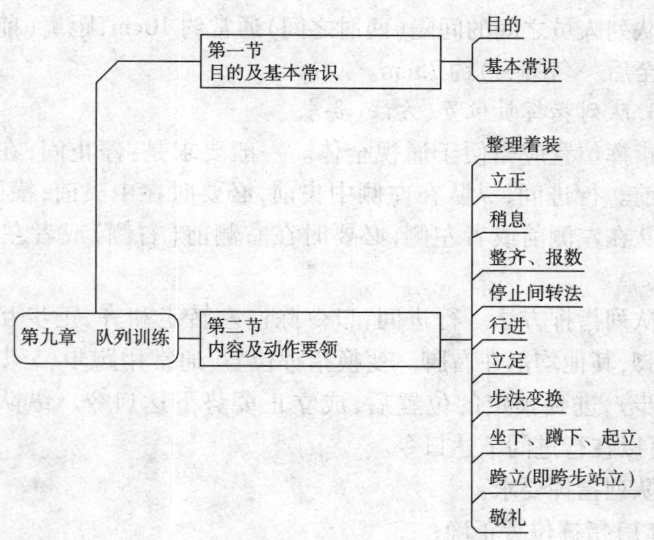

学习目标：

1. 了解队列训练的目的及基本常识。
2. 掌握队列训练的动作要领。

第一节　目的及基本常识

一、目的

通过日常队列训练，使员工基本掌握队形变换、单人队列动作、整理着装、跨立、敬礼等动作要领，为树立收费现场人员的良好仪表风范打下基础。

二、基本常识

1. 基本队形

队列的基本队形为横队、纵队、并列纵队。

2. 列队的间距

队列人员之间的间隔(两肘之间)通常约10cm,距离(前一名脚跟至后一名脚尖)约75cm。

3. 队列指挥员位置、方法、要求

指挥位置应当便于通视全体。一般要求是:停止间,在队列中央前。行进间,纵队在左侧中央前,必要时在中央前;横队、并列纵队在左侧前或者左侧,必要时在右侧前(右侧)或者左(右)侧后。

队列指挥方法。行进间,口令除向左转走和齐、正步互换时落左脚,其他均落在右脚。变换指挥位置,通常用跑步(5步以内用齐步),进到预定的位置后,成立正姿势下达口令。纵队行进时,可以在行进间下达口令。

队列指挥要求:

(1)指挥位置正确;

(2)姿态端正,精神集中,动作准确;

(3)口令准确、清楚、洪亮;

(4)清点人数,检查着装;

(5)严格要求,维护队列纪律。

第二节　内容及动作要领

一、整理着装

整理着装,通常在立正的基础上进行。

口令:整理着装。

要领:双手从帽子、领钩、上兜盖、衣扣、下兜盖、腰带、裤扣、鞋子,自上而下,将着装整理好。必要时,也可以相互整理。整理完毕,自行稍息。听到“停”的口令,恢复立正姿势。

二、立正

口令:立正。

要领:两脚跟靠拢并齐,两脚尖向外分开60°;两腿挺直;小腹微收,自然挺胸;上体正直,微向前倾;两肩要平,稍向后张;两臂下垂直,手指并拢自然微曲,拇指尖贴于食指第二节,中指贴于裤缝;头要正,颈要直,口要闭合,下颌微收,两眼向前平视(见图2-9-1)。

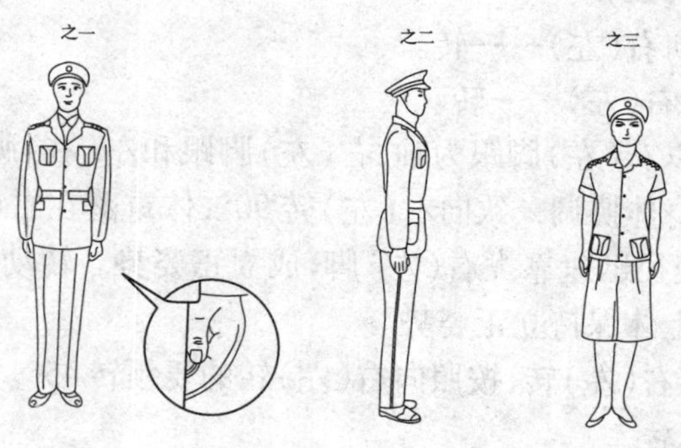

图2-9-1　立正

三、稍息

口令:稍息。

要领:左脚顺脚尖方向前伸出约全脚三分之二,两腿自然伸直,上体保持立正姿势,身体重心大部分落于右脚。

四、整齐、报数

1. 整齐

整齐是使列队人员按照规定的间隔、距离,保持行、列整齐的一种队列动作,分为向右(左)看齐和向中看齐。

口令:向右(左)看——齐,向前——看。

要领:以能通视到本人以右(左)第三人为准。后列人员,先向前对正,后向右(左)看齐。听到“向前——看”的口令,迅速将头转正,恢复立正姿势。

2. 报数

口令:报数。

要领:横队从右至左(纵队由前向后)依次以短促洪亮的声音转头(纵队向左转头)报数,最后一名不转头。

五、停止间转法

1. 向右(左)转

口令:向右(左)——转。

半面向右(左)——转。

要领:以右(左)脚跟为轴,右(左)脚跟和左(右)脚掌前部同时用力,使身体协调一致向右(左)转90°,体重落在右(左)脚,左(右)脚取捷径迅速靠拢右(左)脚,成立正姿势。转动和靠脚时,两腿挺直,上体保持立正姿势。

半面向右(左)转,按照向右(左)转的要领转45°。

2. 向后转

口令:向后——转。

要领:按照向右转的要领向后转180°。

六、行进

行进的基本步法分为齐步、正步和跑步,辅助步法分为便步、踏步和移步。

1. 齐步

口令:齐步——走。

要领:左脚向正前方迈出约75cm,按照先脚跟后脚掌的顺序着地,同时身体重心前移,右脚照此法动作;上体正直,微向前倾;手指轻轻握拢,拇指贴于食指第二节;两臂前后自然摆动。行进速度每分钟116~122步。

2. 正步

口令:正步——走。

要领:左脚向正前方踢出约75cm(腿要绷直,脚尖下压,脚掌与地面平行,离地面约25cm),适当用力使全脚掌着地,同时身体重心前移,右脚照此法动作;上体正直,微向前倾;手指轻轻握拢,拇指伸直贴于食指第二节;向前摆臂时,肘部弯曲,小臂略成水平,手心向内稍向下。行进速度每分钟110~116步。

3. 跑步

口令:跑步——走。

要领:听到预令,两手迅速握拳,提到腰际,约与腰带同高,拳心向内,肘部稍向里合。行进速度每分钟170~180步(见图2-9-2)。

4. 踏步

踏步(见图2-9-3)用于调整步伐和整齐。

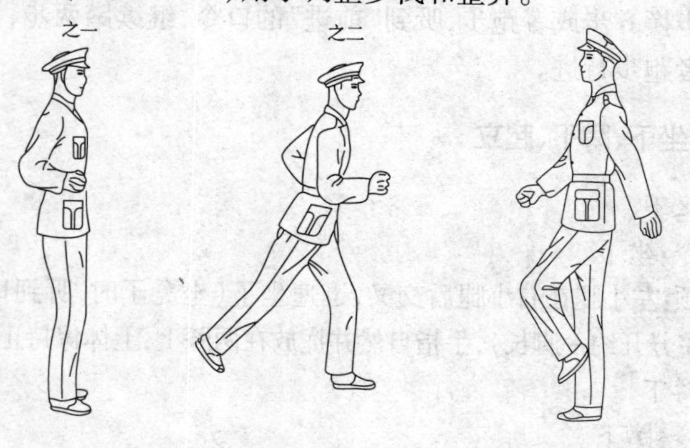

图2-9-2　跑步　　图2-9-3　踏步

停止间口令:踏步——走。

行进间口令:踏步。

要领:两脚在原地上下起落(抬起时,脚尖自然下垂,离地面约15cm;落下时,前脚掌先着地),上体保持正直,两臂按照齐步走或者跑步走摆臂的要领摆动。

七、立定

口令:立——定。

要领:齐步和正步时,听到口令,左脚再向前大半步着地(脚尖向外约30°),两腿挺直,右脚取捷径迅速靠拢左脚,成立正姿势。

八、步法变换

步法变换,均从左脚开始。

齐步、正步互换,听到口令,右脚继续走一步,即换正步或者齐步行进。

齐步换跑步,听到预令,两手迅速握拳提到腰际,两臂前后自然摆动;听到口令即换跑步行进。

齐步换踏步,听到口令,即换踏步。

跑步换齐步,听到口令,继续跑两步,然后换踏步。

踏步换齐步或者跑步,听到"前进"的口令,继续踏两步,再换齐步或者跑步行进。

九、坐下、蹲下、起立

1. 坐下

口令:坐下。

要领:左小腿在右小腿后交叉,迅速坐下(坐凳子时,听到口令,左脚向左分开约一脚长),手指自然并拢放在两膝上,上体保持正直。

2. 蹲下

口令:蹲下。

要领:右脚后退半步,前脚掌着地,臀部坐在右脚跟上(膝盖不着地),两腿分开约60°,手指自然并拢放在两膝上,上体保持正直。蹲下过久,可以自行换脚(见图2-9-4)。

3. 起立

口令:起立。

要领:全身协力迅速起立,成立正姿势。

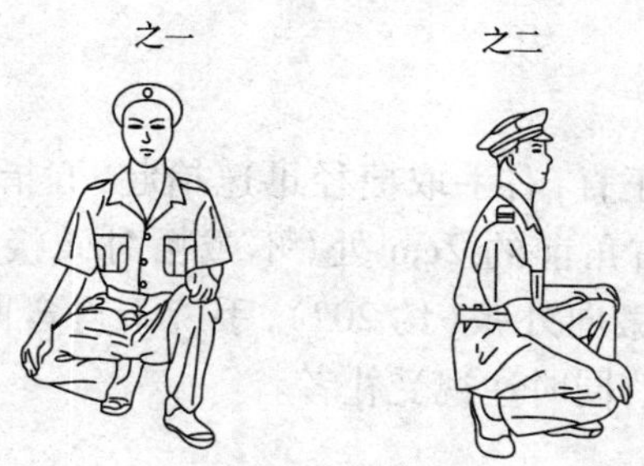

图 2-9-4　蹲下

十、跨立(即跨步站立)

口令:跨立。

要领:左脚向左跨出约一脚长,两腿挺直,上体保持立正姿势,身体重心落于两脚之间。两手后背,左手握右手腕,拇指根部与内腰带上沿同高;右手手指并拢自然弯曲,手心向后(见图 2-9-5)。

十一、敬礼

1. 敬礼的种类

敬礼(见图 2-9-6)分为举手礼、注目礼。

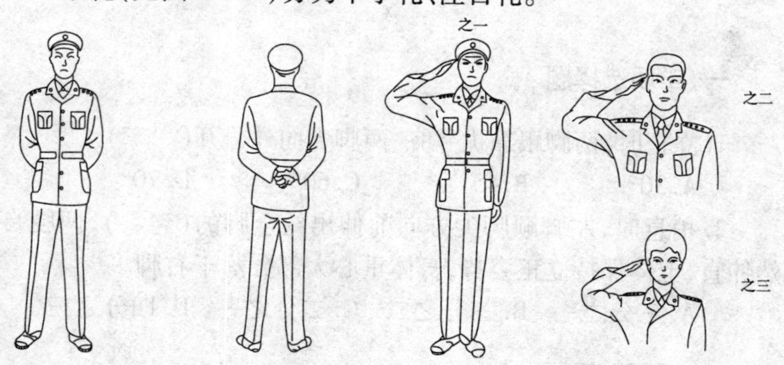

图 2-9-5　跨立

图 2-9-6　敬礼

2. 敬礼、礼毕

(1)敬礼。

①举手礼。

口令:敬礼。

要领:上体正直,右手取捷径迅速抬起,五指并拢自然伸直,中指微接帽檐右角前约 2cm 处(不戴帽时微接太阳穴,与眉同高),手心向下,微向外张(约 20°),手腕不得弯曲,右大臂略平,与两肩略成一线,同时注视受礼者。

②注目礼。

要领:面向受礼者成立正姿势,同时注视受礼者并目迎目送(右、左转头角度不超过 45°)。

(2)礼毕。

口令:礼毕。

要领:行举手礼者,将手放下;行注目礼者,将头转正;成立正姿势。

3. 单人敬礼

要领:单个人在距受礼者 5 ~ 7 步处,行举手礼或者注目礼,成立正姿势。

课后复习题

一、单项选择题

1. 立正时,两脚跟靠拢并齐,两脚尖向外分开(　　)。

A. 30°　　B. 45°　　C. 60°　　D. 70°

2. 稍息时,左脚顺脚尖方向前伸出约全脚的(　　),两腿自然伸直,上体保持立正姿势,身体重心大部分落于右脚。

A. 三分之一　B. 三分之二　C. 二分之一　D. 四分之三

二、多项选择题

1. 队列的基本队形为(　　)。

A. 横队　　B. 纵队　　C. 并列纵队　　D. 梯队

2. 敬礼的种类有(　　)。

A. 举手礼　B. 平时礼　C. 尊敬礼　D. 注目礼

三、简答题

1. 简述队列训练的目的和意义。

2. 队列训练时,队列指挥员的位置有哪些要求?

第十章　安 全 实 务

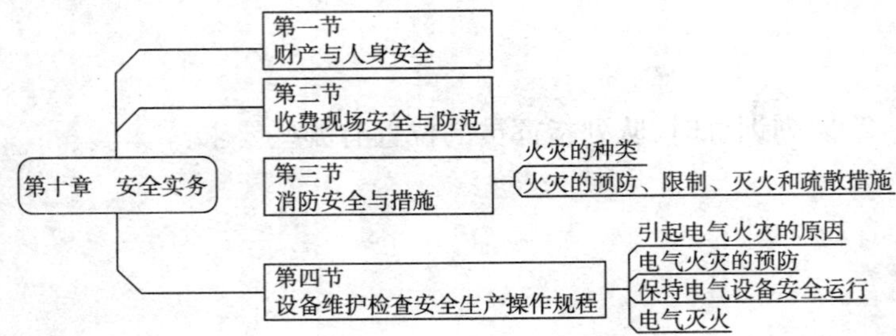

学习目标：

1. 掌握收费系列人员的岗位安全要求。
2. 了解收费现场存在的安全隐患及应对防范措施。
3. 掌握火灾的种类、性质及应对措施。
4. 了解电气设备的特性，掌握电气火灾发生的预防措施。

第一节　财产与人身安全

(1)员工上岗前应保证有充足的睡眠，保持良好的精神状态，全心投入到工作之中，确保安全生产。

(2)班长在上岗前必须做安全动员，提出注意事项。由班长检查工作准备物品，列队上岗。引导员在队伍前带队，班长在后，进入广场后由引导员确定车道安全后带队通过，各班长在交接班时，必须在安全岛上进行，待班长交接完成后才逐步封闭车道依序进亭交接班。

(3)通过收费车道、收费广场时应注意过往车辆，必须做到“一站、二看、三通过”，确认无来车、车辆已停稳、栏杆未抬起时，方可安全快速通过。

(4)收费时要端坐在座椅上，集中精力，面对来车方向提防车辆因失控撞上、挂倒收费亭的事故。如发现驶近收费亭的车辆速度快，也无制动征兆且偏离车道撞向收费亭时，应快速反应及时撤离；对超宽的货车收费后也要注意观察，以防车厢超宽刮倒收费亭而发生收费员意外伤害事故。

(5)不得在收费车道(特别是免费车道和ETC车道)站立、停留、打闹；不得与车辆抢道，严禁在车辆临近时突然横穿车道，提防车辆冲卡或制动失灵及其他原因而发生事故。

(6)亭外人员必须穿好反光衣，时刻保持警惕性。在亭外工作(如疏导交通、拾捡废票、打扫卫生)不得背对来车方向，确实要在车道内作业时，应关闭车道。

(7)亭外工作人员处理特殊情况时，如改型、向驾乘人员做解释工作时，应站立在安全岛护栏内侧安全地带，要与过往的车辆保持安全距离(一般所站位置离收费岛边缘不小于30cm)，严禁将头、手等部位伸出收费岛外侧空间或站在收费岛防护栏外侧。收费员与现场人员要互相照应，监控员发现应及时提醒，以防发生意外。

(8)在免费车道疏导人员应穿好反光衣，面向来车，站在安全岛上的安全地带引导车辆通过，禁止站在车道内指挥车辆。

(9)亭外工作人员需使用亭内对讲机与监控员联系时，必须进入亭内或站在安全岛上的护栏内侧，禁止亭外人员在安全岛上的护栏外侧站立，不得趴到窗口上使用对讲机及与当班员工交谈。

(10)当班员工必须在确保自身安全情况下方可拦截逃费车辆，当不能拦截逃费车辆时可记录车辆牌号、颜色、车型及其他特征，并上报监控(分)中心做好记录存档。

(11)收费班下岗时应到达指定位置列队下班，督察员在确认车道安全后带领当班人员离开收费现场。

(12)收费现场班长若遇暴雨雷电天气，应站在安全位置，现场作业人员身体避免接触金属体,防止雷击,发生意外事故。

(13)放大额纸币的钱箱旁边的窗门要随时关好,预防过往车辆顺手将钱箱拿走。

(14)现场稽查,清点票款时要关好门、窗。

(15)亭外人员要时刻注意周边动态,对不符合要求进入高速公路的车辆或行人及时进行有礼貌的劝阻,及时把无关人员或闲杂人员劝离收费现场。

(16)收费员发现收费广场出现暴力或抢劫等治安事件时,在确保自身安全的情况下立即将门窗关好,同时按报警开关。

(17)现场有纠纷时,收费人员要做好解释工作并做好文明服务,如无法解决应当通知站监控(分)中心,同时保护好现场,控制事态发展,在解决纠纷的过程中切记保护好自身的安全,避免发生意外事故。

第二节 收费现场安全与防范

(1)班长及站岗人员只能在安全岛上站岗且身着反光衣,不可在车道上站立或走动。

(2)收费员横过车道时要左右环顾,确保车道无车辆时方可通过。

(3)收费人员不得在已关闭的收费车道里站立或聊天。

(4)关闭车道前,一定要先将信号灯转为红色并关闭手动栏杆。

(5)出入收费亭要随手反锁门。

(6)放小钱箱旁边的窗门要随时关好,预防过往车辆顺手将钱箱拿走。

(7)遇现场稽查,清点票款时要关好门、窗。

(8)班长处理现场事故时,应先指挥车辆靠边或到收费广场安全的地方,再进行处理。

(9)班长要时刻注意周边动态,将无关人员或想进入收费广场的闲杂人员即时赶离现场。

(10)雷击时,收费人员尽量不要接触金属物或在雨中行走。

(11)当收费现场出现车辆冲关时,现场收费员或班长应立即报告监控(分)中心,而不应用身体阻拦。

(12)若有人员伤亡,伤者提出要求或伤者在神志不清的情况下,应立即拨打120或到当地医院急救。

(13)收费员发现收费广场出现暴力或抢劫等治安事件时立即将门窗关好,按报警开关。

(14)收费现场人员发现车辆由于制动系统故障、发动机油电路故障以及交通事故引发的火灾、火情、爆炸,收费班长应召集现场人员,用备用灭火器投入扑救工作。

(15)燃气罐着火,要用浸湿的被褥、衣物等捂盖灭火,并迅速关闭阀门。

(16)电器或线路着火,要先切断电源,再用干粉或气体灭火器灭火,不可直接泼水灭火,以防触电或电器爆炸伤人。

(17)干粉灭火器适用于易燃、可燃液体、气体及带电设备的初起火灾。

(18)救火时不要贸然开门窗,以免空气对流,加速火势蔓延。

(19)推车式灭火器一般由两人操作,使用时两人一起将灭火器推或拉到燃烧处,在离燃烧物10m左右停下,一人快速取下喇叭筒并展开喷射软管后,握住喇叭筒根部的手柄,另一人快速按逆时针方向旋动手轮,并开到最大位置。

(20)应手提灭火器或肩扛灭火器到火场。在距燃烧处5m左右,放下灭火器,先拔出保险销,一手握住开启把,另一手握在喷射软管前端的喷嘴处。

(21)如遇火灾现场有浓烟,可用口罩、毛巾捂住口鼻,如有条件浸水后使用效果更佳。

(22)若火势过大无法控制,应立即拨打119火警电话报警。

(23)现场出现纠纷时,收费人员要做好解释工作并做好文明服务,如无法解决应当通知监控(分)中心,同时保护好现场,控制事态发展，在纠纷的解决过程中切记保护好自身的安全，避免发生意外事故。

(24)当出现行人欲闯入高速公路乘车情况时，现场当值人员应使用文明用语耐心劝阻其进入高速公路，在无法阻止的情况下，要灵活处理以免发生冲突。

(25)收费员下班后不得随意搭乘高速公路陌生车辆。

第三节　消防安全与措施

一、火灾的种类

火灾按可燃物及助燃物的种类可分为以下6类：

(1)气体火灾。它是从管道或其他设备中泄漏出来的可燃气体，如煤气、氢气、乙炔气、液化石油气等，被火源点燃而发生的火灾。如果火焰小，可用干粉灭火剂等喷射方法把火扑灭。但是，灭火后，未经燃烧的可燃气体可能仍然向室内泄放出来。在很多情况下，这些气体和空气（空气中含有大量氧气）形成混合物，有发生爆炸的危险。故对气体火灾的灭火来说，最好的方法是一面立即关闭管道的阀门，防止气体继续泄漏；一面向附近的可燃物射水，使其冷却并使气体逸散开，防止火灾扩大。

(2)油品火灾。如原油、煤油、汽油、苯、酒精等可燃液体所发生的火灾。这种火灾是由于贮罐或容器的泄漏引起的，或者在废弃的液体上发生的，但也有在贮罐内部起火的。对它的灭火可采用撒干粉、喷二氧化碳或泡沫灭火剂，对燃点在常温以上的可燃液体，可采用冷却水把它的温度降低到燃点以下的办法来进行灭火。

(3)可燃物火灾。如建筑物、家具、木材、纸张、纤维、纺织物等固体可燃物的火灾，最好采用喷射大量水的方法进行灭火。

(4)电器火灾。电器配线、电动机、变压器等电气设备使用的绝缘材料发生的火灾，在通电情况下，用水或泡沫灭火剂进行灭火，则有可能发生触电事故，因此要采用干粉、二氧化碳或氯溴甲烷等灭火剂进行灭火。最好不使用四氯化碳灭火剂，因为四氯化碳气体本身有毒，在灭火时，如果遇到高温金属，则会产生光气，就有导致救火者中毒的危险。

(5)金属火灾。镁、铝、铁、锆、铀等金属粉末或细金属丝，在空气中具有易燃性质。铁或不锈钢的管道和阀门，当其中有可燃物质时，若高速通过高压氧气或氯气，则有可能发生着火，使金属管道和阀门在氧气或氯气中燃烧，致使内部气体喷出，如果在金属火焰上喷水，则有可能发生爆炸的危险，所以要采用干燥的砂子和蛭石等进行灭火。

(6)空气中含氧量超过正常量时导致的火灾。当空气中氧气浓度超过正常数值时，会急剧增加可燃物的燃烧速度，因而增大了单位时间内所产生的燃烧热量，甚至导致空气中非燃烧物质的燃烧，比如，棉布在水平方向燃烧时，如果空气中氧气浓度达30%，其燃烧速度比正常空气中(含氧21%)快两倍。又如，在船台上进行组合船体作业时，由于是在换气量较少的作业场所中进行气割工作，在泄漏氧气的情况下，工作服被火点着，以致发生工作者全身烧伤的事情是屡见不鲜的。还有，在空气液化间的地坑内流进液态氧，产生冷氧气，而在坑内作业时产生的冲击火花，使工作者衣服着火以致使全身烧伤。又如，在高压氧气治疗室的患者由于自备火炉取暖或有火烛，烧着了衣服或引起爆炸事故，甚至致死。

二、火灾的预防、限制、灭火和疏散措施

1. 预防措施

就是在火灾发生之前，预先防止火源点燃的措施，是一种最根本的防火措施，这种措施是把有起火危险性的物质以及具有点火能量的着火源有效地、恰当地进行管理，使它们无法造成起火条件。

2. 限制措施

一旦发生了火灾，则必须认真果断地采取防止火焰蔓延的限制措施，在限制措施中，必须考虑以下几个问题：

(1)防止可燃物的堆积。火灾扩大多数是在离起火点较近的地方堆积有可燃物而使火焰蔓延开来，在有火灾危险的工作场所中，如果大量堆积不必要的原料、半成品、成品等是十分危险的。如果要储存这些东西，必须设置安全的仓库和堆场。

(2)使建筑物、设备成为非燃烧或难燃烧体。建筑物应当采用非燃烧或难燃烧体的结构，对里面的家具、器具等设备，也应尽量采用难燃烧材料制成。另外，特别要注意，一些材料或制品虽然具有难燃性能，但在火灾时能产生大量烟和有害气体的材料，也应避免使用。

(3)设置防火墙、防火门、防油堤、防液堤等。在建筑物内要设置防燃墙，或在走廊内设置防火门等；在可燃液体罐周围设置防油堤；在液化气罐周围设置防液堤，以免贮罐泄漏时，使其流体流散得很远。在危险物储存场所，或者在进行危险操作的建筑物周围，要留出一定的空地，或者保持一定的距离，以免火灾危险波及其他设施。另外，根据城建规划，有必要采取在工厂区和住宅区之间设置防护林带，避免公害影响，以保护居民的安全。将危险物设施埋在地下。汽油罐、液化气罐等在防火上最为安全的是一种地下罐的形式，在城市供油站中采用的汽油罐、液化气罐很多都埋在地下。

3. 灭火措施

灭火分为初期灭火和正规灭火两个环节。

(1)所谓初期灭火，就是刚刚起火后，最初应该采取的应急措施。在初期灭火中可使用灭火机。灭火机有多种，如干粉、二氧化碳、挥发性液体(氯溴甲烷、泡沫、酸碱等)灭火机。随着灭火剂性质或结构的不同，适应的火灾也不同，对于可燃物质，应选择最为适合的灭火机。在初期灭火中，使用砂土、水等最为有效的方法。作为初期灭火的设施，它可在适当的场所中设置自动喷水器、喷雾、泡沫等固定式灭火设备。此外，为及时抓住初期灭火的机会，在适当的场所中可设自动灭火报警装置。

(2)所谓正规灭火，是指企业消防队或城市消防队的灭火活动，当火灾扩大到某种规模以上时，不得不依靠这些消防力量。消防水源可利用城市用水、工业用水、河川水、湖泊和海水等，但是应该考虑有单独设置的储水槽、蓄水池等。在储存或处理大量危险物质的工厂中，当火灾发生时，如果用直接喷射水灭火，有的反而会带来危险，所以在用消防泵送水进行冷却的同时，有必要用化学消防泵直接进行灭火。对于大型原油罐或大型油船等，一旦发生火灾，即使使用最新式的消防器材，也不一定能很快把火扑灭，因此，如果遇到这种情况，第一个任务就是抢救人员，然后是控制火焰，防止向别处蔓延，并设法把可燃物转移到别处去。对正在燃烧中的可燃物，只得等待其烧尽后自行熄火，因为采用其他办法很困难。

4. 疏散措施

如果发生火灾，就必须从危险区撤到安全区。平时就要充分估计可能发生的大事故，事先指定安全疏散区。室内的疏散楼梯、尾部必须有防火门，以防止烟火侵入；室外的疏散楼梯，必须设在火焰从窗户喷出而燃烧不到的地方，如需要采取紧急措施，可设滑梯。在室内和走廊等处，可设置疏散方向指示牌。在无窗建筑物内或在夜间停电，应设置能够看清的感应指示灯。特别提出的是，无论对于何种类型的火灾进行灭火时，都一定要注意灭火方法，除尽快将火扑灭外，还应考虑到灭火后尽量不要带来意外的后果，否则将会顾此失彼，得不偿失。

第四节　设备维护检查安全生产操作规程

电气火灾频繁的原因十分复杂。我国伪劣电器产品充斥市场，一些电气设计安装不符安全要求，用电单位不按规章制度管理维护等落后状况多年来改进不大。而城镇用电负荷剧增，线路截面过小、线路绝缘老化等不安全因素日益严重，更造成当前电气火灾隐患重重、危机四伏的严峻局面。我国曾经处分了一些特大火灾的失职干部，此举十分必要，但还需从技术角度分析电气火灾成因，采取有效措施，消除其隐患，以收治本之效。

电气火灾火势凶猛，如不及时扑灭，势必迅速蔓延。电气火灾除可能造成人身伤亡和设备损坏以外，还可能造成大规模或长时间停电，给国家财产造成重大损失。

一、引起电气火灾的原因

为了防止电气火灾，首先应当了解引起电气火灾的原因。电气线路、电动机、油浸电力变压器、开关设备、电灯、电热设备等不同电气设备，由于其结构、运行各有特点，火灾的危险性和原因也各不相同。但总的来看，除设备缺陷、安装不当等设计和施工方面的原因外，在运行中，电流的热量和电流的火花(或电弧)是引起电气火灾的直接原因。

危险温度是电气设备过热引起的，而电气设备过热主要是由电流的热量造成的。导体的电阻虽然很小，但其电阻总是客观存在的。电流通过导体时要消耗一定的电能，这部分电能以发热的形式消耗掉。这部分热量使导体温度升高，并加热其周围的其他材料。电气设备正常的发热是允许的。但当电气设备的正常运行遭到破坏时，发热量增加，温度升高，在一定条件下可以引起火灾。引起电气设备过度发热的不正常运行大体包括以下几种情况：

1. 短路

发生短路时，线路中电流的增加为正常时的几倍甚至几十倍，而产生的热量又和电流的平方成正比，使得温度急剧上升，大大超过允许范围。如果温度达到可燃物的自燃点，即引起燃烧，从而可以导致火灾。在下列情况下，都可能造成短路的发生：

(1)当电气设备的绝缘老化变质，或受到高温、潮湿或腐蚀的作用而失去绝缘能力，即可能引起短路事故。

(2)绝缘导线直接缠绕、钩挂在铁钉或铁丝上或者把铁丝缠绕。钩挂在绝缘导线上时,由于磨损和铁锈腐蚀,很容易使绝缘破坏而形成短路。

(3)由于设备安装不当或工作疏忽,可能使电气设备的绝缘受到机械损伤而形成短路。

(4)由于雷击等过电压的作用,电气设备的绝缘可能遭到击穿而形成短路。

(5)在安装和检修工作中,由于接线和操作的错误,也可能造成短路事故。

(6)由于选用设备额定电压太低,不能满足工作电压的要求,可能击穿而短路。

(7)由于管理不严或维修不及时,污物聚积,小动物钻入均可能引起短路。

此外,雷电放电电流极大,有类似短路电流但比短路电流更强的热效应,可能引起火灾。

2. 过载

过载也会引起电气设备发热。造成过载的大体上有以下几种情况:

(1)设计、选用线路或设备不合理,以致在额定负载下出现过热。

(2)使用不合理,即线路或设备的负载超过额定值,或者连续使用时间过长,超过线路或设备的设计能力,因此造成过热。

(3)设备故障运行会造成设备和线路过负载,如三相电动机缺一相运行或三相变压器不对称运行均可能造成过热。

3. 接触不良

接触部分是电路中的薄弱环节,是发生过热的一个重点部位。不可拆卸的接头连接不牢、焊接不良或接头处混有杂质,都会增加接触电阻而导致接头过热。可拆卸的接头连接不紧密或由于振动而松动也会导致接头发热。

活动触头,如刀开关的触头、接触器的触头。插式熔断器的触头、插销的触头、灯泡与灯座的接触处等活动触头，如果没有足够的接触压力或接触表面粗糙不平，都会导致触头过热。对于铜铝接头，由于铜和铝电性不同。接头处易因电解作用而腐蚀，从而导致接头过热。电刷的滑动接触处没有足够的压力，或接触表面脏污或不光滑，也会导致过热。

(1)铁芯发热。变压器、电动机等设备的铁芯，如绝缘损坏或长时间过电压，涡流损耗和磁滞损耗将增加而过热。

(2)散热不良。各种电气设备在设计和安装时都考虑有一定的散热或通风措施，如果这些措施受到破坏，即造成设备过热。除上述外，电灯和电炉等直接利用电流的热能进行工作的电气设备，工作温度都比较高，如安置或使用不当，均可能引起火灾。

4. 电火花和电弧

电火花是电极间的击穿放电，电弧是大量的电火花汇集成的。一般电火花的温度都很高，特别是电弧，温度可高达6000℃，因此，电火花和电弧不仅能引起可燃物燃烧，还能使金属熔化、飞溅，构成危险的火源。在有爆炸危险的场所，电火花和电弧更是一个十分危险的因素。在生产和生活中，电火花是经常见到的。电火花大体包括工作火花和事故火花两类。工作火花是指电气设备正常工作时或正常操作过程中产生的火花，如直流电机电刷与整流子滑动接触处，交流电机电刷与滑环滑动接触处电刷后方的微小火花、开关或接触器开合时的火花，插销拔出或插入时的火花等。事故火花是线路或设备发生故障时出现的火花，如发生短路或接地时出现的火花、绝缘损坏时出现的闪络、导电连接松脱时的火花、保险丝熔断时的火花、过电压放电火花、静电火花、感应火花，以及修理工作中错误操作引起的火花等。除上述外，电动机转子和定子发生摩擦或风扇与其他部件相碰也都会产生火花，这是由碰撞引起的机械性质的火花。还应当指出，灯泡破碎时，炽热的灯丝有类似火花的危险作用。就电气设备着火而言，外界热源也可能引起火灾。如变压器周围堆积杂物、油污，并由外界火源引燃，可能导致变压器喷油燃烧，甚至导致爆炸事故。

二、电气火灾的预防

预防电气火灾必须采取综合措施，包括合理选用电气设备，保持必要的防火间距，保证电气设备正常运行，保持通风良好，装设良好的保护装置和采用耐火措施等。

三、保持电气设备安全运行

保持电气设备安全运行，包括保持电压、电流、温升不超过允许范围，还包括保持良好的电气绝缘和良好的电气连接等。保持设备绝缘良好，不但可避免造成人身触电事故，而且，可避免由于泄漏电流、短路火花和短路电流造成火灾或其他设备事故。为保证电气设备运行中各导电部分连接可靠，接触良好，活动触头表面要光滑并有足够的触头压力；固定触头，特别是铜、铝接头要接触紧密，以保持有良好的导电性能。保持设备清洁有利于防火。设备脏污或堆积灰尘，既降低设备的绝缘又妨碍通风和冷却。特别是正常时有火花产生的电气设备，很可能由于过分脏污引起火灾。因此，从防火的角度，也要求定期或经常清扫电气设备，以保持清洁。

四、电气灭火

从灭火角度考虑，电气火灾有如下两个特点：一个特点是着火后电气设备可能是带电的，如不注意可能引起触电事故；另一个特点是有些电气设备（如电子变压器、多油断路器等）本身充有大量的油，可能发生喷油甚至爆炸事故，造成火焰蔓延，扩大火灾范围，这是必须加以注意的。

1. 触电危险和断电

电气设备或电气线路发生火灾，如果没有及时切断电源，扑救人员身体或所持器械可能触及带电部分，造成触电事故；使用导电的灭火剂，如水枪射出的直流水柱，泡沫灭火机射出泡沫等射到带电部分，也可能产生触电事故。火灾发生后，电气设备可能因绝缘损坏而碰壳短路，电气线路也可能因电线断落而接地短路，使正常时不带电的金属构架、地面等部位带电，也可能导致接触电压或跨步电压触电的危险。因此，发现起火后，首先要设法切断电源。切断电源要注意以下几点：

(1)火灾发生后，由于受潮或烟熏，开关设备绝缘能力降低，因此，拉闸时最好用绝缘工具操作。

(2)高压应先操作油断路器而不应该先操作隔离开关切断电源，低压应先操作磁力启动器而不应先操作刀闸开关切断电源，以免引起弧光短路。

(3)切断电源的地点要选择适当，防止切断电源后影响灭火工作。

(4)剪断低压电线时，非同相电线应在不同部位剪断，以免造成短路；剪断空中低压电线时，剪断位置应选择在电源方向的支持物附近，以防止电线剪断后落下来造成接地短路或触电事故。

2. 对带电灭火的安全要求

有时，为了争取灭火时间，来不及断电，或因生产需要或其他原因，不允许断电，则需带电灭火。带电灭火需注意以下几点：

(1)选择适当的灭火剂。

几种灭火剂的主要性能见表2-10-1。

几种灭火剂的主要性能表　　表2-10-1

种类	二氧化碳	干粉	1211	泡沫
规格	2kg以下 2~3kg 5~7kg	8kg 50kg	1kg 2kg 3kg	10L 65~130L
药剂	液态二氧化碳	干粉和压缩气体	二氟一氯一溴甲烷，并填压缩氮	碳酸氢钠、发泡剂和硫酸铝溶液

续上表

种类	二氧化碳	干粉	1211	泡沫
用途	不导电，扑救电气、精密仪器、油类和酸类火灾	可扑救电气火灾，但不宜于旋转电机火灾，可扑救石油产品、油漆、天然气、有机溶剂和天然气设备火灾	不导电，扑救油类、电气设备、化工化纤原料等火灾	扑救油类或其他易燃液体火灾，不能扑救忌水和带电体火灾
效能	接近着火点保持3m距离	6kg喷射时间14~18s，射程4.5m；50kg喷射时间50~55s，射程6~8m	1kg喷射时间6~8s，射程2~3m	10L喷射时间60s，射程8m；65L喷射时间170s，射程13.5m

二氧化碳、二氟一氯一溴甲烷、二氟二溴甲烷或干粉灭火机的灭火剂都是不导电的，可用于带电灭火。泡沫灭火机的灭火剂水溶液，有一定的导电性，而且对电气设备的绝缘有影响，不宜用于带电灭火。

(2)用水灭火时适于采用喷雾水枪，这种水枪通过水枪的泄漏电流较小，带电灭火比较安全；用普通直流水枪灭火时，为防止通过水柱的泄漏电流通过人体，可将水枪喷嘴接地(即将水枪喷嘴接向埋入接地体，或接向粗铜线网格接地板，或接向粗铜丝网格鞋套)，也可让灭火人员穿戴绝缘手套和绝缘靴(或穿戴均压服)工作。

(3)人体与带电体之间保持必要的安全距离。用水灭火时，水枪喷嘴距带电体的距离：电压110kV及以下者不应小于3m；220kV及以上者不应小于5m。用二氧化碳等有不导电灭火剂的灭火机灭火时，机体、喷嘴距带电体的最小距离：10kV者不少于

0.4m，35kV 者不应小于 0.6m 等。

(4)对架空线路等空中设备进行灭火时，人体位置与带电体之间的仰角不应超过 45°，以防导线断落危及灭火人员的安全。

(5)如遇带电导线断落地面，要划出一定的警戒区，防止跨步电压伤人。

3.注意事项

下列物质着火不能用水扑救：

(1)碱金属(钾、钠等)发生火灾时不能用水扑救。因为水和碱金属作用后生成大量的氢，容易引起爆炸。

(2)三酸(硫酸、硝酸、盐酸)起火时不宜用强大水流扑救，因为酸遇水，能引起酸的飞溅、爆炸和伤人，必要时，可用喷雾水扑救。

(3)碳化钙(电石)起火时不宜用水扑救，因电石遇水生成乙炔气，有引起爆炸的危险。

(4)轻于水的易燃液体着火时从原则上说是不可以用水扑救的，但原油、重油可以用喷雾水扑救，还有一部分能溶于水的可燃液体也可以用喷雾水稀释(如乙二醇等)。

(5)电火灾不能用水扑救，因水是电的良导体。但带防护装置的导电设备，可以用水扑救。

(6)铁水、钢水火灾不能用水扑救，因为高温使水迅速蒸发，分解出氢和氧能引起爆炸。

4.消防器材以及使用方法(实操)

经常使用的消防器材有石棉被、浸水棉被、砂子、铁锹、防火钩及灭火器具。车库除应设砂箱和消防架外，还应配备一定数量灭火器，车辆必须配备灭火器。这些高效能灭火器具的灭火原理主要是干扰、抑制火焰的连锁反应，也有适量的冷却、窒息效果。最适于扑救易燃液体、可燃气体和电气设备所发生的火灾。

课后复习题

一、单项选择题

1. 关闭车道前，一定要先将信号灯转为(　　)并关闭手动栏杆。

A. 绿色　　B. 红色　　C. 黄色　　D. 橙色

2. 电器或线路着火，要先切断电源，再用(　　)灭火器灭火。

A. 泡沫　　B. 干粉或气体　　C. 卤代烷　　D. 酸碱

3. 若火势过大无法控制时，应立即拨打(　　)火警电话报警。

A. 110　　B. 119　　C. 120　　D. 122

二、多项选择题

1. 干粉灭火器适用于(　　)及带电设备的初起火灾。

A. 易燃物　　B. 可燃液体　　C. 气体　　D. 精密仪器

2. 下面哪些可燃物发生火灾时，最好采用喷射大量水的方法进行灭火(　　)。

A. 建筑物　　B. 家具　　C. 纸张　　D. 木材

3. 灭火器的种类很多，按所充装的灭火剂可分为(　　)等灭火器。

A. 泡沫　　B. 干粉　　C. 卤代烷

D. 酸碱　　E. 清水

三、判断题

1. 雷击时，收费人员尽量不要接触金属物或在雨中行走。(　　)

2. 在免费车道疏导人员应穿好反光衣，背向来车，站在安全岛上的安全地带引导车辆通过，禁止站在车道内指挥车辆。(　　)

3. 碱金属(钾、钠等)发生火灾时可以用水扑救。 ( )

四、简答题

1. 火灾按可燃物及助燃物的种类分类,可分为哪几类?

2. 发生火灾时,如何进行人员疏散。

3. 引起电气设备过度发热的不正常运行包括哪几种情况?

五、案例分析题

2013 年 8 月 14 日中午,强台风“尤特”携大风暴雨袭击广东,在粤西高速公路某收费站旁,有一供电电杆被吹倒在地。假如你是当班班长,你该如何处理。

第十一章　高速公路收费员职业心理健康与调适

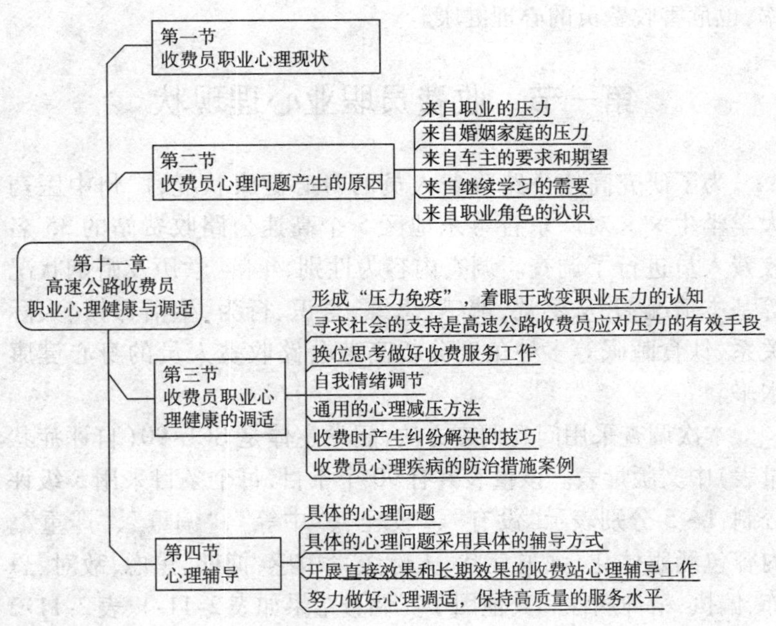

学习目标：

1. 了解高速公路收费员职业心理健康现状。

2. 熟悉高速公路收费员心理问题产生各种原因，掌握排解问题的方法，进行自我心理调适或寻求心理辅导。

3. 掌握高速公路收费员职业心理健康调适的方法，保持身心健康。

4. 掌握高速公路收费员职业心理健康的辅导。

高速公路收费人员是高速公路车辆通行费的收费员，主要的工作任务是操作机器，如收费站计算机、IC 卡读卡器等，以及向过往的车辆收取应收费用，为大小车主提供优质服务。高速公路收费人员日夜奋战在高速公路上，为交通顺畅乃至全国各地的经济发展做出巨大的贡献。但是，由于高速公路收费工作的特殊性，收费员面临工作、人际关系、婚姻家庭和人生发展等多方面的困扰和压力，这些压力不断的积累势必影响收费员的收费工作效率，也危害收费员的心理健康。

第一节　收费员职业心理现状

为了研究高速公路收费人员的身心健康状况，广州中医药大学学生××对广东省粤东地区 5 个高速公路收费站的 35 名收费人员进行了调查。调查内容为性别、年龄、学历及婚姻状况等基本情况，并从感觉、情感、思维、意识、行为、生活习惯、人际关系、饮食睡眠等多种角度分析高速公路收费人员的身心健康水平。

本次调查采用问卷调查方法，问卷主体是 SCL-90（自评症状量表）中文版量表。该量表共有 90 个条目，每个条目采用 5 级评分制：1～5 分别表示"没有"、"较轻"、"中等"、"偏重"、"严重"。内容包涵躯体化、强迫症状、人际关系敏感、抑郁、焦虑、敌对、恐怖、偏执、精神病性和其他因子。调查结果如表 2-11-1、表 2-11-2 所示：高速公路收费人员 SCL-90 总分在 160 分以下（不包括 160 分）的占 80%，总分在 160 分以上 200 分以下（不包括 200 分）的占 11.43%，总分在 200 分以上的占 8.57%，大部分因子分均高于全国正常成人常模，主要心理问题为强迫、人际关系、抑郁等，表现为焦虑、烦躁、易怒、紧张等不良情绪，甚至精神恍惚，所以，从总体上看，高速公路收费人员的身心健康水平一般，且一部分处于心理健康的较低水平。这不但导致工作效率下降，影响正常收费工作，更重要的是影响了身心健康和和正常的生活。

35 名高速公路收费人员 SCL-90 总分情况(η)　　表 2-11-1

性别	90～159 分	160～199 分	200 分以上	合计
男	18	1	1	20
女	10	3	2	15
合计	28	4	3	35

注:数据来源自李宇.高速公路收费人员身心健康状况调查[J].医学理论与实践,2009,22(I):119－120.

高速公路收费人员各因子分与常模比较　　表 2-11-2

项目	常模(η =1.388)	高速公路收费人员(η =35)	因子分≥2[N(c)]	位次
躯体化	1.37 ±0.48	1.35 ±0.39	2(5.71)	9
强迫症状	1.62 ±0.58	1.76 ±0.55	10(28.57)	1
人际关系敏感	1.65 ±0.51	1.58 ±0.43	8(22.86)	2
抑郁	1.50 ±0.59	1.58 ±0.46	6(17.14)	3
焦虑	1.39 ±0.43	1.56 ±0.45	6(17.14)	4
敌对	1.46 ±0.56	1.54 ±0.36	3(8.57)	8
恐怖	1.23 ±0.41	1.41 ±0.53	5(14.29)	6
偏执	1.48 ±0.57	1.49 ±0.42	6(17.14)	5
精神病性	1.29 ±0.42	1.45 ±0.37	4(11.43)	7

注:数据来源自李宇.高速公路收费人员身心健康状况调查[J].医学理论与实践,2009,22(I):119－120.

另外一组来自高速公路收费管理人员的调查数据显示,当问及调查问题"你觉得你的脾气与刚进站时相比有何变化等问题"时,向30 名收费员做过调查,反馈的信息是:回答"变差"的有 24 名;回答"说不清"的有 2 名;回答"没有变化"的有 3 名;回答"变好"的有 1 名。可以看出,80%的员工情绪与进站时相比变得更加暴躁。

由此可见,随着收费时间的增加,收费员与刚进收费站时相比,脾气变得越来越坏,最为典型的表现是,说话大声,指手画脚,工作缺乏耐心,处理问题过分简单化,工作有时不是有以理服人,而是以势压人,出现了现场纠纷逐渐升高之势。暴躁的脾气使其在收费执法过程中不够冷静,容易导致扯皮,甚至发生冲突,直接影响高速公路执法者的形象，而且，这种暴躁的脾气伴随着焦虑、内疚、嫉妒等不良情绪如果不能及时得到纠正和缓解，不利于高速公路收费人员的身心健康。

第二节 收费员心理问题产生的原因

高速公路收费人员焦虑、烦躁、易怒、紧张等不良情绪不但导致工作效率下降，影响正常收费工作，更重要的是影响了身心健康和正常的生活。因此我们必须找出产生心理问题的原因，寻找解决的措施，因为只有良好的职业心态才能有优质的收费服务。

一、来自职业的压力

职业的压力指的是由工作或与工作有关的因素引起的压力。

(1)工作环境封闭。收费站大多地处偏僻，远离城市，收费员每天工作时只能在收费站打转，坐在三尺岗亭、与冰冷的设备为友、与嘈杂的噪声为伍、与混浊的尾气为伴，还经常受到驾驶员无理的谩骂。

(2)工作内容单一。收费员的工作难度较低，迎来送往、唱收唱付，每天都在做简单、重复的工作，感觉乏味，找不到太多工作的乐趣，很少人会把收费工作当作自己的事业来做，容易产生厌倦心态。

(3)管理制度严格。公司一般对收费站员工实行“半军事化”管理，制定了一整套管理制度、岗位规范和考核办法等，对员工仪表形象、业务能力、劳动纪律、协作精神等方面都进行严格的绩效考评，收费员一旦行差踏错，轻者接受处罚，重者由于考评分扣完又会面临下岗培训。

(4)作息时间凌乱。收费工作一般实行四班三运转工作制，“三班倒”造成人体生物钟紊乱，情绪失调，长此以往，身体机能逐渐下降，心理疾病也逐渐增多。尤其是异地工作的员工，在往返途中要耗掉大量时间，真正用于休息和与家人团聚的时间甚少，休息时间相对短缺。

(5)业余生活枯燥。8h之内受制度约束,8h以外员工每天都过着收费亭、宿舍、食堂“三点一线”的日子,加之特殊的工作性质,有的员工在上班,有的员工在睡觉,组织集体活动很困难,导致业余生活单调乏味。

二、来自婚姻家庭的压力

(1)婚姻问题凸显。大多青工到了谈婚论嫁阶段的年龄,由于与外界的沟通少,许多青年男女很难找到适婚对象。在亲人的期盼、朋友的询问、飙升的房价等因素的影响下,形成强大的心理压力,有的产生种种不良或极端的做法,有的“病急乱投医”,不经深入了解就草率结婚,给自己的终身幸福埋下了危险的隐患。

(2)家庭引起矛盾。收费站的绝大部分职工是远离家庭工作的,这就容易引起一系列的家庭矛盾。由于与伴侣长期分居,不少夫妻往往因感情淡化而导致感情破裂,最终走上离异之路。也有的因为无法分担家庭事务(如照顾小孩、老人、种地等)而导致矛盾激发,最终引起家庭破裂。家庭的种种困扰使得职工心理受到极大的冲击,多数职工因无法承受而直接导致心理不健康。

三、来自车主的要求和期望

驾乖人员素质低下。工作时难免会受到一些性格急躁、蛮不讲理、态度恶劣的驾乘人员的谩骂。另外,从车主对收费人员的角色期待来看,他们希望收费人员仪表端庄大方,举止彬彬有礼,工作热情耐心,都希望从收费人员那里得到热情周到的服务,甚至求全责备,给收费人员带来焦虑和紧张的情绪,构成了压力。一些80后、90后员工,因家境优越,家长宠爱,很少受到挫折,面对刁难,正值满腹牢骚无处宣泄,便极有可能与驾乘人员发生冲突,造成不良后果。

四、来自继续学习的需要

高速公路收费人员不但要有必备的职业道德素质和业务素

质，而且要具备自学能力，才能精益求精做好收费业务。除牢记高速公路收费的有关规定（例如车型的分类标准、收费的标准、通行费的计算、绿色通道车辆的规定、免费车辆的规定），还要具备一定的动手能力，能处理电脑死机、黑屏、不读卡等一些常见的故障，确保收费工作的正常进行。当今驾驶员的法律意识和自我维权意识逐渐增强，在收费工作中收费人员必须牢牢把握政策界限做好解释工作，所以工作之余自觉加强《中华人民共和国公路法》、《中华人民共和国道路安全交通法》、《高速公路运营管理办法》等相关法律法规的学习，全面提高自身的素质。面对新情况和新问题的不断出现，如何正确运用新科技、准确操作新仪器来合理解决新问题，这依赖于收费人员通过终生学习能力的培养来解决。这些问题间接地增加了收费人员的身心压力。

五、来自职业角色的认识

正确定位职业角色是做好收费服务工作的前提，每个人在社会中扮演着不同的角色，角色决定着人们的行为，收费员把自己等同于驾乘人员，用对等的方式与服务对象交往，就会计较驾乘人员的一言一行，难以主动控制自己的情绪，影响身心健康。只有充分意识到自己的职业角色，调整好心态，从心底树立“车乘至上”服务观念，把每一位驾乘人员都当作第一个客户，永远从零开始，努力给驾驶员宾至如归的文明优质服务，促进收费人员与驾乘人员之间的相互信任，纠纷自然减少，令人心情愉悦。

第三节　收费员职业心理健康的调适

在现实生活中，高速公路收费员的工作和生活都是平凡的，我们要善于从平凡的工作岗位中克服困难，寻找快乐，调剂生活，享受生活，成为快乐的人，让我们的生活过得更有意义，从而促进工作效率，提高工作质量，为来往驾乘人员提供优质服务。

一、形成"压力免疫",着眼于改变职业压力的认知

在应对职业压力之前首先要对职业压力有一个明确的认识和接受的态度,认识到职业压力及其反应是每一项工作都会体验到的,因此必须学会接受而不是逃避。然后要学会对压力情境作积极的控制和评价,形成对压力情境的理智反映。经过压力免疫的人,面临职业压力往往能有效地进行回应。因而每一个高速公路收费员要学会如何正确应对工作中的压力,而不是一味地回避它。我们要勇于迎接工作挑战,主动根据自身的知识需要、掌握技术情况,主动参加各种培训,自觉提高自身的职业能力和职业竞争力。一旦收费员对新知识"会了"、"熟了"、"清楚了",自信心便随之增强,工作压力也随之降低,就会增加成就感,消灭由工作带来的焦虑、烦躁、易怒、紧张等不良情绪,收费人员的快乐与幸福指数自然上升。

二、寻求社会的支持是高速公路收费员应对压力的有效手段

家人、朋友、同事、同学都是重要的社会支持力量。研究表明,社会支持水平会影响心理健康水平,社会支持水平越高则心理健康水平越高,主观幸福度也越高,心理疾病症状也会减少。因此,要重视家庭生活,重视与亲朋好友的交往,建立良好的人际关系,不要成为"工作狂",特别是构建和谐家庭环境。因为,收费人员心理压力很大一部分来自于家庭,那么协调好家庭成员之间的关系,培养理解、宽容的家庭环境,化解家庭矛盾,对收费站职工情绪稳定是至关重要的。构建和谐的家庭环境,职工的心理压力就会大大降低,就能全身心地投入到工作中去。另外,要多参加收费站举办的各种活动,参与集体生活。

三、换位思考做好收费服务工作

在收费工作中,连续进行单调的重复性工作,产生疲劳在所难免。如果发现自己情绪状态不佳,不妨把自己置身于对方角

度，多想想"假如我是一名驾驶员"，体验驾驶员在交费时的心理感受。通过这种角色转换与定位，能很好地缓解情绪，可以达到转换心情的效果。另外，要践行"把微笑奉献给社会，把委屈留给自己"，充分发挥微笑服务，以礼感人，以情动人，以理服人，把工作做到别人的心坎上。不能认为走了高速就应缴费，交费走人是天经地义而吝惜自己的微笑。而且，微笑不仅是献给别人的，也是一种很好的自我调控心境的手段。

四、自我情绪调节

人都是有自我调节能力的，高速公路收费员应学会如何调节自我情绪，促进自身心理健康。当烦恼、焦虑、紧张、抑郁、不安等不良情绪发生时，要主动采取一些方法加以调节。

1. 自我调节法

首先，收费员要用一种乐观的心态对待自己的工作。俗话说，"知足常乐"。炎热的夏日，我们坐在清洁的收费亭内，享受着空调送来的徐徐凉风时，再看一看窗外的稻田中，农民却顶着烈日在收割稻子，我们就会为自己拥有的工作环境感到满足了。总之，在现有的条件下，当我们不能改变环境时，就应该学会改变自己，让自己适应环境。收费站的环境虽然有些孤寂，但远离城市的喧嚣，不失为一块学习的宝地。上班时切忌带着情绪工作，工作时不要想令自己不开心的事情，要保持乐观的心情。看问题应从积极的方面入手，尽量看事物的阳光面，忽略其阴暗面，要让自己时刻保持一个好心情。总之，我们不能改变环境，但可以改变自己。

2. 幽默化解矛盾法

幽默是一种才华，是一种力量，收费员要学会用幽默解决与驾乘人员的一些小矛盾。其实，有些纠纷往往是谈话时用词不当引起的，成为纠纷后，在争吵过程中，双方都可能会缺乏理智，给彼此造成伤害，不仅影响自己的工作情绪，而且有损收费站的窗口形象，在社会上造成不良影响。例如，我站一名收费员在遇到一名驾驶员认为收费站的通行费标准太高而板着脸说收费站的收费太黑时，当班收费员就幽默地回答："现在是白天，离天黑还远着呢。"驾驶员被收费员幽默的话语一下子逗笑了，一场不必要的口水仗就此避免了。因此，收费员应学会用幽默这道桥梁，拉近与驾乘人员的距离，弥补与他们之间的鸿沟，润滑人际关系，减轻人生压力。幽默是每一个希望减轻自己人生重担的人所必须依靠的"拐杖"。

3. 转移敷衍法

何谓"敷衍"？原意是指"做事不负责任或待人不恳切，只做表面上的应付，敷衍了事"。这里说的敷衍并不是指做事，而是简单特殊情况下的"待人"，"只做表面上的应付"。有时，这种应付是应该的，而且简直是必须的、无可抱怨和指责的。在遇到有些驾乘人员故意找茬，或一些居心叵测的驾乘人员故意调戏年轻女收费员时，就没有必要跟他表示工作上的热情，但也不要跟他争吵和谩骂，以免影响工作，而应转移话题或敷衍他，让他知趣离开，只要是省时间、省口舌，无损于工作，能对其敷衍就敷衍之，此种虽属无奈之举，但其结果往往可能是积极的。

4. 精神转移法

收费员既是执法者，又是服务者，其工作性质决定了，既要按原则办事，又要服务得体，但是有些驾驶员对此不甚了解，他们有的动用特权，采用威胁的手段以期达到其免费的目的；有的蛮横无理，持强要狠以期达到免缴或少交费的目的。达不到目的就破口大骂，有的甚至动手打人。遇到此类现象，由于在组织纪律上对收费员有严格的约束，要求做到"打不还手，骂不还口"，收费员的情绪得不到宣泄，因而长此以往，他们的情绪就会变得异常暴躁。如我站某收费员因严格征费，受到驾驶员无理谩骂，情绪波动十分大，站办得知这一情况后及时想办法调整好她的情绪，告诉她，这样的事情在服务行业是司空见惯的，不要把此事放在心上，不要用别人的无知来伤害自己，这位收费员听后，心情豁然开朗起来，继续以饱满的热情投入到工作中去。因此，收费员受到委屈后，要及时给以安抚，适当地讲一些幽默笑话，甚至开展一些有利于身心健康的活动，让收费员从烦躁的情绪中解脱出来，将注意力转移到其他事情上来。另外，收费站领导要高度重视打人肇事事件，及时采取一切必要措施，让违法者受到严厉的惩处，这也不失为抚慰收费员受伤心灵的良药。

5. 精神宣泄法

有的收费员由于种种原因，心理承受力较差，在情绪受激后无法自制，容易发生过激行为，如果将这种情绪带到工作中去，必然对无辜者造成伤害，引起不必要的矛盾，如果能够通过其他适当的方式（诸如向好友或领导倾诉，找人打打球等）使收费员这种紧张、激动的情绪得到及时宣泄与平衡，对个人的身体、心理健康都是大有裨益的。

6. 学会转移不良情绪。

不良情绪是产生心理疾病的根源，人长期处于抑郁状态就会产生心理障碍，从而引发疾病。因此，必须对不良情绪进行转移。采用的方法：可以在早晨到安静的地方高声大喊或进行百米冲刺跑等进行发泄、转移不良情绪。也可以多看有益书籍，拓宽我们的视野，提升我们应对挫折的能力。

7. 培养良好的爱好。

爱好是陶冶情操的良好途径，有利于调节人的情绪，使人的精神处于一种自我满足的状态。比如爱好音乐、棋艺等有助于人的冷静思维的形成，球类、武术、舞蹈等有助于宣泄心中闷气。所以，收费站职工应该培养一种或几种健康有益的生活爱好。

五、通用的心理减压方法

这是自我放松减压的最好办法。在收费服务工作中，收费员没有比较充足的条件进行深呼吸放松程序，可以利用工作闲暇时间坐在椅子上进行深呼吸，具体方法是：

(1)坐在椅子上，两脚平放，并使大腿与地板平行；将背部伸直，手放在大腿前部。

(2)用鼻子进行自然的深呼吸,腹部扩张,想象着空气充满了腹部。

(3)在连续的呼吸中,完全扩张胸部和肺部,感觉胸部正缓慢上升,想象空气正在腹部和胸部间向各个方向扩张。

(4)通过鼻子缓慢地呼气,呼出时间比吸入时间长。

(5)呼吸至少1min,保持节奏舒缓,不要强求自己。注意呼吸的深度和完全程度,并使身体放松。

同时,在工作中改变一下身体姿势也可以改变人的情绪和心理活动。收费员在收费工作中遇到情绪低落的时候,可以利用亭外值勤或者工作休息时间做以下小练习:

尝试先低着头、垂着肩走路,走上3～5min,记住你在这种身体姿势下的情绪感受。然后再让自己抬头挺胸,比较一下两种姿势的感觉。你会发现抬头挺胸的时候,你更有自信,而且情绪也更加高涨。

所以,当在工作过程中情绪低落、想低头的时候,请告诉自己:我要抬头挺胸,脚步有力而稳健。甚至于还可以更进一步,试着在亭外封闭的车道内以蹦蹦跳跳的方式走路,这能让自身感觉更有活力,也可以消除严肃和紧张的感觉。

六、收费时产生纠纷解决的技巧

1. 熟练掌握收费政策法规

一线工作人员熟练掌握现行的各项政策法规,在遇到收费分歧时,能够从业务的角度对事件有一个准确的判断,同时将事件处理的政策依据详细地告诉对方,如××年××月××日××机关下发的××文件规定,事件涉及条款的具体内容等。不管下一步如何处理,首先向对方表明公司的处理办法是按规定执行,是合理合法的。

2. 结合现场情况,抓住对方心理

高速公路不同辖地的收费站,不同的节日期间有不同的出行特点,比如广惠高速公路的长宁站(罗浮山站),每逢年节时候,去

烧香的游客车辆特别多，甚至造成由于车辆过多而拥堵，驾驶员烦躁不安，此时，可以劝说烦躁不安的驾驶员，告诉他，你是来烧香的，如果你耐心等待，更表明你有诚意，不要烦躁吵闹，烧香才会灵验。

3. 站在对方角度分析事件的利害关系

收费过程中，因经济利益产生纠纷是最常见的，收费工作人员在与客户解决纠纷的过程中，如果站在客户的角度分析问题，会给事件的处理带来积极的效果。一方面，要缓和双方因纠纷带来的对立局面，让客户体会到收费站在这个时候依然为对方着想的真诚服务；另一方面，帮客户分析利益的轻重，从而达到说服其按规缴费、减少纠纷的目的。例如，一辆不符合规定但要求绿通免费的车辆不愿缴费，滞留在车道要求免费，此时，收费站人员在说明其如何不符合规定后，设身处地地向驾驶员道一声辛苦，向他说明本来就不符合免费规定当然不能免费，如果他再滞留而错过了产品销售的最佳时段，他的损失就不止是通行费 200 元，加上天气炎热潮湿，如果食品腐烂，他的损失就更大了，所在他为了省下这不到 200 元而浪费时间、浪费食品，带来不应该的损失是不值得的。

4. 最恰当的态度和语言表达

在处理纠纷中更重要的一个因素，是处理事件过程中工作人员的态度，工作人员的态度是通过言行表现出来的。

(1)有些非语言表达出来的信息，其作用远超过语言表达，比如着装、表情、语调、声音的大小，甚至手里所持的物件等。

面对纠纷时，为了起到能给对方以威慑作用又要防止事态扩大，工作人员应保持严肃的工作作风，男工作人员要行走威武、站姿规范、着装整齐、严肃有礼；女收费员要端庄大方、文明服务。收费人员整体阵容整齐，让对方可以体会到集体的力量。工作人员切忌出现自身着装或行为举止不规范，以免给对方以一盘散沙的印象。

(2)在与对方交涉时，工作人员要做到不卑不亢，有理有据；

讲话时，尽可能做到声音铿锵有力、语调平和坚定、目光正视对方。

(3)切实做到文明服务。遇有纠纷时更要注意文明用语和文明举止，否则会激化矛盾，扩大事态，特别是在对方恶语相向时，工作人员要保持克制，避免冲突。工作人员在处理事件的过程中，必要时可以为辛苦赶路的驾驶员递上一杯水，以缓解驾驶员激动的情绪。

5. 在处理纠纷全过程中始终要有高度的法律意识和高度的安全意识

任何纠纷或事件的处理，都应把安全放在第一位，这其中包括工作人员本身的安全和起纠纷时对方的安全，工作人员首先要学会保护自己，做好防范措施保护自己和本站工作人员的安全，防止意外伤害和对方攻击性伤害。同时要提醒起纠纷的对方，注意车道安全、人身安全和车辆安全，勿令自己受伤，勿伤及过往车辆。同时根据现场情况及时报警，尽可能让对方知道已报警，警示对方勿扩大事态。

七、收费员心理疾病的防治措施案例

案例：2008 年，一名女收费员在正常收费时，忽然有几辆车直冲过来，准备不停车过收费站，此时收费员毫无准备，已完成前面一辆车收费后并按下降杆键，降下来的收费杆刚好打中后面这辆车，当时被砸车辆停了下来，跳下几个凶悍的妇女，对该车道女收费员进行了语言和肢体上的侮辱(现场了解到，该车是一部送葬车辆，车主认为砸了车，办事就不吉利了，因此出现令收费员难以接受的过激行为)。

受辱收费员当场痛哭、精神崩溃，收费现场工作人员在极力制止人身攻击后，马上将该收费员带离现场，并派人进行陪伴安抚，事后为该收费员放了半个月的假，让她在家休养，并多次由收费班长和所领导对她进行交谈开导、心理辅导。事后公司为防止该事件对该收费员产生不良的心理影响，对该收费员进行了进一步安抚工作，调整了她的工作岗位，并提高了工资系数。使得该收费员得到心理安慰，转换工作环境后，该收费员很快从不愉快的工作经历中解脱出来。投入新的工作，保持着工作认真进取、生活积极向上的精神状态。

第四节 心理辅导

收费站一线人员长期从事机械化的收费操作，对每一辆车的收费过程都要按照公司的文明服务标准实施，面对无理取闹、态度恶劣的驾驶员，都要做到“骂不还口、微笑服务”。导致收费员容易产生委屈心理，加上部分员工对高速公路的服务性质未能深刻理解，容易与驾驶员产生纠纷和投诉；同时，文明服务在员工的绩效考核中占据较大比重，对自身的岗位发展有着较大的影响。所以“委屈地做好”有可能使收费员队伍在工作中形成一种矛盾的心态。

一、具体的心理问题

经常受到驾驶员的谩骂和恐吓，给收费人员造成畏惧心理。绿通车流量大，纠纷较多，工作量大，造成工作压力大的心理。驾驶员故意刁难收费人员，态度恶劣，造成收费员委屈心理。在制度上未能有效实施奖惩措施，存在做多错多的消极心理。车辆冲卡、爆胎、肢体冲突等给收费人员造成恐惧和危险心理。驾驶员为达到逃费目的，以财物诱惑收费人员，增加收费人员的精神压力。除此之外，还有收费站单纯收好通行费就可以了，为什么还要实施文明服务、微笑服务的心理。男员工在实施文明服务过程中，无法与女员工相比，笑容僵硬，在“微笑之星”评比中占劣势。对无理取闹、态度恶劣的驾驶员，既要收费又要微笑服务，面对驾驶员的刁难和谩骂，必须忍气吞声，保持服务质量，避免投诉和纠纷事件，导致员工情绪和心态不平衡。

1. 进行文明服务、微笑服务心理辅导

收集一线员工对文明服务的不同理解和体会，分类进行面谈引导。对未能深刻理解交通服务行业的员工,对其进行公司文明服务、微笑服务理念的灌输和指导,让员工体会到"以顾客为中心、顾客就是上帝"的服务宗旨,通俗理解,就是只有车辆进入高速公路,才能有通行费收入,所以要招揽不同的驾驶员、不同的车辆,行驶高速公路,才能收到更多的通行费。而文明服务、微笑服务,就是交通行业招揽顾客的一个亮点,只有高质量的收费服务和现场服务,才能最大限度地吸引顾客的到来。

文明服务、微笑服务,由行业性质而来,从性别上来说,并没有具体的优劣势可言。在工作中,多通过引导、竞争的方式,让男员工放开心情,多鼓励多指导,让男员工尽量得到心理释放,从"牛角尖"中全身而退,寻找最适合自己的工作心态,把文明服务、微笑服务当成岗位工作的突破口,相信男员工在收费服务过程中,不比女员工差,获得公司"微笑之星"的男员工比比皆是,只要用心做好服务,就能把工作做好,就能真正占据优势。

通过现场观察、录像回放及向收费班长及时了解员工的工作和思想动态,对员工在工作中遇到委屈和不平衡心态及时进行引导和释放。教育员工行业要求的重要性,服务才是硬道理。并非每一个驾驶员都是刁民,并非每一个驾驶员都是没事找事的人,驾驶员也有可爱的和有素质的,只要我们端正工作态度,严格要求自己,从思想和意识上,明确服务宗旨,用真挚的服务和微笑,软化驾驶员的态度和言行,就能用我们的实际行动,把文明服务、微笑服务进行到底。

2. 打击计重逃费车辆现场人员心理辅导

收费站一线人员长期打击各类计重逃费车辆,工作任务繁重,员工长期从事现场监督、与驾驶员争吵纠纷、现场指挥、受驾驶员恐吓威胁等,不同心态、不同工龄容易产生各类不同的心理问题,管理人员要积极及时做好辅导工作和思想工作。

收费站一线人员长期查验和打击假冒绿通车辆,个别收费站免费绿通车辆及假冒绿通车辆较多,检验查处任务繁重,并存在一定的危险性,员工长期与驾驶员解释说明相关政策法规,时有争吵或纠纷,容易产生厌烦、暴躁和不安等各类心理问题,管理人员要积极及时做好辅导工作和思想工作。

随着货运车流量的增加,部分车辆驾驶员存在侥幸的心理,试图以各种手段蒙蔽收费站现场人员的查验,以假乱真,填充容积,企图达到逃缴通行费的目的。在统一部署后,严格执行打击方案,充分利用设备和人力,重点打击假冒绿通车辆,追缴通行费,使打击效果较明显,可见心理辅导工作必须持续开展。由于目前计重使用动态秤,对于超限6% ~10%的车辆收取通行费存在较大难度,同时严重影响车道畅通,建议对于成功处理该类车辆人员给予适当加分奖励,以提高收费人员积极性。

3. 开展文明服务和微笑服务心理辅导的重要意义

作为管理人员,必须把文明服务的重要性,通过各种不同的方式(如座谈、举办培训或活动),用生动活泼的组织活动,坚持把服务理念落实到现场工作当中。只有坚持文明服务和微笑服务,兼以岗位竞赛、服务评比等方式,促进员工之间的良性竞争,不断提高员工的服务意识和服务质量,才能不断有效体现出文明服务、微笑服务对员工自身乃至企业发展的重要性,所以,必须持之以恒地坚持下去。

二、具体的心理问题采用具体的辅导方式

由于长期与计重逃费车辆接触,当值人员不断地向驾乘人员做政策宣传解释工作,使得员工工作压力大、劳动强度高,容易产生不良情绪,影响服务质量。在处理逃费车过程中经常受到驾驶员的恐吓与威胁,并且会受到辱骂及一些不文明的行为,如吐口水、扔垃圾、出示通行卡时直接给女收费员一些下流的相片等。情况严重的还会受到驾驶员的殴打,造成身体伤害。因此,开展心理辅导非常有必要。

1. 心理辅导要采用多种形式进行

通过站务会、班务会、安全生产会议等形式开导教育员工增强文明服务意识，杜绝与驾乘人员发生矛盾纠纷等，高速公路作为服务型行业，在事件发生过程中不管是否属过错方，员工与被服务者发生矛盾纠纷都是不对的，都会对公司造成巨大的损失。希望全体员工要树立“服务第一”意识，保持清醒头脑，正确面对矛盾纠纷，耐心做好收费政策的宣贯和解释工作，不管什么情况都不能与驾乘人员发生矛盾纠纷，甚至打架冲突等治安事件。

收费站管理人员要密切留意员工思想动态，多与员工沟通谈心，多到收费现场值守，了解一线工作的压力、难点。设法缓解员工工作和思想压力，尤其是对已经受到委屈的员工及情绪波动大、性格易冲动员工要重点做好心理疏导。必要时可建立重点对象谈心档案，通过谈心情况，观察该员工是否得到有效的开导，若效果不佳，则考虑该员工是否适应该站的车流或工作压力，可建议上级调整该员工到车流小的收费站工作。设置“委屈奖”，对在工作中受到委屈的员工进行慰问和鼓励。

收费站要不定期组织开展文体活动，如拓展活动，烧烤活动，卡拉 OK 活动，羽毛球、篮球等各类健康、向上的文体活动，通过活动调动员工的工作积极性，提升员工的集体凝聚力、协作能力，释放工作压力、放松心情。

收费站要定期组织座谈活动。定期组织相关人员开会，就打击假冒绿通车辆工作进行沟通讨论，不断进行总结提高。针对存在的问题，共同商讨对策，做到信息共享，操作一致。

收费站要不定期组织各类专业研讨活动。通过典型案例讲解、各类逃费处理技巧讲解、业务竞赛活动、绿色通道防辐射演练等提高员工业务水平和自信心。

收费站要关注员工工作质量，及时了解员工的思想动态，对出现情绪波动的员工及时谈心。对员工的工作及时肯定和鼓励，从思想上给予引导，从工作上给予辅导，确保打击假冒绿通车辆工作持续正常开展。

2. 心理辅导注重过程管理

履行制度职责，做好事前预防和事中控制。一是建立应急处突培训机制，要按照规定对员工严格进行劳动纪律和文明服务的教育；通过讨论、反面教育等方法，引导员工认识自己所在岗位的职责和风险，掌握预防纠纷、控制事态发展和自我保护的方法措施。二是相关部门要对车流量大、突发事件频发的站点多配备一些取证设备，如监控摄像枪、广场照明设备和微型摄像仪等。各收费站也要充分用好这些设备，在事件有发生苗头时，及时对肇事人的不良言行做好录像和录音取证。

事后及时跟进，防止事态进一步扩大。一旦发生突发事件，相关收费站负责人必须第一时间赶到现场进行处理，如实向上级领导上报事件情况，并及时与当地派出所进行沟通协调，并做好当事人的安抚工作，使事件快速得到妥善处置，避免我方人员受到行政甚至是刑事上的处罚。

三、开展直接效果和长期效果的收费站心理辅导工作

收费站开展心理辅导工作，能及时了解员工的思想动态，发现不良现象苗头及时制止、及时开导，有效调动员工的工作积极性，提升员工的集体凝聚力、协作能力，释放工作压力、放松心情，确保收费管理工作的稳定。

根据收费站的实际工作情况，在工作和生活等各方面，以不同的方式与员工交流和沟通，达到为员工减压和控制情绪的目的。有效的沟通和疏导，有利于构建稳定的员工队伍，为各项工作的开展打好坚实基础。将心理辅导工作当成常态化工作开展，不断改进方式方法，有效起到引导、辅导和促进的作用。

积极开展直接效果和长期效果的收费站心理辅导工作。直接效果带动了员工之间相互竞争、相互对比的意识，有效促进了岗位竞争的力度，从而达到保持和提高服务质量的目的。服务质量的不断提升，对吸引顾客和提高同行竞争力、提高企业形象，起着极大的作用。同时能直接提高员工的信心和责任感，树立正确

的金钱观,有效打击驾驶员的逃费行为和侥幸心理。长期开展则能够树立高速公路良好的窗口形象,让政府满意、让群众满意。

四、努力做好心理调适,保持高质量的服务水平

高速公路收费属于服务行业,凡服务行业的人员,社会都要求其做到文明、微笑服务,由于需要面对各种各样的客户,微笑时间长了,员工的心理承受就会有限度,产生负面压抑情绪。要保持高质量的服务水平,就要做好平时工作的心理调适。

(1)不断修炼耐心。一个好的服务态度,少不了工作人员的耐心。要做到耐心,就要知己知彼,学会换位思考。越能了解自己的人,越能够在自我思考中进行自我完善,同时也要能够设身处地地理解对方,越能够帮助自己做好应对。

(2)建立自我排解途径。长年累月的工作,如果只加压不排解,越积越多就容易造成精神堵车,引起情绪浮躁,这对于工作的影响是巨大的,应提前预防,及时进行自我心理保健。可以根据自己的喜好选择运动、健身、交友,也可以阅读、写日记、写总结等,定期进行自我调节,及时梳理自己的心理,这是服务业工作人员必做的心理保健。

(3)树立榜样,学习楷模,启迪自己。榜样的力量是巨大的,楷模的启迪是鼓舞人心的。可以寻找一个值得学习的榜样,激励自己、克服自己的不良心态和情绪。平时应多掌握正面的社会信息,进行自我激励,如看时事新闻,看社会表彰的先进人物,多看正面的积极信息,就能够帮助自己积极乐观起来。

课后复习题

阅读下述材料,根据材料中所提供方式,尝试对自己进行心理测试。

收费员职业心理健康测试

以下心理测试可在必要时使用,收费人员可以据此进行自我心理调适或寻求心理辅导,它们分别是:情绪紧张度测试、抑郁自评量表、焦虑自评量表、心理压力自我评估、SCL-90 症状自评量表。

一、情绪紧张度测试

生活节奏的加快、社会竞争的加剧以及频繁遭遇挫折等情况,都会使人产生紧张感。一个人如果长期处于紧张状态,就会降低身体免疫系统的抵抗能力,使人不能有效地适应外界环境而罹患各种疾病。因此,长期过度的紧张对人体是有害的。那么你的情绪紧张度如何呢?下面共有 29 道题目,回答时请用“有”或“无”作答,然后进行评判。

(1)常常毫无原因地觉得心烦意乱、坐立不安。

(2)临睡时仍在思虑各种问题,不能安寝。即使睡着,也容易被惊醒。

(3)肠胃功能紊乱,经常腹泻。

(4)容易做噩梦,一到晚上就倦怠无力,焦虑烦躁。

(5)一有不称心的事情,便大量吸烟,抑郁寡欢、沉默少言。

(6)早晨起床后,就有倦怠感,头昏脑涨,浑身没劲,爱静怕动,消沉。

(7)经常没有食欲,吃东西没有味道,宁可忍受饥饿。

(8)稍微运动,就会出现心跳加速、胸闷气急。

(9)不管在哪儿,都感到有许多事情不称心,暗自烦躁。

(10)想得到某样东西,一时不能满足就会感到心中难受。

(11)偶尔做一点轻便工作,就会感到疲劳、周身乏力。

(12)出门做事的时候,总觉得精力不济、有气无力。

(13)当着亲友的面,稍不如意,就会勃然大怒,失去理智。

(14)任何一件小事,都会始终盘桓在脑海里,整天思索。

(15)处理事情唯我独尊,情绪急躁,态度粗暴。

(16)一喝酒就过量,意识和潜意识里都想一醉方休。

(17)对别人的病患非常关心,到处打听,唯恐自己身患同病。

(18)看到别人成功或获得赞誉,常会嫉妒,甚至怀恨在心。

(19)置身繁杂的环境里,容易思维杂乱、行为失序。

(20)左邻右舍家中发出的噪声,会使你感到焦躁发慌,心悸出汗。

(21)明知是愚不可及的事情,却非做不可,事后又感到懊悔。

(22)即使是消闲读物也看不进去,甚至连中心思想也搞不清楚。

(23)一有空就整天打麻将,混一天是一天。

(24)经常和同事或家人甚至陌生人发生争吵。

(25)经常感到头疼胸闷,有缺氧的感觉。

(26)每每陷入往事便追悔莫及,有负疚感。

(27)做事说话都急不可待,措辞激烈。

(28)遇到突发事件就失去信心,显得焦虑紧张。

(29)性格倔强固执,脾气急躁,不易合群。

1. 测试结果分析

如果回答"有"的题目在9道以下,属于正常范围。

如果回答"有"的题目在10~19道,为轻度紧张。

如果回答"有"的题目在20~24道,为中度紧张。

如果回答"有"的题目在25道以上,为重度紧张。

2. 心理评析

对于轻度紧张症患者可以采取保护性措施,如用阅读、书法、绘画、养花、钓鱼等进行自我调节,松弛紧张状态。积极参加体育活动,增强体质,工作之后的文娱活动等也可缓解紧张、消除疲劳。还应当养成有规律的生活习惯,适当增加营养,提高意志力。

对于中度以上的紧张症患者,必须进行健康检查,或进行心理咨询及心理治疗。

3. 在缓解紧张情绪方面，专家给出以下建议

(1)避开紧张源。

(2)采用自我防御机制。

(3)培养良好的性格。

(4)适度的体育锻炼。

(5)身体放松法。

注：摘自刑群麟编著的《世界上最经典的1500道心理测试题》，中国言实出版社。

二、抑郁自评量表(Self - Rating Depression Scale，SDS)

你的心情好吗？下面是由美国杜克大学医学院的Zung于1965年编制的SDS表(表2-11-3)，共20个项目，每个项目根据程度分4个等级，即：A(无)，表示没有或很少时间；B(轻)，表示小部分时间；C(中)，表示相当多；D(重)，表示绝大部分或全部时间。请根据你最近一星期的实际情况分别选出20个评定项目后的合适选项，最后计算出总粗分。

抑郁自评量表(SDS) 表2-11-3

评定项目	A(无)	B(轻)	C(中)	D(重)
(1)我感到情绪沮丧、郁闷	1	2	3	4
(2)我感到早晨心情最好	4	3	2	1
(3)我要哭或想哭	1	2	3	4
(4)我夜间睡眠不好	1	2	3	4
(5)我吃饭像平时一样多	4	3	2	1
(6)我与异性亲密接触时和以往一样感觉愉快	4	3	2	1
(7)我感受到体重在减轻	1	2	3	4
(8)我为便秘烦恼	1	2	3	4
(9)我心跳比平时快	1	2	3	4
(10)我无缘无故地感到疲乏	1	2	3	4
(11)我的头脑像往常一样清楚	4	3	2	1
(12)我做事情像平时一样不感到困难	4	3	2	1

续上表

评 定 项 目	A(无)	B(轻)	C(中)	D(重)
(13)我坐卧不安,难以保持平静	1	2	3	4
(14)我对未来充满希望	4	3	2	1
(15)我比平常更容易激怒	1	2	3	4
(16)我觉得决定什么事很容易	4	3	2	1
(17)我觉得自己是个有用和不可缺少的人	4	3	2	1
(18)我的生活过得很有意义	4	3	2	1
(19)假如我死了别人会过得更好	1	2	3	4
(20)我仍旧喜爱自己平时喜爱的东西	4	3	2	1
合计(总粗分)				

测试结果分析:SDS 的指标为总分,分值越小越好。将 20 个项目的得分相加,即得总粗分,其正常上限为 41 分。标准分等于总粗分乘以 1.25 后的整数部分。标准分上限为 53 分。

抑郁严重度 = 总粗分/80

上述比值在 0.5 以下者为无抑郁;0.5 ~0.59 为轻微至轻度抑郁;0.6 ~0.69 为中至重度;0.7 以上为重度抑郁。仅做参考。

此评定量表不仅可以帮助诊断是否有抑郁症状,还可以判定抑郁程度的轻重。因此,一方面可以用来作为辅助诊断的工具,另一方面也可以用来观察在治疗过程中抑郁的病情变化,用来作为疗效的判定指标。但是,此评定量表不能用来判断抑郁的性质,所以不是抑郁症的病因及疾病诊断分类用表。因此,测出有抑郁症之后,应该及时到精神科门诊进行详细的检查、诊断及治疗。

注意事项:该量表仅仅用于抑郁症的自评提示,并不能作为诊断依据。如果读者自测分数较高,并不一定就患上了抑郁症,可前往专业医生处咨询。

注:上述内容参考 http://baike.so.com/doc/6146029.html《360 百科》。

三、焦虑自评量表(Self - Rating Anxiety Scale,SAS)

SAS 采用四级评分,主要评定症状出现的频度,其标准为:A

(无),表示没有或很少时间;B(轻),表示有时有;C(中),表示大部分时间有; D(重),表示绝大部分或全部时间都有。20个条目中有15项是用负性词陈述的,按上述1~4顺序评分。其余5项(第5、9、13、17、19)都是用正性词陈述的,按4~1顺序反向计分。请根据你一周来的实际感觉在适当的数字上画上"√"表示,请不要漏评任何一个项目,也不要在相同的一个项目上重复评定(表2-11-4)。

焦虑自评量表(SAS)　　表2-11-4

评定项目	A(无)	B(轻)	C(中)	D(重)
(1)我觉得比平时容易紧张或着急	1	2	3	4
(2)我无缘无故地感到害怕	1	2	3	4
(3)我容易心里烦乱或感到惊恐	1	2	3	4
(4)我觉得我可能将要发疯	1	2	3	4
(5)我觉得一切都很好	4	3	2	1
(6)我手脚发抖打颤	1	2	3	4
(7)我因为头疼、颈痛和背痛而苦恼	1	2	3	4
(8)我感到无力且容易疲劳	1	2	3	4
(9)我觉得心平气和,并且容易安静坐着	4	3	2	1
(10)我觉得心跳得很快	1	2	3	4
(11)我因为一阵阵头晕而苦恼	1	2	3	4
(12)我有阵阵要晕倒的感觉	1	2	3	4
(13)我吸气呼气都感到很容易	4	3	2	1
(14)我的手脚麻木和刺痛	1	2	3	4
(15)我因为胃痛和消化不良而苦恼	1	2	3	4
(16)我常常要小便	1	2	3	4
(17)我的手脚常常是干燥温暖的	4	3	2	1
(18)我脸红发热	1	2	3	4
(19)我容易入睡并且一夜睡得很好	4	3	2	1
(20)我做噩梦	1	2	3	4
合计(总粗分)				

1. 测试结果分析

SAS的主要统计指标为总分,分值越小越好。将20个项目的各个得分相加,即得粗分;用粗分乘以1.25以后取整数部分,就得到标准分,SAS标准分的分界值为50分,其中50~59分为轻度焦虑,60~69分为中度焦虑,70分以上为重度焦虑。

2. 注意事项

(1)本表可用于反映测试者焦虑的主观感受,对心理咨询门诊及精神科门诊或住院精神病人均可使用,但由于焦虑是神经症的共同症状,故SAS在各类神经症鉴别中作用不大;

(2)关于焦虑症状的临床分级,除参考量表分值外,主要还应根据临床症状,特别是要害症状的程度来划分,量表总分值仅能作为一项参考指标而非绝对标准。

注:上述内容参考 http://baike.so.com/doc/5434946.html《360百科》。

四、症状自评量表(Symptom Checklist 90,SCL-90)

症状自评量表(SCL-90),又名90项症状清单(SCL-90),于1975年编制,其作者是德若伽提斯(L. R. Derogatis),广泛应用于我国的心理咨询中,是目前我国使用最广的一种检查心理健康的量表,具有内容多、反映症状丰富、能准确刻画来访者自觉症状等优点。

Scl-90共有10个因子,90个评定项目。它的每一个项目均采用5级评分制:1表示无,自觉无该项症状问题;2表示轻度,自觉有该项问题,但发生得并不频繁、严重;3表示中度,自觉有该项症状,其严重程度为轻到中度;4表示相当重,自觉常有该项症状,其程度为中到严重;5表示严重,自觉常有该项症状,频度和程度都十分严重。

表2-11-5为SCL-90表,请选定一个特定的时间(通常是评定一周时间),请仔细阅读每一条,然后根据最近一星期以内(或过去)下列问题影响你自己或使你感到苦恼的程度,选择最合适的分值,画一个"√"。请不要漏掉问题。

症状自评量表(SCL-90)　　表2-11-5

项　目	无	轻度	中度	相当重	严重
(1)头痛	1	2	3	4	5
(2)神经过敏,心中不踏实	1	2	3	4	5
(3)头脑中有不必要的想法或字句盘旋	1	2	3	4	5
(4)头昏或昏倒	1	2	3	4	5
(5)对异性的兴趣减退	1	2	3	4	5
(6)对旁人求全责备	1	2	3	4	5
(7)感到别人能控制自己的思想	1	2	3	4	5
(8)责怪别人制造麻烦	1	2	3	4	5
(9)忘性大	1	2	3	4	5
(10)担心自己的衣饰整齐及仪态的端正	1	2	3	4	5
(11)容易烦恼和激动	1	2	3	4	5
(12)胸痛	1	2	3	4	5
(13)害怕空旷的场所或街道	1	2	3	4	5
(14)感到自己的精力下降,活动减慢	1	2	3	4	5
(15)想结束自己的生命	1	2	3	4	5
(16)听到旁人听不到的声音	1	2	3	4	5
(17)发抖	1	2	3	4	5
(18)感到大多数人都不可信任	1	2	3	4	5
(19)胃口不好	1	2	3	4	5
(20)容易哭泣	1	2	3	4	5
(21)同异性相处时感到害羞不自在	1	2	3	4	5
(22)受骗,中了圈套或有人想抓住	1	2	3	4	5
(23)无缘无故地突然感到害怕	1	2	3	4	5
(24)自己不能控制地大发脾气	1	2	3	4	5
(25)怕单独出门	1	2	3	4	5
(26)经常责怪自己	1	2	3	4	5
(27)腰痛	1	2	3	4	5

续上表

项　目	无	轻度	中度	相当重	严重
(28)感到难以完成任务	1	2	3	4	5
(29)感到孤独	1	2	3	4	5
(30)感到苦闷	1	2	3	4	5
(31)过分担忧	1	2	3	4	5
(32)对事物不感兴趣	1	2	3	4	5
(33)感到害怕	1	2	3	4	5
(34)我的感情容易受到伤害	1	2	3	4	5
(35)旁人能知道自己的私下想法	1	2	3	4	5
(36)感到别人不理解自己、不同情自己	1	2	3	4	5
(37)感到人们对自己不友好、不喜欢自己	1	2	3	4	5
(38)做事必须做得很慢,以保证做得正确	1	2	3	4	5
(39)心跳得很厉害	1	2	3	4	5
(40)恶心或胃部不舒服	1	2	3	4	5
(41)感到比不上他人	1	2	3	4	5
(42)肌肉酸痛	1	2	3	4	5
(43)感到有人在监视自己、谈论自己	1	2	3	4	5
(44)难以入睡	1	2	3	4	5
(45)做事必须反复检查	1	2	3	4	5
(46)难以作出决定	1	2	3	4	5
(47)怕乘电车、公共汽车、地铁或火车	1	2	3	4	5
(48)呼吸有困难	1	2	3	4	5
(49)一阵阵发冷或发热	1	2	3	4	5
(50)因为感到害怕避开某些东西、场合或活动	1	2	3	4	5
(51)脑子变空了	1	2	3	4	5
(52)身体发麻或刺痛	1	2	3	4	5
(53)喉咙有梗塞感	1	2	3	4	5
(54)感到前途没有希望	1	2	3	4	5

续上表

项　目	无	轻度	中度	相当重	严重
(55)不能集中注意	1	2	3	4	5
(56)感到身体的某一部分软弱无力	1	2	3	4	5
(57)感到紧张或容易紧张	1	2	3	4	5
(58)感到手或脚发重	1	2	3	4	5
(59)想到死亡的事	1	2	3	4	5
(60)吃得太多	1	2	3	4	5
(61)当别人看着自己或谈论自己时感到不自在	1	2	3	4	5
(62)有一些不属于自己的想法	1	2	3	4	5
(63)有想打人或伤害他人的冲动	1	2	3	4	5
(64)醒得太平	1	2	3	4	5
(65)必须反复洗手、点数目或触摸某些东西	1	2	3	4	5
(66)睡得不稳不深	1	2	3	4	5
(67)有想摔坏或破坏东西的冲动	1	2	3	4	5
(68)有一些别人没有的想法或念头	1	2	3	4	5
(69)感到对别人神经过敏	1	2	3	4	5
(70)在商店或电影院等人多的地方感到不自在	1	2	3	4	5
(71)感到任何事情都很困难	1	2	3	4	5
(72)一阵阵恐惧或惊恐	1	2	3	4	5
(73)感到公共场合吃东西很不舒服	1	2	3	4	5
(74)经常与人争论	1	2	3	4	5
(75)单独一人时神经很紧张	1	2	3	4	5
(76)别人对我的成绩没有作出恰当的评价	1	2	3	4	5
(77)即使和别人在一起也感到孤单	1	2	3	4	5
(78)感到坐立不安心神不定	1	2	3	4	5
(79)感到自己没有什么价值	1	2	3	4	5
(80)感到熟悉的东西变成陌生或不像真的	1	2	3	4	5
(81)大叫或摔东西	1	2	3	4	5

续上表

项 目	无	轻度	中度	相当重	严重
(82)害怕会在公共场合昏倒	1	2	3	4	5
(83)感到别人想占自己的便宜	1	2	3	4	5
(84)为一些有关性的想法而苦恼	1	2	3	4	5
(85)认为应为自己的过错而受到惩罚	1	2	3	4	5
(86)感到要很快把事情做完	1	2	3	4	5
(87)感到自己的身体有严重问题	1	2	3	4	5
(88)从未感到和其他人很亲近	1	2	3	4	5
(89)感到自己有罪	1	2	3	4	5
(90)感到自己的脑子有毛病	1	2	3	4	5
合计(总分)					

分析统计指标与测试结果分析:

1. 总分

(1)总分是90个项目所得分之和。

(2)总症状指数,也称总均分,是将总分除以90。

(3)阳性项目数是指评为1~4分的项目数,阳性症状痛苦水平是指总分除以阳性项目数。

(4)阳性症状均分是指总分减去阴性项目(评为0的项目)总分,再除以阳性项目数。

2. 因子分

SCL-90包括9个因子,每一个因子反映出病人的某方面症状痛苦情况,通过因子分可了解症状分布特点。

因子分=组成某一因子的各项目总分÷组成某一因子的项目数

9个因子含义及所包含项目为:

(1)躯体化。包括1、4、12、27、40、42、48、49、52、53、56、58共12项。该因子主要反映身体不适感,包括心血管、胃肠道、呼吸和其他系统的主诉不适,头痛、背痛、肌肉酸痛,以及焦虑的其他躯体表现。

(2)强迫症状。包括3、9、10、28、38、45、46、51、55、65共10项。主要指那些明知没有必要,但又无法摆脱的无意义的思想、冲动和行为,还有一些比较一般的认知障碍的行为征象也在这一因子中反映。

(3)人际关系敏感。包括6、21、34、36、37、41、61、69、73共9项。主要指某些个人不自在与自卑感,特别是与其他人相比较时更加突出。在人际交往中的自卑感、心神不安、明显不自在,以及人际交流中的自我意识、消极的期待亦是这方面症状的典型原因。

(4)抑郁。包括5、14、15、20、22、26、29、30、31、32、54、71、79共13项。以苦闷的情感与心境为代表性症状,还以生活兴趣的减退、动力缺乏、活力丧失等为特征。还反映失望、悲观以及与抑郁相联系的认知和躯体方面的感受。另外,还包括有关死亡的思想和自杀观念。

(5)焦虑。包括2、17、23、33、39、57、72、78、80、86共10项。一般指那些烦躁、坐立不安、神经过敏、紧张以及由此产生的躯体征象,如震颤等。测定游离不定的焦虑及惊恐发作是本因子的主要内容,还包括一项解体感受的项目。

(6)敌对。包括11、24、63、67、74、81共6项。主要从思想、感情及行为3方面来反映敌对的表现。其项目包括厌烦的感觉、摔物、争论直到不可控制的脾气暴发等各方面。

(7)恐怖。包括13,25、47、50、70、75、82共7项。恐惧的对象包括出门旅行、空旷场地、人群或公共场所和交通工具。此外,还有反映社交恐怖的一些项目。

(8)偏执。包括8、18、43、68、76、83共6项。本因子是围绕偏执性思维的基本特征而制定:主要指投射性思维、敌对、猜疑、关系观念、妄想、被动体验和夸大等。

(9)精神病性。包括7、16、35、62、77、84、85、87、88、90共10项。反映各式各样的急性症状和行为、限定不严的精神病性过程的指征。此外,也可以反映精神病性行为的继发征兆和分裂性生活方式的指征。

此外,还有 19、44、59、60、64、66、89 共 7 个项目未归入任何因子,反映睡眠及饮食情况,分析时将这 7 项作为附加项目或其他,作为第 10 个因子来处理,以便使各因子分值和等于总分。

各因子的因子分的计算方法是:各因子所有项目的分数之和除以因子项目数。例如强迫症状因子各项目的分数之和假设为 30,共有 10 个项目,所以因子分为 3。在 1 ~ 5 评分制中,粗略简单的判断方法是看因子分是否超过 3 分,若超过 3 分,即表明该因子的症状已达到中等以上严重程度。表 2-11-6是正常成人 SCL-90 的因子分常模,如果因子分超过常模即为异常。

SCL-90 因子分常模　　表 2-11-6

项　目	X + SD	项　目	X + SD
躯体化	1.37 +0.48	敌对性	1.46 +0.55
强迫	1.62 +0.58	恐怖	1.23 +0.41
人际关系	1.65 +0.61	偏执	1.43 +0.57
抑郁	1.5 +0.59	精神病性	1.29 +0.42
焦虑	1.39 +0.43	—	—

注:数据来源:file:///D:/心理/资料/量表/症状自评量表(SCL-90).htm。

五、心理压力自我评估

(1)经常患感冒,且不易治疗好。

(2)常有手脚发冷的情形。

(3)手掌和腋下常有出汗的现象。

(4)时有心悸现象。

(5)突然出现呼吸困难的苦闷窒息感。

(6)有胸痛情况发生。

(7)有头重感或头脑不清醒的昏沉感。

(8)眼睛很容易疲劳。

(9)有鼻塞现象。

(10)有头昏眼花的情形发生。

(11)站立时有发晕的情形。

(12)有耳鸣的现象。

(13)口腔内有破裂或溃烂情形发生。

(14)经常有喉痛现象。

(15)舌头上出现白苔。

(16)面对自己喜欢吃的东西,却无任何食欲。

(17)常觉得吃下肚的东西好像沉积在胃里。

(18)有腹部发胀、疼痛感觉,而且常有下痢、便秘现象发生。

(19)肩部很容易酸痛。

(20)背部和腰经常疼痛。

(21)疲劳感不易解除。

(22)有体重减轻的现象。

(23)稍微做一点事情就马上感到疲劳。

(24)早上经常有起不来的倦怠感。

(25)不能够集中精力专心做事。

(26)睡眠不好。

(27)睡觉时经常做梦。

(28)深夜突然醒来之后,就很难重新入睡。

(29)与人交际应酬变得很不起劲。

(30)稍有一点不顺心就生气,时有不安的情绪发生。

六、测试结果分析

以上出现其中 5 种症状者,属于轻微紧张型,需要留意,只要合理休养就可很快恢复;有其中 11 ~ 20 种症状者,属于严重紧张型,必须找专门心理医师咨询,并接受治疗;有 21 种以上症状者,在一般日常生活中就会出现适应障碍的情形,而且有可能出现明显的身心不适症状。

附录

附录1　广东省高速公路网路线命名和编号规则

1. 范围

本《规则》规定了广东省高速公路网路线的命名规则、编号规则和全称、简称与编号。

本《规则》适用于广东省高速公路网规划中确定的高速公路，但不含纳入国家高速公路网中的路线。广东省境内纳入国家高速公路网的路线以及国道命名和编号由国家交通运输部负责。在原国道基础上改造的高速公路，其编号采用原有国道编号。

2. 命名规则

2.1　广东省高速公路网路线名称一般由路线起讫点的地名中间加连接符“－”组成，全称为“××－××高速公路”。路线简称原则上用起讫点地名的首位汉字组合表示。如“汕头—湛江高速公路”，简称“汕湛高速”。

2.2　路线起讫点按照“路线由北向南、由东向西”的原则确定（出省通道和广州放射线除外），起讫点地名一般以县域（以上）名称进行命名。

2.3　广东省高速公路网的路线简称不可重复。为避免重复，可以选择起讫点名称中的其他汉字作为路线简称。

2.4　城市绕城环线名称以城市名称命名，全称为“××市环城高速公路”，简称为“××环城高速”。如“广州市环城高速公路”，简称“广州环城高速”。

3. 编号规则

广东省高速公路网路线的编号规则与国家高速公路网的编

号规则保持一致。

广东省高速公路网路线数字编号应当尽可能避免与本省(区、市)境内的国家高速公路网路线数字编号重复。

3.1 编号结构

广东省高速公路网编号由字母标识符和阿拉伯数字编号组成。

3.2 字母标识符

广东省高速公路是省道网的重要组成部分,路线字母标识符采用汉语拼音"S"表示。

3.3 数字编号

3.3.1 广州放射线编号为1位数,由正北开始按顺时针方向升序编排,编号区间为1~9。

3.3.2 纵向路线编号为2位奇数,由东向西升序编排,编号区间为11~79。

3.3.3 横向路线编号为2位偶数,由北向南升序编排,编号区间为10~80。

3.3.4 城市绕城环线的编号为2位数,编号区间为81~99。

3.3.5 依附于国家高速公路网的支线编号采用国家高速公路网编号中相关高速公路的数字编号。

附录 2　高速公路相关法律、法规(摘录)

中华人民共和国公路法

(1997 年 7 月 3 日第八届全国人民代表大会常务委员会第二十六次会议通过;根据 1999 年 10 月 31 日第九届全国人民代表大会常务委员会第十二次会议《关于修改〈中华人民共和国公路法〉的决定》第一次修正;根据 2004 年 8 月 28 日第十届全国人民代表大会常务委员会第十一次会议《关于修改〈中华人民共和国公路法〉的决定》第二次修正)

第一章　总　　则

第一条　为了加强公路的建设和管理,促进公路事业的发展,适应社会主义现代化建设和人民生活的需要,制定本法。

第二条　在中华人民共和国境内从事公路的规划、建设、养护、经营、使用和管理,适用本法。

本法所称公路,包括公路桥梁、公路隧道和公路渡口。

第三条　公路的发展应当遵循全面规划、合理布局、确保质量、保障畅通、保护环境、建设改造与养护并重的原则。

第四条　各级人民政府应当采取有力措施,扶持、促进公路建设。公路建设应当纳入国民经济和社会发展计划。

国家鼓励、引导国内外经济组织依法投资建设、经营公路。

第五条 国家帮助和扶持少数民族地区、边远地区和贫困地区发展公路建设。

第六条 公路按其在公路路网中的地位分为国道、省道、县道和乡道,并按技术等级分为高速公路、一级公路、二级公路、三级公路和四级公路。具体划分标准由国务院交通主管部门规定。

新建公路应当符合技术等级的要求。原有不符合最低技术等级要求的等外公路,应当采取措施,逐步改造为符合技术等级要求的公路。

第七条 公路受国家保护,任何单位和个人不得破坏、损坏或者非法占用公路、公路用地及公路附属设施。

任何单位和个人都有爱护公路、公路用地及公路附属设施的义务,有权检举和控告破坏、损坏公路、公路用地、公路附属设施和影响公路安全的行为。

第八条 国务院交通主管部门主管全国公路工作。

县级以上地方人民政府交通主管部门主管本行政区域内的公路工作;但是,县级以上地方人民政府交通主管部门对国道、省道的管理、监督职责,由省、自治区、直辖市人民政府确定。

乡、民族乡、镇人民政府负责本行政区域内的乡道的建设和养护工作。

县级以上地方人民政府交通主管部门可以决定由公路管理机构依照本法规定行使公路行政管理职责。

第九条 禁止任何单位和个人在公路上非法设卡、收费、罚款和拦截车辆。

第十条 国家鼓励公路工作方面的科学技术研究,对在公路科学技术研究和应用方面作出显著成绩的单位和个人给予奖励。

第十一条 本法对专用公路有规定的,适用于专用公路。

专用公路是指由企业或者其他单位建设、养护、管理,专为或者主要为本企业或者本单位提供运输服务的道路。

第二章　公路规划

第十二条　公路规划应当根据国民经济和社会发展以及国防建设的需要编制，与城市建设发展规划和其他方式的交通运输发展规划相协调。

第十三条　公路建设用地规划应当符合土地利用总体规划，当年建设用地应当纳入年度建设用地计划。

第十四条　国道规划由国务院交通主管部门会同国务院有关部门并商国道沿线省、自治区、直辖市人民政府编制，报国务院批准。

省道规划由省、自治区、直辖市人民政府交通主管部门会同同级有关部门并商省道沿线下一级人民政府编制，报省、自治区、直辖市人民政府批准，并报国务院交通主管部门备案。

县道规划由县级人民政府交通主管部门会同同级有关部门编制，经本级人民政府审定后，报上一级人民政府批准。

乡道规划由县级人民政府交通主管部门协助乡、民族乡、镇人民政府编制，报县级人民政府批准。

依照第三款、第四款规定批准的县道、乡道规划，应当报批准机关的上一级人民政府交通主管部门备案。

省道规划应当与国道规划相协调。县道规划应当与省道规划相协调。乡道规划应当与县道规划相协调。

第十五条　专用公路规划由专用公路的主管单位编制，经其上级主管部门审定后，报县级以上人民政府交通主管部门审核。

专用公路规划应当与公路规划相协调。县级以上人民政府交通主管部门发现专用公路规划与国道、省道、县道、乡道规划有不协调的地方，应当提出修改意见，专用公路主管部门和单位应当作出相应的修改。

第十六条　国道规划的局部调整由原编制机关决定。国道规划需要作重大修改的，由原编制机关提出修改方案，报国务院批准。

经批准的省道、县道、乡道公路规划需要修改的，由原编制机关提出修改方案，报原批准机关批准。

第十七条 国道的命名和编号，由国务院交通主管部门确定；省道、县道、乡道的命名和编号，由省、自治区、直辖市人民政府交通主管部门按照国务院交通主管部门的有关规定确定。

第十八条 规划和新建村镇、开发区，应当与公路保持规定的距离并避免在公路两侧对应进行，防止造成公路街道化，影响公路的运行安全与畅通。

第十九条 国家鼓励专用公路用于社会公共运输。专用公路主要用于社会公共运输时，由专用公路的主管单位申请，或者由有关方面申请，专用公路的主管单位同意，并经省、自治区、直辖市人民政府交通主管部门批准，可以改划为省道、县道或者乡道。

第三章 公路建设

第二十条 县级以上人民政府交通主管部门应当依据职责维护公路建设秩序，加强对公路建设的监督管理。

第二十一条 筹集公路建设资金，除各级人民政府的财政拨款，包括依法征税筹集的公路建设专项资金转为的财政拨款外，可以依法向国内外金融机构或者外国政府贷款。

国家鼓励国内外经济组织对公路建设进行投资。开发、经营公路的公司可以依照法律、行政法规的规定发行股票、公司债券筹集资金。

依照本法规定出让公路收费权的收入必须用于公路建设。

向企业和个人集资建设公路，必须根据需要与可能，坚持自愿原则，不得强行摊派，并符合国务院的有关规定。

公路建设资金还可以采取符合法律或者国务院规定的其他方式筹集。

第二十二条　公路建设应当按照国家规定的基本建设程序和有关规定进行。

第二十三条　公路建设项目应当按照国家有关规定实行法人负责制度、招标投标制度和工程监理制度。

第二十四条　公路建设单位应当根据公路建设工程的特点和技术要求，选择具有相应资格的勘查设计单位、施工单位和工程监理单位，并依照有关法律、法规、规章的规定和公路工程技术标准的要求，分别签订合同，明确双方的权利义务。

承担公路建设项目的可行性研究单位、勘查设计单位、施工单位和工程监理单位，必须持有国家规定的资质证书。

第二十五条　公路建设项目的施工，须按国务院交通主管部门的规定报请县级以上地方人民政府交通主管部门批准。

第二十六条　公路建设必须符合公路工程技术标准。

承担公路建设项目的设计单位、施工单位和工程监理单位，应当按照国家有关规定建立健全质量保证体系，落实岗位责任制，并依照有关法律、法规、规章以及公路工程技术标准的要求和合同约定进行设计、施工和监理，保证公路工程质量。

第二十七条　公路建设使用土地依照有关法律、行政法规的规定办理。

公路建设应当贯彻切实保护耕地、节约用地的原则。

第二十八条　公路建设需要使用国有荒山、荒地或者需要在国有荒山、荒地、河滩、滩涂上挖砂、采石、取土的，依照有关法律、行政法规的规定办理后，任何单位和个人不得阻挠或者非法收取费用。

第二十九条　地方各级人民政府对公路建设依法使用土地和搬迁居民，应当给予支持和协助。

第三十条　公路建设项目的设计和施工，应当符合依法保护环境、保护文物古迹和防止水土流失的要求。

公路规划中贯彻国防要求的公路建设项目，应当严格按照规划进行建设，以保证国防交通的需要。

第三十一条 因建设公路影响铁路、水利、电力、邮电设施和其他设施正常使用时，公路建设单位应当事先征得有关部门的同意；因公路建设对有关设施造成损坏的，公路建设单位应当按照不低于该设施原有的技术标准予以修复，或者给予相应的经济补偿。

第三十二条 改建公路时，施工单位应当在施工路段两端设置明显的施工标志、安全标志。需要车辆绕行的，应当在绕行路口设置标志；不能绕行的，必须修建临时道路，保证车辆和行人通行。

第三十三条 公路建设项目和公路修复项目竣工后，应当按照国家有关规定进行验收；未经验收或者验收不合格的，不得交付使用。

建成的公路，应当按照国务院交通主管部门的规定设置明显的标志、标线。

第三十四条 县级以上地方人民政府应当确定公路两侧边沟（截水沟、坡脚护坡道，下同）外缘起不少于一米的公路用地。

第四章 公路养护

第三十五条 公路管理机构应当按照国务院交通主管部门规定的技术规范和操作规程对公路进行养护，保证公路经常处于良好的技术状态。

第三十六条 国家采用依法征税的办法筹集公路养护资金，具体实施办法和步骤由国务院规定。

依法征税筹集的公路养护资金，必须专项用于公路的养护和改建。

第三十七条 县、乡级人民政府对公路养护需要的挖砂、采石、取土以及取水，应当给予支持和协助。

第三十八条 县、乡级人民政府应当在农村义务工的范围内，按照国家有关规定组织公路两侧的农村居民履行为公路建设和养护提供劳务的义务。

第三十九条　为保障公路养护人员的人身安全，公路养护人员进行养护作业时，应当穿着统一的安全标志服；利用车辆进行养护作业时，应当在公路作业车辆上设置明显的作业标志。

公路养护车辆进行作业时，在不影响过往车辆通行的前提下，其行驶路线和方向不受公路标志、标线限制；过往车辆对公路养护车辆和人员应当注意避让。

公路养护工程施工影响车辆、行人通行时，施工单位应当依照本法第三十二条的规定办理。

第四十条　因严重自然灾害致使国道、省道交通中断，公路管理机构应当及时修复；公路管理机构难以及时修复时，县级以上地方人民政府应当及时组织当地机关、团体、企业事业单位、城乡居民进行抢修，并可以请求当地驻军支援，尽快恢复交通。

第四十一条　公路用地范围内的山坡、荒地，由公路管理机构负责水土保持。

第四十二条　公路绿化工作，由公路管理机构按照公路工程技术标准组织实施。

公路用地上的树木，不得任意砍伐；需要更新砍伐的，应当经县级以上地方人民政府交通主管部门同意后，依照《中华人民共和国森林法》的规定办理审批手续，并完成更新补种任务。

第五章　路政管理

第四十三条　各级地方人民政府应当采取措施，加强对公路的保护。

县级以上地方人民政府交通主管部门应当认真履行职责，依法做好公路保护工作，并努力采用科学的管理方法和先进的技术手段，提高公路管理水平，逐步完善公路服务设施，保障公路的完好、安全和畅通。

第四十四条　任何单位和个人不得擅自占用、挖掘公路。

因修建铁路、机场、电站、通信设施、水利工程和进行其他建设工程需要占用、挖掘公路或者使公路改线的，建设单位应当事先征得有关交通主管部门的同意；影响交通安全的，还须征得有关公安机关的同意。占用、挖掘公路或者使公路改线的，建设单位应当按照不低于该段公路原有的技术标准予以修复、改建或者给予相应的经济补偿。

第四十五条 跨越、穿越公路修建桥梁、渡槽或者架设、埋设管线等设施的，以及在公路用地范围内架设、埋设管线、电缆等设施的，应当事先经有关交通主管部门同意，影响交通安全的，还须征得有关公安机关的同意；所修建、架设或者埋设的设施应当符合公路工程技术标准的要求。对公路造成损坏的，应当按照损坏程度给予补偿。

第四十六条 任何单位和个人不得在公路上及公路用地范围内摆摊设点、堆放物品、倾倒垃圾、设置障碍、挖沟引水、利用公路边沟排放污物或者进行其他损坏、污染公路和影响公路畅通的活动。

第四十七条 在大中型公路桥梁和渡口周围二百米、公路隧道上方和洞口外一百米范围内，以及在公路两侧一定距离内，不得挖砂、采石、取土、倾倒废弃物，不得进行爆破作业及其他危及公路、公路桥梁、公路隧道、公路渡口安全的活动。

在前款范围内因抢险、防汛需要修筑堤坝、压缩或者拓宽河床的，应当事先报经省、自治区、直辖市人民政府交通主管部门会同水行政主管部门批准，并采取有效的保护有关的公路、公路桥梁、公路隧道、公路渡口安全的措施。

第四十八条 除农业机械因当地田间作业需要在公路上短距离行驶外，铁轮车、履带车和其他可能损害公路路面的机具，不得在公路上行驶。确需行驶的，必须经县级以上地方人民政府交通主管部门同意，采取有效的防护措施，并按照公安机关指定的时间、路线行驶。对公路造成损坏的，应当按照损坏程度给予补偿。

第四十九条　在公路上行驶的车辆的轴载质量应当符合公路工程技术标准要求。

第五十条　超过公路、公路桥梁、公路隧道或者汽车渡船的限载、限高、限宽、限长标准的车辆，不得在有限定标准的公路、公路桥梁上或者公路隧道内行驶，不得使用汽车渡船。超过公路或者公路桥梁限载标准确需行驶的，必须经县级以上地方人民政府交通主管部门批准，并按要求采取有效的防护措施；运载不可解体的超限物品的，应当按照指定的时间、路线、时速行驶，并悬挂明显标志。

运输单位不能按照前款规定采取防护措施的，由交通主管部门帮助其采取防护措施，所需费用由运输单位承担。

第五十一条　机动车制造厂和其他单位不得将公路作为检验机动车制动性能的试车场地。

第五十二条　任何单位和个人不得损坏、擅自移动、涂改公路附属设施。

前款公路附属设施，是指为保护、养护公路和保障公路安全畅通所设置的公路防护、排水、养护、管理、服务、交通安全、渡运、监控、通信、收费等设施、设备以及专用建筑物、构筑物等。

第五十三条　造成公路损坏的，责任者应当及时报告公路管理机构，并接受公路管理机构的现场调查。

第五十四条　任何单位和个人未经县级以上地方人民政府交通主管部门批准，不得在公路用地范围内设置公路标志以外的其他标志。

第五十五条　在公路上增设平面交叉道口，必须按照国家有关规定经过批准，并按照国家规定的技术标准建设。

第五十六条　除公路防护、养护需要的以外，禁止在公路两侧的建筑控制区内修建建筑物和地面构筑物；需要在建筑控制区内埋设管线、电缆等设施的，应当事先经县级以上地方人民政府交通主管部门批准。

前款规定的建筑控制区的范围，由县级以上地方人民政府按照保障公路运行安全和节约用地的原则,依照国务院的规定划定。

建筑控制区范围经县级以上地方人民政府依照前款规定划定后,由县级以上地方人民政府交通主管部门设置标桩、界桩。任何单位和个人不得损坏、擅自挪动该标桩、界桩。

第五十七条 除本法第四十七条第二款的规定外,本章规定由交通主管部门行使的路政管理职责,可以依照本法第八条第四款的规定,由公路管理机构行使。

第六章 收费公路

第五十八条 国家允许依法设立收费公路,同时对收费公路的数量进行控制。

除本法第五十九条规定可以收取车辆通行费的公路外,禁止任何公路收取车辆通行费。

第五十九条 符合国务院交通主管部门规定的技术等级和规模的下列公路,可以依法收取车辆通行费:

(一)由县级以上地方人民政府交通主管部门利用贷款或者向企业、个人集资建成的公路;

(二)由国内外经济组织依法受让前项收费公路收费权的公路;

(三)由国内外经济组织依法投资建成的公路。

第六十条 县级以上地方人民政府交通主管部门利用贷款或者集资建成的收费公路的收费期限,按照收费偿还贷款、集资款的原则,由省、自治区、直辖市人民政府依照国务院交通主管部门的规定确定。

有偿转让公路收费权的公路,收费权转让后,由受让方收费经营。收费权的转让期限由出让、受让双方约定并报转让收费权的审批机关审查批准,但最长不得超过国务院规定的年限。

国内外经济组织投资建设公路,必须按照国家有关规定办理审批手续;公路建成后,由投资者收费经营。收费经营期限按照收回投资并有合理回报的原则,由有关交通主管部门与投资者约定并按照国家有关规定办理审批手续,但最长不得超过国务院规定的年限。

第六十一条　本法第五十九条第一款第一项规定的公路中的国道收费权的转让,必须经国务院交通主管部门批准;国道以外的其他公路收费权的转让,必须经省、自治区、直辖市人民政府批准,并报国务院交通主管部门备案。

前款规定的公路收费权出让的最低成交价,以国有资产评估机构评估的价值为依据确定。

第六十二条　受让公路收费权和投资建设公路的国内外经济组织应当依法成立开发、经营公路的企业(以下简称公路经营企业)。

第六十三条　收费公路车辆通行费的收费标准,由公路收费单位提出方案,报省、自治区、直辖市人民政府交通主管部门会同同级物价行政主管部门审查批准。

第六十四条　收费公路设置车辆通行费的收费站,应当报经省、自治区、直辖市人民政府审查批准。跨省、自治区、直辖市的收费公路设置车辆通行费的收费站,由有关省、自治区、直辖市人民政府协商确定;协商不成的,由国务院交通主管部门决定。同一收费公路由不同的交通主管部门组织建设或者由不同的公路经营企业经营的,应当按照"统一收费、按比例分成"的原则,统筹规划,合理设置收费站。

两个收费站之间的距离,不得小于国务院交通主管部门规定的标准。

第六十五条　有偿转让公路收费权的公路,转让收费权合同约定的期限届满,收费权由出让方收回。

由国内外经济组织依照本法规定投资建成并经营的收费公路,约定的经营期限届满,该公路由国家无偿收回,由有关交通主管部门管理。

第六十六条 依照本法第五十九条规定受让收费权或者由国内外经济组织投资建成经营的公路的养护工作，由各该公路经营企业负责。各该公路经营企业在经营期间应当按照国务院交通主管部门规定的技术规范和操作规程做好对公路的养护工作。在受让收费权的期限届满，或者经营期限届满时，公路应当处于良好的技术状态。

前款规定的公路的绿化和公路用地范围内的水土保持工作，由各该公路经营企业负责。

第一款规定的公路的路政管理，适用本法第五章的规定。该公路路政管理的职责由县级以上地方人民政府交通主管部门或者公路管理机构的派出机构、人员行使。

第六十七条 在收费公路上从事本法第四十四条第二款、第四十五条、第四十八条、第五十条所列活动的，除依照各该条的规定办理外，给公路经营企业造成损失的，应当给予相应的补偿。

第六十八条 收费公路的具体管理办法，由国务院依照本法制定。

第七章 监督检查

第六十九条 交通主管部门、公路管理机构依法对有关公路的法律、法规执行情况进行监督检查。

第七十条 交通主管部门、公路管理机构负有管理和保护公路的责任，有权检查、制止各种侵占、损坏公路、公路用地、公路附属设施及其他违反本法规定的行为。

第七十一条 公路监督检查人员依法在公路、建筑控制区、车辆停放场所、车辆所属单位等进行监督检查时，任何单位和个人不得阻挠。

公路经营者、使用者和其他有关单位、个人，应当接受公路监督检查人员依法实施的监督检查，并为其提供方便。

公路监督检查人员执行公务，应当佩戴标志，持证上岗。

第七十二条　交通主管部门、公路管理机构应当加强对所属公路监督检查人员的管理和教育，要求公路监督检查人员熟悉国家有关法律和规定，公正廉洁，热情服务，秉公执法，对公路监督检查人员的执法行为应当加强监督检查，对其违法行为应当及时纠正，依法处理。

第七十三条　用于公路监督检查的专用车辆，应当设置统一的标志和示警灯。

第八章　法律责任

第七十四条　违反法律或者国务院有关规定，擅自在公路上设卡、收费的，由交通主管部门责令停止违法行为，没收违法所得，可以处违法所得三倍以下的罚款，没有违法所得的，可以处二万元以下的罚款；对负有直接责任的主管人员和其他直接责任人员，依法给予行政处分。

第七十五条　违反本法第二十五条规定，未经有关交通主管部门批准擅自施工的，交通主管部门可以责令停止施工，并可以处五万元以下的罚款。

第七十六条　未按照国家有关规定缴纳应缴纳的公路建设、养护费用的，由交通主管部门责令限期缴纳，从欠缴之日起，按日加收滞纳金；逾期仍不缴纳的，处欠缴费款三倍以下的罚款并由交通主管部门依法申请人民法院强制执行。

第七十七条　有下列违法行为之一的，由交通主管部门责令停止违法行为，可以处三万元以下的罚款：

（一）违反本法第四十四条第一款规定，擅自占用、挖掘公路的；

（二）违反本法第四十五条规定，未经同意或者未按照公路工程技术标准的要求修建桥梁、渡槽或者架设、埋设管线、电缆等设施的；

（三）违反本法第四十七条规定，从事危及公路安全的作业的；

（四）违反本法第四十八条规定，铁轮车、履带车和其他可能损害路面的机具擅自在公路上行驶的；

（五）违反本法第五十条规定，车辆超限使用汽车渡船或者在公路上擅自超限行驶的；

（六）违反本法第五十二条、第五十六条规定，损坏、移动、涂改公路附属设施或者损坏、挪动建筑控制区的标桩、界桩，可能危及公路安全的。

第七十八条 违反本法第四十六条的规定，造成公路路面损坏、污染或者影响公路畅通的，或者违反本法第五十一条规定，将公路作为试车场地的，由交通主管部门责令停止违法行为，可以处五千元以下的罚款。

第七十九条 违反本法第五十三条规定，造成公路损坏，未报告的，由交通主管部门处一千元以下的罚款。

第八十条 违反本法第五十四条规定，在公路用地范围内设置公路标志以外的其他标志的，由交通主管部门责令限期拆除，可以处二万元以下的罚款；逾期不拆除的，由交通主管部门拆除，有关费用由设置者负担。

第八十一条 违反本法第五十五条规定，未经批准在公路上增设平面交叉道口的，由交通主管部门责令恢复原状，处五万元以下的罚款。

第八十二条 违反本法第五十六条规定，在公路建筑控制区内修建建筑物、地面构筑物或者擅自埋设管线、电缆等设施的，由交通主管部门责令限期拆除，并可以处五万元以下的罚款。逾期不拆除的，由交通主管部门拆除，有关费用由建筑者、构筑者承担。

第八十三条 除本法第七十四条、第七十五条的规定外，本章规定由交通主管部门行使的行政处罚权和行政措施，可以依照本法第八条第四款的规定由公路管理机构行使。

第八十四条 阻碍公路建设或者公路抢修，致使公路建设或者抢修不能正常进行,尚未造成严重损失的,依照《中华人民共和国治安管理处罚法》的规定处罚。

损毁公路或者擅自移动公路标志,可能影响交通安全,尚不够刑事处罚的,适用《中华人民共和国道路交通安全法》第九十九条的规定处罚。

拒绝、阻碍公路监督检查人员依法执行职务未使用暴力、威胁方法的,依照《中华人民共和国治安管理处罚法》的规定处罚。

第八十五条 违反本法有关规定,构成犯罪的,依法追究刑事责任。

第八十六条 违反本法有关规定,对公路造成损害的,应当依法承担民事责任。

对公路造成较大损害的车辆,必须立即停车,保护现场,报告公路管理机构,接受公路管理机构的调查、处理后方得驶离。

第八十七条 交通主管部门、公路管理机构的工作人员玩忽职守、徇私舞弊、滥用职权,构成犯罪的,依法追究刑事责任;尚不构成犯罪的,依法给予行政处分。

第九章 附 则

本法自1998年1月1日起施行。

收费公路管理条例

第一章　总　　则

第一条　为了加强对收费公路的管理，规范公路收费行为，维护收费公路的经营管理者和使用者的合法权益，促进公路事业的发展，根据《中华人民共和国公路法》（以下简称公路法），制定本条例。

第二条　本条例所称收费公路，是指符合公路法和本条例规定，经批准依法收取车辆通行费的公路（含桥梁和隧道）。

第三条　各级人民政府应当采取积极措施，支持、促进公路事业的发展。公路发展应当坚持非收费公路为主，适当发展收费公路。

第四条　全部由政府投资或者社会组织、个人捐资建设的公路，不得收取车辆通行费。

第五条　任何单位或者个人不得违反公路法和本条例的规定，在公路上设站（卡）收取车辆通行费。

第六条　对在公路上非法设立收费站（卡）收取车辆通行费的，任何单位和个人都有权拒绝交纳。

任何单位或者个人对在公路上非法设立收费站（卡）、非法收取或者使用车辆通行费、非法转让收费公路权益或者非法延长收费期限等行为，都有权向交通、价格、财政等部门举报。收到举报的部门应当按照职责分工依法及时查处；无权查处的，应当及时移送有权查处的部门。受理的部门必须自收到举报或者移送材料之日起10日内进行查处。

第七条　收费公路的经营管理者，经依法批准有权向通行收费公路的车辆收取车辆通行费。

军队车辆、武警部队车辆，公安机关在辖区内收费公路上处理交通事故、执行正常巡逻任务和处置突发事件的统一标志的制式警车，以及经国务院交通主管部门或者省、自治区、直辖市人民政府批准执行抢险救灾任务的车辆，免交车辆通行费。

进行跨区作业的联合收割机、运输联合收割机（包括插秧机）的车辆，免交车辆通行费。联合收割机不得在高速公路上通行。

第八条 任何单位或者个人不得以任何形式非法干预收费公路的经营管理，挤占、挪用收费公路经营管理者依法收取的车辆通行费。

第二章 收费公路建设和收费站的设置

第九条 建设收费公路，应当符合国家和省、自治区、直辖市公路发展规划，符合本条例规定的收费公路的技术等级和规模。

第十条 县级以上地方人民政府交通主管部门利用贷款或者向企业、个人有偿集资建设的公路（以下简称政府还贷公路），国内外经济组织投资建设或者依照公路法的规定受让政府还贷公路收费权的公路（以下简称经营性公路），经依法批准后，方可收取车辆通行费。

第十一条 建设和管理政府还贷公路，应当按照政事分开的原则，依法设立专门的不以营利为目的的法人组织。

省、自治区、直辖市人民政府交通主管部门对本行政区域内的政府还贷公路，可以实行统一管理、统一贷款、统一还款。

经营性公路建设项目应当向社会公布，采用招标投标方式选择投资者。

经营性公路由依法成立的公路企业法人建设、经营和管理。

第十二条 收费公路收费站的设置，由省、自治区、直辖市人民政府按照下列规定审查批准：

（一）高速公路以及其他封闭式的收费公路，除两端出入口外，不得在主线上设置收费站。但是，省、自治区、直辖市之间确需设置收费站的除外。

(二)非封闭式的收费公路的同一主线上,相邻收费站的间距不得少于50公里。

第十三条 高速公路以及其他封闭式的收费公路,应当实行计算机联网收费,减少收费站点,提高通行效率。联网收费的具体办法由国务院交通主管部门会同国务院有关部门制定。

第十四条 收费公路的收费期限,由省、自治区、直辖市人民政府按照下列标准审查批准:

(一)政府还贷公路的收费期限,按照用收费偿还贷款、偿还有偿集资款的原则确定,最长不得超过15年。国家确定的中西部省、自治区、直辖市的政府还贷公路收费期限,最长不得超过20年。

(二)经营性公路的收费期限,按照收回投资并有合理回报的原则确定,最长不得超过25年。国家确定的中西部省、自治区、直辖市的经营性公路收费期限,最长不得超过30年。

第十五条 车辆通行费的收费标准,应当依照价格法律、行政法规的规定进行听证,并按照下列程序审查批准:

(一)政府还贷公路的收费标准,由省、自治区、直辖市人民政府交通主管部门会同同级价格主管部门、财政部门审核后,报本级人民政府审查批准。

(二)经营性公路的收费标准,由省、自治区、直辖市人民政府交通主管部门会同同级价格主管部门审核后,报本级人民政府审查批准。

第十六条 车辆通行费的收费标准,应当根据公路的技术等级、投资总额、当地物价指数、偿还贷款或者有偿集资款的期限和收回投资的期限以及交通量等因素计算确定。对在国家规定的绿色通道上运输鲜活农产品的车辆,可以适当降低车辆通行费的收费标准或者免交车辆通行费。

修建与收费公路经营管理无关的设施、超标准修建的收费公路经营管理设施和服务设施,其费用不得作为确定收费标准的因素。

车辆通行费的收费标准需要调整的，应当依照本条例第十五条规定的程序办理。

第十七条　依照本条例规定的程序审查批准的收费公路收费站、收费期限、车辆通行费收费标准或者收费标准的调整方案，审批机关应当自审查批准之日起10日内将有关文件向国务院交通主管部门和国务院价格主管部门备案；其中属于政府还贷公路的，还应当自审查批准之日起10日内向国务院财政部门备案。

第十八条　建设收费公路，应当符合下列技术等级和规模：

（一）高速公路连续里程30公里以上。但是，城市市区至本地机场的高速公路除外。

（二）一级公路连续里程50公里以上。

（三）二车道的独立桥梁、隧道，长度800米以上；四车道的独立桥梁、隧道，长度500米以上。

技术等级为二级以下（含二级）的公路不得收费。但是，在国家确定的中西部省、自治区、直辖市建设的二级公路，其连续里程60公里以上的，经依法批准，可以收取车辆通行费。

第三章　收费公路权益的转让

第十九条　依照本条例的规定转让收费公路权益的，应当向社会公布，采用招标投标的方式，公平、公正、公开地选择经营管理者，并依法订立转让协议。

第二十条　收费公路的权益，包括收费权、广告经营权、服务设施经营权。

转让收费公路权益的，应当依法保护投资者的合法利益。

第二十一条　转让政府还贷公路权益中的收费权，可以申请延长收费期限，但延长的期限不得超过5年。

转让经营性公路权益中的收费权，不得延长收费期限。

第二十二条　有下列情形之一的，收费公路权益中的收费权不得转让：

(一)长度小于1000米的二车道独立桥梁和隧道;

(二)二级公路;

(三)收费时间已超过批准收费期限2/3。

第二十三条 转让政府还贷公路权益的收入,必须缴入国库,除用于偿还贷款和有偿集资款外,必须用于公路建设。

第二十四条 收费公路权益转让的具体办法,由国务院交通主管部门会同国务院发展改革部门和财政部门制定。

第四章 收费公路的经营管理

第二十五条 收费公路建成后,应当按照国家有关规定进行验收;验收合格的,方可收取车辆通行费。收费公路不得边建设边收费。

第二十六条 收费公路经营管理者应当按照国家规定的标准和规范,对收费公路及沿线设施进行日常检查、维护,保证收费公路处于良好的技术状态,为通行车辆及人员提供优质服务。

收费公路的养护应当严格按照工期施工、竣工,不得拖延工期,不得影响车辆安全通行。

第二十七条 收费公路经营管理者应当在收费站的显著位置,设置载有收费站名称、审批机关、收费单位、收费标准、收费起止年限和监督电话等内容的公告牌,接受社会监督。

第二十八条 收费公路经营管理者应当按照国家规定的标准,结合公路交通状况、沿线设施等情况,设置交通标志、标线。

交通标志、标线必须清晰、准确、易于识别。重要的通行信息应当重复提示。

第二十九条 收费道口的设置,应当符合车辆行驶安全的要求;收费道口的数量,应当符合车辆快速通过的需要,不得造成车辆堵塞。

第三十条 收费站工作人员的配备,应当与收费道口的数量、车流量相适应,不得随意增加人员。

收费公路经营管理者应当加强对收费站工作人员的业务培训和职业道德教育，收费人员应当做到文明礼貌，规范服务。

第三十一条　遇有公路损坏、施工或者发生交通事故等影响车辆正常安全行驶的情形时，收费公路经营管理者应当在现场设置安全防护设施，并在收费公路出入口进行限速、警示提示，或者利用收费公路沿线可变信息板等设施予以公告；造成交通堵塞时，应当及时报告有关部门并协助疏导交通。

遇有公路严重损毁、恶劣气象条件或者重大交通事故等严重影响车辆安全通行的情形时，公安机关应当根据情况，依法采取限速通行、关闭公路等交通管制措施。收费公路经营管理者应当积极配合公安机关，及时将有关交通管制的信息向通行车辆进行提示。

第三十二条　收费公路经营管理者收取车辆通行费，必须向收费公路使用者开具收费票据。政府还贷公路的收费票据，由省、自治区、直辖市人民政府财政部门统一印（监）制。经营性公路的收费票据，由省、自治区、直辖市人民政府税务部门统一印（监）制。

第三十三条　收费公路经营管理者对依法应当交纳而拒交、逃交、少交车辆通行费的车辆，有权拒绝其通行，并要求其补交应交纳的车辆通行费。

任何人不得为拒交、逃交、少交车辆通行费而故意堵塞收费道口、强行冲卡、殴打收费公路管理人员、破坏收费设施或者从事其他扰乱收费公路经营管理秩序的活动。

发生前款规定的扰乱收费公路经营管理秩序行为时，收费公路经营管理者应当及时报告公安机关，由公安机关依法予以处理。

第三十四条　在收费公路上行驶的车辆不得超载。

发现车辆超载时，收费公路经营管理者应当及时报告公安机关，由公安机关依法予以处理。

第三十五条　收费公路经营管理者不得有下列行为：

(一)擅自提高车辆通行费收费标准;

(二)在车辆通行费收费标准之外加收或者代收任何其他费用;

(三)强行收取或者以其他不正当手段按车辆收取某一期间的车辆通行费;

(四)不开具收费票据,开具未经省、自治区、直辖市人民政府财政、税务部门统一印(监)制的收费票据或者开具已经过期失效的收费票据。

有前款所列行为之一的,通行车辆有权拒绝交纳车辆通行费。

第三十六条 政府还贷公路的管理者收取的车辆通行费收入,应当全部存入财政专户,严格实行收支两条线管理。

政府还贷公路的车辆通行费,除必要的管理、养护费用从财政部门批准的车辆通行费预算中列支外,必须全部用于偿还贷款和有偿集资款,不得挪作他用。

第三十七条 收费公路的收费期限届满,必须终止收费。

政府还贷公路在批准的收费期限届满前已经还清贷款、还清有偿集资款的,必须终止收费。

依照本条前两款的规定,收费公路终止收费的,有关省、自治区、直辖市人民政府应当向社会公告,明确规定终止收费的日期,接受社会监督。

第三十八条 收费公路终止收费前6个月,省、自治区、直辖市人民政府交通主管部门应当对收费公路进行鉴定和验收。经鉴定和验收,公路符合取得收费公路权益时核定的技术等级和标准的,收费公路经营管理者方可按照国家有关规定向交通主管部门办理公路移交手续;不符合取得收费公路权益时核定的技术等级和标准的,收费公路经营管理者应当在交通主管部门确定的期限内进行养护,达到要求后,方可按照规定办理公路移交手续。

第三十九条 收费公路终止收费后,收费公路经营管理者应当自终止收费之日起15日内拆除收费设施。

第四十条 任何单位或者个人不得通过封堵非收费公路或者在非收费公路上设卡收费等方式,强迫车辆通行收费公路。

第四十一条 收费公路经营管理者应当按照国务院交通主管部门和省、自治区、直辖市人民政府交通主管部门的要求,及时提供统计资料和有关情况。

第四十二条 收费公路的养护、绿化和公路用地范围内的水土保持及路政管理,依照公路法的有关规定执行。

第四十三条 国务院交通主管部门和省、自治区、直辖市人民政府交通主管部门应当对收费公路实施监督检查,督促收费公路经营管理者依法履行公路养护、绿化和公路用地范围内的水土保持义务。

第四十四条 审计机关应当依法加强收费公路的审计监督,对违法行为依法进行查处。

第四十五条 行政执法机关依法对收费公路实施监督检查时,不得向收费公路经营管理者收取任何费用。

第四十六条 省、自治区、直辖市人民政府应当将本行政区域内收费公路及收费站名称、收费单位、收费标准、收费期限等信息向社会公布,接受社会监督。

第五章 法律责任

第四十七条 违反本条例的规定,擅自批准收费公路建设、收费站、收费期限、车辆通行费收费标准或者收费公路权益转让的,由省、自治区、直辖市人民政府责令改正;对负有责任的主管人员和其他直接责任人员依法给予记大过直至开除的行政处分;构成犯罪的,依法追究刑事责任。

第四十八条 违反本条例的规定,地方人民政府或者有关部门及其工作人员非法干预收费公路经营管理,或者挤占、挪用收费公路经营管理者收取的车辆通行费的,由上级人民政府或者有关部门责令停止非法干预,退回挤占、挪用的车辆通行费;对负有责任的主管人员和其他直接责任人员依法给予记大过直至开除的行政处分;构成犯罪的,依法追究刑事责任。

第四十九条 违反本条例的规定,擅自在公路上设立收费站(卡)收取车辆通行费或者应当终止收费而不终止的,由国务院交通主管部门或者省、自治区、直辖市人民政府交通主管部门依据职权,责令改正,强制拆除收费设施;有违法所得的,没收违法所得,并处违法所得2倍以上5倍以下的罚款;没有违法所得的,处1万元以上5万元以下的罚款;负有责任的主管人员和其他直接责任人员属于国家工作人员的,依法给予记大过直至开除的行政处分。

第五十条 违反本条例的规定,有下列情形之一的,由国务院交通主管部门或者省、自治区、直辖市人民政府交通主管部门依据职权,责令改正,并根据情节轻重,处5万元以上20万元以下的罚款:

(一)收费站的设置不符合标准或者擅自变更收费站位置的;

(二)未按照国家规定的标准和规范对收费公路及沿线设施进行日常检查、维护的;

(三)未按照国家有关规定合理设置交通标志、标线的;

(四)道口设置不符合车辆行驶安全要求或者道口数量不符合车辆快速通过需要的;

(五)遇有公路损坏、施工或者发生交通事故等影响车辆正常安全行驶的情形,未按照规定设置安全防护设施或者未进行提示、公告,或者遇有交通堵塞不及时疏导交通的;

(六)应当公布有关限速通行或者关闭收费公路的信息而未及时公布的。

第五十一条 违反本条例的规定,收费公路经营管理者收费时不开具票据,开具未经省、自治区、直辖市人民政府财政、税务部门统一印(监)制的票据,或者开具已经过期失效的票据的,由财政部门或者税务部门责令改正,并根据情节轻重,处10万元以上50万元以下的罚款;负有责任的主管人员和其他直接责任人员属于国家工作人员的，依法给予记大过直至开除的行政处分；构成犯罪的，依法追究刑事责任。

第五十二条　违反本条例的规定，政府还贷公路的管理者未将车辆通行费足额存入财政专户或者未将转让政府还贷公路权益的收入全额缴入国库的，由财政部门予以追缴、补齐；对负有责任的主管人员和其他直接责任人员，依法给予记过直至开除的行政处分。

违反本条例的规定，财政部门未将政府还贷公路的车辆通行费或者转让政府还贷公路权益的收入用于偿还贷款、偿还有偿集资款，或者将车辆通行费、转让政府还贷公路权益的收入挪作他用的，由本级人民政府责令偿还贷款、偿还有偿集资款，或者责令退还挪用的车辆通行费和转让政府还贷公路权益的收入；对负有责任的主管人员和其他直接责任人员，依法给予记过直至开除的行政处分；构成犯罪的，依法追究刑事责任。

第五十三条　违反本条例的规定，收费公路终止收费后，收费公路经营管理者不及时拆除收费设施的，由省、自治区、直辖市人民政府交通主管部门责令限期拆除；逾期不拆除的，强制拆除，拆除费用由原收费公路经营管理者承担。

第五十四条　违反本条例的规定，收费公路经营管理者未按照国务院交通主管部门规定的技术规范和操作规程进行收费公路养护的，由省、自治区、直辖市人民政府交通主管部门责令改正；拒不改正的，责令停止收费。责令停止收费后30日内仍未履行公路养护义务的，由省、自治区、直辖市人民政府交通主管部门指定其他单位进行养护，养护费用由原收费公路经营管理者承担。拒不承担的，由省、自治区、直辖市人民政府交通主管部门申请人民法院强制执行。

第五十五条　违反本条例的规定，收费公路经营管理者未履行公路绿化和水土保持义务的，由省、自治区、直辖市人民政府交通主管部门责令改正，并可以对原收费公路经营管理者处履行绿化、水土保持义务所需费用1倍至2倍的罚款。

第五十六条 国务院价格主管部门或者县级以上地方人民政府价格主管部门对违反本条例的价格违法行为，应当依据价格管理的法律、法规和规章的规定予以处罚。

第五十七条 违反本条例的规定，为拒交、逃交、少交车辆通行费而故意堵塞收费道口、强行冲卡、殴打收费公路管理人员、破坏收费设施或者从事其他扰乱收费公路经营管理秩序活动，构成违反治安管理行为的，由公安机关依法予以处罚；构成犯罪的，依法追究刑事责任；给收费公路经营管理者造成损失或者造成人身损害的，依法承担民事赔偿责任。

第五十八条 违反本条例的规定，假冒军队车辆、武警部队车辆、公安机关统一标志的制式警车和抢险救灾车辆逃交车辆通行费的，由有关机关依法予以处理。

第六章 附 则

第五十九条 本条例施行前在建的和已投入运行的收费公路，由国务院交通主管部门会同国务院发展改革部门和财政部门依照本条例规定的原则进行规范。具体办法由国务院交通主管部门制定。

第六十条 本条例自2004年11月1日起施行。

中华人民共和国国务院令

第 593 号

《公路安全保护条例》已经 2011 年 2 月 16 日国务院第 144 次常务会议通过,现予公布,自 2011 年 7 月 1 日起施行。

总理　温家宝

二〇一一年三月七日

公路安全保护条例

第一章　总　　则

第一条　为了加强公路保护,保障公路完好、安全和畅通,根据《中华人民共和国公路法》,制定本条例。

第二条　各级人民政府应当加强对公路保护工作的领导,依法履行公路保护职责。

第三条　国务院交通运输主管部门主管全国公路保护工作。

县级以上地方人民政府交通运输主管部门主管本行政区域的公路保护工作;但是,县级以上地方人民政府交通运输主管部门对国道、省道的保护职责,由省、自治区、直辖市人民政府确定。

公路管理机构依照本条例的规定具体负责公路保护的监督管理工作。

第四条　县级以上各级人民政府发展改革、工业和信息化、公安、工商、质检等部门按照职责分工,依法开展公路保护的相关工作。

第五条　县级以上各级人民政府应当将政府及其有关部门

从事公路管理、养护所需经费以及公路管理机构行使公路行政管理职能所需经费纳入本级人民政府财政预算。但是,专用公路的公路保护经费除外。

第六条 县级以上各级人民政府交通运输主管部门应当综合考虑国家有关车辆技术标准、公路使用状况等因素,逐步提高公路建设、管理和养护水平,努力满足国民经济和社会发展以及人民群众生产、生活需要。

第七条 县级以上各级人民政府交通运输主管部门应当依照《中华人民共和国突发事件应对法》的规定,制定地震、泥石流、雨雪冰冻灾害等损毁公路的突发事件(以下简称公路突发事件)应急预案,报本级人民政府批准后实施。

公路管理机构、公路经营企业应当根据交通运输主管部门制定的公路突发事件应急预案,组建应急队伍,并定期组织应急演练。

第八条 国家建立健全公路突发事件应急物资储备保障制度,完善应急物资储备、调配体系,确保发生公路突发事件时能够满足应急处置工作的需要。

第九条 任何单位和个人不得破坏、损坏、非法占用或者非法利用公路、公路用地和公路附属设施。

第二章 公路线路

第十条 公路管理机构应当建立健全公路管理档案,对公路、公路用地和公路附属设施调查核实、登记造册。

第十一条 县级以上地方人民政府应当根据保障公路运行安全和节约用地的原则以及公路发展的需要,组织交通运输、国土资源等部门划定公路建筑控制区的范围。

公路建筑控制区的范围,从公路用地外缘起向外的距离标准为:

(一)国道不少于20米;

(二)省道不少于15米;

(三)县道不少于10米;

(四)乡道不少于5米。

属于高速公路的,公路建筑控制区的范围从公路用地外缘起向外的距离标准不少于30米。

公路弯道内侧、互通立交以及平面交叉道口的建筑控制区范围根据安全视距等要求确定。

第十二条　新建、改建公路的建筑控制区的范围,应当自公路初步设计批准之日起30日内,由公路沿线县级以上地方人民政府依照本条例划定并公告。

公路建筑控制区与铁路线路安全保护区、航道保护范围、河道管理范围或者水工程管理和保护范围重叠的,经公路管理机构和铁路管理机构、航道管理机构、水行政主管部门或者流域管理机构协商后划定。

第十三条　在公路建筑控制区内,除公路保护需要外,禁止修建建筑物和地面构筑物;公路建筑控制区划定前已经合法修建的不得扩建,因公路建设或者保障公路运行安全等原因需要拆除的应当依法给予补偿。

在公路建筑控制区外修建的建筑物、地面构筑物以及其他设施不得遮挡公路标志,不得妨碍安全视距。

第十四条　新建村镇、开发区、学校和货物集散地、大型商业网点、农贸市场等公共场所,与公路建筑控制区边界外缘的距离应当符合下列标准,并尽可能在公路一侧建设:

(一)国道、省道不少于50米;

(二)县道、乡道不少于20米。

第十五条　新建、改建公路与既有城市道路、铁路、通信等线路交叉或者新建、改建城市道路、铁路、通信等线路与既有公路交叉的,建设费用由新建、改建单位承担;城市道路、铁路、通信等线路的管理部门、单位或者公路管理机构要求提高既有建设标准而增加的费用,由提出要求的部门或者单位承担。

需要改变既有公路与城市道路、铁路、通信等线路交叉方式的，按照公平合理的原则分担建设费用。

第十六条 禁止将公路作为检验车辆制动性能的试车场地。

禁止在公路、公路用地范围内摆摊设点、堆放物品、倾倒垃圾、设置障碍、挖沟引水、打场晒粮、种植作物、放养牲畜、采石、取土、采空作业、焚烧物品、利用公路边沟排放污物或者进行其他损坏、污染公路和影响公路畅通的行为。

第十七条 禁止在下列范围内从事采矿、采石、取土、爆破作业等危及公路、公路桥梁、公路隧道、公路渡口安全的活动：

(一)国道、省道、县道的公路用地外缘起向外100米，乡道的公路用地外缘起向外50米；

(二)公路渡口和中型以上公路桥梁周围200米；

(三)公路隧道上方和洞口外100米。

在前款规定的范围内，因抢险、防汛需要修筑堤坝、压缩或者拓宽河床的，应当经省、自治区、直辖市人民政府交通运输主管部门会同水行政主管部门或者流域管理机构批准，并采取安全防护措施方可进行。

第十八条 除按照国家有关规定设立的为车辆补充燃料的场所、设施外，禁止在下列范围内设立生产、储存、销售易燃、易爆、剧毒、放射性等危险物品的场所、设施：

(一)公路用地外缘起向外100米；

(二)公路渡口和中型以上公路桥梁周围200米；

(三)公路隧道上方和洞口外100米。

第十九条 禁止擅自在中型以上公路桥梁跨越的河道上下游各1000米范围内抽取地下水、架设浮桥以及修建其他危及公路桥梁安全的设施。

在前款规定的范围内，确需进行抽取地下水、架设浮桥等活动的，应当经水行政主管部门、流域管理机构等有关单位会同公路管理机构批准，并采取安全防护措施方可进行。

第二十条 禁止在公路桥梁跨越的河道上下游的下列范围

内采砂：

（一）特大型公路桥梁跨越的河道上游500米，下游3000米；

（二）大型公路桥梁跨越的河道上游500米，下游2000米；

（三）中小型公路桥梁跨越的河道上游500米，下游1000米。

第二十一条　在公路桥梁跨越的河道上下游各500米范围内依法进行疏浚作业的，应当符合公路桥梁安全要求，经公路管理机构确认安全方可作业。

第二十二条　禁止利用公路桥梁进行牵拉、吊装等危及公路桥梁安全的施工作业。

禁止利用公路桥梁（含桥下空间）、公路隧道、涵洞堆放物品，搭建设施以及铺设高压电线和输送易燃、易爆或者其他有毒有害气体、液体的管道。

第二十三条　公路桥梁跨越航道的，建设单位应当按照国家有关规定设置桥梁航标、桥柱标、桥梁水尺标，并按照国家标准、行业标准设置桥区水上航标和桥墩防撞装置。桥区水上航标由航标管理机构负责维护。

通过公路桥梁的船舶应当符合公路桥梁通航净空要求，严格遵守航行规则，不得在公路桥梁下停泊或者系缆。

第二十四条　重要的公路桥梁和公路隧道按照《中华人民共和国人民武装警察法》和国务院、中央军委的有关规定由中国人民武装警察部队守护。

第二十五条　禁止损坏、擅自移动、涂改、遮挡公路附属设施或者利用公路附属设施架设管道、悬挂物品。

第二十六条　禁止破坏公路、公路用地范围内的绿化物。需要更新采伐护路林的，应当向公路管理机构提出申请，经批准方可更新采伐，并及时补种；不能及时补种的，应当交纳补种所需费用，由公路管理机构代为补种。

第二十七条　进行下列涉路施工活动，建设单位应当向公路管理机构提出申请：

（一）因修建铁路、机场、供电、水利、通信等建设工程需要占用、挖掘公路、公路用地或者使公路改线；

（二）跨越、穿越公路修建桥梁、渡槽或者架设、埋设管道、电缆等设施；

（三）在公路用地范围内架设、埋设管道、电缆等设施；

（四）利用公路桥梁、公路隧道、涵洞铺设电缆等设施；

（五）利用跨越公路的设施悬挂非公路标志；

（六）在公路上增设或者改造平面交叉道口；

（七）在公路建筑控制区内埋设管道、电缆等设施。

第二十八条 申请进行涉路施工活动的建设单位应当向公路管理机构提交下列材料：

（一）符合有关技术标准、规范要求的设计和施工方案；

（二）保障公路、公路附属设施质量和安全的技术评价报告；

（三）处置施工险情和意外事故的应急方案。

公路管理机构应当自受理申请之日起20日内作出许可或者不予许可的决定；影响交通安全的，应当征得公安机关交通管理部门的同意；涉及经营性公路的，应当征求公路经营企业的意见；不予许可的，公路管理机构应当书面通知申请人并说明理由。

第二十九条 建设单位应当按照许可的设计和施工方案进行施工作业，并落实保障公路、公路附属设施质量和安全的防护措施。

涉路施工完毕，公路管理机构应当对公路、公路附属设施是否达到规定的技术标准以及施工是否符合保障公路、公路附属设施质量和安全的要求进行验收；影响交通安全的，还应当经公安机关交通管理部门验收。

涉路工程设施的所有人、管理人应当加强维护和管理，确保工程设施不影响公路的完好、安全和畅通。

第三章 公路通行

第三十条 车辆的外廓尺寸、轴荷和总质量应当符合国家有关车辆外廓尺寸、轴荷、质量限值等机动车安全技术标准，不符合标准的不得生产、销售。

第三十一条　公安机关交通管理部门办理车辆登记，应当当场查验，对不符合机动车国家安全技术标准的车辆不予登记。

第三十二条　运输不可解体物品需要改装车辆的，应当由具有相应资质的车辆生产企业按照规定的车型和技术参数进行改装。

第三十三条　超过公路、公路桥梁、公路隧道限载、限高、限宽、限长标准的车辆，不得在公路、公路桥梁或者公路隧道行驶；超过汽车渡船限载、限高、限宽、限长标准的车辆，不得使用汽车渡船。

公路、公路桥梁、公路隧道限载、限高、限宽、限长标准调整的，公路管理机构、公路经营企业应当及时变更限载、限高、限宽、限长标志；需要绕行的，还应当标明绕行路线。

第三十四条　县级人民政府交通运输主管部门或者乡级人民政府可以根据保护乡道、村道的需要，在乡道、村道的出入口设置必要的限高、限宽设施，但是不得影响消防和卫生急救等应急通行需要，不得向通行车辆收费。

第三十五条　车辆载运不可解体物品，车货总体的外廓尺寸或者总质量超过公路、公路桥梁、公路隧道的限载、限高、限宽、限长标准，确需在公路、公路桥梁、公路隧道行驶的，从事运输的单位和个人应当向公路管理机构申请公路超限运输许可。

第三十六条　申请公路超限运输许可按照下列规定办理：

（一）跨省、自治区、直辖市进行超限运输的，向公路沿线各省、自治区、直辖市公路管理机构提出申请，由起运地省、自治区、直辖市公路管理机构统一受理，并协调公路沿线各省、自治区、直辖市公路管理机构对超限运输申请进行审批，必要时可以由国务院交通运输主管部门统一协调处理；

（二）在省、自治区范围内跨设区的市进行超限运输，或者在直辖市范围内跨区、县进行超限运输的，向省、自治区、直辖市公路管理机构提出申请，由省、自治区、直辖市公路管理机构受理并审批；

（三）在设区的市范围内跨区、县进行超限运输的，向设区的市公路管理机构提出申请，由设区的市公路管理机构受理并审批；

（四）在区、县范围内进行超限运输的，向区、县公路管理机构提出申请，由区、县公路管理机构受理并审批。

公路超限运输影响交通安全的，公路管理机构在审批超限运输申请时，应当征求公安机关交通管理部门意见。

第三十七条　公路管理机构审批超限运输申请，应当根据实际情况勘测通行路线，需要采取加固、改造措施的，可以与申请人签订有关协议，制定相应的加固、改造方案。

公路管理机构应当根据其制定的加固、改造方案，对通行的公路桥梁、涵洞等设施进行加固、改造；必要时应当对超限运输车辆进行监管。

第三十八条　公路管理机构批准超限运输申请的，应当为超限运输车辆配发国务院交通运输主管部门规定式样的超限运输车辆通行证。

经批准进行超限运输的车辆，应当随车携带超限运输车辆通行证，按照指定的时间、路线和速度行驶，并悬挂明显标志。

禁止租借、转让超限运输车辆通行证。禁止使用伪造、变造的超限运输车辆通行证。

第三十九条　经省、自治区、直辖市人民政府批准，有关交通运输主管部门可以设立固定超限检测站点，配备必要的设备和人员。

固定超限检测站点应当规范执法，并公布监督电话。公路管理机构应当加强对固定超限检测站点的管理。

第四十条　公路管理机构在监督检查中发现车辆超过公路、公路桥梁、公路隧道或者汽车渡船的限载、限高、限宽、限长标准的，应当就近引导至固定超限检测站点进行处理。

车辆应当按照超限检测指示标志或者公路管理机构监督检查人员的指挥接受超限检测，不得故意堵塞固定超限检测站点通行车道、强行通过固定超限检测站点或者以其他方式扰乱超限检测秩序，不得采取短途驳载等方式逃避超限检测。

禁止通过引路绕行等方式为不符合国家有关载运标准的车辆逃避超限检测提供便利。

第四十一条　煤炭、水泥等货物集散地以及货运站等场所的经营人、管理人应当采取有效措施，防止不符合国家有关载运标准的车辆出场(站)。

道路运输管理机构应当加强对煤炭、水泥等货物集散地以及货运站等场所的监督检查，制止不符合国家有关载运标准的车辆出场(站)。

任何单位和个人不得指使、强令车辆驾驶人超限运输货物，不得阻碍道路运输管理机构依法进行监督检查。

第四十二条　载运易燃、易爆、剧毒、放射性等危险物品的车辆，应当符合国家有关安全管理规定，并避免通过特大型公路桥梁或者特长公路隧道；确需通过特大型公路桥梁或者特长公路隧道的，负责审批易燃、易爆、剧毒、放射性等危险物品运输许可的机关应当提前将行驶时间、路线通知特大型公路桥梁或者特长公路隧道的管理单位，并对在特大型公路桥梁或者特长公路隧道行驶的车辆进行现场监管。

第四十三条　车辆应当规范装载，装载物不得触地拖行。车辆装载物易掉落、遗洒或者飘散的，应当采取厢式密闭等有效防护措施方可在公路上行驶。

公路上行驶车辆的装载物掉落、遗洒或者飘散的，车辆驾驶人、押运人员应当及时采取措施处理；无法处理的，应当在掉落、遗洒或者飘散物来车方向适当距离外设置警示标志，并迅速报告公路管理机构或者公安机关交通管理部门。其他人员发现公路上有影响交通安全的障碍物的，也应当及时报告公路管理机构或者公安机关交通管理部门。公安机关交通管理部门应当责令改正车辆装载物掉落、遗洒、飘散等违法行为；公路管理机构、公路经营企业应当及时清除掉落、遗洒、飘散在公路上的障碍物。

车辆装载物掉落、遗洒、飘散后，车辆驾驶人、押运人员未及时采取措施处理，造成他人人身、财产损害的，道路运输企业、车辆驾驶人应当依法承担赔偿责任。

第四章　公路养护

第四十四条　公路管理机构、公路经营企业应当加强公路养护，保证公路经常处于良好技术状态。

前款所称良好技术状态，是指公路自身的物理状态符合有关技术标准的要求，包括路面平整，路肩、边坡平顺，有关设施完好。

第四十五条　公路养护应当按照国务院交通运输主管部门规定的技术规范和操作规程实施作业。

第四十六条　从事公路养护作业的单位应当具备下列资质条件：

（一）有一定数量的符合要求的技术人员；

（二）有与公路养护作业相适应的技术设备；

（三）有与公路养护作业相适应的作业经历；

（四）国务院交通运输主管部门规定的其他条件。

公路养护作业单位资质管理办法由国务院交通运输主管部门另行制定。

第四十七条　公路管理机构、公路经营企业应当按照国务院交通运输主管部门的规定对公路进行巡查，并制作巡查记录；发现公路坍塌、坑槽、隆起等损毁的，应当及时设置警示标志，并采取措施修复。

公安机关交通管理部门发现公路坍塌、坑槽、隆起等损毁，危及交通安全的，应当及时采取措施，疏导交通，并通知公路管理机构或者公路经营企业。

其他人员发现公路坍塌、坑槽、隆起等损毁的，应当及时向公路管理机构、公安机关交通管理部门报告。

第四十八条　公路管理机构、公路经营企业应当定期对公路、公路桥梁、公路隧道进行检测和评定，保证其技术状态符合有关技术标准；对经检测发现不符合车辆通行安全要求的，应当进行维修，及时向社会公告，并通知公安机关交通管理部门。

第四十九条　公路管理机构、公路经营企业应当定期检查公路隧道的排水、通风、照明、监控、报警、消防、救助等设施，保持设施处于完好状态。

第五十条　公路管理机构应当统筹安排公路养护作业计划，避免集中进行公路养护作业造成交通堵塞。

在省、自治区、直辖市交界区域进行公路养护作业，可能造成交通堵塞的，有关公路管理机构、公安机关交通管理部门应当事先书面通报相邻的省、自治区、直辖市公路管理机构、公安机关交通管理部门，共同制定疏导预案，确定分流路线。

第五十一条　公路养护作业需要封闭公路的，或者占用半幅公路进行作业，作业路段长度在2公里以上，并且作业期限超过30日的，除紧急情况外，公路养护作业单位应当在作业开始之日前5日向社会公告，明确绕行路线，并在绕行处设置标志；不能绕行的，应当修建临时道路。

第五十二条　公路养护作业人员作业时，应当穿着统一的安全标志服。公路养护车辆、机械设备作业时，应当设置明显的作业标志，开启危险报警闪光灯。

第五十三条　发生公路突发事件影响通行的，公路管理机构、公路经营企业应当及时修复公路、恢复通行。设区的市级以上人民政府交通运输主管部门应当根据修复公路、恢复通行的需要，及时调集抢修力量，统筹安排有关作业计划，下达路网调度指令，配合有关部门组织绕行、分流。

设区的市级以上公路管理机构应当按照国务院交通运输主管部门的规定收集、汇总公路损毁、公路交通流量等信息，开展公路突发事件的监测、预报和预警工作，并利用多种方式及时向社会发布有关公路运行信息。

第五十四条 中国人民武装警察交通部队按照国家有关规定承担公路、公路桥梁、公路隧道等设施的抢修任务。

第五十五条 公路永久性停止使用的,应当按照国务院交通运输主管部门规定的程序核准后作报废处理,并向社会公告。

公路报废后的土地使用管理依照有关土地管理的法律、行政法规执行。

第五章 法律责任

第五十六条 违反本条例的规定,有下列情形之一的,由公路管理机构责令限期拆除,可以处5万元以下的罚款。逾期不拆除的,由公路管理机构拆除,有关费用由违法行为人承担:

(一)在公路建筑控制区内修建、扩建建筑物、地面构筑物或者未经许可埋设管道、电缆等设施的;

(二)在公路建筑控制区外修建的建筑物、地面构筑物以及其他设施遮挡公路标志或者妨碍安全视距的。

第五十七条 违反本条例第十八条、第十九条、第二十三条规定的,由安全生产监督管理部门、水行政主管部门、流域管理机构、海事管理机构等有关单位依法处理。

第五十八条 违反本条例第二十条规定的,由水行政主管部门或者流域管理机构责令改正,可以处3万元以下的罚款。

第五十九条 违反本条例第二十二条规定的,由公路管理机构责令改正,处2万元以上10万元以下的罚款。

第六十条 违反本条例的规定,有下列行为之一的,由公路管理机构责令改正,可以处3万元以下的罚款:

(一)损坏、擅自移动、涂改、遮挡公路附属设施或者利用公路附属设施架设管道、悬挂物品,可能危及公路安全的;

(二)涉路工程设施影响公路完好、安全和畅通的。

第六十一条 违反本条例的规定,未经批准更新采伐护路林的，由公路管理机构责令补种，没收违法所得，并处采伐林木价值3倍以上5倍以下的罚款。

第六十二条　违反本条例的规定，未经许可进行本条例第二十七条第一项至第五项规定的涉路施工活动的，由公路管理机构责令改正，可以处3万元以下的罚款；未经许可进行本条例第二十七条第六项规定的涉路施工活动的，由公路管理机构责令改正，处5万元以下的罚款。

第六十三条　违反本条例的规定，非法生产、销售外廓尺寸、轴荷、总质量不符合国家有关车辆外廓尺寸、轴荷、质量限值等机动车安全技术标准的车辆的，依照《中华人民共和国道路交通安全法》的有关规定处罚。

具有国家规定资质的车辆生产企业未按照规定车型和技术参数改装车辆的，由原发证机关责令改正，处4万元以上20万元以下的罚款；拒不改正的，吊销其资质证书。

第六十四条　违反本条例的规定，在公路上行驶的车辆，车货总体的外廓尺寸、轴荷或者总质量超过公路、公路桥梁、公路隧道、汽车渡船限定标准的，由公路管理机构责令改正，可以处3万元以下的罚款。

第六十五条　违反本条例的规定，经批准进行超限运输的车辆，未按照指定时间、路线和速度行驶的，由公路管理机构或者公安机关交通管理部门责令改正；拒不改正的，公路管理机构或者公安机关交通管理部门可以扣留车辆。

未随车携带超限运输车辆通行证的，由公路管理机构扣留车辆，责令车辆驾驶人提供超限运输车辆通行证或者相应的证明。

租借、转让超限运输车辆通行证的，由公路管理机构没收超限运输车辆通行证，处1000元以上5000元以下的罚款。使用伪造、变造的超限运输车辆通行证的，由公路管理机构没收伪造、变造的超限运输车辆通行证，处3万元以下的罚款。

第六十六条　对1年内违法超限运输超过3次的货运车辆，由道路运输管理机构吊销其车辆证；对1年内违法超限运输超过

3 次的货运车辆驾驶人，由道路运输管理机构责令其停止从事营业性运输；道路运输企业 1 年内违法超限运输的货运车辆超过本单位货运车辆总数 10% 的，由道路运输管理机构责令道路运输企业停业整顿；情节严重的，吊销其道路运输经营许可证，并向社会公告。

第六十七条　违反本条例的规定，有下列行为之一的，由公路管理机构强制拖离或者扣留车辆，处 3 万元以下的罚款：

（一）采取故意堵塞固定超限检测站点通行车道、强行通过固定超限检测站点等方式扰乱超限检测秩序的；

（二）采取短途驳载等方式逃避超限检测的。

第六十八条　违反本条例的规定，指使、强令车辆驾驶人超限运输货物的，由道路运输管理机构责令改正，处 3 万元以下的罚款。

第六十九条　车辆装载物触地拖行、掉落、遗洒或者飘散，造成公路路面损坏、污染的，由公路管理机构责令改正，处 5000 元以下的罚款。

第七十条　违反本条例的规定，公路养护作业单位未按照国务院交通运输主管部门规定的技术规范和操作规程进行公路养护作业的，由公路管理机构责令改正，处 1 万元以上 5 万元以下的罚款；拒不改正的，吊销其资质证书。

第七十一条　造成公路、公路附属设施损坏的单位和个人应当立即报告公路管理机构，接受公路管理机构的现场调查处理；危及交通安全的，还应当设置警示标志或者采取其他安全防护措施，并迅速报告公安机关交通管理部门。

发生交通事故造成公路、公路附属设施损坏的，公安机关交通管理部门在处理交通事故时应当及时通知有关公路管理机构到场调查处理。

第七十二条　造成公路、公路附属设施损坏，拒不接受公路管理机构现场调查处理的，公路管理机构可以扣留车辆、工具。

公路管理机构扣留车辆、工具的，应当当场出具凭证，并告知当事人在规定期限内到公路管理机构接受处理。逾期不接受处理，并且经公告3个月仍不来接受处理的，对扣留的车辆、工具，由公路管理机构依法处理。

公路管理机构对被扣留的车辆、工具应当妥善保管，不得使用。

第七十三条　违反本条例的规定，公路管理机构工作人员有下列行为之一的，依法给予处分：

（一）违法实施行政许可的；

（二）违反规定拦截、检查正常行驶的车辆的；

（三）未及时采取措施处理公路坍塌、坑槽、隆起等损毁的；

（四）违法扣留车辆、工具或者使用依法扣留的车辆、工具的；

（五）有其他玩忽职守、徇私舞弊、滥用职权行为的。

公路管理机构有前款所列行为之一的，对负有直接责任的主管人员和其他直接责任人员依法给予处分。

第七十四条　违反本条例的规定，构成违反治安管理行为的，由公安机关依法给予治安管理处罚；构成犯罪的，依法追究刑事责任。

第六章　附　则

第七十五条　村道的管理和养护工作，由乡级人民政府参照本条例的规定执行。

专用公路的保护不适用本条例。

第七十六条　军事运输使用公路按照国务院、中央军事委员会的有关规定执行。

第七十七条　本条例自2011年7月1日起施行。1987年10月13日国务院发布的《中华人民共和国公路管理条例》同时废止。

广东省公路条例

（2003年1月11日广东省第九届人民代表大会常务委员会第三十九次会议通过；2008年7月31日广东省第十一届人民代表大会常务委员会第四次会议修订；2008年7月31日广东省人民代表大会常务委员会公告第7号公布；自2009年1月1日起施行）

第一章　总　则

第一条　为加强公路的建设、养护和管理，促进公路事业发展，根据《中华人民共和国公路法》（以下简称公路法）及有关法律法规，结合本省实际，制定本条例。

第二条　本省行政区域内公路（包括公路桥梁、公路隧道和公路渡口）的规划、建设、养护、经营、使用和管理，适用本条例。

第三条　省人民政府交通主管部门主管全省公路工作，负责本条例的组织实施；市、县（区）人民政府交通主管部门主管本行政区域内的公路工作。

省公路管理机构按照省人民政府的规定，对国道、省道行使公路行政管理职责。

市、县公路管理机构依照法律法规的规定，对所管辖的公路行使公路行政管理职责。

乡、民族乡、镇人民政府负责本行政区域内乡道、村道的建设和养护工作。

第四条　各级人民政府规划、建设、国土、工商、公安、水利、环保等部门应当在各自职责范围内协助交通主管部门、公路管理机构做好公路的建设和管理工作。

第二章　公路规划

第五条　公路规划的编制和审批，按照公路法执行。

公路穿越城镇规划区的，其穿越路段的选线定位等应当与当地城镇规划相协调，并征求当地人民政府规划主管部门意见。

第六条　规划和新建村镇、开发区、厂矿、学校、集市贸易场所等建筑群，应当与公路用地边界外缘保持以下间距：高速公路、国道、省道不少于二百米，县道不少于一百米，乡道不少于五十米；并避免在公路两侧对应进行。

第七条　规划建设铁路、管线等各类设施涉及跨越、穿越或者与规划公路并行的，应当征得地级以上市人民政府交通主管部门同意。涉及的规划公路属国道、省道、高速公路的，应当征得省人民政府交通主管部门同意。

第三章　建设与养护

第八条　公路建设应当执行国家有关环境保护和水土保持的法律、法规，按照国家规定的基本建设程序和省的有关规定进行。公路建设项目应当按照国家有关规定实行法人负责制度、招标投标制度、工程监理制度、合同管理制度、市场准入管理制度和工程质量、工程造价监督管理制度。

第九条　公路建设使用土地应当按照有关法律、行政法规的规定办理。

公路建设用地的土地补偿费、安置补助费、地上附着物和青苗的补偿费等费用标准，按照省人民政府的有关规定执行，具体实施由工程项目所在地人民政府负责。各级人民政府应当按照有关规定按时足额发放各项补偿费用，不得截留或者挪作他用，并向被征用单位或者村民委员会张榜公布各项补偿费标准、总额等事项。

不收费公路建设需要使用国有土地的，由县级以上人民政府依法予以划拨。

第十条 具备施工条件的公路建设项目，由公路建设项目法人按照国家和省的有关规定向有管辖权的交通主管部门提出施工申请，经批准后方可施工。

第十一条 公路的安全设施、标志、标线和绿化工程，养护配套设施及其用地，按照国家公路工程技术标准实施，并与公路工程同期建设。超出技术标准或者要求增加项目的，由提出单位提供土地和建设、养护资金。

第十二条 收费公路交通标志、标线的设置、维护，由收费公路经营管理者负责。

不收费公路交通标志、标线的设置，由建设单位负责；其维护和更新由该公路的养护单位负责。

公路标志、标线必须清晰、准确、易于识别。通行信息应当提前提示，重要的通行信息应当重复提示。

第十三条 公路建设项目验收分为交工验收和竣工验收两个阶段。

公路建设项目完工后，项目法人应当按照国家和省有关规定组织交工验收；交工验收合格的，报省人民政府交通主管部门或者其授权的交通主管部门备案，交通主管部门在十五天内未提出异议的，项目法人可以试运营，试运营期不得超过三年；试运营期计入收费期限。

试运营期满前，项目法人应当按照规定办理竣工决算申报审批工作。政府审计、环保等部门应当及时组织审计和环保等单项验收。单项验收合格后，项目法人应当按照管理权限及有关规定申请竣工验收，竣工验收合格的，方可正式运营。

公路建设项目竣（交）工验收必须符合国家规定的公路工程竣（交）工验收标准。

第十四条 各级人民政府交通主管部门和有关监督管理部门应当加强公路建设的监督管理，维护公路建设市场秩序，依法查处公路建设中的违法、违规行为。

任何单位和个人对公路建设中违反法律、法规的行为以及工程质量问题，有权向有关部门投诉、检举、控告。

第十五条　公路养护应当执行国家和省人民政府交通主管部门规定的技术规范和操作规程，保持公路良好的技术状态。公路养护应当积极推向市场，实行管理和养护相分离。

公路路面养护及有关交通设施维修时，需要封闭半幅路面的，公路养护单位或者经营管理者应当按照有关规定报公路管理机构批准后实施，公路管理机构和公安部门应当共同做好施工现场的车辆疏导工作；需要全封闭路面的，由公路管理机构和公安部门共同发布通告后实施。

第四章　路政管理

第十六条　各级人民政府交通主管部门、公路管理机构应当认真履行职责，依法管理和保护公路，保障公路的完好、安全和畅通。

第十七条　各级人民政府交通主管部门、公路管理机构有权检查、制止侵占或者损坏公路、公路用地和公路附属设施（以下统称路产）等违反公路法和本条例的行为。

公路监督检查人员依法在公路、建筑控制区、车辆停放场所、车辆所属单位等进行监督检查时，被检查的单位和个人应当配合检查，并为其提供方便。任何单位和个人不得阻挠。

公路监督检查人员执行公务，应当出示有效的行政执法证件，佩戴统一标志。

公路监督检查的执法专用车辆，应当设置统一的标志和示警灯。

第十八条　在公路及公路用地范围内禁止下列行为：

（一）非法设置路障，摆摊设点，设点修车、洗车，堆放物品，打谷晒粮，积肥制坯及其他影响公路畅通的行为；

（二）倾倒垃圾淤泥，向公路或者利用公路排水设施排污，车辆装载泥砂石、杂物散落路面及其他污染公路的行为；

（三）擅自设置广告、标牌，毁坏、擅自移动或者涂改公路附属设施；

（四）堵塞公路排水系统，擅自利用桥梁、涵洞或者公路排水设施设闸、筑坝蓄水；

（五）利用公路桥梁、隧道铺设输送易燃、易爆、有毒的气体或者液体的管道；

（六）其他侵占、破坏、损坏公路路产，危及公路安全的行为。

第十九条 超过公路、公路桥梁、公路隧道或者汽车渡船的限载、限高、限宽、限长标准的车辆，不得在有限定标准的公路、公路桥梁和公路隧道行驶，不得使用汽车渡船。

超过公路或者公路桥梁限载标准确需行驶的，应当经公路管理机构按照有关规定批准，并按要求采取有效的防护措施。运载不可解体的超限物品的，应当按照指定的时间、路线、时速行驶，并悬挂明显标志。

申请超限运输，在县内行驶的，由县公路管理机构批准；跨县行驶的，由地级以上市公路管理机构批准；跨地级以上市行驶的，由省公路管理机构批准。

第二十条 公路监督检查人员应当依法对在公路上行驶的车辆进行超限检测，对未经批准的超限车辆可以指定其在县级以上人民政府交通主管部门或者公路管理机构确定的地点停放，卸载至符合轴载质量及其他限值，按照有关规定补交已行驶里程的补偿费。

公路监督检查人员进行超限运输检查时，应当确保公路安全和畅通。被检查人员应当配合，接受检查，不得强行通过。

第二十一条 利用、占用公路和公路用地的下列行为，应当经公路管理机构批准：

（一）公路接线设置道口；

（二）拆除分隔带；

(三)埋设管线、设置电杆、变压器和类似设施;

(四)修建跨(穿)越公路的各种桥梁、牌楼、涵洞、渡槽、隧道、管线等设施;

(五)履带车、铁轮车及其他有损公路路面的车辆上路行驶;

(六)其他利用、占用公路和公路用地的行为。

从事前款第(三)项、第(四)项行为,影响交通安全的,还须征得有关公安机关的同意。

第二十二条 在国道、省道上增设的平面交叉道口与公路搭接的路段,应当铺设长度不少于五十米的次高级以上路面。

第二十三条 损坏路产、污染公路应当依法承担赔偿责任;占用、利用公路路产或者超限运输的,应当承担经济补偿责任。赔偿、补偿费标准由省人民政府交通主管部门会同省财政、价格部门制定。

交通事故造成损坏路产或者污染公路的,公安部门应当及时通知公路管理机构处理。

第二十四条 公路建筑控制区的范围,指从公路两侧边沟(截水沟或者坡脚护坡道;无边沟的,防撞栏或者防撞墙外侧五米,下同)外缘起算的以下间距:高速公路不少于三十米;国道不少于二十米,省道不少于十五米,县道不少于十米,乡道不少于五米。

建筑控制区的具体范围经县级以上人民政府确定并予公告后,由公路管理机构设置标桩、界桩。禁止在公路建筑控制区内修建建筑物和地面构筑物,但公路防护、养护需要的除外。

第二十五条 自公路两侧边沟外缘起算,高速公路八十米、国道五十米、省道三十米范围内广告标牌设施的位置,应当由省人民政府交通主管部门统一规划,并按照有关规定批准。

县道二十米、乡道十米范围内广告标牌设施的位置,应当由地级以上市人民政府交通主管部门统一规划,并按照有关规定批准。

第二十六条 新建、改建公路线路确定后,县级以上人民政府交通主管部门应当知会当地人民政府规划、建设、国土等有关部门,在建筑控制区内不再审批建筑物、构筑物的建设。

对已经立项即将开工或者正在建设的公路,公路管理机构应当予以公告并依法实施路政管理。任何单位和个人自公告之日起不得在公路建设用地范围内抢建、抢种。

第二十七条 根据城市规划或者其他建设工程需要。国道、省道和收费公路需改线的,报省人民政府交通主管部门批准;不收费县道需改线的,报市人民政府交通主管部门批准;影响交通安全的,还须征得有关公安机关的同意。当地人民政府或者建设单位应当按照不低于该段公路原等级标准负责改线工程的投资。改线工程竣工验收后一年内办理新旧路产移交手续。

穿城(镇)公路需转为城市道路的,应当按照公路管理权限审批并办理有关手续。

第二十八条 公路竣工验收前,建设单位或者项目法人应当办理公路和公路用地土地使用权的登记,并按照规定取得土地使用权证。

第二十九条 公路改建及渡口改桥后处于建筑控制区内的原路产,继续作为公路规划建设用地管理;在建筑控制区外的原路产,可依法换取新建路桥需用的土地;改变用途和报废的,依法办理变更或者报废手续,手续办妥前,任何单位和个人不得占用。

第三十条 公路改建、扩建和养护大修、中修,施工单位应当按照公路施工、养护规范堆放材料,施工人员应当穿着统一安全标志,作业车辆、机械必须设置明显作业标志,并在施工路段按照规定设置施工标志、安全标志或者绕道行驶标志,采取措施疏导交通。完工后应当及时清理施工现场,保证车辆和行人的安全通行。

因恶劣天气、自然灾害、工程施工等原因需关闭公路的厂公路管理机构和公安部门应当提前发布通告,并采取措施疏导交通。

第三十一条 公路管理机构应当按照路产管理权限加强对

公路标志、标线的监督管理，发现设置错误、不完善或者损坏的，应当责令公路经营者、管理者限期改正、修复或者更换。

第三十二条　公路绿化工作，由公路管理机构按照公路工程技术标准组织实施。

公路用地上的树木不得任意砍伐；确需更新砍伐的，必须经公路管理机构同意，按照《中华人民共和国森林法》的规定办理审批手续，并完成更新补种任务。

第五章　收费公路

第三十三条　收费公路，是指符合公路法和《收费公路管理条例》规定，经批准依法收取车辆通行费的公路（含桥梁、隧道和渡口）。

收费公路包括政府还贷公路和经营性公路。

第三十四条　省人民政府交通主管部门对本行政区域内的政府还贷公路，可以实行统一管理、统一贷款、统一还款。

经省人民政府批准，可在一定区域内实行车辆通行费年票制。

第三十五条　收费公路的设立应当符合国家和省的有关规定，由省人民政府交通主管部门会同省有关部门审核后，报省人民政府审批。省人民政府应当对收费公路的数量进行控制。

设立经营性收费公路应当依法采用招标投标的方式选定投资者。

转让收费公路收费权，属国道的，应当报国务院交通主管部门批准；属国道以外其他公路的，应当报省人民政府批准，并报国务院交通主管部门备案。

第三十六条　收费公路收费站的设置，由省人民政府按照《收费公路管理条例》的有关规定审查批准。

收费站站址的变更由县级以上人民政府交通主管部门审核逐级报省人民政府交通主管部门批准；站名变更的还需到价格部

门换领收费许可证。

收费公路单向收费改为双向收费的，由省人民政府交通主管部门会同省人民政府价格主管部门审核后报省人民政府批准。

第三十七条 收费公路交工验收合格方可收费；收费公路终止收费后，收费公路经营管理者应当自终止收费之日起十五日内拆除收费设施。

第三十八条 车辆通行费的收费标准，按照《收费公路管理条例》的有关规定审查批准。

车辆通行费的收费标准，应当根据公路的技术等级、投资总额、当地物价指数、偿还贷款或者有偿集资款的期限和收回投资的期限以及交通量等因素计算确定。

公路建设项目试运营申请核定收费标准的，其建设项目投资总额按照省人民政府交通主管部门审批的设计概算计算；收费公路建设项目竣工验收后申请核定收费标准，其建设项目的投资总额按照省人民政府交通主管部门审批的竣工决算计算。涉及财政性资金的投资项目的投资总额按照财政部门审批的竣工决算计算。

修建与收费公路经营管理无关的设施、超标准修建的公路经营管理设施和服务设施的费用，在核定收费标准时，应当从投资总额中扣除。

第三十九条 收费公路的收费期限，由省人民政府按照《收费公路管理条例》的有关规定审查批准。收费期限届满，必须终止收费。

政府还贷公路在批准的收费期限届满前已经还清贷款、还清有偿集资款的，必须终止收费。

依照本条前两款的规定，收费公路终止收费的，省人民政府应当向社会公告，接受社会监督。

第四十条 省人民政府交通主管部门负责对全省公路联网收费的规划、设计、建设和运营实施管理。

第四十一条 收费站必须悬挂省人民政府交通主管部门统

一监制的收费站站牌、标牌和省人民政府价格主管部门统一制发的收费许可证;并公布审批机关、收费单位、收费标准、收费起止年限、监督电话等内容。

第四十二条　收费公路经营管理者应当加强对收费站工作人员的业务培训和职业道德教育,收费人员应当做到文明礼貌,规范服务。

第四十三条　收费公路经营管理者应当建立健全财务、审计、统计、票据管理制度和报表制度。省人民政府财政、交通、税务、审计、价格、监察主管部门应当加强监督检查。

第四十四条　收费公路路政管理职责由公路管理机构行使,具体管理办法由省人民政府交通主管部门制定,报省人民政府批准。收费公路的养护、绿化由该公路的经营者负责,公路管理机构应当加强监督、检查。

交通、公安机关根据执法需要,可以查阅公路收费监控系统信息。

第四十五条　政府还贷公路收费站的管理费提取办法由省人民政府交通主管部门会同省人民政府财政、价格部门提出意见后报省人民政府批准。

不得将政府还贷公路收费站发包给任何单位或者个人承包收费。

第四十六条　经营性收费公路经营期间,等级公路技术状况指数(MQI)应当保持七十以上、高速公路技术状况指数(MQI)应当保持八十以上。

第四十七条　收费公路有下列情形之一的,由省人民政府交通主管部门责令经营管理者限期改正;逾期不改的,报省人民政府批准停止其收费:

(一)收费公路路面严重残损,连续三个月达不到规定的等级公路或者高速公路技术状况指数(MQI)的;

(二)不按照规定上报财务报表达六个月或者瞒报、虚报财务收支情况的;

（三）试运营期满仍未申请竣工验收或者验收不合格的；

（四）经营和管理违反相关法律法规，造成严重社会影响的。

收费公路经整改后符合收费要求，申请恢复收费的，应当经省人民政府批准。

第四十八条 收费公路经营管理者应当加强对收费站的管理，按照规定合理设置收费通道，具备条件的应当设置复式收费。

公路收费站应当根据车流量及时开足通道，保障收费通道的畅通；因未开足通道而造成在用通道平均五台以上车辆堵塞的，应当免费放行并开足通道。

第四十九条 省人民政府交通主管部门应当在公路收费站公布投诉电话。

公路收费站违反第四十八条第二款规定的，群众有权进行投诉、举报，县级以上人民政府交通主管部门应当认真调查，并按照第五十八条的规定追究有关人员的法律责任，并把处理结果告知投诉举报人。

第六章 法律责任

第五十条 违反本条例第十八条规定的，由县级以上人民政府交通主管部门责令其停止违法行为，限期采取补救措施，并可以按照下列规定处罚：

（一）违反第（一）项、第（二）项规定，尚未造成路产损坏的，处以五百元以下罚款；造成路产损坏的，处以五百元以上五千元以下罚款；

（二）违反第（三）项规定的，处以五千元以下罚款；危及行车或者公路安全，情节严重的，处以五千元以上三万元以下罚款；

（三）违反第（四）项、第（五）项规定的，责令限期拆除，处以一万元以上三万元以下罚款；逾期不拆除的，由县级以上人民政府交通主管部门拆除，费用由构筑者承担。

第五十一条 违反本条例第十九条规定，车辆在公路上擅自超限行驶的，由县级以上人民政府交通主管部门责令停止违法行为，可以处一千元以下罚款；情节严重的，强制卸载，可以处一千元以上三万元以下罚款。

第五十二条　违反本条例第二十一条第一款第（一）项规定，擅自与公路接线设置道口的，由县级以上人民政府交通主管部门责令停止违法行为，恢复原状，并处以五万元以下罚款。

违反本条例第二十一条第一款第（二）项、第（三）项、第（四）项、第（五）项规定的，由县级以上人民政府交通主管部门责令停止违法行为，可以处五千元以下罚款；造成公路损坏的，责令恢复原状，可以处五千元以上三万元以下罚款，并应当依法承担赔偿责任。

第五十三条　违反本条例第二十四条第二款规定，在公路建筑控制区内修建建筑物或者地面构筑物的，由县级以上人民政府交通主管部门责令限期拆除，并可以处五万元以下罚款；逾期不拆除的，由县级以上人民政府交通主管部门拆除，有关费用由建筑者、构筑者承担。

第五十四条　违反本条例第二十五条规定未经批准设置广告标牌设施的，由县级以上人民政府交通主管部门责令停止违法行为，限期拆除，可以处一千元以上五千元以下罚款；情节严重的，可以处五千元以上二万元以下罚款；逾期不拆除的，由县级以上人民政府交通主管部门拆除，有关费用由设置者承担。

第五十五条　违反本条例第三十条第一款规定的，由县级以上人民政府交通主管部门责令停止违法行为，影响公路畅通或者危及行车安全的，可以处五千元以下罚款；造成损失的，由施工单位承担民事责任。

第五十六条　违反本条例第三十二条第二款规定，擅自砍伐公路树木的，由县级以上人民政府交通主管部门责令赔偿损失。

第五十七条　有下列情形之一的，由省人民政府交通主管部门责令其限期改正，没收已收取的车辆通行费，上缴国库，用于公路建设：

(一)违反本条例第三十五条第三款规定,未经批准擅自转让收费公路收费权的;

(二)违反本条例第三十七条规定,未经交工验收合格开始收费的;

(三)违反本条例第四十五条第二款规定,将政府还贷公路收费站发包给单位或者个人承包收费的。

第五十八条 违反本条例第四十八条第二款规定,因未开足通道造成车辆堵塞的,由县级以上人民政府交通主管部门对收费公路经营管理者处以五千元以上一万元以下罚款;负有责任的主管人员和其他直接责任人员属于国家工作人员的,依法给予处分。

第五十九条 违反本条例规定,擅自在公路上设卡、收费或者应当终止收费而不终止的,由省人民政府交通主管部门责令停止违法行为,没收违法所得,并处以违法所得三倍以下的罚款;没有违法所得的,处以二万元以下罚款;负有责任的主管人员和其他直接责任人员属于国家工作人员的,依法给予处分。

第六十条 交通主管部门、公路管理机构的工作人员玩忽职守、徇私舞弊、滥用职权的,依法给予处分;构成犯罪的,依法追究刑事责任。

第七章 附 则

第六十一条 国家采用依法征税筹集公路养护资金的具体办法实施前,实行现行的公路养路费征收办法。公路养路费专项用于公路的养护和改建。

第六十二条 本条例规定的公路养护和收费公路等事项,需要制定具体办法的,由省人民政府另行制定。

第六十三条 本条例自2009年1月1日起施行。

广东省高速公路管理条例

《广东省高速公路管理条例》已由广东省第九届人民代表大会常务委员会第四次会议于1998年7月29日通过，现予公布，自1998年10月1日起施行。

第一章　总　则

第一条　为加强高速公路的建设和管理，保障高速公路安全、畅通和高效运营，发挥高速公路在国民经济中的作用，根据《中华人民共和国公路法》及有关法律、法规，结合我省实际，制定本条例。

第二条　本省高速公路的规划、建设、运营和在高速公路上通行的车辆驾乘人员以及在高速公路管理范围内从事其他活动的单位和个人，均应遵守本条例。

第三条　省交通主管部门是全省高速公路的主管部门，负责本条例的组织实施和监督检查，其设置的公路管理机构负责国道、国道主干线、省道的高速公路管理。非国道、国道主干线、省道的高速公路由所在地级以上市交通主管部门负责管理。

连接高速公路的城市快速及高速道路，按国务院颁布的《城市道路管理条例》的规定管理。

高速公路的交通安全、治安管理由公安机关负责。

省规划、国土、建设等有关部门及高速公路沿线各级人民政府，应依照各自职责，协助做好高速公路管理工作。

第四条　鼓励国内外企业和其他组织、个人独资、合资或合作建设高速公路，从事高速公路经营。

第二章 发展规划

第五条 高速公路规划必须服从国家高速公路的总体规划，并依据我省经济和社会发展以及国防建设的需要进行编制，与其他有关行业发展规划相协调，与城市建设发展规划相结合。

第六条 全省高速公路规划由省交通主管部门会同省有关部门和沿线地级以上市人民政府编制，报省人民政府批准后，报国务院交通主管部门备案。

第七条 经批准的高速公路规划是编制高速公路建设计划、确定高速公路建设项目的依据。

高速公路规划的修改，必须经原审批机关批准。

第八条 各级人民政府要将高速公路规划用地纳入土地利用总体规划，不得改变用地性质，其征地拆迁费用标准按有关法律、法规执行。

第三章 资金筹集

第九条 本省高速公路建设资金采取下列方式筹集：

（一）各级人民政府财政拨款；

（二）公路建设基金；

（三）国内外金融机构或外国政府贷款；

（四）发行公路建设债券或股票；

（五）国内外企业或其他组织、个人投资、捐款、赠款；

（六）转让公路、桥梁经营权；

（七）国家规定或允许的其他筹集资金方式。

第十条 利用贷款、集资修建和国内外经济组织依法投资修建的高速公路，需收取车辆通行费的，必须经省人民政府批准。

高速公路车辆通行费的收费标准（含收费标准的调整），由省交通主管部门会同省价格主管部门审核后报省人民政府审批。收费单位应当在固定收费场所公布收费项目和收费标准，接受社会监督。收取高速公路车辆通行费，必须使用省地方税务局监制的票据。

第十一条　经批准开征的各项高速公路专项资金应当纳入财政预算或财政专户管理。年度使用计划由省交通主管部门编制，经省计划、财政部门审核，由省计划部门汇总下达。高速公路的各种专项资金，实行有偿使用，专款专用。

第四章　建设与养护

第十二条　高速公路建设项目的设计、施工应当按照有关法律、法规、规章以及公路工程技术标准组织实施，规范工程监理，保证工程质量。

高速公路建设项目竣工后，应当按国家有关规定进行验收。未经验收或验收不合格的，不得正式投入使用。

第十三条　高速公路建设的征地、拆迁、安置的组织工作，由高速公路沿线市、县人民政府负责。

高速公路建设原则上不得占用基本农田保护区内的土地，确实无法避开而需占用的，应当按有关法律、法规规定办理审批手续。

第十四条　高速公路的养护应当按照国家有关公路养护标准规范进行，由各路段经营企业具体负责的高速公路大、中修工程项目，应当实行招标投标制度。

第十五条　在高速公路上进行施工、养护作业时，施工、养护人员应当穿着统一的安全标志服，按施工、养护规范堆放材料，并设置施工标志和交通安全标志；作业车辆、机械须设置明显的作业标志。作业完工后应及时清理现场。

第五章　路政管理

第十六条　公路管理机构依法保护高速公路、高速公路用地及高速公路附属设施，制止、处理各种侵占、损坏高速公路、高速公路用地及高速公路附属设施的行为。

第十七条 公路路政执勤人员执行公务时，应当按国家规定统一着装，佩戴统一标志，并持有效执法证件。公路路政管理执勤巡查车辆应当设置统一标志。

第十八条 任何单位和个人未经县级以上交通主管部门批准，不得在高速公路用地范围内设置公路标志以外的其他标志。

第十九条 禁止在高速公路建筑控制区（其范围自高速公路两侧边沟外缘起三十米）内构筑永久性工程设施和建筑物、构筑物。

第二十条 禁止在高速公路用地范围内取土、堆物、倾倒垃圾、设置障碍、种植作物、开渠引水、摆摊设点，以及进行其他危及行车安全的活动。

第二十一条 不得擅自占用、挖掘、拆除、移动、损坏高速公路及其附属设施。确因特殊需要利用、占用高速公路用地和设施，修建跨（穿）越高速公路的桥梁、渡槽，埋设供水、排水、供气、供电、供油、通信、水利等管道、管线设施的，必须经有关交通主管部门批准，并按照有关规定给予补偿；影响交通安全的，还须征得有关公安机关同意，并采取相应安全措施。造成高速公路及其设施损坏的，应当赔偿经济损失。高速公路需扩建时，原建设单位应当将其所建相关设施迁移。

第二十二条 公路路政执勤人员应上路巡查，依法纠正、制止各种违反本条例规定的行为，协同有关部门组织力量排除突发危险路况，维护公路完好畅通。

第二十三条 进入高速公路的车辆应按照规定行驶，不得随意停车。如因发生故障或其他原因确需临时停车的，必须停在紧急停车带内或右侧路肩上。

第二十四条 造成高速公路及其附属设施损坏的，责任者应当及时报告公路管理机构，并接受公路管理机构的现场调查和处理。

对污染、损坏路产的车辆，公路路政执勤人员可责令其暂停行驶，在指定地点停放，接受处理。对不宜停止行驶的车辆，可在处理期间暂扣交通主管部门核发的证件。

第二十五条　车辆在高速公路上发生交通事故，应当迅速报告公安机关处理，及时疏导交通。

由于交通事故造成高速公路路产损坏的，当事责任人应按有关规定向路产所有者赔偿损失，并承担相关的责任，由公安机关并案处理。

第二十六条　因恶劣气候、自然灾害或重大交通事故使高速公路交通受到严重影响时，公安机关和公路管理机构应当采取紧急措施疏导、恢复交通，当地人民政府应当给予协助；确需关闭高速公路时，由公路管理机构会同公安机关共同发布公告实施，并报告上级人民政府。

第二十七条　车辆超过高速公路桥梁、隧道限制标准通行时，须持有公路管理机构批准核发的《超限运输车辆通行证》。超限运输单位必须承担为此所采取的技术保护措施和修复损坏部分所需的费用。影响交通安全的超限运输，还须经公安机关批准。

第六章　经营管理

第二十八条　从事高速公路经营，应当组建高速公路经营企业，并按有关规定办理报批和注册登记手续。

第二十九条　高速公路经营企业负责各路段的经营管理，包括：路面养护及交通标志、标线等设施的管理和维修；高速公路电脑收费系统和监控、通信设施的管理、维修及高速公路的路障清理；按省人民政府规定向使用高速公路的车辆收取通行费。

高速公路经营企业应当保证高速公路路面平整，设施完善，交通标志、标线明显；高速公路及其附属设施遭受损坏时，高速公路经营企业应当采取措施设置警告标志，并予以修复，使车辆畅通。

第三十条 高速公路的车辆拯救业务按省人民政府有关规定执行。车辆拯救费用由被拯救车辆当事人承担，收费标准由省价格主管部门审定。

第三十一条 高速公路在规划和建设时，应在一定距离内，设立休息区和服务区。在服务区内经营加油站、旅业、餐饮、停车场和车辆拯救维修等业务的，经交通主管部门同意后，按规定程序办理审批手续。

经营企业转让经营权时，应按国家有关规定的权限和程序办理审批手续。

第三十二条 由国内外经济组织依照本条例规定投资建成并经营的收费高速公路，经营期限不超过三十年。经营期限届满，该高速公路及其附属设施由国家无偿收回，由有关交通主管部门管理。经营企业所移交的高速公路应当处于良好的状态。

第七章 法律责任

第三十三条 违反本条例第十八条规定，擅自在高速公路用地范围内设置公路标志以外的其他标志的，由公路管理机构责令其限期拆除，可处以二万元以下的罚款。

第三十四条 违反本条例第十九条规定，在高速公路控制区内构筑永久性工程设施和建筑物、构筑物的，由公路管理机构责令其限期拆除；逾期不拆除的，由公路管理机构依法强制拆除，有关费用由建筑者、构筑者承担，并可处以一万元以上五万元以下的罚款。

第三十五条 违反本条例第二十条、第二十一条规定，未造成公路路产损坏的，由公路管理机构责令其停止违法行为，恢复原状，可处以一百元以上五百元以下的罚款；已造成公路路产损坏的，责令其恢复原状，赔偿公路路产损失，并可处以三万元以下的罚款。

第三十六条　违反本条例第二十七条规定，车辆在高速公路上擅自超限行驶，未造成公路路产损坏的，由公路管理机构责令其停止违法行为，可处以一百元以上五百元以下的罚款；造成公路路产损坏的，由高速公路管理机构责令其赔偿损失，并可处以三万元以下的罚款。

第三十七条　未按国家有关规定缴纳高速公路车辆通行费，或使用作废票据及采取其他手段逃缴车辆通行费的，由公路管理机构责令其补交，并可处以罚款，但最高不得超过应缴通行费的三倍。

第三十八条　违反本条例第十五条、第二十九条第二款规定，工程施工、养护单位未按规定设置安全设施和警示标志，造成通行的车辆受损坏、人员受伤害的，高速公路经营企业应承担相应的民事责任。

第三十九条　当事人对公路管理机构做出的行政处罚决定不服的，可按照法律、法规规定申请复议或向人民法院起诉。逾期不申请复议也不起诉，又不履行行政处罚决定的，由作出处罚决定的机关申请人民法院强制执行。

第四十条　违反本条例规定，应当受到治安行政处罚的，由公安机关依法处理；涉嫌犯罪的，由司法机关依法处理。

第四十一条　公路管理机构的工作人员滥用职权、玩忽职守、徇私舞弊的，由其主管部门给予行政处分；涉嫌犯罪的，由司法机关依法处理。

第八章　附　则

第四十二条　本条例下列用语的含义：

（一）“高速公路”是指全封闭、全立交、专供汽车分道高速行驶的公路。

（二）“高速公路用地”是指依法征用的专用于高速公路及其配套的收费站、服务区等设施的用地。

（三）“高速公路附属设施”是指高速公路的排水、交通安全、通信、监控、养护、收费、供电、供水、照明等设施和防护构造物、界碑、里程碑（牌）、花草、树木、管理用房等。

第四十三条 全部控制出入并收取车辆通行费的汽车专用公路的管理，参照本条例执行。

第四十四条 本条例自1998年10月1日起施行。

广东省公路收费站管理办法

第一条　为规范收费公路车辆通行费收费站的管理，确保“贷款修路、收费还贷”政策的贯彻执行，根据《中华人民共和国公路法》和国家有关规定，结合我省实际，制定本办法。

第二条　本办法适用于我省行政区域内收费公路设置的车辆通行费收费站（以下简称收费站）。

第三条　设置收费站必须报经省人民政府批准，未经省人民政府批准，任何单位和个人不得在公路上设置站（卡）。

第四条　收费站按收费项目、经营期限和偿还投资者利益分为经营性项目收费站和非经营性项目收费站。

经营性项目是指有经营期限，以偿还投资者利益而收取车辆通行费的项目；非经营性项目是指没有经营期限，以还清贷款（含有偿集资）本息为目的而收取车辆通行费的项目。

第五条　省交通行政主管部门负责全省收费站的行业管理，其主要职责是：

（一）收费站的布局、定点、撤并、迁移；

（二）收费票据的管理；

（三）会同省物价行政主管部门审查批准收费标准，收费标准由省物价行政主管部门公布；

（四）收费站站牌、标牌、指挥信号的制发；

（五）收费站人员的培训及服装的制发；

（六）与收费站行业管理有关的其他事项。

省物价行政主管部门负责制发收费站的《收费许可证》。

省财政部门负责非经营性项目收费站的收费票据和所有收费站罚款票据的监制。

省地税部门负责经营性项目收费站的收费票据的监制。

省审计部门负责依法对收费站财务收支进行审计和监督。

第六条　凡按基建程序报经省人民政府及有关部门批准后，

利用贷款(包括需偿还集资和实行股份制经营)建成的公路、桥梁、隧道,符合下列条件之一者,可设置收费站:

(一)高速公路;

(二)连续里程,平原微丘区超过40公里和山岭重丘区超过20公里的一、二级公路;

(三)长度超过300米的公路桥梁(改渡为桥的桥长超过200米);

(四)长度超过500米的公路隧道。

第七条 收费站的设置应统一布局、合理定点,为车辆创造良好的运行条件。

(一)高速公路,除两端出入口和匝道外,禁止在主线上设置收费站。

(二)实行收费的公路,在同一条公路主线上,相邻收费站的间距,按国家有关规定执行。

(三)在已设收费站的同一条公路上延伸改(扩)建,而距离又不符合设站要求的项目,按基建程序上报,经省有关部门批准后,可纳入已设的收费站收费。不得将辖区内未经省人民政府批准,无关联的其他公路纳入收益好的收费站进行"综合收费"、"统筹还贷"。

(四)禁止设立旨在内部票据监督的停车验票站及在路面设置强制性减速障碍。

第八条 凡经省人民政府批准的收费站,其站址由建设单位在工程完工前3个月内向县以上交通行政主管部门申报,经交通行政主管部门逐级上报省交通行政主管部门批准。

收费站站址的变更应由县以上交通行政主管部门逐级上报省交通行政主管部门审批。

第九条 收费站单向收费改为双向收费的,由省交通行政主管部门会同省物价行政主管部门审核后报省人民政府批准。

第十条 已批准设置的收费站,其收费标准在工程完工前(含收费标准的调整)3个月内由公路收费单位提出方案,经县以上交通行政主管部门会同级物价行政主管部门审核后,逐级报省交通行政主管部门会同省物价行政主管部门批准。高速公路的收费标准(含收费标准的调整),由省交通行政主管部门会同省物价行政主管部门联合审核后报省人民政府审批。

第十一条 车辆通行费的收费标准应根据公路工程建设项目的规模、还贷基数、还贷期限、车流量、经营期限、地区差别及车主承受能力等基本因素确定。收费标准的具体审批和公布办法,由省交通行政主管部门会同省物价行政主管部门制定。

第十二条 收费站应按省交通运输厅《公路收费站及其广场设计标准》(粤交基函〔1994〕516 号文)进行建设。收费站的站房、职工宿舍及其他附属建筑物的建设应符合国家有关路政管理的规定,并按基建程序办理。职工宿舍不准出售,离开岗位的职工要搬出。禁止边建边收费的行为。

第十三条 收费站开始收费前,应领取并悬挂省交通行政主管部门统一制作的收费站站牌、标牌(公开审批机关、主管部门、收费标准、收费单位、监督电话)和省物价行政主管部门统一制发的《收费许可证》。收费员上岗时必须统一着装、持证上岗。经省交通行政主管部门对上述规定检查合格后方可收费。

第十四条 收费站必须建立健全财务、审计、统计、票据管理制度和报表制度。

非经营性项目收费站使用省财政部门监制的收费票据;经营性项目收费站使用省地税部门监制的收费票据。

第十五条 收费站应实行电脑收费和不停车收费。不停车收费系统的规划审批和管理由省交通行政主管部门统一负责。

第十六条 非经营性项目收费站收取的通行费,应按行政事业性收费管理规定,纳入财政专户管理,扣除管理费外,全部用于偿还贷款和有偿集资,不准用于其他固定资产投资或挪作他用。

第十七条 非经营性项目收费站的管理费主要用于:收费人员工资、劳保福利、收费站设备和设施的维修更新、水电、车辆使用、通信、办公、票据印刷、服装的制作、职工教育、劳动保险和符合国家财务制度规定应在管理费中列支的其他费用。

非经营性项目收费站提取的管理费不得超过列支控制比例，具体提取比例由收费站主管部门自定后报省交通、财政、物价、审计部门备案。

第十八条 经营性项目收费站的管理费参照本办法前条规定，具体由股份公司或董事会自定，报省交通、物价、审计部门备案。

第十九条 收费站每年由交通、物价、审计、财政部门联合进行综合年审。

第二十条 非经营性公路项目转为经营性公路项目以及转让公路收费站，须按程序报经原审批机关会同有关部门批准。

第二十一条 经营性的公路项目经营期满，应立即停止收费，撤销收费站。非经营性公路项目还清投资本息后，原则上也应停止收费，撤销收费站。个别特殊情况，经省人民政府批准后，可适当延长收费期，收费上缴省财政，由省交通行政主管部门负责收缴。

非经营性公路项目的还贷总额以省有关部门批准的工程施工决算为准。

第二十二条 禁止将收费站发包给任何单位或个人承包收费。

第二十三条 除正在执行公务并设有固定装置的消防车、医院救护车、殡葬车、公安部门警车、悬挂军用车牌和省人民政府规定免交通行费的车辆外，其他机动车辆，无论驾驶员和乘车人员持有何种证件，均必须按规定缴纳车辆通行费。

第二十四条 对强行通过收费站的车辆，造成收费设施损坏的，按法律、法规有关路政管理的规定处理；对违反治安管理条例者，应交由公安机关处理。

第二十五条 违反本办法有关规定的，按下列规定处理：

（一）违反第十二条、第十三条的，由省交通行政主管部门责令限期改正，已收取的车辆通行费，上缴国库；

（二）违反第十四条第二款的，由省财政、地税部门按有关规定处理；

（三）违反第十六条、第十七条的，由省审计、财政、交通、物价部门按有关规定处理；

（四）违反第二十条、第二十一条的，由省交通行政主管部门报省人民政府批准撤销收费站，已收取的车辆通行费，上缴国库，并对收费站主管部门责任人员给予行政处分。

第二十六条　收费站工作人员有违法乱纪、营私舞弊行为的，应以除名。构成犯罪的，依法追究刑事责任。

第二十七条　本办法自1998年2月1日起施行。过去省有关收取公路车辆通行费的规定与本办法不一致的，以本办法为准。

广东省公路联网收费管理暂行办法

第一章　总　则

第一条　为提高广东省收费公路（包括桥梁、隧道）的使用效率和服务质量，规范全省公路联网收费的规划、设计、建设和运营管理，根据《中华人民共和国公路法》、《广东省公路收费站管理办法》和有关法律法规的规定，结合本省实际，制定本办法。

第二条　本办法适用于本省收费公路（包括桥梁、隧道和城市收费道路，下同）联网收费的规划、设计、建设和运营管理。

本办法所称联网收费是指在全省收费公路采用兼容电子不停车收费和人工半自动收费的组合式收费技术，实现用户持公路专用缴费卡在全省范围内缴付通行费；以及在全省高速公路实行“统一收费、系统分账”的收费管理方式。

第三条　公路联网收费应当遵循“统一规划、统一标准、统一发卡、统一收费、统一结算”的原则。

第四条　省人民政府批准设立联网收费专营公司，由专营公司负责全省公路联网收费的具体实施工作。各地、各有关部门不得成立类似机构（公司）。

省人民政府经济贸易主管部门负责全省公路联网收费的组织落实协调和实施监管。

省人民政府交通行政主管部门负责对全省公路联网收费的规划、设计和建设、运营实施行业管理。

各级人民政府及有关单位应积极采取措施扶持、促进全省公路联网收费的建设和发展。

第五条　专营公司由省人民政府授予专营权，具体包括：

（一）专营全省公路联网收费（含电子不停车收费）业务，负责编制全省公路联网收费实施方案和技术标准并组织实施；

（二）统一建立全省公路联网收费密钥管理系统，负责统一发行公路联网收费密钥卡、专用缴费卡和电子标签；

（三）负责公路专用缴费卡以及全省高速公路联网收费的统一结算和分账；

（四）负责公路联网收费系统和关键设备的检验、测试和认证工作；

（五）其他由省人民政府及有关部门授予的职责和权限。

第六条　专营公司应接受省人民政府经济贸易主管部门的监管，并与收费公路经营单位签订委托结算协议、与公路专用缴费卡和电子标签用户签订用户协议，承担相应的责任和义务。具体监管细则报省人民政府批准实施。

第二章　规划和建设

第七条　全省公路联网收费要按照“分步实施、逐步完善”的原则，先在高速公路实施，再推广到其他收费公路。高速公路应按“分区联网、逐步合并”的方针，从区域联网收费逐步发展到跨区域的全省联网收费。

第八条　全省收费公路按高速公路和其他收费公路分别制定联网收费实施方案和技术标准，由省人民政府批准后强制实施。公路收费设施的规划、设计、建设和改建应当符合联网收费实施方案和技术标准。

第九条　收费公路应具备公路专用缴费卡收费功能，并设有或预留电子不停车收费车道。

第十条　公路联网收费的关键设备（IC 卡及读写机具、电子标签及读写设备等）必须符合国家和本省的有关规定以及联网收费技术标准，由专营公司负责测试认证并建立市场准入机制。

第十一条　收费公路按照联网收费实施方案进行改造或建设后，其收费系统应经专营公司测试合格后方可投入使用。

第十二条 省联网收费结算中心和各区域收费中心由专营公司负责建设和管理。公路收费系统由各公路经营单位负责改造和建设。

第三章 运营和管理

第十三条 公路联网收费密钥卡(PSAM卡和用户母卡)、专用缴费卡(储值卡和记账卡)和电子标签(电子不停车收费专用)由专营公司统一发行。

任何其他单位和个人不得发行用于公路联网收费的密钥卡、非现金缴费卡(券)和电子标签。高速公路以外的收费公路正在使用的非现金缴费卡(券)可暂时保留,但不得扩大发行及使用的范围和规模,并应逐步过渡到统一使用公路专用缴费卡。

第十四条 公路专用缴费卡和电子标签的推广采取强制措施,促进非现金缴费方式和电子不停车收费方式的应用。

第十五条 公路收费系统经专营公司测试合格投入使用后,收费公路经营单位不得拒绝使用公路专用缴费卡缴付通行费。

第十六条 车辆用户使用通行卡、公路专用缴费卡和电子标签,应当遵守收费公路经营单位和专营公司的相关规定。

任何单位和个人不得更改、伪造、变造通行卡、公路专用缴费卡和电子标签。

第十七条 专营公司应当建立健全用户服务网点,接受用户的监督。

第十八条 收费公路经营单位负责所属收费站的日常管理和收费业务。

收费公路经营单位应当采取有效措施保证所属公路收费设施和通信设施完好、稳定、安全和可靠。

第十九条 专营公司收取收费公路经营单位支付的结算服务费和记账卡用户支付的管理费,收费标准由省人民政府价格主管部门原则上按维持专营公司正常经营,不以营利为目的的进行核准。

第二十条　车辆用户应当按照规定缴纳车辆通行费。车辆用户通行高速公路不能提供有效入口凭证的，应按该高速公路联网区域内可以通行的最长路程缴付通行费。丢失通行卡的，还应赔偿通行卡工本费。

第四章　通行费结算

第二十一条　收费公路经营单位应当统一委托专营公司进行联网收费结算和分账。区域收费中心建成后，任何单位和个人不得建设和经营区域内跨路段的公路收费结算和分账系统。

第二十二条　各区域负责公路联网收费资金清算的银行由专营公司和收费公路经营单位共同协商确定。

第二十三条　收费公路经营单位应将所属各收费站当日收取的现金通行费缴入清算账户，清算账户由专营公司、收费公路经营单位和清算银行共同监管。

第二十四条　专营公司的联网收费结算和分账工作，应按照公正、及时、准确的原则进行。

第二十五条　专营公司应于结算周期结束后两个法定工作日内向清算银行提交通行费划款指令。现金通行费的结算周期为一日。公路专用缴费卡的结算周期为一个月。

第二十六条　清算银行应于收到专营公司划款指令当日向各收费公路经营单位指定账户划出资金。

第二十七条　专营公司应当采取有效措施保证省联网收费结算中心和各区域收费中心安全、稳定地运营，并保证公路专用缴费卡的安全性，维护各收费公路经营单位的资金安全。

除不可抗力和收费公路经营单位的责任以外，确因省联网收费结算中心和各区域收费中心结算和分账错漏，造成收费公路经营单位通行费损失的，专营公司负责补偿。

第二十八条　专营公司、收费公路经营单位和清算银行应建立通行费收入核对机制，确保通行费结算数据的准确无误。专营公司和收费公路经营单位对通行费结算数据存在异议，可以要求调查核实，各有关单位应当予以配合。

第二十九条　专营公司和收费公路经营单位应当建立健全财务、审计、统计、票据管理和报表制度，接受政府主管部门的监管。

第三十条　全省公路联网收费应统一使用省财政部门或省地税部门监制的收费票据。

第五章　违规责任

第三十一条　收费公路经营单位有下列情形之一的，由省人民政府交通行政主管部门责令限期改正；期满仍不改正的，根据《广东省公路收费站管理办法》对相关收费站不予办理综合年审，报请省人民政府责令其停业整顿，并停止新收费站的设置审批：

（一）违反本办法第九条的规定，所属收费公路不具备公路专用缴费卡收费功能，或者未设有、未预留电子不停车收费车道的；

（二）违反本办法第十条的规定，所属收费公路使用不符合联网收费技术标准的关键设备，或者关键设备未经专营公司测试、认证和许可而投入使用的；

（三）违反本办法第十一条的规定，所属公路收费系统改造或建设后未经专营公司测试合格而投入使用的；

（四）违反本办法第十五条的规定，所属收费公路拒绝使用公路专用缴费卡缴付通行费的。

第三十二条　任何单位和个人有下列情形之一的，由省人民政府交通行政主管部门依法责令停止使用。构成犯罪的，依法追究刑事责任；尚不构成犯罪的，依有关规定给予行政处罚：

（一）违反本办法第十三条的规定，发行用于公路联网收费的密钥卡、非现金缴费卡（券）或电子标签的；

（二）违反本办法第十六条的规定，更改、伪造或变造通行卡、公路专用缴费卡或电子标签的；

（三）违反本办法第二十一条的规定，擅自建设或经营区域内跨路段的公路收费结算和分账系统的。

第三十三条　收费公路经营单位、专营公司、清算银行违反本办法第二十三条、第二十五条和第二十六条未按时履行其职责的，应按有关规定支付滞纳金。

第三十四条　政府主管部门、专营公司、收费公路经营单位及其工作人员玩忽职守、徇私舞弊、滥用职权，构成犯罪的，依法追究其刑事责任；尚不构成犯罪的，依有关规定给予行政处分。

第三十五条　本办法自颁布之日起施行。

中国人民银行假币收缴、鉴定管理办法

第三条 本办法所称货币是指人民币和外币。人民币是指中国人民银行依法发行的货币，包括纸币和硬币；外币是指在我国境内（香港特别行政区、澳门特别行政区及台湾地区除外）可收兑的其他国家或地区的法定货币。

本办法所称假币是指伪造、变造的货币。

伪造的货币是指仿照真币的图案、形状、色彩等，采用各种手段制作的假币。

变造的货币是指在真币的基础上，利用挖补、揭层、涂改、拼凑、移位、重印等多种方法制作，改变真币原形态的假币。

本办法所称办理货币存取款和外币兑换业务的金融机构（以下简称“金融机构”）是指商业银行、城乡信用社、邮政储蓄的业务机构。

本办法所称中国人民银行授权的鉴定机构，是指具有货币真伪鉴定技术与条件，并经中国人民银行授权的商业银行业务机构。

第四条 金融机构收缴的假币，每季末解缴中国人民银行当地分支行，由中国人民银行统一销毁，任何部门不得自行处理。

第六条 金融机构在办理业务时发现假币，由该金融机构两名以上业务人员当面予以收缴。对假人民币纸币，应当加盖“假币”字样的戳记；对假外币纸币及各种假硬币，应当以统一格式的专用袋加封，封口处加盖“假币”字样戳记，并在专用袋上标明币种、券别、面额、张（枚）数、冠字号码、收缴人、复核人名章等细项。收缴假币的金融机构（以下简称“收缴单位”）向持有人出具中国人民银行统一印制的《假币收缴凭证》，并告知持有人如对被收缴的货币真伪有异议，可向中国人民银行当地分支机构或中国人民银行授权的当地鉴定机构申请鉴定。收缴的假币，不得再交予持有人。

第七条 金融机构在收缴假币过程中有下列情形之一的，应当立即报告当地公安机关，提供有关线索：

（一）一次性发现假人民币 20 张（枚）（含 20 张、枚）以上、假外币 10 张（含 10 张、枚）以上的；

（二）属于利用新的造假手段制造假币的；

（三）有制造贩卖假币线索的；

（四）持有人不配合金融机构收缴行为的。

第十条 持有人对被收缴货币的真伪有异议，可以自收缴之日起 3 个工作日内，持《假币收缴凭证》直接或通过收缴单位向中国人民银行当地分支机构或中国人民银行授权的当地鉴定机构提出书面鉴定申请。

中华人民共和国中国人民银行法

第十九条 禁止伪造、变造人民币。禁止出售、购买伪造、变造的人民币。禁止运输、持有、使用伪造、变造的人民币。禁止故意毁损人民币。禁止在宣传品、出版物或者其他商品上非法使用人民币图样。

第二十条 任何单位和个人不得印制、发售代币票券，以代替人民币在市场上流通。

第二十一条 残缺、污损的人民币，按照中国人民银行的规定兑换，并由中国人民银行负责收回、销毁。

第四十二条 伪造、变造人民币，出售伪造、变造的人民币，或者明知是伪造、变造的人民币而运输，构成犯罪的，依法追究刑事责任；尚不构成犯罪的，由公安机关处十五日以下拘留、一万元以下罚款。

第四十三条 购买伪造、变造的人民币或者明知是伪造、变造的人民币而持有、使用，构成犯罪的，依法追究刑事责任；尚不构成犯罪的，由公安机关处十五日以下拘留、一万元以下罚款。

中华人民共和国人民币管理条例

第二条　本条例所称人民币，是指中国人民银行依法发行的货币，包括纸币和硬币。

从事人民币的设计、印制、发行、流通和回收等活动，应当遵守本条例。

第三条　中华人民共和国的法定货币是人民币。以人民币支付中华人民共和国境内的一切公共的和私人的债务，任何单位和个人不得拒收。

第十三条　未经中国人民银行批准，任何单位和个人不得研制、仿制、引进、销售、购买和使用印制人民币所特有的防伪材料、防伪技术、防伪工艺和专用设备。

第十四条　人民币样币是检验人民币印制质量和鉴别人民币真伪的标准样本，由印制人民币的企业按照中国人民银行的规定印制。人民币样币上应当加印“样币”字样。

第二十二条　办理人民币存取款业务的金融机构应当按照中国人民银行的规定，无偿为公众兑换残缺、污损的人民币，挑剔残缺、污损的人民币，并将其交存当地中国人民银行。

中国人民银行不得将残缺、污损的人民币支付给金融机构，金融机构不得将残缺、污损的人民币对外支付。

第二十三条　停止流通的人民币和残缺、污损的人民币，由中国人民银行负责回收、销毁。具体办法由中国人民银行制定。

第三十一条　禁止伪造、变造人民币。禁止出售、购买伪造、变造的人民币。禁止走私、运输、持有、使用伪造、变造的人民币。

第三十三条　中国人民银行、公安机关发现伪造、变造的人民币，应当予以没收，加盖“假币”字样的戳记，并登记造册；持有人对公安机关没收的人民币的真伪有异议的，可以向中国人民银行申请鉴定。

公安机关应当将没收的伪造、变造的人民币解缴当地中国人民银行。

第三十五条 中国人民银行和中国人民银行授权的国有独资商业银行的业务机构应当无偿提供鉴定人民币真伪的服务。

中国人民银行授权的国有独资商业银行的业务机构应当将没收的伪造、变造的人民币解缴当地中国人民银行。

第三十九条 人民币有下列情形之一的,不得流通:

(一)不能兑换的残缺、污损的人民币;

(二)停止流通的人民币。

附录3　广东省高速公路相关文件

广东省交通厅
广东省物价局　文件

粤交征〔2008〕984号

关于做好在我省部分收费公路试行货车计重收费准备工作的通知

广州、韶关、清远市交通局（委）、物价局，省公路局，省交通集团、省联合收费公司：

根据交通部《关于收费公路试行计重收费的指导意见》的精神，经省人民政府批准，我省将在高速公路联网收费粤北区域（以京珠南北高速公路为主）及韶关、清远市辖区内的开放式收费公路拟试行货车计重收费方案。现将《广东省高速公路及其他封闭式收费公路货车计重收费方案（试行）》、《广东省开放式收费公路货车计重收费方案（试行）》（简称计重收费方案）印发给你们，并就有关问题通知如下：

一、列入试行计重收费范围的收费公路业主单位要根据计重收费方案，抓紧做好计重收费设施建设及实施计重收费的各项准备工作。

二、计重收费方案的实施时间将根据各业主单位计重收费工作的进展情况确定，具体另行通知。

三、实行年票制的市，已购买年票的货车在通过其年票范围内的收费站时凭已购有效年票通行，暂不实行计重收费。

四、各单位在准备实施计重收费方案过程中如遇问题，请及时向省交通厅、物价局反映。

附件：1.《广东省高速公路及其他封闭式收费公路货车计重收费方案（试行）》

2.《广东省开放式收费公路货车计重收费方案（试行）》

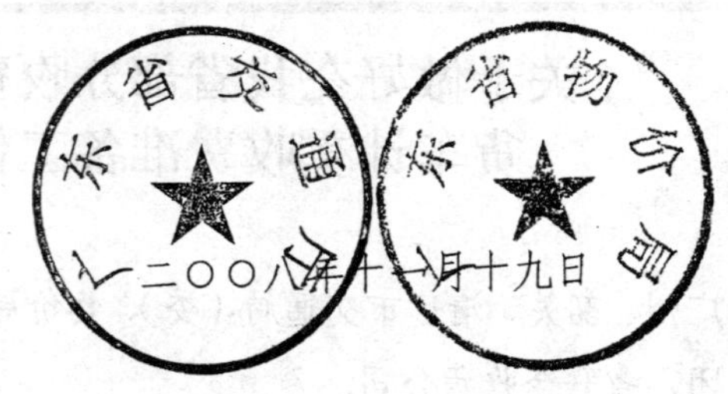

二〇〇八年十一月十九日

主题词：交通 公路 计重收费△ 通知

抄送：省府办公厅，广州、韶关、清远市人民政府，韶关、清远市公路局，省高速公路公司，省路桥建设公司，广州广从高速公路公司。

广东省交通厅办公室　　2008年 11月 19日印发

附件 1

广东省高速公路及其他封闭式收费公路货车计重收费方案（试行）

一、总述

在现行计费模式的基础上，对行驶在高速公路及其他封闭式收费公路的货车实施计重收费。

二、高速公路及其他封闭式收费公路货车计重收费方案

（一）通过高速公路及其他封闭式收费公路的货车按基于现行的收费标准计算通行费。

（二）对轻载(空载)的重型货车实行降档收费，对其它正常装载货车按现行标准收费、对超限货车实行超限计重收费。

（三）货运车辆的车货总重认定标准（车辆所对应的公路承载能力认定标准）为：

二轴货车 17 吨；

三轴货车 25 吨；

四轴货车 35 吨；

五轴货车 43 吨；

六轴及六轴以上货车 49 吨。

（四）计重收费具体计费标准

1、轻载(空载)的重型货车（现行收费标准 4、5 类型货车，即 3 轴以上货车）按现行高速公路及其他封闭式收费公路的收费标准降低一个车型收费标准计收通行费（最低降至现行收费标准 3 类车型)。

重型载货汽车轻载（空载）判定值 H 为:

三轴货车 13.8 吨;

四轴货车 16.8 吨;

五轴货车 18.7 吨;

六轴及六轴以上货车 21.3 吨。

2、其它正常装载（不超过公路承载能力认定标准)、超限 30%（超过公路承载能力认定标准 30%）以内（含 30%）的货车按现行高速公路及其他封闭式收费公路的收费标准计收通行费。

3、超限 30%（超过公路承载能力认定标准 30%）以上的货车，按以下办法计收通行费:

正常装载部分（公路承载能力认定标准以内）及超限 30%（超过公路承载能力认定标准 30%）以内（含 30%）按现行高速公路及其他封闭式收费公路的收费标准计收通行费。

凡超限 30%（超过公路承载能力认定标准 30%）以上的部分，每超限 1%，应缴通行费在现行收费标准下增加 4%。

三、计重收费通行费计算公式模型

（一）轻载（空载）的重型载货汽车（现行收费标准 4、5 类型货车，即 3 轴以上货车）按现行高速公路及其他封闭式收费公路的收费标准降低一个车型收费标准计收通行费（最低降至现行收费标准3类车型），通行费计算公式为：

$N=N_0$　　　　　　　　（当 $G \leqslant H$ 时）

（二）其它正常装载（不超过公路承载能力认定标准）及超限30%（超过公路承载能力认定标准30%）以内（含30%）的货车按现行高速公路及其他封闭式收费公路的收费标准计收通行费，通行费计算公式为：

$N=N1$　　　　　　　　（当 $G/W \leqslant 1.3$ 时）

（三）超限30%（超过公路承载能力认定标准30%）以上的货车通行费计算公式为：

$N=N1+N1 \times (G/W-1.3) \times 100 \times 4\%$　　　　（当 $G/W>1.3$ 时）

其中：N——车辆应缴费额（元）；

G——车货实际总重（吨）；

N1——该车在高速公路及其他封闭式收费公路现行收费标准下本车型的应交费额；

N_0——该车在高速公路及其他封闭式收费公路现行收费标准下降低一个车型的应交费额；

W——车辆所对应的公路承载能力认定标准（吨）；

H——重型载货汽车轻载（空载）判定值。

附件 2

广东省开放式收费公路货车计重收费方案（试行）

一、总述

在现行计费模式的基础上，对行驶在开放式收费公路的货车实施计重收费。

二、开放式收费公路货车计重收费方案

（一）通过开放式收费公路的货车按基于现行的收费标准计算通行费。

（二）对轻载（空载）的重型载货实行降档收费，对其它正常装载货车按现行标准收费，对超限货车实行超限计重收费。

（三）货运车辆的车货总重认定标准（车辆所对应的公路承载能力认定标准）为：

二轴货车 17 吨;

三轴货车 25 吨;

四轴货车 35 吨;

五轴货车 43 吨;

六轴及六轴以上货车 49 吨。

（四）计重收费具体计费标准

1、轻载(空载)的重型货车（3 轴以上货车）按现行开放式收费公路的收费标准降低一个车型收费标准计收通行费（最低降至现行收费标准 3 类车型）。

重型载货汽车轻载（空载）判定值 H 为:

三轴货车 13.8 吨;

四轴货车 16.8 吨;

五轴货车 18.7 吨;

六轴及六轴以上货车 21.3 吨。

2、其它正常装载（不超过公路承载能力认定标准）及超限 30%（超过公路承载能力认定标准 30%）以内（含 30%）的货车按现行开放式收费公路的收费标准计收通行费。

3、超限 30%（超过公路承载能力认定标准 30%）以上的货车，按以下办法计收通行费:

正常装载部分（公路承载能力认定标准以内）及超限 30%（超过公路承载能力认定标准 30%）以内（含 30%）按现行开放式收费公路的收费标准计收通行费。

凡超限 30%（超过公路承载能力认定标准 30%）以上的部分，每超限 1%，应缴通行费在现行收费标准下增加 4%。

三、计重收费通行费计算公式模型

（一）轻载（空载）的重型载货汽车（3 轴以上货车）按现行开放式收费公路的收费标准降低一个车型收费标准计收通行费（最低降至现行收费标准 3 类车型），通行费计算公式为:

$N=N_0$ （当 G≤H 时）

（二）其它正常装载（不超过公路承载能力认定标准）及超限 30%（超过公路承载能力认定标准 30%）以内（含 30%）的货车按现行开放式收费公路的收费标准计收通行费，通行费计算公式为：

$N=N1$ （当 G/W≤1.3 时）

（三）超限 30%（超过公路承载能力认定标准 30%）以上的货车通行费计算公式为：

$N=N1+N1\times(G/W-1.3)\times100\times4\%$ （当 G/W＞1.3 时）

其中：N——车辆应缴费额（元）；

G——车货实际总重（吨）；

N1——该车在开放式收费公路现行收费标准下本车型的应交费额；

N_0——该车在开放式收费公路现行收费标准下降低一个车型的应交费额；

W——车辆所对应的公路承载能力认定标准（吨）；

H——重型载货汽车轻载（空载）判定值。

广东省交通厅
广东省物价局 文件

粤交征〔2009〕864号

关于印发《广东省收费公路实施计重收费突发事件处置预案》的通知

各地级以上市人民政府，省发改委、经贸委、公安厅、监察厅、财政厅、交通厅、审计厅、物价局、质监局、省府治理公路“三乱”督察队，省公路局，省交通集团：

我省部分收费公路实行计重收费试行即将展开，为确保计重收费的顺利实施，预防和减少突发事件的发生，提高我省在实施计重收费过程中应对突发事件的处置能力，省交通厅、物价局制订了《广东省收费公路实施计重收费突发事件处置预案》（试行），经省人民政府同意，现印发给你们，请遵照执行。

执行中遇有问题，请径向省交通厅、物价局反映。

附件：广东省收费公路实施计重收费突发事件处置预案（试行）

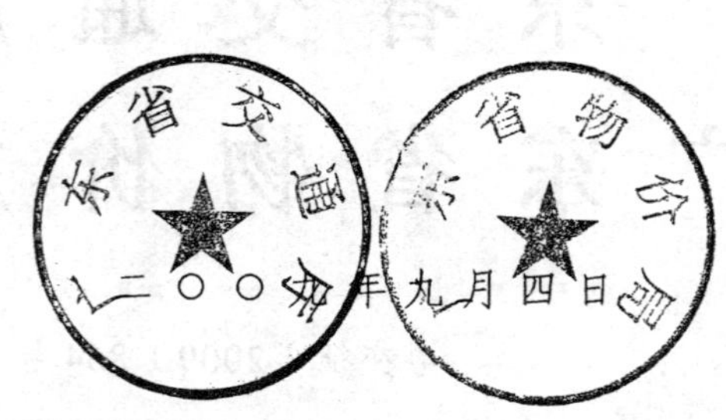

主题词：交通 公路 预案△ 通知

抄送：各地级以上市交通局（委）、物价局、公路局。

广东省交通厅办公室　　2009年9月7日印发

附件

广东省收费公路实施计重收费突发事件处置预案

（试行）

1、总则

1.1 编制目的

为确保计重收费的顺利实施，预防和减少突发事件的发生，全面提高我省在计重收费实施过程中应急突发事件的处置能力，发挥好收费公路安全、便捷的功能，提高经济和社会效益，维护社会稳定，保证道路畅通。

1.2 法律法规及政策依据

（1）《中华人民共和国突发事件应对法》

（2）《广东省突发事件预警信息发布管理办法（试行）》

（3）《中华人民共和国公路法》

（4）《收费公路管理条例》

（5）《广东省公路条例》

（6）《国务院办公厅关于加强车辆超限超载治理工作的通知》（国办发〔2005〕30号）

（7）交通部《关于印发收费公路实行计重收费指导意见的通知》（交公路发〔2005〕492号）

（8）交通部等九部委《关于印发全省车辆超限超载长效治理的实施意见的通知》（交公路发〔2007〕596号）

（9）广东省交通厅等十二个单位《关于印发全国车辆

超限超载长效治理实施意见的通知》（粤交执〔2008〕211号）

（10）《广东省收费公路计重收费实施方案》

1.3 适用范围

本预案适用于广东省所有收费公路（收费站）计重收费工作中可能发生或已经发生的，需要由省级政府部门负责协调处置的重大、较大突发事件的应急工作。指导全省的收费公路计重收费突发事件应急工作。

1.4 突发事件处置原则

收费公路实施计重收费期间，依据“保障畅通、平稳过渡、加强监管、顺利推进”的原则，有条不紊地处置实施计重收费期间的突发事件，确保计重收费的顺利实施。主要工作原则是：

1.4.1 以人为本、构建和谐。以服务公众为核心价值，保证收费公路（收费站）畅通和社会稳定，构建和谐交通。

1.4.2 统一领导，分级负责。在省政府统一指挥下，收费公路营运管理单位、事发地收费站按照各自职责和本预案的要求，共同做好收费公路（收费站）突发事件应急处置工作。

1.4.3 居安思危，预防为主。积极采取先进的预测、预防、预警和应急处置技术，不断完善收费公路（收费站）应急指挥体系建设，最大限度预防和减少突发事件发生及其造成的危害，提高突发事件的处置防范水平和应急指挥能力。

1.4.4 快速反应，协同应对。根据计重收费总体工作部署，各相关单位要提前开展各类突发事件处置模拟演习，对整个应急机制进行检验，发现和弥补机制中不完善的地方，提高工作人员处置突发事件的意识，增强应变能力和心理承受能力，不断提高全体人员对突发事件的应急处置能力。

2、组织指挥和职责分工

2.1 成立计重收费突发事件应急处置工作领导机构

成立广东省收费公路实施计重收费突发事件应急处置协调领导小组（以下简称省应急处置领导小组）。由省交通、物价、公安、财政、纠风、质监等部门和省政府治理公路“三乱”督察队人员组成。

组　长：省交通厅主管领导

副组长：省物价局、公安厅分管领导

成　员：省交通、物价、公安、财政、纠风、质监部门，省政府治理公路“三乱”督察队及省交通集团有关负责人

省应急处置领导小组下设办公室，办公室设在省交通厅。办公室职责：在省应急处置领导小组的领导下，负责计重收费突发事件应急处置的具体工作。

办公室主任：省交通厅分管领导

办公室成员：省交通、物价、公安、财政、纠风、质监、省政府治理公路“三乱”督察队及省交通集团有关负责人

2.2 各成员单位职责：

各成员单位及各收费公路运营管理单位相应成立应急处置协调小组及办公室，根据各自职能，承担相应职责。

（1）交通部门：负责对各收费站开展计重收费工作进

行检查、督促、指导和有关计重收费方面意见的收集；接受计重收费投诉和咨询；协助质监部门开展称重设备计量检定、准确度确认工作；负责组织本单位力量参加救援行动；组织运送应急救援人员、物资及救援对象所需的车辆等交通运输工具。

（2）公安部门：负责突发事件区域的安全警戒，确定警戒范围；维护突发事件现场及周边地区的交通和治安秩序；保障应急救援交通畅通，必要时实施道路交通管制；对违法犯罪分子依法进行处置。

（3）物价部门：负责对各收费站开展计重收费工作的检查、指导和有关计重收费方面意见的收集，查处计重收费价格违法行为。

（4）纠风部门、省政府治理公路“三乱”督察队：负责监督检查计重收费工作的开展，防范和治理实行计重收费中出现的公路“三乱”现象。

（5）质监部门：负责定期对收费公路称重设备进行检测，并向社会公布检测结果，对不合格或老化的设备应要求收费公路经营单位及时维修或更换。接受有关计量方面的投诉，负责称重设备准确度确认工作。

（6）财政部门：负责处置收费公路开展计重收费发生的突发事件中需由政府负担的应急经费，并做好资金的拨付工作。

（7）省交通集团：加强与公安、交通等有关单位的沟通和协调，形成联动机制；一旦发生突发事件，应及时上报并组织本单位力量参与救援行动；协助做好现场及相关人员和设施的疏散、撤离、隔离；负责事故区域损坏设施的登记、备案工作。

（8）实行计重收费（试行）的地级以上市及所辖县（市、区）人民政府：负责本辖地计重收费突发应急事件处置的具体工作，设立相应应急处置领导小组并制定应急预案，建立和完善应急值班制度。

各计重收费具体实施单位要设立相应应急处置领导小组并制定应急预案，负责本单位各类突发应急事件处置的具体工作。其领导机构、工作机构及职责可参照本预案，结合实际情况予以确定。各应急处置的具体措施由各有关单位根据本预案细化充实，制定具体的可操作的各项处置措施。收费公路运营管理单位要参照省交通集团的职责做好相关工作。

3、预警、预防、值班与信息报送

预警、预防是通过预警信息分析，做出相应判断，并采取预防措施，防止事故发生或做好相应应急准备。实施计重收费的地级以上市及所辖县（市、区）各级政府及相关部门和各收费公路运营管理单位要建立和完善应急值班制度，实行领导值班负责制，各单位主管领导要加强监督指导值班制度执行情况。组织值班人员认真贯彻落实及提高对重大突发事件应急处置能力。信息必须及时、准确、规范上报。对值班工作所需的设备进行经常性的维护，确保应急通信设备处于良好状态。值班领导和值班人员的电话等联系方式发生变更时，要及时报告省应急处置领导小组办公室。要加强值班力度，应急值班领导和值班人员要确保通讯畅通。各成员单位应急处置协调小组办公室应积极建立并拓宽信息来源渠道，保持与收费站及各成员单位的信息渠道畅通，保证及早获得预警信息，对突发事件做到早发现、早报告、早处置。

预警信息来源为：收费站当班收费班长、收费员、当事车辆、其他交通工具或其所有人、经营人、代理人报告；过往车辆、有车单位、目击者的报告；公安110报警台、有关部门转报以及其他信息来源。

各成员单位应急处置协调小组办公室接到报警信息，应尽可能详细地了解并记录以下主要内容：报告单位、报告人，联系人、联系方式，事故发生的时间、地点和现场主要情况，事态发展情况，人员财产的损失情况，以及初步采取的措施情况。

各单位建立信息报告机制，定期向省应急处置领导小组报告计重收费进展情况和有关突发事件信息。同时，定期报告过往车辆的超限超载运输情况，并配合交通、公安部门开展超限超载治理工作。

4、突发事件分类及应急处置措施

针对实施期间可能发生的各类突发事件，按其性质和影响分为特别重大突发事件（I级）、重大突发事件（II级）、一般突发事件（III级），根据“统一部署，分级负责”的原则分别处置和上报(各路段、收费站根据具体情况进一步细化定级)。

4.1 特别重大突发事件（I 级）。有下列情况之一的事件属特别重大突发事件：

（1）发生群体性的暴力抗费、冲击缴费站区、撞击收费工作人员、损坏公共财产、破坏交通秩序及其他严重危害社会稳定和公共交通安全的群体性治安事件；

（2）收费站秩序十分混乱，根本无法实施计重收费；

（3）发生较大规模群体停运、滞留收费站或上访事件，甚至造成人、财、物严重损伤的；

（4）收费站发生非常严重的交通堵塞，人为群体性、长时间堵车距离超过 5 公里，仅靠交通、交警的力量无法疏通交通的；

（5）引起本地区运输企业集体上访事件且造成恶劣影响的；

（6）其他导致全省收费公路计重收费可能无法整体顺利实施的事件。

发生特别重大突发事件时，事件发生地相关单位领导应第一时间到场指挥，采取各种措施尽量控制事态的进一步扩大，按信息上报要求，将情况在 1 小时内报省应急处置领导小组，省应急处置领导小组应派员处置，组织各成员单位赶赴现场，控制局面、平息事态。

4.2 重大突发事件（II 级）。有下列情况之一的事件属重大突发事件：

（1）收费站短时间内无法进行计重收费的；

（2）发生一定群体聚众闹事的事件，造成局部损失的；

（3）收费站堵塞，滞留车辆超过 3 公里，导致收费公路局部无法正常通行，但车辆听从路政、交警交通指挥的；

（4）其他造成负面影响或阻碍计重收费顺利实施的事件。

发生重大突发事件时，事件发生地单位领导应第一时间到场指挥，采取各种措施尽量控制事态的进一步扩大，按信息上报要求，将情况在 2 小时内报省应急处置领导小组，省应急处置领导小组应派员处置，组织各成员单位赶赴现场，控制局面、平息事态。

4.3 一般突发事件（III 级）。有下列情况之一的事件属一般突发事件：

（1）收费站部分车道故障无法进行计重收费的；

（2）收费站部分车道堵塞且持续半个小时以上的；

（3）发生治安案件或安全事故的；

（4）其他影响计重收费顺利实施的事件。

由收费公路运营管理单位立即上报并负责启动应急预案。基层单位主要领导到场指挥，并主动协调有关部门做好事件处置工作。

5、善后处理

应急事件发生后，省应急处置领导小组及时协调成员单位根据其职能立即处理事件的善后工作。

6、附则

6.1 预案更新条件

（1）本应急预案所依据的法律法规做出调整或修改，或国家出台新的应急相关法律法规；

（2）根据日常应急演练和实际应急突发事件取得的经验，需对预案做出修改。

6.2 制定与解释部门

本预案由广东省交通厅、物价局负责制定和解释。

6.3 预案实施时间

本预案自印发之日起实施。

附件：1.收费公路计重收费实施情况登记表

2.收费公路计重收费突发事件快报表

3.省计重收费应急处置领导小组及成员单位联系人员名单表

附件 1

收费公路计重收费实施情况登记表

<table>
<tr><td>单位名称</td><td colspan="3"></td></tr>
<tr><td>填报时间</td><td colspan="3"></td></tr>
<tr><td>填报人</td><td></td><td>联系电话</td><td></td></tr>
<tr><td colspan="4">计重收费政策执行及突发事件处置情况的描述:</td></tr>
<tr><td colspan="4">软件系统与计重设备运行情况的描述:</td></tr>
<tr><td colspan="4">实施过程中车主反映的主要问题:</td></tr>
<tr><td colspan="4">需要协调解决或明确的问题:</td></tr>
</table>

《收费公路计重收费实施情况登记表》

填表说明

一、“单位名称”填写本单位的全称，各单位所辖的分公司（管理中心）汇总后，由各主管单位统一上报。

二、“填报时间”填写成“2009年7月X日8:00”或“2009年7月X日20:00”，其中：“2009年7月X日8:00”主要填写夜班的情况，“2009年7月X日20:00”主要填写日班的情况。

三、“计重收费政策执行及突发事件处置情况的描述”的填写办法：

1、如果一切情况正常，在本栏内填写“情况正常”。

2、如果在实施过程中出现重大突发事件，必须填写时间、地点、事由、处置采取的主要措施等基本要素。

四、“软件系统与计重设备运行情况的描述”主要填写收费设备运行情况：

1、如果一切情况正常，在本栏内填写“运作正常”。

2、如果在实施过程中出现重大设备故障，必须填写时间、地点、故障原因、采取的主要措施等基本要素。

五、“实施过程中车主反映的主要问题”主要填写车主对计重收费标准反映的问题；如果一切情况正常，在本栏内填写“情况正常”。

六、“需要协调解决或明确的问题”主要填写需要上级单位协调解决或明确的问题。如果一切情况正常，在本栏内填写“没有问题”。

附件 2

收费公路计重收费突发事件快报表

报告单位(盖章)

事件发生时间	年 月 日 时 分
事件发生地点	
发生事件单位	
事件类别	( )特别重大,( )重大,( )一般
事件概况	
事件初步原因及责任分析	
备注	

填表 人: 联系电话: 填表日期: 年 月 日

主管领导: 联系电话:

附件 3

省计重收费应急处置领导小组及成员单位联系人员名单表

单　位	职　务	姓　名	办公电话	手　机	备　注

《省计重收费应急处置领导小组及成员单位联系人员名单表》

填报说明：

请领导小组、成员单位及实行计重的当地市人民政府（清远、韶关）收到预案后，及时将本单位人员名单及联系电话报送省交通厅。

联系人：朱振威　　　　电话：83730095

传　真：83730880

附录4　术 语 解 释

一、高速公路构造物

路基：按照路线位置和一定技术要求修筑的作为路面基础的带状构造物。

边坡：为保证路基稳定，在路基两侧做成的具有一定坡度的坡面。

分隔带：沿道路纵向设置的分隔行车道用的带状设施，位于路中线位置的称中央分隔带；位于路中线两侧的称外侧分隔带。

护栏：沿路基边缘设置的警戒车辆驶离路基和沿中央分隔带设置的防止车辆闯入对向车行道的防护设施，以及为使行人与车辆隔离而设置的保障行人安全的设施。

路肩：位于车行道外缘至路基边缘，具有一定宽度的带状部分(包括硬路肩与土路肩)，为保持车行道的功能和临时停车使用，并作为路面的横向支承。

匝道：互通式立体交叉上下各层道路之间供转弯车辆行驶的连接道。

二、收费专用名词

MTC(Manual Toll Collection)：一种人工半自动收费技术。

MTC 车道：可以对 IC 通行卡和粤通卡进行发卡或刷卡收费的人工半自动车道。

ETC(Electronic Toll Collection)：一种电子不停车自动收费技术。

ETC 车道：装备了具有电子不停车自动收费技术设备的专供

将粤通卡插在车载机上的车辆通过的车道。

免费车道：在收费站为国家机关、省政府、上级主管部门规定的免费车设置的专用车道。

车型：根据不同车辆行驶高速公路时对道路造成不同的损耗程度，按车轴、轮胎的数目和车头高度、轴距的距离将车辆划分为不同的类型。

车轴：连接车辆两轮中心点的轴承。

车头高度：指车头第一排轮胎支撑平面垂直车轴中心点与车头最高突出部位相抵靠的水平面之间的距离，简单地说就是从车辆前轮接触地面点垂直向上到车头最高点的距离。

轴距：指通过车辆同一侧相邻两车轮的中点，并垂直于车辆纵向对称平面的两垂线之间的距离。简单地说就是汽车前轴中心到后轴中心的距离。

拖车：一辆车拖着另一辆车行驶，属于拖车。

挂车：特指带着挂斗的车辆。

无卡车：出口无法提供有效入口凭证的车辆。

丢卡车：在高速公路上行驶，入口领卡，途中失卡，出口无法出示通行卡的车辆。

未领卡车：在高速公路上行驶，入口未按规定领取通行卡或因收费人员失误而未领取通行卡的车辆。

U 型车(回头车)：在高速公路上行驶，入口领卡，途中因交通事故、封路等不可抗拒原因或因驾驶员不遵守高速公路行驶规定而由原入口驶出的车辆。

冲关车(冲卡车)：入口未经领卡强行进入高速公路或出口不交费强行驶离高速公路的车辆，一般有随尾逃逸和强行冲关两种方式。

换卡车：将入口领取的通行卡与其他车辆调换以达到少交通行费的目的的车辆。

倒卡车：将当次领取的通行卡挪作下次使用以达到少交通行费的目的的车辆。

未付车:因客观原因不能在当次出口时缴纳通行费的车辆。

公务车:高速公路管理单位的内部车辆或经管理单位批准免费的地方车辆。

车队:前面由警车带队,有两部或两部以上的车辆组成的队伍。

IC 卡:又称集成电路卡,是在大小和普通信用卡相同的塑料卡片上嵌置一个或多个集成电路构成的,可用于读写信息。

通行卡:在收费站入口向车辆发放的专用凭证,通常记录有该车在入口的相关信息。

公务卡:单位向区域联网中心申请制作的用于免费行驶某一路段的非接触 IC 卡。

身份卡:供收费现场工作人员登录发卡、收费系统专用的一种 IC 卡,卡上记录了工作人员的相关信息。

纸卡(纸质通行卡):指车辆入口时发给驾驶员的记录有入口站名、车型、时间等信息的纸质通行卡。

IC 通行卡:用以记录车辆入口信息并作为出口收费依据的可多次重复使用的非接触 IC 卡。

粤通卡:是一种非现金支付卡,卡内含有双面 CPU 处理单元,有记账和储值两种形式,记账式粤通卡内不含资金信息,在卡主使用后,消费金额从用户的银行账户中扣除;储值式粤通卡内含有资金信息,在卡主使用后,消费金额直接在卡内储值金额中扣除。

卡箱:用于对通行卡进行存放、领用、记录等管理的设备。

卡盒:供现场工作人员临时存放 IC 通行卡的容器。

卡夹:全自动卡机上的可以存储一定数量通行卡并可灵活更换和调配的容器(相当于卡盒的功能)。

定额票(手撕票):特指印制有固定面额的通行费发票。

工号牌:挂放在服务窗口以标示收费人员工号的标牌。

票箱:用于存放收费员工号牌、定额票、备用金等工作物品的容器。

小钱箱:用于存放收费过程中收取现金的容器,一般在顶部开有小口以便投放钞票。

标记章:印有各种图案用于盖放在纸卡表面以防止作弊的印章,一般每天更换一次。

车型章:印有车型用于盖放在纸卡表面以帮助出口收费员判别的印章。

雨棚灯:通过车道电脑控制在纯红(禁行)和纯绿(通行)之间变换的车道开关指示灯。

线圈:埋设在车道上,用于检测车辆通过状态的磁感式感应器。

自动栏杆:可由计算机或其他设备通过控制信号控制其起落的栏杆。

手动式栏杆:通过人工进行开关的栏杆。

投包机:供收费员在下班后投放当班期间所收通行款的专用设备。

备用金:配备给收费人员用于找零的零钞,一般面额不超过50元。

长款:由于各种原因造成的收费员实收金额大于电脑系统所记录的应收金额。

短款:由于各种原因造成的收费员实收金额小于电脑系统所记录的应收金额。

计重收费红外线车辆分离器:利用红外线对穿光束实现分离车辆的功能,并与线圈结合使用,准确无误地为控制器提供车辆称重过程的开始和结束信号。

计重收费感应线圈:主要应用于配合红外线车辆分离器检测车辆的出现,控制称重过程的开始和结束,检测是否有车辆倒出收费车道等。

投资公司:在车道操作方面,建议增加一些特殊事件的处理或操作。如在出口操作持IC通行卡或粤通卡的车辆时,由于判错车型等原因造成少收或多收通行费,无法进行修改(车辆已过后线圈)的情况下,应如何处理?

1)持 IC 通行卡的车辆。

(1)少收通行费的情况:要求驾驶员补足通行费,回收电脑打印的发票,开具定额票,补足的通行费及电脑票交回站票管处理。

(2)多收通行费的情况:将多收的通行费退还给驾驶员,回收电脑打印的发票,开具定额票。

2)持粤通卡的车辆。

(1)少收通行费的情况:要求驾驶员补足通行费(现金),补回部分通行费开具定额票。

(2)多收通行费的情况:现场不做退现金处理,开具《收费异常情况处理证明》给驾驶员,凭《收费异常情况处理证明》,按粤通卡退款流程办理。

3)无论是持 IC 通行卡还是粤通卡的车辆,少收或多收部分属于地方路桥通行费次票的均按以下处理:

(1)少收次票的情况:要求驾驶员补交,开具地方路桥通行费次票专用发票予驾驶员。

(2)多收次票的情况:依据退次票的程序办理,现场均按次票费额退回现金予驾驶员(区别:持 IC 通行卡的车辆,回收电脑打印的发票,开具定额票给驾驶员;持粤通卡的车辆不必再开具发票)。

课后复习题答案

第一篇　高速公路基本知识

第一章　高速公路概述

一、单项选择题

1. B　　2. D　　3. A

二、多项选择题

1. ABCDE　　2. ACDE　　3. AD

三、判断题

1. √　　2. √　　3. ×

四、简答题

1. 答:(1)高速公路提高了运输效率,降低了消耗,改善了综合运输结构。

(2)高速公路促进了沿线经济的快速发展。

(3)高速公路改变了人们的时空观念和生活方式,促进了人类文明。

2. 答:(1)国际高速公路网正在形成。

(2)信息化公路将逐步实现。

(3)卫星检测及控制系统将得到广泛利用。

3. 答:(1)实行交通限制,专供汽车高速行驶。

(2)实行分隔行驶,保证高速公路连续畅通和良好的运营秩序。

(3)严格控制出入,实行全“封闭”,消除侧向干扰,保证高速行驶。

(4)设置功能齐全的服务设施,提供停车休息、餐饮、加油等多功能综合服务。

(5)采用较高的设计标准,满足舒适、安全的行车要求。

第二章　广东省高速公路现状与发展

一、单项选择题

1. B　　2. C　　3. A

二、多项选择题

1. BD　　2. BC　　3. ACD

三、简答题

1. 答:广东省按照《国家高速公路网规划》,根据高速公路功能分析定位,结合广东省高速公路发展的历史和现状以及区域自然经济环境,确定了规划总体目标如下:

(1)相邻地级市(包括与邻省地级市之间)基本上通高速公路。

(2)总体布局上形成网络,在珠江三角洲地区呈环状和放射状。

(3)中心城市与区域中心城市之间一般有两条高速公路。

2. 答:《国家高速公路网命名和编号》中的首都放射线高速公路分别是北京—哈尔滨高速公路、北京—上海高速公路、北京—台北高速公路、北京—港澳高速公路、广州—澳门高速公路、北京—昆明高速公路、北京—拉萨高速公路、北京—乌鲁木齐高速公路。

3. 答:《广东省“九纵五横两环”路线布局》中的二环(珠江三

角洲外环高速公路)的途经区域包括自深圳梅林,经东莞、增城、从化、花都、四会、肇庆、江门至珠海横琴口岸。

第三章　高速公路营运管理

一、单项选择题

1. D　　2. B　　3. A

二、多项选择题

1. ABCD　　2. ACD　　3. BCD

三、简答题

1. 答:高速公路收费管理的原则包括以下内容:

(1)依法收费。

(2)尊重科学,一切按客观规律办事。

(3)坚持服务质量第一原则。

(4)讲究经济效益。

(5)应收不漏、应免不收。

2. 答:收费管理的内容具体包括人员管理、收费现场管理、财务管理、安全保卫管理、车辆管理、站务管理。

3. 答:收费管理中的安全保卫管理的具体内容包括收费站区治安保卫、防火、防盗、防抢,以及财务室和票据安全管理。

第四章　高速公路收费管理

一、单项选择题

1. B　　2. C　　3. A

二、多项选择题

1. ABD　　2. BCD　　3. ABC

三、简答题

1. 答:收费班组建设在收费站管理中的地位与作用主要表现在以下四个方面:

(1)收费班组建设是收费站完成任务的基础;

(2)收费班组建设是收费站营运管理规范化的基础;

(3)收费班组建设是提高员工素质的基础;

(4)收费班组建设是展现窗口形象的基础。

2. 答:(1)货车车辆的车货总重认定标准分别为2轴货车17t、3轴货车25 t、4轴货车35t、5轴货车43t、6轴及6轴以上货车49t。

(2)重型载货汽车轻载(空载)判定值分别为3轴货车13.8t、4轴货车16.8t、5轴货车18.6t、6轴及6轴以上货车21.3t。

3. 答:高速公路收费服务质量的特征主要包括无形性、同步性、驾乘人员的参与性、快捷性、准确性。

四、案例分析题

答:收费员的做法是正确的。依据《收费公路管理条例》第三十三条"收费公路经营管理者对依法应当交纳而拒交、逃交、少交车辆通行费的车辆,有权拒绝其通行,并要求其补交应交纳的车辆通行费"的规定。

第二篇 高速公路收费实务

第一章 收费系列人员岗位职责及工作流程

一、单项选择题

1. A　　2. C　　3. D

二、多项选择题

1. ABCD　　2. BD　　3. ABCDE

三、判断题

1. √　　2. ×　　3. √

四、简答题

1. 答:(1)熟悉业务知识,不断提高业务技能,遵纪守法,贯彻执行上级领导下达的各项任务。

(2)在班长的领导下,努力完成分配的工作任务,服从管理。

(3)熟练掌握各项收费业务技能,为顾客提供文明优质的服务。

(4)按收费标准及收费管理规定收费,做到应收不漏、应免不收。

(5)当班时负责检查设备的状况,填写各种工作表格,发现问题及时报告。

(6)保管好自己的工作用品和未上缴的票据、票款、通行卡等。

(7)严格按操作规程使用电脑收费机,收费机出现故障及突发事件时,及时通知管理人员,并做好相应记录。

(8)交接班时,严格按交接班手续进行交接班并填写设备情况表,按照要求定期对亭内外及设备进行清洁。

(9)负责记录闯关车辆,并报当班管理人员。

2. 答:(1)上班前15min到站集合,容装整齐,佩戴工号卡,检查是否携带与当班无关的物品。

(2)在管理人员带领下到财务室领取身份卡、周转箱、通行卡、发卡标记章(夜班发卡员领取)等物品。

(3)列队上岗,按班长安排的车道进行交接班。

(4)首先检查亭内设备工作状态是否正常,填写《站收费车道(亭)主要设备运行情况记录本》、《发放纸卡登记表》(在表上填入发卡的起号,这个起号是指没有输入车型到发卡机的第一个号码);等上一班发卡员退出发卡状态后,放置工号牌,插入身份卡,使电脑发卡机进入发卡状态，取出身份卡。

(5)面对来车，准确判断车型和车种，按发卡管理规定进行发卡工作。

(6)特殊情况及处理方法：

①出现有车辆损坏设备情况，及时报告管理人员。

②当班过程中：

a. 若中途某段时间发卡机(主机)故障，这时发卡员要将故障情况填写在《站收费车道(亭) 主要设备运行情况记录本》的备注栏，经值班站长同意并报监控(分)中心后，开始直接发盖有入口标记的手撕纸卡，不用再输入车型到发卡机(原则上要求封闭车道)。

b. 若中途某段时间发卡机(IC 卡读写设备)故障，这时发卡员要将故障情况填写在《站收费车道(亭)主要设备运行情况记录本》的备注栏，经值班站长同意并报监控中心后，操作发卡机，开始对所有车辆发放电脑纸卡(原则上要求封闭车道)。

c. 设备被技术人员恢复后，发卡员应经管理人员的同意，并报监控(分)中心后，操作发卡机继续发放 IC 卡。下班后将纸卡的起止号记录交财务人员，由财务人员输入财务机。

(7)下班时检查设备情况，填写《站收费车道(亭)主要设备运行情况记录本》及《发放纸卡登记表》，按【下班】和【确认】键退出发卡状态；将通行卡、标记章(中班发卡员收回)、工号牌等物品装入箱内。

(8)在管理人员的带领下，列队返回财务室结账。

3. 答：应马上通知管理人员关闭车道，已进入收费车道的车辆可在其他收费亭购票，对于不能关闭的车道，若通行卡为 IC 卡，可通过人工询问监控(分)中心(报卡号)获知该车辆的入口后，用定额票进行收费。若为纸卡，则用定额票直接售票收费，对每一辆用定额票售票的车辆需记录其车型及入口。

五、案例分析题

答:(1)若中途某段时间发卡机(主机)故障,这时发卡员要将故障情况填写在《站收费车道(亭) 主要设备运行情况记录本》的备注栏,经值班站长同意并报监控(分)中心后,开始直接发盖有入口标记的手撕纸卡,不用再输入车型到发卡机(原则上要求封闭车道)。

(2)若中途某段时间发卡机(IC 卡读写设备)故障,这时发卡员要将故障情况填写在《站收费车道(亭)主要设备运行情况记录本》的备注栏,经值班站长同意并报监控(分)中心后,操作发卡机,开始对所有车辆发放电脑纸卡(原则上要求封闭车道)。

(3)若当班过程中,设备被技术人员恢复,这时发卡员应经管理人员的同意,并报监控(分)中心后,操作发卡机继续发放 IC 卡。下班后将纸卡的起止号记录交财务人员,由财务人员输入财务机。

第二章　车型、车种的判别

一、单项选择题

1. C　2. B　3. C　4. B
5. B　6. D　7. C

二、多项选择题

1. BD　2. ABCD　3. ABCD　4. ABD
5. ABC

三、判断题

1. ×　2. √　3. √　4. ×
5. ×　6. ×　7. ×　8. √
9. ×

四、简答题

1. 答:除正在执行公务并设有固定装置的消防车、医院救护车、殡葬车、公安部门警车、悬挂军用车牌和广东省人民政府规定免交通行费的车辆外,其他机动车辆,无论驾驶员和乘车人员持有何种证件,均必须按规定收取车辆通行费。

2. 答:收费车型的分类标准及各车型的收费系数见答案表。

车型分类	车头高度(m)	轴数	轮数	轴距(m)	收费系数
一	<1.3	2	2~4	<3.2	1
二	≥1.3	2	4	≥3.2	1.5
三	≥1.3	2	6	≥3.2	2
四	≥1.3	3	6~10	≥3.2	3
五	≥1.3	>3	>10	≥3.2	3.5

五、案例分析题

答:在《关于持个人证件不得免缴路桥通行费问题的补充通知》(粤交费函〔2004〕910 号)中补充说明了:"广东省公安机关特殊工作车辆通行证"是经省政府批准,由省交通厅和公安厅联合制发,并由执行特殊公务人员个人持有的证件,其乘坐的车辆属于省政府 34 号令第二十三条规定的"省人民政府规定免交通行费的车辆"。

《关于启用新版"广东省公安机关特殊工作车辆通行证"的通知》(粤交费函〔2007〕599 号文)中通知:新版"广东省公安机关特殊工作车辆通行证"除根据通行证表面基本信息对持卡人进行查核外,与粤通卡记账卡的使用方法基本一致。当持该通行证车辆通过未开通粤通卡功能的路段收费站时,收费员查核持卡人信息和通行证表面基本信息是否一致,核对无误后免费快速放行;已开通粤通卡功能的路段收费站人工收费车道(MTC)收费员首先查核通行证表面基本信息,核对无误后入口刷卡(通行证),写入入口信息,出口刷卡(通行证)写入出口信息,刷卡后免费快速放行。不能通过系统刷卡(通行证)验证的"广东省公安机关特殊工作车辆通行证"为无效通行证,收费员应拒绝给予免费通行,并按有关规定进行处理。

第三章　财务基本知识

一、单项选择题

1. B　　2. B　　3. B

二、多项选择题

1. ABCD　　2. ABC　　3. ABCD

三、判断题

1. √　　2. √　　3. ×

四、简答题

1. 答:鉴别第五套人民币真假的19个方法。

(1)水印。

(2)红、蓝彩色纤维。

(3)安全线。

(4)手工雕头刻像。

(5)隐形面额数字。

(6)光变面额数字。

(7)阴阳互补对印图案。

(8)雕刻凹版印刷。

(9)号码(凸印)。

(10)胶印缩微文字。

(11)专用纸张。

(12)变色荧光纤维。

(13)无色荧光图案。

(14)有色荧光图案。

(15)胶印接线印刷。

(16)凹印接线印刷。

(17)凹印缩微文字。

(18)磁性号码。

(19)浮雕隐形文字。

2.答:伪造的人民币是指仿照真人民币的纸张、图案、形状、水印、安全线、色彩等,采用各种手段非法制造的假币。主要包括机制假币、拓印假币、彩色复印假币、手工描绘或手工刻板印制的假币、照相假币,还有铸造假币。

3.答:(1)使用条件:

①开通所有入口车道仍无法缓解车辆堵塞时;

② 因入口车道系统故障引发车辆堵塞时。

(2)上报程序:

①申报监控中心同意后发纸质通行券;

②监控中心须及时报知区域管理中心和其他路段监控中心。

(3)发放规定:发给驾驶员的纸券必须加盖标志章;纸质通行券发放对象与IC通行卡要一致;在IC通行卡、纸质通行券并行期间,收费员不得漏发;纸质通行券备用不足时,应及时领取;发卡员如使用了纸质通行券,下班后需与票管员复核,清点核实后,办理交接确认手续。

五、案例分析题

答:(1)保持良好的精神状态。

(2)规范操作流程。

(3)掌握假钞特点及识别技巧:识别伪钞主要是根据钞票的

纸张、水印、图案、油墨、安全线、接线技术及对印、套印、地印技术7个方面的特点来进行辨别。

第四章　电脑收费系统操作流程

一、单项选择题

1. A　　2. D　　3. D　　4. A

二、多项选择题

1. ABC　　2. ABC

三、简答题

1. 答:(1)按【货车】键,输入车型。

(2)刷通行卡/ 粤通卡,显示称重信息。

(3)按【改轴】键,显示改轴操作菜单。

(4)选择"删除单轴轴组数据",按【确认】键,弹出班长验证对话框。

(5)通过班长验证,弹出轴组序号输入框。

(6)输入对应的轴组序号(如输入3),按【确认】键,显示删除后轴组信息。

(7)按【确认】键确认称重信息,发计重收费金额到费额显示器。

(8)按【确认】键完成计重收费,打印票据并抬杆。

2. 答:(1)驾驶员能提供有效的货单或发票等证据证明误差较大。

(2)当值人员能明显判定是因称重设备原因造成称重数据与实际质量差别较大。

(3)无称重数据或少轴等情况。

3. 答:按军警车操作拖车,然后按【管理】键,选择"取消一次线圈控制",刷写班长身份卡后按规定操作被拖车。

被拖车的操作:

(1)若被拖车为免费车,则按免费车的操作流程操作。

(2)若被拖车为客车,则按客车的操作流程操作。

(3)若被拖车为货车,则按【货车】键,输入被拖车车型、刷写被拖车通行卡/粤通卡后系统显示称重数据。然后按【改轴】键,选择"本次称重数据丢失",刷写班长身份卡后系统显示车型收费金额。

①若被拖车为公务车,则刷写该车公务卡操作放行。

②若被拖车为收费车辆,则按【确认】键完成操作。

四、案例分析题

答:案例1和案例2均为驾驶员蓄意假冒绿色通道车辆,企图利用混装的方式偷逃通行费,在现场人员高度的责任心和丰富的经验下,最终无法达到逃费目的。通过这两个案例,我们可以初步总结出,在今后的绿通检验工作中,要注意以下问题:

(1)在利益的驱使下,部分货运车辆单独性、团伙性,有组织有目的,企图利用各种手段偷逃通行费,在查处之后,要进一步深挖源头,集中人力重点查处同地方车牌、运输同类物品的货运车辆,特别是在驾驶员提供有效信息后,及时反应和处置。

(2)现场人员要有高度责任心和丰富的工作经验,要及时推广和交流,提高工作效率,不断摸索新的方法,应对新的逃费方式。

(3)现场人员要及时上报绿通车辆的异常情况,检验货物时,要注意人身安全。

案例3的事件分析及处理:

(1)从该事件分析,驾驶员在车上没有明显的粤通卡读写器标签能识别该车持有粤通卡的情况下,没有主动向入口收费员出示粤通卡要求刷写粤通卡入口信息,在入口收费员刷写了IC卡递交给驾驶员的过程中也没有主动告诉入口收费员该车持有粤通卡,说明驾驶员对粤通卡(储值卡)用户章程没有读懂,对高速公路联网收费规定不熟悉。

(2)当值广场人员向驾驶员解释了粤通卡无入口信息及入口已发放了IC卡的操作流程,需现金缴费。驾驶员还想方设法刁难当值人员,趁广场堵塞想达到不缴费的目的。该驾驶员的做法是无理取闹的。同时该驾驶员身为行政执法持证人员,在收费站故意刁难广场人员,造成广场车辆堵塞及恶劣的社会影响,我们有权向其上级部门进行投诉(抓住驾驶员的弱点)。

(3)当值人员在处理类似事件时一定要本着优质的服务,抓住驾驶员的弱点,利用有利条件,尽量说服驾驶员,最终达到收取通行费的目的。

(4)在类似事件上,收费员在入口发卡时要随时注意驾驶员车上是否有粤通卡,避免发放IC卡,造成驾驶员在出口时无理取闹,进而投诉入口收费员,造成不良的社会影响。

第五章　手工收费、发卡操作流程

一、单项选择题

1. D　　2. A　　3. A

二、多项选择题

1. ACD　　2. ABCD　　3. AC

三、判断题

1. ×　　2. ×　　3. √

四、简答题

1. 答:(1)打开装放纸卡的小箱,取出纸卡、印章、印油,将其整齐摆放在工作台面上。

(2)来车后首先判断车种,如是免费车则不用发放纸卡让其直接通过,如是正常收费车则在纸卡上加盖标记章、时间章(是否加盖时间章可由公司自行规定)。

(3)撕下纸卡递给驾驶员,礼貌地示意其通过。

(4)等待下一辆来车。

2. 答:(1)操作过程相对复杂,不利于缩短服务时间和提高服务质量。

(2)收费过程中要人工对照收费标准,收费时间较长,出现差错的概率较高。

(3)如果是因为设备故障临时启用手工收费、发纸卡操作模式,还要安排专门的亭外人员值守车道,从而降低了整体工作效率。

(4)收费数据以手工记录为主,回投包室交接时核对时间较长,容易出现遗漏。

(5)收费过程中受人为因素制约过多,可变性较大,容易出现贪污作弊现象。

3. 答:手工收费、发纸卡模式虽然存在以上种种的不足之处,但在目前的收费系统中仍是不可缺少的操作模式之一。电脑收费、不停车收费等操作模式固然有着不言而喻的先进性和可靠性,然而由于其对电子设备有着严重的依赖,一旦软硬件出现故障便无法正常运作,此时就必须转入手工收费、发纸卡模式进行操作。因此,作为一名合格乃至优秀的收费人员,掌握手工收费、发纸卡操作流程及技巧是必不可少的,这样才能在电子设备发生故障等紧急状况下做到处变不惊,确保收费工作的正常开展和收费现场的安全畅通。

五、案例分析题

答:(1)来车后判断车种,如是免费车给予快速免费放行。

(2)遇收费车辆,首先判断车型,再检查回收的通行卡(券),查看卡(券)上的入口站及标记章[如是 IC 卡,报监控(分)中心根据卡号查询入口信息],无效卡则另按规定处理。

(3)根据车型和入口站对照收费价目表查找收费价格后向驾驶员报价。

(4)接过驾驶员递过来的钱后进行找零,并撕取同等面额的发票一同递回给驾驶员,在此过程中要做到唱收唱付,撕取发票时要在票上加盖业务章、时间章。

(5)将收缴的通行费和通行卡(券)按规定放好,如有弃票要进行作废处理。

(6)等待下一来车。

第六章 收费现场管理

简答题

1. 答:(1)努力学习,不断提高业务水平,贯彻执行上级下达的各项任务。

(2)严格遵守、执行公司各项规章制度,坚持做到"应收不漏,应免不收"。

(3)遵守职业道德规范,讲究仪表风范,按规定着装,挂放工号牌,严格按五要素要求进行收费操作,为驾乘人员提供优质服务。

(4)上班前做好准备工作,在班长带领下列队上岗,服从班长的岗位安排。

(5)按时上岗,严格遵守开关车道、离返岗规定。

(6)严格按收费管理规定的操作规程使用电脑收费设备。

(7)严格按收费标准收取通行费,主动配合稽查人员开展工作,不徇私舞弊,不携带与工作无关物品及现金上岗。

(8)爱护收费设备,搞好亭内卫生。

(9)按要求领用并妥善保管票证、现金等工作用品。

(10)票箱要备足定额票据,使用定额票据按规定缴款和填写表格。

(11)每天收取的通行费、通行卡要按规定缴交,每次缴款应款、票、卡相符。

(12)在收费过程中发现异常情况要及时上报处理。

(13)积极参加站、班组组织的集体活动,服从上级领导及班长工作安排。

2. 答:(1)收费员必须按规定领取备用金上岗,在工作过程中对各种面额零钞进行合理的搭配找赎并掌握其使用情况。

(2)当收费员发现自己可供使用的备用零钞不足时,应及时提前报告当班班长(或代班长),由班长安排当班人员与其兑换。

(3)如收费现场储备的零钞不足,当班班长应及时按规定通知财务人员办理兑换手续。

(4)以上操作需提前上报监控中心并在其监督下进行,在此过程中双方兑换零钞的面额及总金额要如实详细上报。

3. 答:收费亭发生火灾→向站内报警→退出收费系统→关闭该亭的电源总开关→收拾工作物品离开收费亭→用灭火器灭火→报值班站长,情况严重报119。

4. 答:驾驶员在出口处无法出示通行卡的,收费员应提醒驾驶员仔细寻找,确认无法出示IC通行卡时,询问客户详细入口信息,上报监控中心查询核实。能获取实际入口信息的,按实际入口收取通行费;不能获取实际入口信息的,按联网收费区域内可达最远程入口收取通行费,并对驾驶员做好入口必须领卡的宣传。客户遗失IC通行卡的应要求赔偿IC通行卡工本费。

5. 答:当班人员应根据《收费公路管理条例》第七条或《广东省公路收费站管理办法》第二十三条有关规定向驾驶员耐心解释,说明该车不属于免费范畴,要求其按收费标准缴纳通行费。

第七章　收费文明服务

一、单项选择题

1. B　　2. C　　3. C

二、多项选择题

1. BCD　　2. ABDE　　3. ADE

三、判断题

1. ×　　2. √　　3. ×

四、简答题

答:广场当值人员应主动上前询问了解情况,在工作能力范围内热情帮助驾乘人员解决困难,在工作范围以外不影响工作情况下,尽量通过各种渠道给予帮助。

五、案例分析题

答:在上述处理过程中,收费员未正确处理好业务纠纷,并由于受到外部因素的影响,导致自己心理和情绪变化,最终导致矛盾激化,引起服务投诉。收费员应做好文明服务,遵循"先问好,后处理"的事件处理程序。若没有把握断定是否假币的情况下,应呼叫班长进行帮助。在确认为假币后,应礼貌地请车主更换一张同样面值的人民币。在与车主交涉过程中,结合相关管理规定和法律法规、不卑不亢、耐心向驾乘人员解释,避免语言上的冲突。现场车流增加时,应及时报告班长,然后采取增开车道,或指挥车流向其他车道分流的形式进行疏导。在特殊事件处理过程中,收费人员很容易受到外部因素影响而导致心理和情绪变化,影响到判断力和处理能力,应冷静、耐心地应对,按业务流程处理,及时上报监控和班长,以获得相应帮助,避免矛盾进一步激化而造成更大影响。

第八章　机电设备维护

一、单项选择题

1. B　　2. A　　3. A

二、多项选择题

1. ABCD　　2. ABCD　　3. ACD

三、判断题

1. √　　2. √　　3. ×

四、简答题

1. 答:收费站机电设备维护工作的范围为站级及车道级机电设备日常巡查、日常保洁保养、收费系统简易故障处理。

2. 答:(1)检查现场设备柜的网络交换机是否有电源。

(2)检查现场设备柜的光纤收发器各状态灯是否正常。

(3)检查现场设备柜内网络交换机到光纤收发器的双绞线(网线)是否正常。

(4)检查光纤收发器的网线是否破损。

五、案例分析题

答:故障排查思路:供电、死机、光栅、通信。

故障解决方法:(1)打开机柜检查设备是否上电。

(2)检查设备是否出现死机现象(可查看仪表右下角时钟是否走动),如死机,请重启设备。

(3)不过车时,查看仪表液晶屏幕右上方“速度”后是否有

“ * ”常亮，如有，检查光栅玻璃是否有污渍，擦除污渍后用手来回遮挡光栅，查看接收端指示灯（靠近机柜端光栅的底部有一绿色指示灯）是否闪烁，如有常亮或不亮现象请与维护人员联系。

（4）如上述现象均无，观察下一辆过车是否正常，如正常，检查与工控机连线是否脱落，如上述一切正常，请联系维护人员。

第九章 队列训练

一、单项选择题

1. C　　2. B

二、多项选择题

1. ABC　　2. AD

三、简答题

1. 答：通过日常队列训练，使员工基本掌握队形变换、单人队列动作、整理着装、跨立、敬礼等动作要领，为树立收费现场人员的良好仪表风范打下基础。

2. 答：(1)指挥位置应当便于通视全体。一般要求是：停止间，在队列中央前。行进间，纵队在左侧中央前，必要时在中央前；横队、并列纵队在左侧前或者左侧，必要时在右侧前（右侧）或者左（右）侧后。

(2)队列指挥方法。行进间，口令除向左转走和齐、正步互换时落左脚，其他均落在右脚。变换指挥位置，通常用跑步（5 步以内用齐步），进到预定的位置后，成立正姿势下达口令。纵队行进时，可以在行进间下达口令。

(3)队列指挥要求：

①指挥位置正确。

②姿态端正，精神集中，动作准确。

③口令准确、清楚、洪亮。

④清点人数,检查着装。

⑤严格要求,维护队列纪律。

第十章 安全实务

一、单项选择题

1. B　　2. B　　3. B

二、多项选择题

1. ABCD　　2. ABCD　　3. ABCDE

三、判断题

1. √　　2. ×　　3. ×

四、简答题

1. 答:有6类:

(1)气体火灾。

(2)油品火灾。

(3)可燃物火灾。

(4)电器火灾。

(5)金属火灾。

(6)空气中含氧量超过正常量时导致的火灾。

2. 答:如果发生火灾,就必须从危险区撤到安全区。平时就要充分估计可能有大事故的发生,事先指定安全疏散区,对室内的疏散楼梯,尾部必须有防火门,以防止烟火侵入,对室外的疏散楼梯,必须设在火焰从窗户喷出而燃烧不到的地方,如需要采取紧急措施时,可设滑梯。在室内和走廊等处,可设置疏散方向指示牌,在无窗建筑物内或在夜间停电,应设置能够看清的感应指示灯,值得特别提出的是,无论对于何种类型的火灾进行灭火时,都一定要注意灭火方法,除尽快将火灾扑灭外,还应考虑到灭火后尽量不要带来意外的后果,否则将会顾此失彼,得不偿失。

3.答:(1)设计、选用线路或设备不合理,以致在额定负载下出现过热。

(2)使用不合理,即线路或设备的负载超过额定值,或者连续使用时间过长,超过线路或设备的设计能力,因此造成过热。

(3)设备故障运行会造成设备和线路过负载,如三相电动机缺一相运行或三相变压器不对称运行均可能造成过热。

五、案例分析题

答:(1)划出一定的警戒区,防止人员靠近造成跨步电压伤人。

(2)需求确认电杆是否为高、低压供电。

(3)上报监控并报告属地供电部门,尽快切断电源及前往维修。

(4)加强对员工的培训教育。

第十一章　高速公路收费员职业心理健康与调适

答案:略。

后　记

从1988年我国第一条高速公路——沪嘉高速公路建成通车，到2012年年末的短短20多年时间里，中国高速公路通车总里程已经达到9.6万余公里，这一数字帮助中国获得高速公路总里程世界第二的地位，行业的迅猛发展也形成了数量庞大的高速公路从业人员。

其中，高速公路车辆通行费收费员又是高速公路行业职工队伍的主体，占员工的绝大多数，他们承担着高速公路收费服务的重任。直接面向社会，服务于驾乘人员。收费员队伍的整体素质和业务能力的提高，直接关系到高速公路管理单位营运管理工作的正常开展；同时，收费员大多数是年轻人，是整个行业的坚实基础，也是行业的未来，他们的健康成长与交通事业的发展息息相关。编写这样的教材，是提高收费员自身素质的需要，是企业持续发展的需要，也是提高行业文明服务水平的需要。

在我国，尽管20多年过去了，高速公路及其管理仍然属于新生事物，没有现成的管理经验和管理模式可供遵循、照搬。所以，我们不仅要积极探索、敢于创新，还要对行业各个领域的管理、服务经验不断进行总结，抓住规律性的东西，上升为系统化、规范化、制度化的管理规范，以点带面，推动整个行业的健康、可持续发展。广东这次编撰出版的收费员培训教材，体现了广东高速公路收费领域的实践成果，也凝聚着全体编写人员的心血。应该说，他们做了一项有益的工作，开了个好头，值得倡导。

实践、总结、提高，是一个不断螺旋上升的过程。希望广东交通集团有限公司以此为新的起点，引导员工巩固以往的成果。投入新的实践，为社会提供安全、优质、高效、文明的服务。也希望公司继续探索，不断规范管理，完善教材内容，使其适合高速公路经营管理不断发展的要求，成为收费员搞好本职工作的基本准则和良师益友，为提高高速公路经营管理水平和行业文明程度做出贡献。

张柱庭

2013 年 9 月于北京